Neue Ansätze im Anlegerschutz durch die
Ad-hoc-Publizität des § 15 WpHG

Saarbrücker Studien
zum Privat- und Wirtschaftsrecht

Herausgegeben von Johann Paul Bauer,
Michael Martinek (geschäftsführender Herausgeber)
und Helmut Rüßmann

Band 45

PETER LANG
Frankfurt am Main · Berlin · Bern · Bruxelles · New York · Oxford · Wien

Stefan Hahn

Neue Ansätze im Anlegerschutz durch die Ad-hoc-Publizität des § 15 WpHG

PETER LANG
Europäischer Verlag der Wissenschaften

Bibliografische Information Der Deutschen Bibliothek
Die Deutsche Bibliothek verzeichnet diese Publikation in der Deutschen Nationalbibliografie; detaillierte bibliografische Daten sind im Internet über <http://dnb.ddb.de> abrufbar.

Zugl.: Saarbrücken, Univ., Diss., 2004

D 291
ISSN 1433-8866
ISBN 3-631-52745-4

www.peterlang.de

Saarbrücker Studien zum Privat- und Wirtschaftsrecht

herausgegeben von
Prof. Dr. Johann Paul Bauer
Prof. Dr. Dr. Dr. h.c. Michael Martinek
Prof. Dr. Helmut Rüßmann

Die Schriftenreihe "Saarbrücker Studien zum Privat- und Wirtschaftsrecht" bildet in erster Linie ein Forum für rechtswissenschaftliche Doktorarbeiten der Universität des Saarlandes auf zwei juristischen Schwerpunktgebieten. Zum einen sollen Dissertationen im klassischen Privatrecht, vor allem im bürgerlichen Vermögensrecht der ersten drei Bücher des BGB und ihrer Nebengesetze vorgestellt werden. Zum anderen findet das Wirtschaftsrecht im Sinne des Wirtschaftsprivatrechts besondere Berücksichtigung, womit namentlich die Gebiete des Handelsrechts einschließlich des Bilanzrechts, des Personen- und Kapitalgesellschaftsrechts einschließlich des Konzernrechts, des Gewerblichen Rechtsschutzes sowie des Wettbewerbs- und Kartellrechts bezeichnet sind. Es versteht sich, daß nicht nur rechtsdogmatische Studien, sondern auch rechtstatsächlich, rechtspolitisch oder interdisziplinär angelegte Arbeiten in die Schriftenreihe Aufnahme finden. Denn die Rechts- und Wirtschaftswissenschaftliche Fakultät der Universität des Saarlandes vereinigt unter *einem* Dach die Fachbereiche Rechtswissenschaft und Wirtschaftswissenschaft und regt damit Studenten und Hochschullehrer in besonderer Weise zu fachübergreifender Lehre und Forschung an. Die Schriftenreihe steht aber nicht nur sehr guten und ausgezeichneten Dissertationen, sondern auch anderen "Studien" zu privat- und wirtschaftsrechtlichen Themen offen, bis hin zu Materialien und Skripten des akademischen Unterrichts. Die drei Herausgeber, die zugleich stellvertretend für ihre anderen Saarbrücker Fakultätskollegen des Privat- und Wirtschaftsrechts handeln, verbinden mit den "Saarbrücker Studien zum Privat- und Wirtschaftsrecht" den Wunsch, daß die hier veröffentlichten Arbeiten die verdiente Resonanz in der breiteren juristischen Fachöffentlichkeit finden.

Meinen Eltern und meiner Partnerin

Jeanette Backes

Sunlight is said to be the best of all disinfectants, electric light the most efficient policeman.

Louis Brandeis, Supreme Court Richter 1914, Other People`s Money and How the Bankers Use it.

Vorwort

Die vorliegende Abhandlung wurde im Wintersemester 2003/2004 von der Rechts- und Wirtschaftswissenschaftlichen Fakultät der Universität des Saarlandes als Dissertation angenommen. Sie berücksichtigt den Stand der Gesetzgebung, Rechtsprechung und Literatur bis Ende 2003.

Danken möchte ich zuerst meinem verehrten akademischen Lehrer Prof. Dr. jur. Dr. rer. publ. Dr. h. c. Michael Martinek, M. C. J. (New York). Wie kein anderer verstand er es, meine Begeisterung für die rechtswissenschaftliche Forschung zu wecken; er unterstützte die vorliegende Arbeit maßgeblich, insbesondere durch seine schon legendären Doktorandenseminare. Mein Dank gilt auch Prof. Dr. Johann Paul Bauer für die Erstellung des Zweitgutachtens.

Für seine stete Bereitschaft zur Erörterung von Problemen und für wertvolle Hinweise danke ich ferner Herrn Dipl.-Kfm. Matthias Heiden. Auch bin ich Herrn Rechtsreferendar Matthias Homberg für die kritische Durchsicht der Arbeit zu Dank verpflichtet.

Besonderer Dank gilt schließlich meinen Eltern und meiner Partnerin, Frau Diplom-Betriebswirtin (FH) Jeanette Backes, die alle durch ihre unermüdliche und bedingungslose Unterstützung die Arbeit ermöglicht haben. Ihnen widme ich daher diese Arbeit.

Stefan Hahn

Inhaltsübersicht

Inhaltsübersicht

Inhaltsverzeichnis

Abbildungsverzeichnis

Abkürzungsverzeichnis

A

a. A.	anderer Ansicht
ABl.	Amtsblatt
Abs.	Absatz
a. F.	alte Fassung
AG	Die Aktiengesellschaft (Zeitschrift)
AG	Amtsgericht
AhPS	Ad-hoc-Publizität-Standard
AktG	Aktiengesetz
a. M.	am Main
AMEX	American Stock Exchange
Art.	Artikel
ASR	Ad-hoc-Publizität-Standardisierungsrat
Aufl.	Auflage

B

BAFin	Bundesanstalt für Finanzdienstleistungsaufsicht
BAKred	Bundesaufsichtsamt für das Kreditwesen
BAV	Bundesamt für das Versicherungswesen

BAWe	Bundesaufsichtsamt für Wertpapierrecht
BB	Der Betriebsberater (Zeitschrift)
Bd.	Band
BFH	Bundesfinanzhof
BFuP	Betriebswirtschaftliche Forschung und Praxis (Zeitschrift)
BGB	Bürgerliches Gesetzbuch
BGBl.	Bundesgesetzblatt
BGH	Bundesgerichtshof
BGHZ	Bundesgerichtshof, Entscheidungen in Zivilsachen
BKR	Zeitschrift für Bank- und Kapitalmarktrecht
BMJ	Bundesministerium der Justiz
BörsG	Börsengesetz
BörsO	Börsenordnung
BörsZulVO	Börsenzulassungs-Verordnung
BRD	Bundesrepublik Deutschland
bspw.	beispielsweise
BT-Drucks.	Bundestags-Drucksache
BuW	Betrieb und Wirtschaft (Zeitschrift)
BVerfG	Bundesverfassungsgericht

bzw.	beziehungsweise

C

ca.	circa
COB	Commission des Opérations de Bourse
CPA	Certified Public Accountant

D

DAI	Deutsches Aktien-Institut
DAX	Deutscher Aktienindex
DB	Der Betrieb (Zeitschrift)
DBW	Die Betriebswirtschaft (Zeitschrift)
DGAP	Deutsche Gesellschaft für Ad hoc-Publizität mbH
d. h.	das heißt
DM	Deutsche Mark
D&O	Directors` and Officers` Liability Insurance
DRS	Deutscher Rechnungslegungs Standard
DRSC	Deutsches Rechnungslegungs Standard Committee
DSR	Deutscher Standardisierungsrat
DStR	Deutsches Steuerrecht (Zeitschrift)
DSW	Deutsche Schutzvereinigung Wertpapier

DVFA	DeutscheVereinigung für Finanzanalysten und Anlageberatung

E

€	Euro
EBIT	Earnings Before Interest & Tax
EBITDA	Earnings Before Interest, Tax, Depreciation & Amortisation
EBITDAR	EBITDA Before Restructing Costs oder EBITDA Before Rental Costs
EDGAR	Electronic Data Gathering, Analysis and Retrieval
EGV	Vertrag der Europäischen Gemeinschaften
etc.	et cetera
EU	Europäische Union
EuGH	Gerichtshof der Europäischen Gemeinschaften
e. V.	eingetragener Verein
EWG	Europäische Wirtschaftsgemeinschaften

F

f.	folgende
ff.	fortfolgende
FASB	Financial Accounting Standard Board
FAZ	Frankfurter Allgemeine Zeitung

FB	Der Finanzbetrieb (Zeitschrift)
FD	Fair Disclosure
F&E	Forschung & Entwicklung
FMFG	Finanzmarktförderungsgesetz
FS	Festschrift
FWB	Frankfurter Wertpapierbörse

G

GG	Grundgesetz
gem.	gemäß
GoB	Grundsätze ordnungsgemäßer Buchführung
GoAhP	Grundsätze ordnungsgemäßer Ad-hoc-Publizität
G u. V	Gewinn- und Verlustrechnung

H

HB	Handelsblatt
HGB	Handelsgesetzbuch
h. M.	herrschende Meinung
Hrsg.	Herausgeber
HS	Halbsatz

I

IAS	International Accounting Standard
IASB	International Accounting Standard Board
IASC	International Accounting Standard Committee
ICCAP	International Co-Ordination Committee of the Accountancy Profession
i. d. R.	in der Regel
IdW	Institut der Wirtschaftsprüfer in Deutschland e. V.
IFAC	International Federation of Accountants
IFRS	International Financial Reporting Standard
INF	Die Information über Steuer und Wirtschaft (Zeitschrift)
i. S.	im Sinne
ISA	International Standard on Auditing
i. S. d.	im Sinne des
i. S. v.	im Sinne von
i. V. m.	in Verbindung mit
IWP	Institut für Wirtschaftsprüfung

J

JuSB	Juristische Seminarbibliothek
JZ	Juristenzeitung

K

KAGG	Gesetz über Kapitalanlagegesellschaften
KonTraG	Gesetz zur Kontrolle und Transparenz im Unternehmensbereich
KoR	Zeitschrift für kapitalmarktorientierte Rechnungslegung

L

LG	Landgericht

M

MD+A	Management Discussion and Analysis
m. E.	meines Erachtens
MPI	Max Planck Institut
m. w. N.	mit weiteren Nachweisen

N

NASD	National Association of Securities Dealers
NIRI	National Investor Relation Institute
NJW	Neue Juristische Wochenschrift
Nr.	Nummer
Nrn.	Nummern
NStZ	Neue Zeitschrift für Strafrecht

N.Y.	New York
NYSE	New York Stock Exchange
NZG	Neue Zeitschrift für Gesellschaftsrecht

O

OLG	Oberlandesgericht
OWiG	Gesetz über Ordnungswidrigkeiten

P

PS	Prüfungsstandard

R

RabelsZ	Rabels Zeitschrift für ausländisches und internationales Privatrecht
RGH	Reichsgerichtshof
RIW	Recht der Internationalen Wirtschaft
RL	Richtlinie
Rn.	Randnummer

S

S.	Seite
SA	Securities Act of 1933
SEA	Securities Exchange Act of 1934

Sec.	Section
SEC	Securities and Exchange Commission
sog.	so genannte
Sp.	Spalte
St.	Sankt
StGB	Strafgesetzbuch
StuB	Steuern und Bilanzen (Zeitschrift)
StuW	Steuer und Wirtschaft (Zeitschrift)
SZ	Süddeutsche Zeitung

U

u.	und
u. a.	unter anderem
USA	United States of America
US-GAAP	United States - Generally Accepted Accounting Principles

V

vgl.	vergleiche
VerkProspG	Wertpapier-Verkaufsprospektgesetz
VerkprospVO	Verordnung über Wertpapier-Verkaufsprospekte
vs.	versus

W

WiSB	Wirtschaftswissenschaftliche Seminarbibliothek
Wist	Wirtschaftswissenschaftliches Studium (Zeitschrift)
Wistra	Zeitschrift für Wirtschafts- und Steuerstrafrecht
WM	Zeitschrift für Wirtschafts- und Bankrecht, Wertpapiermitteilungen
WPg	Die Wirtschaftsprüfung (Zeitschrift)
WpHG	Gesetz über den Wertpapierhandel
WPK	Wirtschaftsprüferkammer
www.	World Wide Web

Z

z. B.	zum Beispiel
ZBB	Zeitschrift Bankrecht und Bankwirtschaft
ZfB	Zeitschrift für Betriebswirtschaft
ZfbF	Zeitschrift für betriebswirtschaftliche Forschung
ZGR	Zeitschrift für Unternehmens- und Gesellschaftsrecht
ZHR	Zeitschrift für das gesamte Handels- und Wirtschaftsrecht
ZIP	Zeitschrift für Wirtschaftsrecht und Insolvenzpraxis
z. T.	zum Teil

A. Ausgangslage und Rahmen der Untersuchung

Das Verhältnis der Deutschen zu Aktien hat sich in den letzten Jahren grundlegend verändert. War die Aktie bis vor kurzem nur Finanzinstrument von Bankern und Kaufleuten, so erfreut sie sich heute, trotz der Turbulenzen der letzten zwei Jahre, auch bei der breiteren Bevölkerungsmasse immer größerer Beliebtheit.[1] Etwa seit der mit großem Werbeaufwand durchgeführten Platzierung der Deutsche-Telekom-Aktie vor fünf Jahren ist die Aktie in dieser Republik „in".[2] Es wird sogar von Volksaktie gesprochen, da der Anteil von Kleinanlegern zunimmt. So waren 1994 nur 5 % der Bevölkerung im Besitz von Aktien, im Jahr 1997 waren es schon 7,4 %, und im Jahr 2003 wird sogar von 17,9 % ausgegangen.[3] Als Folge dieser Entwicklung wird die Entstehung einer deutschen Aktienkultur erwartet.[4]

Auch der Staat geht in der jetzigen Rentendebatte davon aus, dass der Privatmann durch Investition von Sparkapital in Aktien Vorsorge für künftige Lebenssituationen wie Krankheit und Alter trifft.[5] Damit ist die Aktie auf dem Vormarsch in das alltägliche Leben des „Otto-Normal-Verbrauchers". Dabei bremsen die derzeitige Konjunkturflaute und die damit einhergehenden pessimistischen Renditeerwartungen nur die zum Teil irrationale Euphorie, aber nicht das strukturell große Interesse an der Anlageform Aktie.[6]

Im gleichen Maße wie das Interesse der Deutschen an der Geldanlage „Aktie" ist auch der Finanzierungsbedarf der deutschen Wirtschaft gestiegen. Eine Vielzahl von Börsengängen und die Ausgabe weiterer Aktien machten den Bedarf der deutschen Wirtschaft an Eigenkapital deut-

---

[1] Deutsche Bank (1999), S. 33.

[2] GoingPublic online, www.aktienkultur.de/aktienkultur_in_deutschland.htm, Stichwort Aktienkultur; auf alle www.-Adressen in der Arbeit erfolgte der letzte Zugriff am 10. Mai 2003.

[3] Passow, Rolf (1997), S. 1931; und Kurzstudie des DAI vom Januar 2003 mit dem Titel: „Stabilisierung der Aktionärszahlen", www.dai.de.

[4] GoingPublic online, www.aktienkultur.de/aktienkultur_in_deutschland.htm, Stichwort Aktienkultur.

[5] Kübler, Friedrich (1998), S. 390.

[6] Siehe auch Kurzstudie des DAI vom Januar 2003 mit dem Titel: „Stabilisierung der Aktionärszahlen", www.dai.de.

lich.[7] So wurde im Jahr 1998 mit 80 Börsengängen ein Rekord registriert.[8]

Dabei liegt das Hauptmotiv der Unternehmen in einer Stärkung der Eigenkapitalbasis zur Finanzierung weiteren Wachstums.[9] Auch der Erfolg des Neuen Marktes, der nach seiner Gründung am 10. März 1997 schon am 30. Juni 1998 eine Beteiligung von 36 Unternehmen mit einer Marktkapitalisierung von 32,54 Mrd. DM aufwies, zeigt die Bedeutung des Kapitalmarkts für die Unternehmen.[10] Gegen diese Feststellung spricht auch nicht der allgemein zu verzeichnende Kursverfall der Werte des Neuen Marktes und das Vorhaben der Wertpapierbörse Frankfurt den Neuen Markt Ende 2003 einzustellen.[11] Denn wie die Integration der Neue-Markt-Unternehmen in die geplante neue Struktur der Frankfurter Börse zeigt, ist der Grund für die Schließung des Neuen Markts nicht im versiegenden Interesse der Unternehmen an Eigenkapital oder in der Unfähigkeit eines solchen Marktsegments zur Befriedigung dieser Eigenkapitalbedürfnisse zu sehen, sondern in der speziellen Ausgestaltung des Neuen Markts. Vor dem Hintergrund zahlreicher Finanzskandale um Neue-Markt-Unternehmen wie COMROAD wurde die allgemeine Kritik immer lauter, dass die Regelungen des Neuen Marktes nicht im Stande seien, einen effizienten und leistungsstarken Kapitalmarkt zu gewährleisten. Diese Bedenken betreffen jedoch nicht nur den Neuen Markt im Speziellen, sondern richten sich auch gegen das Kapitalmarktrecht im Grundsätzlichen und stellen den Impuls für diese Untersuchung dar.

Immer wieder werden bemerkenswerte Schwachstellen in dem den Kapitalmarkt umrahmenden kapitalmarktrechtlichen System aus Börsen-, Wertpapier-, Gesellschafts- und Bilanzrecht festgestellt.

So sei das deutsche Bilanzrecht als Einflussfaktor auf den Kapitalmarkt auf dem Boden seines internationalen Ansehens angekommen.[12] Als Beleg dafür kann man das Ergebnis einer Umfrage unter deutschen Unternehmen anführen, die nun nach internationalen Standards wie IAS und US-GAAP bilanzieren. Diese Umfrage wies nach, dass keines der Un-

---

[7] GoingPublic online, www.aktienkultur.de/eigenkapital_fuer_den_mittelstand.htm, Stichwort EK.

[8] Picot, Gerhard / Land, Volker (1999), S. 570.

[9] GoingPublic online, www.aktienkultur.de/aktienkultur_in_deutschland.htm, Stichwort Aktienkultur.

[10] Picot, Gerhard / Land, Volker (1999), S. 570.

[11] Deutsche Börse (2002), www.deutsche-boerse.com.

[12] Kübler, Friedrich (2000), S. 552.

ternehmen mit höheren Kapitalkosten rechnet.[13] Aber auch das Image des US-amerikanischen Kapitalmarkrechts hatte in letzter Zeit unter der Tragweite enormer Finanzskandale wie den Fällen ENRON und XEROX zu leiden.

Auch im Bereich des Gesellschaftsrechts wird die Frage nach der Kapitalmarkttauglichkeit gestellt und ein diesbezüglich verbreitetes Unbehagen konstatiert.[14]

Die vorliegende Arbeit befasst sich vor diesem Hintergrund mit der Ad-hoc-Publizität des § 15 WpHG als Teil des kapitalmarktrechtlichen Systems.[15] Das Vorhaben besteht darin, die Schwächen der bisherigen Ad-hoc-Publizität-Regelung zu identifizieren und neue Ansätze zur Verbesserung der Ad-hoc-Publizität aufzuzeigen. Ziel ist dabei die Verbesserung des Anlegerschutzes vor dem Hintergrund der Effizienz- und Leistungssteigerung des Kapitalmarkts.

---

[13] Pellens, Bernhard / Tomaszewski, Claude / Weber, Nicolas (1999), S. 203.

[14] Schiessl, Maximilian (1999), S. 442.

[15] Siehe als aktuellen statistischen Hintergrund zur Ad-hoc-Publizität die Benchmark-Studie Ad-hoc-Publizität 2003, www.news-aktuell.de

B. Methodik und Gang der Untersuchung

Methodisch wir dieses Ziel mittels der Instrumente der Rechtsdogmatik, Rechtsvergleichung und der Rechtsökonomik verfolgt. Als Referenzmodell der Rechtsvergleichung, als école de vérité, dient vorwiegend das US-amerikanische Kapitalmarktrecht. Besondere Beachtung finden bei der Untersuchung die Instrumente der Rechtsökonomik. Es wird ein interdisziplinärer Ansatz gewählt, der auf die Instrumente der Disziplinen Volkswirtschaftslehre, Betriebswirtschaftslehre und last but not least der Rechtslehre zurückgreift. Ein solcher, vor allem ökonomisch beeinflusster Ansatz ist schon aus der Natur der Sache her geboten, findet aber hier besonderen Anklang, da die These der Vertreter der Chicago-School of Law auf dem Gebiet der Economic Analysis of Law unterstützt wird, wonach volkswirtschaftliche „allokationseffiziente" und „gerechte" Rechtsgestaltungen grundsätzlich einander gleichgesetzt werden müssen.[16]

Um das gesetzte Ziel zu erreichen, beschäftigt sich die Arbeit im ersten Schritt mit der Terminologie und der ökonomischen Begründung der Ad-hoc-Publizität. Dabei beschränkt sich die Untersuchung im Bereich der Terminologie nicht auf eine einführende Darstellung, vielmehr werden die konzeptionellen Grundlagen des Themas weiterentwickelt. Dies gilt besonders für den Anlegerbegriff und die ökonomischen Grundlagen der Ad-hoc-Publizität.

Untersuchungsobjekt des zweiten Schrittes stellt das die Ad-hoc-Publizität umschließende Unternehmenspublizitätssystem dar. Untersucht wird das kapitalmarktrechtliche Unternehmenspublizitätssystem unter besonderer Berücksichtigung der funktionellen Verbindungslinien zwischen den Publizitätsvorschriften des Bilanz-, Gesellschafts-, Börsen- und Wertpapierrechts. Ziel ist es hier, das Koordinatensystem der Unternehmenspublizität und die in ihm herrschenden funktionellen Verschränkungen aufzuzeigen, um eine systemimmanente Integration der Ad-hoc-Publizität bei ihrer Fortentwicklung gewährleisten zu können.

Im dritten Schritt wird eine Verortung der Ad-hoc-Publizität im Koordinatensystem der Unternehmenspublizität vorgenommen. Dabei wird sowohl auf die Erkenntnisse des zweiten Schrittes über das Unternehmenspublizitätssystem als auch auf die in diesem Schritt hervorgebrachten Erkenntnisse über die Rolle der Ad-hoc-Publizität innerhalb des Anlegerschutzes Rückgriff genommen. Ziel der Verortung ist es, der Ad-

[16] Posner, Richard A. (1978), S. 109.

hoc-Publizität maximalen Freiraum zur Erfüllung ihrer Anlegerschutzaufgaben zu verschaffen, ohne jedoch das Unternehmenspublizitätssystem auszuhebeln.
Schritt vier führt in einem Exkurs in die US-amerikanische Ad-hoc-Publizität und das sie umgebende Unternehmenspublizitätssystem ein, um ein taugliches Referenzmodell bei der folgenden kritischen Analyse und Weiterentwicklung der deutschen Ad-hoc-Publizität zur Hand zu haben. Auch wird die der Ad-hoc-Publizität innerhalb des Unternehmenspublizitätssystems zugewiesene Rolle und Funktion herausgearbeitet und kritisch analysiert. Der Schwerpunkt liegt dabei auf der anlegerschützenden Funktion der Ad-hoc-Publizität.
Im fünften Schritt werden, ausgehend von der Rolle und Funktion der Ad-hoc-Publizität, Grundsätze ordnungsgemäßer Ad-hoc-Publizität aufgestellt. Diese sollen als dogmatischer Überbau zur Erfüllung der Zielsetzung der Ad-hoc-Publizität, insbesondere der Garantie des Anlegerschutzes, beitragen. Innerhalb der Untersuchung bilden die Grundsätze ordnungsgemäßer Ad-hoc-Publizität und die aus dem Exkurs gewonnenen Erkenntnisse den Maßstab für die folgende Evaluation des Ad-hoc-Publizität-Systems.
Als erster Teil des Ad-hoc-Publizität-Systems wird im sechsten Schritt die konkrete positive Veröffentlichungspflicht des § 15 WpHG samt dem Veröffentlichungsverfahren und der Befreiungsmöglichkeit evaluiert. Der Schwerpunkt liegt dabei auf der Zulässigkeit der Veröffentlichung von Pro-forma-Kennzahlen und der Veröffentlichungspflicht über Stille Reserven und betreffend das Intellectual Capital.
Als zweiter Teil des Ad-hoc-Publizität-Systems werden im siebten Schritt das die Ad-hoc-Publizität umschließende Haftungs-, Sanktions-, Überwachungs- und Kontrollsystem untersucht. Im Vordergrund stehen die durch das 4. Finanzmarktförderungsgesetz eingeführten Normen zur Verhinderung von Marktmanipulationen (§ 20a WpHG) und die Einführung von Schadensersatznormen bei fehlerhafter Ad-hoc-Publizität (§§ 37b u. 37c WpHG). Geprüft werden insbesondere aber auch die institutionellen Voraussetzungen zur Durchsetzung der Ad-hoc-Publizität. Im Vordergrund stehen dabei die BAFin und ihre Ausgestaltung.
Im achten und letzten Untersuchungsschritt wird der Frage nachgegangen, ob eine Prüfung von Ad-hoc-Mitteilungen durch externe Prüfer als sinnvoll erscheint. Im Mittelpunkt steht hier die mögliche Prüfung durch einen Wirtschaftsprüfer.

C. Terminologie und ökonomische Begründung der Ad-hoc-Publizität

I. Unternehmenspublizität und Ad-hoc-Publizität

Der allgemeine Begriff der Publizität kann zuerst einmal unter Rückgriff auf seine lateinische Herkunft erhellt werden. Danach bezeichnet das Wort „publicatio" den Vorgang der Bekanntmachung oder Veröffentlichung und das Wort „publicitas" als Ergebnis dieses Vorgangs den Zustand des Öffentlichseins, der Offenkundigkeit oder Bekanntheit.

Ausgehend von den Absendern, Adressaten und Inhalten dieses Veröffentlichungsvorganges oder -zustandes wurde in der Wissenschaft eine Vielzahl von Definitionen entworfen.[17] Aufgrund ihrer hohen Allgemeingültigkeit und Praktikabilität wird hier auf die Definition von PELLENS zurückgegriffen. Unter der untersuchten Unternehmenspublizität ist somit die Gesamtheit der von einem Unternehmen über seine wirtschaftliche Position abgegebenen Informationen zu verstehen.[18] Hinsichtlich der Fähigkeit des Begriffs Publizität, auch den Zustand des Öffentlichseins zu beschreiben, wird hier die Einschränkung vorgenommen, dass es nicht auf die tatsächliche Kenntnisnahme durch den Adressaten ankommt, sondern auf seine Möglichkeit zur Kenntnisnahme.[19]

Im Rahmen der Publizität ist dabei zwischen freiwilliger Unternehmenspublizität und Pflichtpublizität zu unterscheiden.[20] Das Hauptaugenmerk soll hier auf der Pflichtpublizität liegen. Innerhalb der Pflichtpublizität kann hinsichtlich der Verpflichtungsgrundlage zwischen gesetzlicher und privatrechtlicher Unternehmenspublizität unterschieden werden. Eine weitere Unterteilung des Begriffs Publizität nimmt das Begriffspaar Regelpublizität und aperiodische Publizität vor. Danach unterscheidet man bei der Publizität zwischen Instrumenten der Regelpublizität wie dem Jahresabschluss, deren Berichterstattungspflicht durch den Ablauf einer Zeitspanne bzw. Periode ausgelöst wird, und den Instrumenten der aperiodischen Publizität, deren Auslöser spezielle Ereignisse sind.

---

[17] Castan, Edgar (1998), Sp. 1400; Kropff, Bruno (1993), Sp. 1669.

[18] Pellens, Bernhard (1995), S. 1590.

[19] So auch schon Moxter, Adolf (1970), Sp. 1478-1484.

[20] Ausführlich zur freiwilligen Unternehmenspublizität: Merkt, Hanno (2000), S. 517 ff.; zur freiwilligen Unternehmenspublizität in den USA: Haller, Axel / Dietrich, Ralph (2002), S. 206 ff.; zu den kapitalmarktrechtlichen Aspekten der Investor Relations siehe Ekkenga, Jens (2001), S. 1 ff.

Welch große Bedeutung dem Instrument Publizität zukommt, zeigt das Zitat von HOPT, der im Einsatz dieses Instruments einen entscheidenden Schritt in Richtung modernes Kapitalmarktrecht sieht.[21] Dabei wird der Schutz des Anlegers durch Publizität als Grundlage eines europäischen Kapitalmarktrechts angesehen.[22] Die Publizität bildet auch im von vielen als zukunftsweisend angesehenen amerikanischen Kapitalmarktrecht das maßgebende Ordnungsprinzip des Kapitalmarkts, die sog. „underlying philosophy".[23] Dabei zeigt sich auch schon das hybride Wesen der Publizität, das sowohl eine ordnungsrechtliche als auch marktwirtschaftliche Komponente enthält.[24]
Bei der Eingrenzung des Begriffs Ad-hoc-Publizität kann in Analogie zur obigen Vorgehensweise von der lateinischen Herkunft des Begriffs ausgegangen werden. Danach bedeutet der lateinische Begriff „ad hoc" „zu diesem Zweck", „eigens dafür" und auch „aus dem Augenblick heraus". Dabei weist die Verbindung mit dem Wort Publizität darauf hin, dass mit diesem Begriff eine besondere Art von Publizität bezeichnet wird. Die lateinische Bezeichnung „ad hoc" greift zwei der drei Kennzeichen auf, die vom Kapitalmarkt und seinen Teilnehmern der Ad-hoc-Publizität zugewiesen werden. Danach handelt es sich bei der Ad-hoc-Publizität um eine besondere Form der Publizität, die mit den Eigenschaften der Unregelmäßigkeit, Zeitnähe und Kapitalmarktorientierung zu kennzeichnen ist.
Dabei weist das Kennzeichen der Unregelmäßigkeit, das schon in der lateinischen Bezeichnung enthalten ist, darauf hin, dass unter Ad-hoc-Publizität nur aperiodische Publizität zu verstehen ist. Die Aperiodizität liegt bei der Ad-hoc-Publizität darin begründet, dass ihr auslösendes Moment nicht der Ablauf einer Zeitspanne ist – wie z. B. bei der Jahresabschlusspublizität der Ablauf des Geschäftsjahres –, sondern ein spezielles Ereignis, dessen Auftreten keiner bestimmten Gesetzmäßigkeit gehorcht, sondern nur dem Zufall.
Als nächstes typisierendes Kennzeichen ist der Ad-hoc-Publizität ihre Zeitnähe zuzuordnen. HIRTE bezeichnet dabei die Ad-hoc-Publizität auch als Sofortpublizität.[25] Dabei enthält das Kennzeichen Zeitnähe zwei Komponenten. Zum Ersten, dass die Ad-hoc-Publizität immer ein schnelles Veröffentlichungsverfahren bedingt, und zweitens, dass der zeitliche

[21] Hopt, Klaus (1977), S. 414.
[22] Kommission der Europäischen Wirtschaftsgemeinschaften (1966), S. 265 ff.
[23] Vgl. Wiedemann, Herbert (1980), S. 484.
[24] Pellens, Bernhard (1995), S. 1590; Füllbier, Rolf Uwe (1998), S. 7 ff.
[25] Hirte, Heribert (1996), S. 48.

Abstand zwischen dem auslösenden Ereignis und dem Beginn des Veröffentlichungsverfahrens so bemessen ist, dass er als gering bezeichnet werden kann. Als auslösendes Ereignis wird nicht der Eintritt des Ereignisses an sich bewertet, sondern die Kenntnis des Ad-hoc-Publizität-Absenders vom Eintritt des Ereignisses. Für die Kürze des Zeitabstandes gibt es keine allgemein gültigen Vorgaben; aus der Zielsetzung der Ad-hoc-Publizität kann jedoch abgeleitet werden, dass dieser Zeitabstand einen Tag nicht überschreiten sollte. Nach dem Ideal der Ad-hoc-Publizität sollte dieser Abstand gegen null streben. Wie noch zu untersuchen sein wird, gestaltet gerade das Kennzeichen der Zeitnähe die Einordnung der in Frage kommenden US-amerikanischen Publizitätsnormen als Ad-hoc-Publizität schwierig. Diese lassen nämlich einen Zeitabstand von bis zu mehreren Wochen zu.
Ein weiteres Kennzeichen der Ad-hoc-Publizität ist die erwähnte Kapitalmarktorientierung. Absender ist immer ein Unternehmen des Kapitalmarkts bzw. des Börsenmarkts. Adressaten der Ad-hoc-Publizität sind vorrangig die Teilnehmer des Kapitalmarkts. Werden Informationen mit anderem Hintergrund, wie z. B. reine Marketing-Informationen, angeboten, so handelt es sich nicht um einen Vorgang der Ad-hoc-Publizität.
Abweichend von der hier aufgezeigten allgemein gültigen Definition der Ad-hoc-Publizität soll in der folgenden Untersuchung unter Ad-hoc-Publizität nur die gesetzlich normierte Ad-hoc-Publizität des § 15 WpHG verstanden werden. Sie steht im Mittelpunkt der Untersuchung; gleichwohl werden auch die privatrechtlich geregelten Ad-hoc-Publizität-Pflichten – vor allem der Frankfurter Wertpapierbörse – und die freiwillige Ad-hoc-Publizität von Börsenunternehmen in die Untersuchung mit aufgenommen.

II. Kapitalmarkt

1. Definition

Der Begriff Kapitalmarkt gehört, ebenso wie der Begriff Kapital, zu den unpräzisesten und erklärungsbedürftigsten Termini sowohl unserer Fach- als auch Alltagssprache.[26] Es handelt sich bei diesem auch nicht um einen vorjuristischen Begriff.[27] Dennoch ist eine praktikable Definition

---

[26] Häuser, Karl (1995), S. 1123.
[27] Assmann, Heinz-Dieter (1990), S. 253.

für das Regelungsobjekt des Kapitalmarktrechts zur weiteren Ausformung und Durchdringung des Rechtsgebietes notwendig.
Der Begriff Markt lässt sich allgemein als ökonomischer Ort des Tausches charakterisieren, an dem Angebot und Nachfrage aufeinander treffen.[28]
Übereinstimmung in der Wissenschaft besteht lediglich darüber, dass der Kapitalmarkt ein Teil des umfassenden Finanzmarktes ist und nur die finanzielle, nicht aber die realwirtschaftliche Form des Kapitals berücksichtigt.[29] Das Definitionskriterium der Fristigkeit, das heißt: der Finanzmarkt als Markt der mittel- und langfristigen Finanzmittel, kann nur begrenzt weiterhelfen, weil es auch kurzfristig gebundenes Kapital gibt.
Zuerst einmal kann man den Finanzmarkt in Geldmarkt und Kapitalmarkt einteilen. Dabei werden der Handel in Zentralbankgeld und der Handel in Geldmarktpapieren (z. B. Wechsel, Schatzwechsel) zum Geldmarkt, der Handel mit allen übrigen Wertpapieren und handelbaren monetären Aktiva zum Kapitalmarkt gerechnet. Während auf dem Geldmarkt Finanzmittel mit kurzen und kürzesten Fristen gehandelt werden, dient der Kapitalmarkt der Anlage in Wertpapiere mit längeren Laufzeiten.
Eine noch genauere Begriffsbestimmung kann jedoch aufgrund der Regelungen des WpHG erfolgen. Das WpHG wird als „Grundgesetz“[30] und „Kernstück und Fundament“[31] eines deutschen Kapitalmarktrechtes angesehen. Im WpHG heißt es im § 4 Abs.1 S. 2, dass die Bundesanstalt im Rahmen der ihr zugewiesenen Aufgaben „Missständen entgegenzuwirken hat, welche (......) erhebliche Nachteile für den Wertpapiermarkt bewirken können“. Unter dem Begriff Wertpapiermarkt ist nur der Kapitalmarkt gemeint, soweit nicht die gehandelten Wertpapiere dem Geldmarkt zuzuordnen sind. Demzufolge ist unter Kapitalmarkt im Sinne des WpHG der Markt zu verstehen, auf dem die Wertpapiergattungen gehandelt werden, wie sie das Gesetz im Interesse seiner einzelnen Vorschriften definiert hat.[32] Danach gehören

- Aktien, Zertifikate, die Aktien vertreten, Schuldverschreibungen, Genussscheine, Optionsscheine und
- andere Wertpapiere, die mit Aktien oder Schuldverschreibungen vergleichbar sind,

zu den Wertpapieren.

---

[28] Ott, Alfred (1991), S. 32; Eucken, Walter (1989), S. 90.
[29] Häuser, Karl (1995), S. 1123.
[30] Vgl. Hopt, Klaus (1995), S. 135.
[31] Vgl. Kübler, Friedrich (1998), S. 389.
[32] Kümpel, Siegfried (2000b), S. 38.

Die Definition des WpHG richtet sich dabei nach der Wertpapierdienstleistungsrichtlinie vom 15. Mai 1993 (93/22/EWG). Diese Richtlinie fügt lediglich das Begriffsmerkmal der „Handelbarkeit in einem Markt" (§ 2 Abs.1 S.1, letzter HS WpHG) hinzu. Soweit die Wertpapiere nur mit den kurzen Laufzeiten des Geldmarkts ausgestattet sind, ist nach den Gesetzesmaterialien mit dem Marktbegriff der Geldmarkt gemeint.[33] Die hier vorgenommene Definition des Begriffs „Kapitalmarkt", die letztendlich auf den Normen des WpHG aufsetzt, deckt sich weitgehend mit der Sichtweise der Praxis, die den professionellen Handel mit Aktien und Schuldverschreibungen als Kapitalmarkt bezeichnet.[34]

2. Organisation des Börsenmarktes als Teil des Kapitalmarktes

Da die Ad-hoc-Publizität als Adressaten grundsätzlich nur Unternehmen vorsieht, deren Anteile an der Börse gehandelt werden, soll hier lediglich die Organisation des Börsenmarkts als Teil des Kapitalmarkts behandelt werden.

Als Börsenmarkt lässt sich der Teil des Kapitalmarkts verstehen, auf dem unter institutionellen Voraussetzungen die Kapitalanbieter den Kapitalnachfragern gegenüberstehen.[35] Der Gesetzgeber definiert den Begriff nicht. Die Definition läuft jedoch weitgehend konform mit der Begrifflichkeit des Organisierten Marktes des § 2 Abs. 5 WpHG. Kennzeichen des Organisierten Marktes ist ein gewisses Maß an Organisation, freier Marktzutritt der Teilnehmer und regelmäßiges Stattfinden.

Man unterteilt den Börsenmarkt in den Primärmarkt und Sekundärmarkt. Der Primärmarkt umfasst die Ausgabe und Platzierung (Emission) neuer Wertpapiere. Als Sekundärmarkt bezeichnet man den Umlaufmarkt für Wertpapiere, deren Emissionen bereits zu einem früheren Zeitpunkt erfolgt sind.[36]

Ursprünglich lag die Hauptfunktion der Börse darin, neues Eigenkapital und langfristiges Fremdkapital für Investitionen aufzubringen. Somit war die Börse früher hauptsächlich Primärmarkt. Agierende Teilnehmer waren der Emittent und der Anleger, der auf einem so gearteten Kapitalmarkt besser als Aktionär bzw. potenzieller Aktionär bezeichnet wird. Finanzintermediäre wie Banken traten dabei in der Anfangszeit nur als

---

[33] BT-Drucks. 12/7918, S. 100.
[34] Kümpel, Siegfried (2000b), S. 39.
[35] Zu den Marktteilnehmern siehe S. 22 ff.
[36] Krumnow, Jürgen (2002), S. 1057.

Hilfspersonen oder Vertreter auf. Später wurde die Aufgabe der Emission immer stärker von Banken übernommen.
Heute steht auf dem Börsenmarkt der Sekundärmarkt im Vordergrund, d. h. der Handel mit den emittierten Wertpapieren und Finanzderivaten.
Als Hauptaufgabe der Börse, die in der Bundesrepublik als Institution in der Rechtsform der Anstalt des öffentlichen Rechts organisiert ist, kann die Komprimierung und Konzentrierung der atomisierten Nachfrage und des Angebots genannt werden.
Bei der Organisation bzw. Segmentierung des Börsenmarktes ist zu beachten, dass in Deutschland sowohl eine Segmentierung durch den Gesetzgeber erfolgt als auch durch die einzelnen Börsen. Die Segmentierungen entsprechen sich nicht, sondern überschneiden sich.

a) Segmentierung des Börsenmarktes durch den Gesetzgeber

Der Gesetzgeber nimmt die Segmentierung des Börsenmarkts im BörsG vor. Er unterteilt den Börsenmarkt in die börsenmäßig organisierten Marktsegmente Amtlicher Markt (§§ 30 ff. BörsG) und Geregelter Markt (§§ 49 ff. BörsG) und den Freiverkehr (§ 57 BörsG) als nicht börsenmäßig organisierten Markt.[37] Die Segmente unterscheiden sich durch ihre Regelungsdichte. Der Amtliche Markt weist die höchste und der Freiverkehr die niedrigste Regelungsdichte auf. Hier soll nun in der gebotenen Kürze auf die Unterschiede der einzelnen Marktsegmente eingegangen werden.
Das wichtigste Kennzeichen des Amtlichen Marktes ist die Veröffentlichung eines Börsenzulassungsprospekts mit dem Inhalt der §§ 13 ff. BörsZulVO als Zulassungsvoraussetzung. Die §§ 13 ff. BörsZulVO schreiben eine Veröffentlichung detaillierter Unternehmensdaten vor. Ein Unterschied bei der Preisfeststellung besteht indessen zwischen dem Amtlichen und dem Geregelten Markt nach dem In-Kraft-Treten des 4. FMFG nicht mehr. Auf beiden Märkten erfolgt eine Preisfeststellung durch Skontroführer oder im elektronischen Handel (§§ 24, 25 BörsG). Eine Börsenpreisfeststellung (§ 29 Abs. 1 S. 1 BörsG a. F.) durch Kursmakler auf dem noch damals als Amtlichen Handel bezeichneten Amtlichen Markt findet nicht mehr statt. Für nähere Ausführungen der Ausgestaltung des Amtlichen Markts wird auf das BörsG und die BörsZulVO verwiesen.

[37] Zur alten Rechtslage vor dem 4. FMFG: Schwark, Eberhard (1987), S. 2041 ff.; zur jetzigen Rechtslage: Groß, Wolfgang (2002a), § 3.

Der Geregelte Markt wurde 1986 als Marktsegment für kleine und mittlere Unternehmen in das Börsengesetz aufgenommen, um den Unternehmen, die die hohen Zulassungsvoraussetzungen und späteren Pflichten aus der Emittentenstellung, die für den Amtlichen Markt gelten, nicht übernehmen können oder wollen, eine Möglichkeit zu geben, über den Gang an die Börse Kapital aufzunehmen.[38] Der geregelte Markt ist wie der Amtliche Markt voll in die öffentlich-rechtliche Organisationsstruktur der Börse integriert. Seine gesetzliche Segmentierung findet sich in den §§ 49 ff. BörsG. Der Geregelte Markt stellt, wie erwähnt, im Vergleich zum Amtlichen Markt keine so hohen Anforderungen an die Zulassung und das weitere Verhalten des Emittenten. Im Unterschied zum Amtlichen Markt ist kein Börsenprospekt, sondern nach § 51 Abs. 1 Nr. 2 BörsG i. V. m. VerkProspVO nur ein Unternehmensbericht erforderlich. Der Unternehmensbericht enthält in qualitativer und quantitativer Hinsicht nur einen Teil der Börsenprospektangaben. Es wird im Gegensatz zum Amtlichen Markt auch keine Mindeststreuung verlangt (§ 9 BörZulVO).

Die beiden Börsenmärkte sind auch nicht völlig deckungsgleich mit dem Begriff des Organisierten Markts, wie ihn § 2 Abs. 5 WpHG definiert. Denn zum Organisierten Markt gehört nach allgemeiner Auffassung auch der Neue Markt. Dieser ist im März 1997 an der Frankfurter Börse als eigenständige Handelsplattform im Rahmen des Freiverkehrs eröffnet worden und läuft Ende 2003 aus.[39] Der Freiverkehr gehört jedoch in seiner regelmäßigen Organisationsform nicht zum Kreis der organisierten Märkte.[40] Hinzuweisen ist auch darauf, dass keine Übereinstimmung des Begriffs Organisierter Markt in § 2 Abs. 5 WpHG und § 1 Abs. 1 Nr.1 KAGG vorliegt.[41]

Der Freiverkehr stellt nun den letzten Marktteil der gesetzlichen Segmentierung dar. Beim Freiverkehr handelt es sich um einen privatrechtlich organisierten Wertpapierhandel zwischen Freimaklern und Handelsteilnehmern, der an der Börse stattfindet und für dessen Durchführung die Einrichtungen der Börse genutzt werden. Seine gesetzliche Grundlage findet der Freiverkehr nur im § 57 BörsG; weitere Regelungen finden sich in den Freiverkehrsrichtlinien der Börsen. Der Freiverkehr ist dabei kein Marktsegment der Wertpapierbörse im rechtlichen Sinn (§ 78 BörsG), sondern vollzieht sich nur faktisch an der Börse. Wegen

[38] Groß, Wolfgang (2002a), § 3.
[39] Witte, Jürgen / Parwätz, Rafiqpoor (2002), S. 2615.
[40] Kersting, Oliver (1997), S. 222 ff.; Martin, Thomas (1998), S. 221 ff.
[41] Potthoff, Volker / Stuhlfauth, Jutta (1997), Sonderbeiheft Nr. 3.

Fehlens einer staatlichen Regelung kann der Freiverkehr auch keinen Organisierten Markt im Sinne des WpHG darstellen. Im Gegensatz zum Amtlichen und Geregelten Markt durchlaufen die Unternehmen des Freiverkehrs auch kein öffentlich-rechtliches Zulassungsverfahren (§ 31 Abs. 1 BörsG). Der Emittent ist auch bei Zulassung nicht an die weit reichende Veröffentlichungspflicht in Form eines Börsenprospekts oder Unternehmensberichts gebunden, sondern nur zur Herausgabe eines sog. Exposés, das nur wenige Angaben enthält. Zu berücksichtigen ist auch, dass die Einbeziehung in das Segment des Freiverkehrs nicht auf Betreiben des Emittenten erfolgen muss, sondern auch durch einen Handelsteilnehmer im Interesse erleichterter Handelsmöglichkeiten erfolgen kann. Das ist auch der Grund für einen weiteren wichtigen Unterschied zwischen dem Freiverkehr und den beiden anderen Segmenten: Die Unternehmen des Freiverkehrs müssen weder einen Zwischenbericht veröffentlichen noch die Verpflichtungen der Ad-hoc-Publizität des § 15 WpHG oder der §§ 21 ff. WpHG erfüllen.

b) Segmentierung des Börsenmarktes durch die Börsen am Beispiel der Frankfurter Wertpapierbörse

Die Segmentierung des Börsenmarktes durch die Börsen soll hier beispielhaft an der Segmentierung der Frankfurter Wertpapier Börse (FWB) aufgezeigt werden. Die Segmentierung der FWB hat im Jahr 2003 eine grundlegende Neustrukturierung erfahren.[42] Ausgangspunkt ist das In-Kraft-Treten der neuen Börsenordnung am 1. Januar 2003. Diese ermöglicht zum ersten Mal, dass die Börsen über die gesetzlichen Regelungen des BörsG hinaus flexibel weitere Vorschriften zur Zulassung erlassen und Zulassungsfolgepflichten auferlegen können (§ 50 Abs. 3 BörsG). Notgeburten, wie die hybride Konstruktion des Neuen Marktes, sind damit hinfällig geworden.[43] Dabei erfährt der Börsenmarkt eine Unterteilung in die Segmente Prime Standard, General Standard und in den Freiverkehr. Die bisherigen regulatorischen Standards der Segmente Neuer Markt und SMAX gehen im Prime Standard auf. Eine Einstellung des Handels auf dem Neuen Markt erfolgt jedoch erst nach Ablauf der Übergangsfrist am Ende von 2003.

---

[42] Deutsche Börse (2002), www.deutsche-boerse.com; Schlitt, Michael (2003), S. 57 ff.

[43] Potthoff, Volker / Stuhlfauth, Jutta (1997), S. 12, sprechen von hybrider Rechtsnatur.

Die Segmentierung des Prime Standards erfolgt ausgehend von der gesetzlichen Segmentierung des Amtlichen und Geregelten Marktes und baut auf deren Zulassungs- und Zulassungsfolgepflichten auf.[44] Sowohl im Amtlichen als auch im Geregelten Markt wurde für Aktien und aktienvertretende Zertifikate jeweils ein selbstständiger Teilbereich errichtet, in dem die Emittenten zusätzlichen Zulassungsfolgepflichten unterworfen werden (§§ 60 ff. und 75 ff. BörsO). Die beiden Teilbereiche des Amtlichen und Geregelten Marktes, die rechtsformal zu trennen sind, werden unter der Bezeichnung Prime Standard zusammengefasst. Die verbleibenden Teile des Amtlichen und Geregelten Marktes erhalten die gemeinsame Bezeichnung General Standard.
Für die Zulassung und die Zulassungsfolgepflichten ergeben sich im Prime Standard im Wesentlichen folgende Vorgaben: Alle Unternehmen, auch diejenigen, die eine gesetzliche Zulassung zum Geregelten Marktes aufweisen, müssen die Anforderungen des Amtlichen Marktes erfüllen. Erreicht wird dies durch einen Generalverweis auf die Regelungen des Amtlichen Marktes, die nur wenige Ausnahmen enthalten (§ 69 Abs. 2 BörsO).
Neben der Zulassung zum Amtlichen bzw. Geregelten Markt erfolgt eine Zulassung zum Prime Standard durch Beschluss der Zulassungsstelle (§§ 60 Abs. 2, 75 Abs. 2 BörsO). Bei diesem Zulassungsverfahren handelt es sich um ein öffentlich-rechtliches Verfahren. An zusätzlichen Zulassungsfolgeverpflichtungen werden den Prime Standard-Unternehmen folgende Pflichten auferlegt:[45]

- Erstellung der konsolidierten Abschlüsse nach der Rechnungslegung IAS bzw. IFRS oder US-GAAP (§§ 62, 77 BörsO),
- Veröffentlichung von Quartalsberichten mit bestimmten Mindestangaben (§§ 63, 78 BörsO),
- Veröffentlichung eines Unternehmenskalenders mit den wesentlichen kapitalmarktspezifischen Terminen (z. B. Hauptversammlung, Bilanzpressekonferenz) (§§ 64, 79 BörsO),
- Durchführung einer jährlichen Analystenkonferenz (§§ 65, 80 BörsO),
- Veröffentlichung von Ad-hoc-Mitteilungen des § 15 WpHG in englischer Sprache (§§ 66, 81 BörsO).

[44] Segment Prime Standard, www.deutsche-boerse.com.
[45] Deutsche Börse (2002), www.deutsche-boerse.com.

Das Segment des Prime Standard richtet sich an große und größere Unternehmen, die sich auch gegenüber internationalen Investoren positionieren wollen.
Dagegen richtet sich der General Standard an kleinere und mittlere Unternehmen, die überwiegend nationale Investoren ansprechen wollen und sich für ein kostengünstiges Listing interessieren.[46] Die Unternehmen des General Standards müssen nur die Mindestanforderungen desjenigen gesetzlichen Segments erfüllen, zu dem sie zugelassen wurden. Im Gegensatz zur Zulassung im Prime Standard erfolgt eine Aufnahme in den General Standard nicht auf Antrag, sondern automatisch mit Zulassung zum Amtlichen oder Geregelten Markt.
Wie schon erwähnt, läuft der Neue Markt als hybrides Wesen zwischen Geregeltem Markt und Freiverkehr zum Ende des Jahres 2003 aus. Der Niedergang dieses Marktsegments und die Kritik an seiner rechtlichen Ausgestaltung waren auslösende Momente der Neuordnung der Börsenlandschaft.
Neben dem Prime und General Standard besteht an der FWB immer noch der Freiverkehr.[47] Grundlage für die Einbeziehung von Wertpapieren in den Freiverkehr bilden die Freiverkehrsrichtlinien der FWB (§ 57 BörsG).
Diese enthalten nur wenige formale Einbeziehungsvoraussetzungen und keine Folgepflichten für den Emittenten. Damit entfällt auch eine Ad-hoc-Publizität-Pflicht der Unternehmen. Der Freiverkehr der FWB stimmt damit mit dem oben beschriebenen Segment des Freiverkehrs nach dem BörsG überein. Im Freiverkehr der FWB werden neben einigen deutschen Aktien überwiegend ausländische Aktien und Optionsscheine gehandelt.

Einen Überblick über die öffentlich-rechtliche und privatrechtliche Struktur der Frankfurter Wertpapierbörse gibt das Schaubild auf der folgenden Seite.[48]

---

[46] Segment Prime Standard, www.deutsche-boerse.com.
[47] Segment Freiverkehr, www.deutsche-boerse.com.
[48] Schaubild A: Rechtliche Struktur des Börsenmarktes am Beispiel der FWB, S. 17.

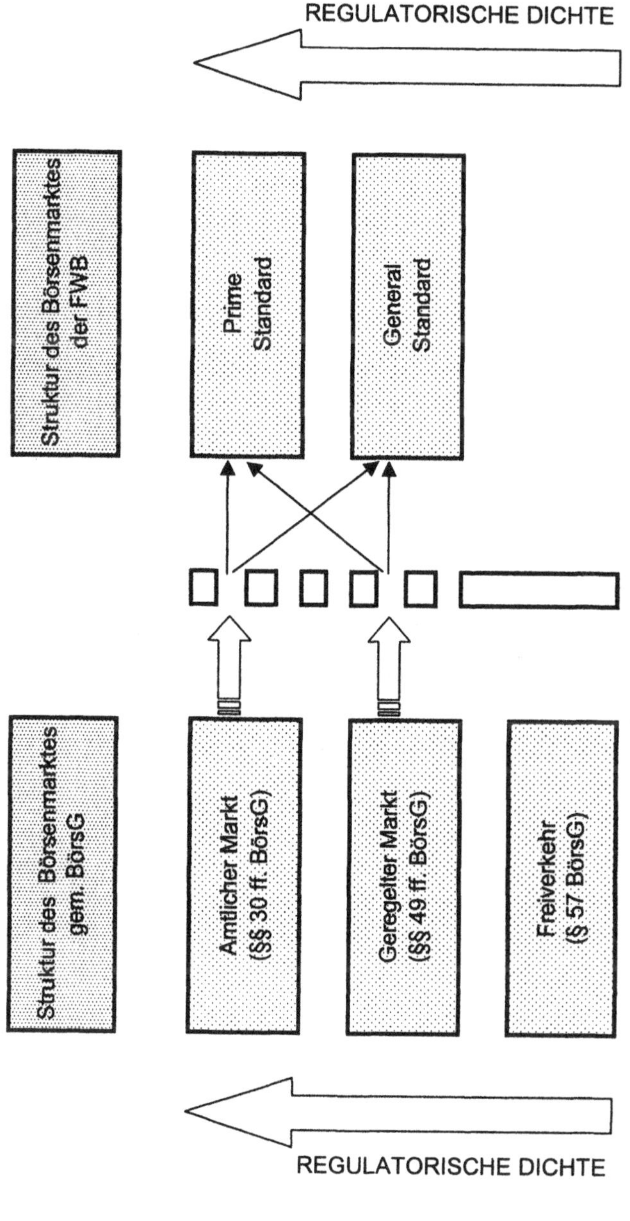

Schaubild A: Rechtliche Struktur des Börsenmarktes am Beispiel der FWB

3. Aufgabe und wirtschaftliche Bedeutung des Kapitalmarktes

Verschiedene wirtschaftliche Funktionen und Aufgaben werden dem Kapitalmarkt zugeordnet. Diese reichen von der Deckung des erweiterten Finanzierungsbedarfs[49] über die effiziente Wahrnehmung der Finanzierung der Wirtschaftssubjekte bis hin zum reibungslosen Funktionieren des Sekundärmarkts.[50]
Es werden Begriffe wie „einwandfrei" oder „effektiv" in Zusammenhang mit dem Wort Kapitalmarkt verwandt.[51] Ökonomisch stellt der Kapitalmarkt die Schnittstelle zwischen Finanzierung und Investition dar.
Mikroökonomisch übernimmt der Kapitalmarkt die Funktion, den Anbietern finanzieller Mittel eine an ihren Wünschen orientierte Vielfalt von Anlagemöglichkeiten, den Nachfragern eine entsprechende Vielfalt von Finanzierungsmöglichkeiten und Beteiligungsformen anzubieten.
Makroökonomisch liegt die Funktion des Kapitalmarkts darin, die in einer Volkswirtschaft verfügbaren, anlagebereiten Mittel zu mobilisieren und sie unter Berücksichtigung der jeweiligen Risiken an die Stellen höchster Rendite zu leiten. Damit steuert der Kapitalmarkt die Investitionen nach Richtung und Umfang.[52]
Erreicht wird diese Allokation der knappen Ressourcen in unserer Marktwirtschaft durch das freie Spiel der Marktkräfte.
Dabei kann man sich des Bildes von Adam Smith bedienen, dass der einzelne Marktteilnehmer, geführt durch die „invisible hand", bei der Verfolgung seiner eigenen Interessen die für die Gemeinschaft effiziente Allokation herstellt.[53]

Wie groß die wirtschaftliche Bedeutung des Kapitalmarkts ist, zeigt der hohe Finanzierungsbedarf der deutschen Wirtschaft. So wurde - wie schon erwähnt - im Jahr 1998 mit 80 Börsengängen ein Rekord registriert.[54] Dabei liegt das Hauptmotiv der Unternehmen in einer Stärkung der Eigenkapitalbasis zur Finanzierung weiteren Wachstums.[55] Auch der

---

49 www.aktienkultur.de/aktienkultur_in_deutschland.htm, Präambel der Börsenprospektrichtlinie.
50 Präambel der Insiderrichtlinie.
51 Präambel der Insiderrichtlinie.
52 Fama, Eugene (1970), S. 383.
53 Adam Smith (1880).
54 Picot, Gerhard / Land, Volker (1999), S. 570.
55 GoingPublic online, www.aktienkultur.de/aktienkultur_in_deutschland.htm, Stichwort Aktienkultur.

anfängliche Erfolg des Neuen Marktes, der nach seiner Gründung am 10. März 1997 am 30. Juni 1998 schon 36 Unternehmen mit einer Marktkapitalisierung von 32,54 Mrd. DM aufwies, zeigt die Bedeutung des Kapitalmarkts.[56]

Auf der Nachfrageseite ist ebenfalls ein anhaltender Trend zum verstärkten Bedarf nach Anlagemöglichkeiten auf dem Kapitalmarkt zu verzeichnen. So stieg der Nominalwert der durch Privatpersonen gehaltenen Aktien (einschließlich Genussscheine) an inländischen Emittenten von 20,9 Mrd. DM im Jahr 1991 auf 32,4 Mrd. DM im Jahr 1998. Die Aktie ist als Anlageform in allen sozialen Schichten beliebt.[57] Der Anteil der Bevölkerung, der Aktien besitzt, wird mit 17,9 % im Jahr 2003 angegeben.[58]

III. Kapitalmarktrecht

1. Definition

Nachdem das Objekt des Kapitalmarktrechts näher beleuchtet worden ist, bedarf es der Untersuchung des Begriffs Kapitalmarktrecht an sich.[59] Die Definition dieses Begriffs steht vor ähnlichen Schwierigkeiten wie die des Kapitalmarktes. SCHNEIDER illustriert die Schwierigkeit der Eingrenzung des Begriffs Kapitalmarktrecht durch den Begriff Querschnittsrecht.[60] Seine Herkunft hat der Rechtsbegriff des Kapitalmarktrechts aus dem angelsächsischen Raum.[61] Ein praktikabler Definitionsansatz ist der traditionelle von HOPT.[62]

Danach kann das Kapitalmarktrecht als die Gesamtheit der Grundsätze und Normen gelten, die sich mit dem öffentlichen Vertrieb und Umlauf von Unternehmensbeteiligungen und von verbrieften bzw. öffentlich registrierten Geldforderungstiteln - kurz: fungiblen Kapitalmarktpapieren - befassen, um den Individualschutz der Kapitalanleger und den Funktionsschutz von Kapitalmarkt und Wirtschaft zu gewährleisten.[63]

---

[56] Picot, Gerhard / Land, Volker (1999), S. 570.

[57] Deutsche Bundesbank (1999).

[58] Studie des DAI vom Januar 2003: Stabilisierung der Aktionärszahlen, www.dai.de.

[59] Einen Überblick über die aktuellen Geschehnisse im Kapitalmarktrecht gibt Weber, Martin (2003), S. 18 ff., u. (2000a), S. 3461 ff.

[60] Schneider, Uwe H. (2001), S. 270.

[61] Claussen, Carsten P. (2000), § 9 Rn. 1a.

[62] Anderer Ansatz bei Weber, Stefan (1999), S. 1 ff.

[63] Hopt, Klaus (1977), S. 431; Hopt selbst weist auf die Probleme bei der Eingrenzung des Begriffs Kapitalmarktrecht hin: Hopt, Klaus (2000), S. 498 ff.

In Anlehnung an die Fortentwicklung des Begriffs Kapitalmarkt, die sich eng an die gesetzlichen Vorgaben lehnt, sollen hier unter fungiblen Papieren die von der Kapitalmarkt-Definition erfassten Wertpapiere gemeint sein.
Auf ein besonderes Problem des Kapitalmarktrechts macht DRUCKER aufmerksam, wenn er durch die Formel „money knows no fatherland" auf die beschränkte nationale Regulierungsmacht hinweist.[64]

2. Funktion

In der Definition sind auch die Zielfunktionen des Kapitalmarktrechts enthalten. Zu betonen ist dabei folgende Doppelzielsetzung:[65]
Als Erstes ist der Individualschutz zu nennen. Er bezweckt die Sicherung des Anlegers um seiner selbst willen. Es geht um ein sozialpolitisches Ziel. Unter Individualschutz ist grundsätzlich der Schutz der Gesamtheit der Anleger als Träger des Angebots- und Nachfragepotenzials gemeint,[66] wobei hier vorläufig unter Anleger derjenige verstanden wird, der über ein Wertpapier verfügt (aus dem Wertpapier berechtigt ist) oder beabsichtigt, ein Wertpapier zu erwerben.[67]
Als Zweites ist der Funktionsschutz des Kapitalmarkts zu nennen. Dieser orientiert sich an überindividuellen Zielen: Es geht um die Leistungsfähigkeit von Einrichtungen und Ablaufmechanismen, denen wichtige Aufgaben wirtschaftlicher und sozialer Steuerung zukommen. Im Vordergrund steht der Aspekt des Vertrauens der Sparer und Anleger. Geschützt werden soll die institutionelle, operationale und allokative Funktionsfähigkeit des Marktes.[68]
Unter der institutionellen Funktionsfähigkeit des Kapitalmarkts sind vor allem die Grundvoraussetzungen eines wirksamen Marktmechanismus zu verstehen. Hierzu bedarf es eines weitest möglich ungehinderten Zugangs der Emittenten und Anleger. Von dieser Zugangsmöglichkeit ist das Spektrum der Anlagetitel sowie die Zahl der Investoren und das Vo-

---

[64] Vgl. Drucker, Peter F. (1993), S. 142.
[65] Erwägungsgründe Nrn. 2, 32, 41, 42 der Wertpapierdienstleistungsrichtlinie.
[66] Kümpel, Siegfried (2000b), S. 29 f.
[67] Weber, Stefan (1999), S. 176; zu den konzeptionellen Grundlagen des Anlegerschutzes: Möllers, Thomas (1997), S. 334 ff.; Assmann, Heinz-Dieter (1989), S. 49 ff.
[68] Kübler, Friedrich (1997), S. 81; Assmann, Heinz-Dieter (1985), S. 24 f.

lumen des anlagesuchenden Kapitals abhängig. Sie bedingt damit Liquidität und Stabilität des Kapitalmarkts.[69]
Kennzeichen der operationalen Funktionsfähigkeit des Kapitalmarkts in Gestalt des Primär- und Sekundärmarktes ist die Höhe der Transaktionskosten. Diese Kosten können die Rendite der Kapitalanlage und die Akzeptanz des Marktes wesentlich beeinflussen.[70]
Unter allokativer Funktionsfähigkeit ist die Fähigkeit des Kapitalmarkts zu verstehen, die in einer Volkswirtschaft verfügbaren anlagebereiten Mittel zu mobilisieren und sie unter Berücksichtigung der jeweiligen Risiken an die Stellen höchster Rendite zu leiten. Damit steuert der Kapitalmarkt die Investitionen nach Richtung und Umfang. Die allokative Funktionsfähigkeit definiert damit die zentrale Aufgabe des Kapitalmarkts.
Zu berücksichtigen ist, dass die drei genannten Teilaspekte der Funktionsfähigkeit voneinander abhängig sind und sich überschneiden.

3. Instrumente des Kapitalmarktrechts

Zum Schutz der oben genannten Funktionen stehen dem Kapitalmarktrecht drei Gruppen von Instrumenten zur Verfügung.

a) Strafrechts-, Bußgeld- und Schadensersatznormen

So können die Funktionsfähigkeit des Kapitalmarkts und die Vermögensinteressen der Anleger durch marktbezogene Straf- und Bußgeldvorschriften, aber auch Schadensersatznormen geschützt werden. HOPT spricht von der Repression gegenüber Aktien- und Börsenschwindel als Regelungsphilosophie und weist gleichzeitig auf ihre Schwächen hin.[71]
Im Mittelpunkt des Schutzes durch Straf- und Bußgeldvorschriften steht die Prävention und Repression betreffend Insiderverstöße. Es werden aber auch z. B. Verstöße gegen Publizitätsvorschriften zum Teil mit empfindlichen Geldbußen belegt (siehe § 39 Abs. 3 WpHG).
Auch bei der Ad-hoc-Publizität hat sich der Gesetzgeber der Flankierung durch Strafrechts- und Bußgeldvorschriften bedient, siehe z. B. die §§ 38 und 39 WpHG. Auf die Einzelheiten des Strafrechts-, Bußgeld- und Schadensersatzsystems der Ad-hoc-Publizität wird noch näher einzugehen sein.[72]

[69] Assmann, Heinz-Dieter (1999), § 1 Rn. 26.
[70] Kümpel, Siegfried (2000b), S. 27.
[71] Hopt, Klaus (1977), S. 411.
[72] Siehe Seite 185 ff.

b) Marktstrukturelle Regelungen und ihre Überwachung

Als zweite Instrumentengruppe stehen dem Kapitalmarktrecht marktstrukturelle Regelungen und ihre Überwachung zur Verfügung. Die Regelungen setzen an am Wertpapierhandel auf den Märkten und an der gewerblichen Tätigkeit der Kreditinstitute als Marktintermediäre.[73]

Zu nennen sind hier beispielhaft die Normen zum manipulationsfreien Zustandekommen von Börsenpreisen wie die Legaldefinition des Börsenpreises in § 11 BörsG und die Verhaltensregeln für Wertpapierdienstleistungsunternehmen im 5. Abschnitt des WpHG.

Flankiert werden diese marktstrukturellen Regelungen durch solche der staatlichen Beaufsichtigung.

Als wichtigste Aufsichtsstellen sind die Bankaufsicht nach § 5 KWG, die Bundesanstalt für Finanzdienstleistungsaufsicht nach § 3 WpHG, die Börsenaufsicht nach § 1 Abs. 2 BörsG und die Handelsüberwachungsstelle nach § 1 Abs. 2 BörsG zu nennen. Sie überwachen die gewerbeaufsichtsrechtlichen Normen des Kapitalmarktrechts, wie z. B. die Meldepflichten nach § 9 WpHG und Aufzeichnungspflichten nach § 34 WpHG. Auch dieses Instrumentariums hat sich der Gesetzgeber bei der Normierung der Ad-hoc-Publizität bedient. So spielt die eingerichtete Bundesanstalt für Finanzdienstleistungsaufsicht eine entscheidende Rolle bei der Kontrolle und Durchsetzung der Ad-hoc-Publizität.[74]

c) Publizität und Rechnungslegung

Als dritte und besonders wichtige Instrumentengruppe stehen dem Kapitalmarktrecht die Instrumente der Publizität und Rechnungslegung zur Verfügung.

Der Gesetzgeber hat sich dieser Instrumente beispielsweise im WpHG an vielen Stellen bedient. Die bedeutendste Stelle ist wohl unbestritten der § 15 WpHG, der die Grundlage der Ad-hoc-Publizität bildet, die den Hauptuntersuchungsgegenstand dieser Arbeit darstellt.

[73] Wiedemann, Herbert (1980), S. 484.
[74] Siehe Seite 187 ff.

IV. Anleger als Objekt des kapitalmarktrechtlichen Schutzes

„Der Begriff des Anlegerschutzes gehört zu den Topoi, deren Häufigkeit des Gebrauchs in keinem Verhältnis zur Klärung ihrer konzeptionellen Grundlagen steht.“ Dieses Zitat von ASSMANN kann ohne weiteres auch auf den Begriff des Anlegers ausgedehnt werden.[75]
Nichtsdestoweniger bedarf eine Untersuchung, die sich den Anlegerschutz durch die Ad-hoc-Publizität zum Thema gemacht hat, einer grundlegenden Definition des Begriffes Anleger.
Allgemein wird der Anleger als Person definiert, die sich mittelbar oder unmittelbar durch Vermittlung des öffentlichen Kapitalmarkts an Unternehmen oder Sondervermögen aus Anlagezwecken beteiligt.[76]
Diese Definition des Anlegerbegriffs ist sehr weit gefasst. Sie zeigt aber schon gewisse Trennlinien auf. So treten Anleger in ihrer Rolle nur auf dem Sekundärmarkt auf. Die Rolle von Emittent und Anleger ist damit strikt zu trennen, obwohl es zu einer Personenidentität, z. B. beim Erwerb eigener Aktien, kommen kann. Zu unterscheiden ist auch zwischen der Anlegerschaft und den Finanzintermediären wie Banken, Rating-Agenturen und Venture-Capital-Gesellschaften.[77] Letztere treten nicht als Träger der Nachfrage oder des Angebots auf, sondern als Unterstützer des direkten Finanzierungsprozesses oder als Träger des indirekten Finanzierungsprozesses, wobei anzumerken ist, dass gerade bei Kleinanlegern eine Tendenz zur Disintermediation, z. B. durch Discount-Broker oder Direkt-Internet-IPO´s, zu verzeichnen ist.[78] Diese Eingrenzung des Anlegerbegriffes macht den Unterschied zwischen Anleger und Aktionär deutlich. Dem Anleger ist in erster Linie der Anlagezweck gemein, nicht die Rolle als Unternehmer oder Eigentümer. Der Aktionär betont seine Rolle als Unternehmensgesellschafter, die auch vom Gesellschaftsrecht geschützt wird, wobei der Anleger vordergründig nur den pekuniären Aspekt aufweist. Dabei ist zu berücksichtigen, dass die Übergänge zwischen Aktionär und Anleger fließend sind, zumal Anlegern mit dem Besitz von Aktien auch die damit verbundenen Mitgliedschaftsrechte offen stehen.
Die hier vorgenommene Eingrenzung des Anlegerbegriffes ist jedoch für eine Untersuchung der Ad-hoc-Publizität als Instrument des Börsen-

---

[75] Vgl. Assmann, Heinz-Dieter (1989), S. 49.
[76] Siehe: Wiedemann (1980), S. 475, oder ähnliche Formulierung bei Weber, Stefan (1999), S. 176.
[77] Gerke, Wolfgang / Steiner, Manfred (2001), Sp. 836.
[78] Krumnow, Jürgen (2002), S. 350.

marktes noch zu undifferenziert. Sie wird der Eigenarten des Börsenmarktes nicht gerecht. Dies wird deutlich, wenn man die Anlegergruppen untersucht, die die obige weite kapitalmarktrechtliche Definition umfasst. Trotz der Inhomogenität der Anlegerschaft lassen sich drei Anlegergruppen mit ausreichend homogener Struktur unterscheiden.
Als erste ist die Gruppe der Verbraucher-Anleger zu nennen. Diese Rechtsfigur wurde gesetzestechnisch erstmals in Österreich im § 5 KMG verwendet. Sie ist die Figur, die in der Umgangssprache mit dem Begriff des Sparers bezeichnet wird. Ihn charakterisieren folgende Merkmale: Es handelt sich ausschließlich um natürliche Personen. Die Anlage in Wertpapieren erfolgt weder im Rahmen einer beruflichen noch gewerblichen Tätigkeit; Hauptquelle des Kapitals ist damit eine andere Tätigkeit als die der Wertpapieranlage. Vorrangiges Anlageziel des Verbraucher-Anlegers ist nicht die Gewinn- oder Profiterzielung im Sinne der Erzielung einer außerordentlichen Rendite, sondern die Sicherung seines Kapitals unter Berücksichtigung eines Inflationseffektes. Damit ist der Verbraucher-Anleger ökonomisch als risikoavers einzustufen. Geht er ein Risiko ein, so bezieht es sich auf das Zinsrisiko und nicht auf das Substanzrisiko. Der Verbraucher-Anleger führt mit der Anlage eine Vorsorgemaßnahme zur Deckung seines Lebensbedarfs durch. Er ist quasi gezwungen, am Kapitalmarkt aufzutreten. Er tritt dort in der Regel nicht direkt auf, sondern bedient sich der Finanzintermediäre, legt ausschließlich eigenes Kapital an – wobei unter „eigen" das Kapital aus dem engsten Umfeld zu verstehen ist – und verfügt nur über bescheidene Kapitalressourcen. Es erfolgen keine Refinanzierungen oder Sicherungen durch Hedge-Fonds. Zu seiner mangelnden Fachkenntnis kommt, dass er auch nicht über die Instrumente professioneller Kapitalmarktteilnehmer verfügt. Aufgrund seiner Rolle als Kleinaktionär verfolgt er mit seiner Anlage weder unternehmerische noch strategische Ziele.

Vom Verbraucher-Anleger ist der Privatanleger zu unterscheiden. Er kann auch als semi-professioneller Anleger bezeichnet werden. Gemeinsam hat der Privatanleger mit dem Verbraucher-Anleger, dass auch er nur über begrenztes Kapital und keinen professionellen Geschäftsbetrieb verfügt. Auch bei ihm stammen die Ressourcen aus anderen Einkunftsbereichen und es handelt sich auch bei ihm ausschließlich um natürliche Personen. Sein Wertpapierhandel stellt damit keine berufliche oder gewerbliche Tätigkeit dar. Er verfolgt ebenso wenig unternehmerische oder strategische Ziele und führt weder eine Refinanzierung, Drittfinanzierung noch eine Sicherung durch Hedge-Geschäfte durch. In seiner Zielsetzung unterscheidet er sich jedoch stark vom Verbraucher-Anleger. Sein Ziel ist die Erzielung eines außerordentlichen Gewinns bzw. Profits. Er agiert mit Gewinnerzielungsabsicht und befriedigt keine Vorsorgebedürfnisse. Aufgrund seiner Gewinnerzielungsabsicht, die auf dem Kapitalmarkt naturgemäß nur in Verbindung mit Risikobereitschaft auftritt, ist er ökonomisch zumindest als risikoneutral einzustufen. Auch er ist aufgrund der von ihm gehaltenen geringen Aktienmenge als Preisnehmer zu identifizieren. In Bezug auf sein Fachwissen kann ihm ein Halbwissen attestiert werden; der professionelle Marktzugang fehlt.

Als dritte und letzte Gruppe ist die der Institutionellen Anleger zu nennen. Zu ihr gehören Kreditinstitute, Versicherungen, Kapitalanlagegesellschaften, Fondsgesellschaften, Pensionskassen, Parteien und Großunternehmen.[79] Wie an den Beispielen erkenntlich, handelt es sich zumeist um juristische Personen. Wertpapierhandel wird berufs- oder gewerbemäßig betrieben. Aufgrund ihrer Organisation sind es Kaufleute i. S. d. § 1 HGB, die Spezialkenntnisse und einen optimalen Zugang zum Kapitalmarkt aufweisen. Sie verfügen über beträchtliche finanzielle Ressourcen, die sowohl aus Eigen- als auch aus Fremdkapital bestehen. Es erfolgt damit sowohl eine Refinanzierung als auch eine Absicherung aus Hedge-Geschäften. Sie können als Großaktionäre auch strategische Ziele verfolgen und sind nicht ausschließlich als Preisnehmer zu bezeichnen, da sie Marktmacht besitzen. Ihr Auftreten auf dem Kapitalmarkt kann als dauerhaft und planmäßig eingestuft werden. Ein Rückzug vom Kapitalmarkt erfolgt nicht planmäßig. Eine Gewinnerzielungsabsicht ist ihrer Struktur immanent.

In Zusammenhang mit der Einteilung der Anlegergruppen stellt sich auch die Frage, warum nicht auf die Rechtsfiguren des Verbrauchers (§ 13 BGB) und Unternehmers (§ 14 BGB) im BGB zurückgegriffen wurde beziehungsweise wie sich diese Begriffe vom Anlegerbegriff unterscheiden.[80] Eine Übernahme des Verbraucherbegriffs auf den Börsenmarkt verbietet sich in gleicher Weise wie die Übernahme der allgemeinen kapitalmarktrechtlichen Anlegerdefinition in das Börsenrecht. Der Verbrau-

[79] Bornmüller, Gerd (2002), S. 114, nimmt in diesem Zusammenhang eine Trennung zwischen den Begriffen Investor und Institutioneller Anleger vor, die in dieser Differenzierung weder in der Wissenschaft noch in der Praxis anzutreffen ist. Es ist nicht dem Ansatz zu folgen, dass der Investor immer eine Unternehmerqualität aufweise.

[80] Siehe dazu systemisch: Palandt / Heinrichs, Helmut (2003), § 13 u. § 14.

cher- und Unternehmerbegriff des BGB ist zu undifferenziert und unstrukturiert für den Börsenmarkt.[81] So ist zwar der Verbraucher-Anleger, wie die Bezeichnung aussagt, eindeutig als Verbraucher zu qualifizieren, auch handelt es sich bei den Institutionellen Anlegern zweifellos um Unternehmer, jedoch lässt sich das hybride Wesen des Privatanlegers nicht in dieses Schema einordnen. Aufgrund der Anlage und Verwaltung eigenen Vermögens in Form des Wertpapierhandels – der BFH unterscheidet zwischen gewerblichem Beteiligungshandel und privatem Wertpapierhandel[82] - würde er als Verbraucher eingeordnet werden.[83] Dies ließe sich aufgrund der Motive des Privatanlegers und des Vergleichs mit der Interessenlage anderer Prototypen des Verbrauchers weder vom Ergebnis noch von der Dogmatik her begründen. Der Privatanleger befriedigt durch die Wertpapieranlage kein Grundbedürfnis. Er übernimmt auf dem Kapitalmarkt auch nicht die typische Rolle des Konsumenten, sondern tritt auch als Anbieter auf. Seine wirtschaftliche Stellung ist zudem nicht durch ein Abhängigkeitsverhältnis gekennzeichnet, wie es bei Arbeitnehmern oder Mietern als Prototypen des Verbraucherrechts anzutreffen ist. Alles spricht dafür, dass er weder seine Natur noch seine Schutzbedürftigkeit mit der eines Verbrauchers gemeinsam hat. Dem Privatanleger jedoch gleich die Rolle eines Unternehmers zuzuweisen wird seinem Auftreten auf dem Kapitalmarkt aber ebenso wenig gerecht.

Das gleiche Argument der Unstrukturiertheit oder der fehlenden Genauigkeit verhindert auch eine Transformation der oben gezeigten allgemeinen kapitalmarktrechtlichen Definition. Sie enthält, wie ebenfalls gezeigt, auch die Gruppe der Verbraucheranleger. Diese ist jedoch naturgemäß keine Teilnehmergruppe des Börsenmarktes, an den sich die hier untersuchte Ad-hoc-Publizität richtet. Der Börsenmarkt bietet aus seiner Natur heraus risikoträchtige Anlagen mit den einhergehenden Gewinnchancen an. Gerade die jetzige Börsenflaute zeigt, dass Aktien Risikopapiere sind. Der Verbraucheranleger ist jedoch, wie beschrieben, risikoavers und sucht eine Wertsicherung seines Kapitals. Ihn in den Anlegerbegriff zu integrieren hieße, ihn auch mit einer falschen Rolle zu belegen. Verirrt sich doch einmal ein Verbraucheranleger unter die Börsenteilnehmer, so befindet er sich auf einem für ihn inadäquaten Markt und wird sich spätestens nach empfindlichen Kursverlusten schnellstens vom Markt verabschieden. Ihn vom Börsenmarkt fernzuhalten – z. B. durch Beratung

---

[81] Siehe zu diesem Problemfeld: Wagner, Klaus-R. (2003), S. 649 ff.

[82] BFH (2001), S. 1287.

[83] Siehe ausführlich zu dieser Unterteilung des BFH: Milatz, Jürgen / Ehlers, Ernst-August (2002), S. 2291 ff.

und Aufklärung – gehört zum Verbraucherschutz mit kapitalmarktrechtlichem Bezug und nicht zum nachfolgend beschriebenen Anlegerschutz.
Nach den gewonnenen Erkenntnissen fällt unter die Anlegerschaft des Börsenmarkts nur der Privatanleger und der Institutionelle Anleger, und nur sie sind damit Adressat der Ad-hoc-Publizität.
Damit kann der börsenrechtliche Anlegerbegriff wie folgt definiert werden:
Es handelt sich um eine natürliche oder juristische Person, die auf dem sekundären Kapitalmarkt als Nachfrager oder Anbieter von Wertpapieren mit Gewinnerzielungsabsicht Kapital investiert oder desinvestiert.
Bei der hier vorgenommenen Eingrenzung des Begriffs Anleger ist auch auf den im internationalen Kapitalmarktrecht gebräuchlichen Begriff des Investors einzugehen. Immer wieder wird darauf hingewiesen, dass die internationalen Publizitätsinstrumente im Gegensatz zu den nationalen investororientiert seien. Aufgrund dieser Investororientiertheit seien sie den zumeist auf die Gläubigerschaft ausgerichteten deutschen Normen überlegen.[84] Diese Aussage ist jedoch als zu indifferent zu bewerten. Es muss in aller Deutlichkeit festgestellt werden, dass sowohl der Investorbegriff des internationalen Kapitalmarktrechts als auch die hier vorgenommene Definition des Anlegers sowohl den Eigenkapitalgeber als auch den Fremdkapitalgeber erfasst – wobei auch hier wiederum darauf hingewiesen werden muss, dass die Grenzen zwischen Fremdkapital und Eigenkapital fließend sind. Deutlich wird dies im Frame Work der IAS, das auch die Kreditgeber und weitere Gläubiger aufzählt.[85] Es besteht damit aus der Sache heraus kein Unterschied zwischen den internationalen Publizitätsadressaten und den nationalen. Auch die internationalen Informationsinstrumente bezwecken den Gläubigerschutz. Sehr wohl besteht jedoch ein Unterschied in den Schutzkonzepten der internationalen und nationalen Publizitätsinstrumente. Dies wird am Beispiel der Jahresabschlusspublizität deutlich. Sowohl der Jahresabschluss nach IAS als investororientiertes internationales Publizitätsinstrument als auch der Jahresabschluss nach HGB, einem anerkannt gläubigerorientierten Informationsinstrument, erfassen als Adressaten den Gläubiger und zugleich den Anleger. Der Unterschied zwischen beiden Informationsinstrumenten wird jedoch im Schutzkonzept deutlich. Die IAS schützen den Gläubiger nur durch informationelle Maßnahmen, die zum Ziel haben, dem Gläubiger ein möglichst der Wirklichkeit entsprechendes

[84] Dies stellte ein Erwägungsgrund für die Einführung des § 292a HGB durch den Gesetzgeber dar.
[85] Framework des IASC, F 8.

Bild vom Unternehmen zu liefern. Diese Informationsfunktion steht jedoch beim Jahresabschluss nach HGB nicht im Vordergrund. Primär wird hier der Gläubigerschutz durch Maßnahmen der Kapitalerhaltung erreicht. Durch sie wird die Informationsfunktion des Jahresabschlusses empfindlich gestört.[86]
Festzustellen ist damit, dass es sich bei den nationalen Informationsinstrumenten wie dem Jahresabschluss sehr wohl um Instrumente handelt, die auf den Investor ausgerichtet sind; jedoch wird dieser Investor nicht allein durch den Mechanismus Information und Transparenz geschützt, sondern durch weitere Maßnahmen, die im Endeffekt dem Transparenzgedanken zuwiderlaufen. Dass die nationalen Informationsinstrumente nicht dem Investorschutz dienen bzw. nicht auf den Investor ausgerichtet sind, kann nur festgestellt werden, wenn man den Begriff des Investorschutzes auf den Schutz durch den Mechanismus Information und Transparenz beschränkt. In dieser Weise ist auch der hier entwickelte kapitalmarktrechtliche Begriff des Anlegers vom gesellschaftsrechtlichen Begriff des Gläubigers zu unterscheiden. Es handelt sich primär nicht um eine personelle Unterscheidung. Solange der Gläubiger seine Fremdkapitalhingabe über den hier betrachteten Börsenmarkt abwickelt, handelt es sich bei der Gläubigerschaft und der Anlegerschaft um personell identische Gruppen. Die beiden Begriffe sind viel eher nach der funktionellen Betrachtungsweise abzugrenzen. Nimmt man den Fremdkapitalgeber in seiner vertraglichen oder verbandsrechtlichen Beziehung zum Emittenten ins Visier, so handelt es sich bei dem Fremdkapitalgeber um einen Gläubiger. Wird hingegen der Fremdkapitalgeber in seinem Verhältnis zum Kapitalmarkt betrachtet, so handelt es sich um einen Anleger. Damit stehen die Begriffe des Anlegers und des Gläubigers personell nicht in einem Ausschließlichkeitsverhältnis; ein gravierender Unterschied besteht jedoch in ihrer unterschiedlichen funktionellen Rolle.

Aufbauend auf der Begriffsbestimmung des Anlegers kann auch der Begriff des Anlegerschutzes definiert und erläutert werden. Danach wird unter Anlegerschutz der Interessensschutz des oben definierten Anlegers verstanden.
Das Anlegerschutzrecht wird auch als Interessenswahrungsrecht bezeichnet, das den Anleger schützt, der sich im Regelungsdreieck zwischen Vertrag, Verband und Markt bewegt. Nicht unter den Anleger-

[86] Dies wird später - Seite 47 ff. - eingehend untersucht.

schutz fällt, wie schon erwähnt, der Schutz des Unternehmergesellschafters oder des Aktionärs; dies ist Aufgabe des Verbandsrechts.
Eine Trennung zwischen individuellem und kollektivem Anlegerschutz wird immer wieder in der Literatur hervorgehoben. KÜMPEL spricht davon, dass streng zwischen diesen beiden unterschieden werden muss. Der Anlegerschutz als Kollektivschutz sei bei näherem Hinsehen nur ein, wenn auch wesentlicher, Aspekt des Funktionsschutzes.[87] Diese Art von Abgrenzung führt jedoch in die Irre. Sehr wohl trägt auch der individuelle Anlegerschutz zum Funktionsschutz der Kapitalmärkte bei. Von entscheidender Bedeutung ist jedoch die Unterscheidung zwischen Kollektiv- und Individualschutz nicht im Rahmen der Frage nach dem Funktionsschutz, sondern im Rahmen dogmatischer Fragestellungen. So z. B. bei der Frage nach Schadensersatz bei Verletzung von börsenrechtlichen Pflichten wie der Ad-hoc-Publizität im Zuge des § 823 Abs. 2 BGB. Dort spielt es eine entscheidende Rolle, dass der Gesetzgeber den börsenrechtlichen Schutzbestimmungen zumeist nur eine kollektivschützende Wirkung zuschreibt.[88]
Wenn nun der Anlegerschutz als Interessenwahrungsrecht begriffen wird, stellt sich die Frage, wovor der Anleger geschützt werden muss. Diese Frage kann nur nach einem Blick auf die Risikostruktur beantwortet werden.
Nach HOPT unterscheidet man Substanzerhaltungs-, Informations-, Abwicklungs- und Verwaltungs-, Interessensvertretungs- und Konditionenrisiko.[89] Dabei wird bei dieser Risikoeinteilung keine Vollständigkeit beansprucht. ASSMANN weist hinsichtlich dieser Einteilung zu Recht darauf hin, dass sich diese Einzelrisiken auf ein übergeordnetes Informations- und Überwachungsrisiko zurückführen lassen, das immer dann auftritt, wenn Investitions- und Sparentscheidung auseinander fallen.[90] Das Gleiche gilt auch für die Risikounterteilung, die im angelsächsischen Raum vorgenommen wird und die wegen ihrer klaren Strukturierung hier bevorzugt wird. Danach unterscheidet man nach dem bad faith risk, also dem Risiko, das aus Betrug, Irreführung oder der gezielten Vorenthaltung wesentlicher Informationen resultiert, dem prudential risk, das auf dem Unternehmenszusammenbruch durch unfähiges Management oder auf Kapitalmangel basiert, dem complexity oder unsuitability risk, das die Anleger bei Vornahme einer ihnen nicht verständlichen oder für ihre Belange

[87] Kümpel, Siegfried (2000b), S. 19.
[88] Siehe Seite 210 ff.
[89] Hopt, Klaus (1975), S. 82 ff.
[90] Assmann, Heinz-Dieter (1992), Einl. A-D Rn. 373.

ungeeigneten Anlage eingehen, und schließlich dem performance risk, das darin besteht, dass die Investition nicht die erhoffte Rendite abwirft.[91] Ergänzt wird der hier getroffene Katalog teilweise noch um das sog. systematische Risiko, dessen Effekt auch nur als Dominoeffekt bezeichnet wird. Unter systematischem Risiko versteht man die Gefahr, dass wirksam werdende einzelwirtschaftliche Risiken wegen der Verkettung von Finanzmärkten und Geschäften andere Marktteilnehmer treffen und zum Kollabieren des gesamten Finanzsystems führen können.[92]

Nach der Betrachtung der Risikostruktur, der der Anleger unterliegt, ergibt sich eine immanente Begrenzung des Anlegerschutzes. Der Anleger darf nicht vor dem performance risk beschützt werden. Diese grundlegende Schutzbereichsbegrenzung ergibt sich aus dem Wesen von Börsenpapieren. Es sind Risikopapiere. Mit ihrem Risiko korrespondiert grundsätzlich auch die Chance auf eine hohe Rendite. Nähme man der Anlage das Risiko durch eine Art anlegerschützende Versicherung, so beraubte man die Anlage gleichzeitig ihrer Chancen.[93] Damit beginge man einen fundamentalen Eingriff in die Anreizstruktur des Kapitalmarkts und würde seine Allokationsfunktion unterlaufen. Folglich ist festzustellen, dass das Börsenrecht unter keinen Umständen den Anleger vor den inhärenten Risiken bewahren darf. LOSS, der das erste Lehrbuch zum US-amerikanischen Kapitalmarktrecht vorlegte, sprach von dem „sacred right to make a foul of oneself".[94] Diesen Weg beschreitet auch das europäische Kapitalmarktrecht, wenn es davon ausgeht, dass die inhärenten Kapitalmarktrisiken beim Anleger verbleiben sollen.[95]

MÖLLERS definiert den Anlegerschutz als Schutz der intellektuell oder wirtschaftlich unterlegenen Partei.[96] Er integriert damit der Definition des Anlegerschutzes bewusst oder unbewusst eine sozialstaatliche Komponente. Fraglich ist jedoch, ob der Anlegerschutz eine solche sozialstaatliche Komponente tatsächlich aufweist. Zumeist werden bei diesem Streitpunkt ökonomische Argumente ins Feld geführt. Es wird davon gesprochen, dass die Börse als „Altar der freien Marktwirtschaft" ihre Funktion nur bei Entfaltung des freien Spiels der Marktkräfte ausüben könne. Nur eine Reglementierung, die als Förderung und Unterstützung dieser

---

[91] Siehe: Fleischer, Holger (2002), F 33, Bezug nehmend auf die Einteilung der Financial Services Authority FSA.
[92] Büschgen, Hans E. (2001), S. 1429.
[93] Engels, Wolfram (1992), S. 11 u. S. 30.
[94] Vgl. Loss, Louis (1951); Zitat aus: Loss, Louis (1967), S. 208.
[95] Emissionsprospektrichtlinie, Erwägungsgrund 1.
[96] Möllers, Thomas (1997), S. 347 f.

freien Marktwirtschaft angesehen werden könne, wäre zulässig. Führe man auf dem Börsenmarkt sozialstaatliche Elemente ein, so käme es zu hohen volkswirtschaftlichen Einbußen. Dieser Kritik ist uneingeschränkt zuzustimmen; jedoch greift ihr Argumentationsmoment zu spät ein. Eine Einführung sozialstaatlicher Aspekte in das Börsenrecht ist schon aus näher liegenden Gründen zu verneinen. Wie bereits bei der Eingrenzung des Begriffs des Anlegers festgestellt, eignet sich der Börsenmarkt als Risikokapitalmarkt für den Verbraucher-Anleger nicht. Der Verbraucher-Anleger muss nicht „auf dem Markt" geschützt werden, sondern „vor dem Markt". Dies jedoch als Anlegerschutz zu bezeichnen sprengt m. E. sowohl den Anlegerschutzbegriff als auch den ihm innewohnenden Anlegerbegriff. Es verschwimmen zu sehr die Grenzen zwischen Anlegerschutz und Verbraucherschutz, zwei Schutzkonzepte, die aus guten Gründen getrennt betrachtet werden. Als Weiteres stellt sich jedoch die Frage, ob nicht der Schutz der Privatanleger eine sozialstaatliche Komponente aufweist. Nicht abzustreiten ist dabei, dass gerade der Privatanleger als i. S. v. MÖLLERS als wirtschaftlich und intellektuell Unterlegener schutzbedürftig ist. Die reine Schutzbedürftigkeit reicht jedoch für die Bejahung eines sozialstaatlichen Schutzes nicht aus, es muss auch die qualifizierte Schutzwürdigkeit vorliegen. Bei der Beantwortung dieser Frage hinsichtlich des Privatanlegers bietet sich ein Vergleich mit Arbeitnehmern und Mietern an, die beide aufgrund ihrer Schutzwürdigkeit teilweise den Schutz des Sozialstaats genießen. Zentrales Moment der Schutzwürdigkeit ist die Deckung eines lebensnotwendigen Bedarfs. Es wird ein Grundbedürfnis befriedigt.

Anders jedoch beim Privatanleger. Seine Motivation, auf dem börsenrechtlichen Kapitalmarkt aufzutreten, ist die Profiterzielungsabsicht. Für die Deckung von Vorsorgebedürfnissen weiß er sich auf dem falschen Teil des Kapitalmarkts. Es ist auch kein weiterer Umstand erkennbar, der den Privatanleger als schutzwürdig i. S. des Sozialstaats erschienen ließe.

Damit ist festzustellen, dass dem börsenrechtlichen Anlegerschutz jegliche Sozialkomponente fehlt. Dabei ist wieder zu betonen, dass diese Feststellung keine Freikarte für eine Art „Wild-West-Kapitalmarkt" liefert. Der Börsenmarkt braucht eine Regulierung, die die freien Kräfte des Marktes fördert, und diese Förderung, wie noch nachzuweisen sein wird, bedingt auch den Schutz des Anlegers. Dies geschieht jedoch nicht aus sozialstaatlichen, sondern aus marktwirtschaftlichen Gründen.

In diesem Zusammenhang ist auch das vielfach vorgebrachte Argument, dass eine vergrößerte Anzahl von Privatanlegern durch den Ausbau des

Anlegerschutzes die sozialen Sicherungssysteme entlaste, differenziert zu beurteilen. Zum einen ist festzustellen, dass der Börsenmarkt für die soziale Grundversorgung kein geeigneter Ort ist. Risikopapiere sind keine Vorsorgepapiere. Sehr wohl kann jedoch private Vorsorge auf anderen Teilmärkten des Kapitalmarkts betrieben werden.

Zum anderen handelt es sich bei dem Argument, dass mit der Erhöhung der Privatanlegerquote zumindest eine Entlastung der privaten Zusatzvorsorge eintrete, nicht um ein sozialstaatliches Argument, sondern um ein rein volkswirtschaftliches. Dahinter steckt nur das Argument einer volkswirtschaftlichen Gesamtrechnungsprognose. Die Vertreter dieses Arguments gehen davon aus, dass der Nutzen durch einen gesteigerten Anlegerschutz, der in einem erwarteten Ansteigen der Privatanlegerquote zu sehen ist, größer sein wird als der Verlust bzw. die Einbuße an Funktionsfähigkeit des Börsenmarktes. Welcher Zusammenhang zwischen Funktionsfähigkeit und Anlegerschutz besteht, wird in diesem Abschnitt noch eingehend untersucht. Feststellen lässt sich aber schon, dass der Anleger sowohl Funktionsträger als auch Schutzobjekt ist.

In Bezug auf den Anlegerschutz stellt sich hinsichtlich des Idealbilds des Anlegers noch ein weiteres Problem. So geht man allgemein im Kapitalmarktrecht vom „mündigen Anleger" aus – eine Art Pendant zum US-amerikanischen „reasonable investor" –, der seine Entscheidungen rational trifft.[97] Dieses gesetzgeberische Bild des Anlegers als homo oeconomicus stellen jedoch die Erkenntnisse der Behavorial Finance in Frage. Diese befasst sich mit dem tatsächlichen Entscheidungsverhalten von Anlegern. Nach ihren Studien entscheiden sich Anleger häufig nicht rational, sondern weisen eine Reihe von Verhaltensanomalien bei ihren Entscheidungen auf. Genannt sei z. B. der Herdeneffekt. Darunter versteht man die nachahmende Anlage in bestimmte Wertpapiere, die in Form eines Lawineneffekts den Kurs zum unangemessenen Steigen bringen kann und die zu einem Kurswert führen kann, der weit entfernt vom realistischen Kurswert aufgrund einer hypothetischen Fundamentalanalyse ist. Die von der Behavioral Finance aufgezeigten Anomalien erschüttern das Leitbild des Gesetzgebers von der rationalen Transaktionsentscheidung des Anlegers. Festzustellen ist jedoch, dass die irrationale Transaktion immer noch die Ausnahme bildet, und die Konsequenz aus diesen Erkenntnissen darf auch nicht eine Ausweitung des Anlegerschutzes sein, sondern eine allgemeine Aufklärung über den Börsenmarkt und seine Abläufe in der Art eines moral suasion, um die Rationali-

---

[97] Siehe zu diesem Begriff Seite 101.

tät auf den Börsenmärkten zu fördern. Grundsätzlich ist damit am mündigen Anleger als homo oeconomicus festzuhalten und an der Selbstverantwortung des Anlegers nicht zu zweifeln.
Als letzter Punkt im Rahmen der Begriffseingrenzung des Anlegerschutzes ist auf das Verhältnis zwischen Anlegerschutz und Funktionsschutz des Kapitalmarkts einzugehen. Dass der Funktionsschutz des Kapitalmarkts und der Anlegerschutz grundsätzlich jeweils die gleiche Stoßrichtung haben, wird heute nicht mehr bestritten. KÜBLER spricht in diesem Zusammenhang von „zwei Seiten der gleichen Medaille".[98] Bedenklich ist jedoch, Funktionsschutz und Anlegerschutz gleichzusetzen bzw. davon auszugehen, dass mit gesteigertem Anlegerschutz immer auch ein gesteigerter Funktionsschutz einhergeht. Dies beschränkt den Anlegerschutz unzulässig. Der Anlegerschutz wird vom Mittel zum Zweck. Der Anlegerschutz weist jedoch sehr wohl eine eigenständige Rolle auf und es kann sogar ökonomisch geboten sein den Anlegerschutz zu Lasten des Funktionsschutzes zu fördern. Betrachtet man nämlich nur die Kosten, die ein Ausbau des Anlegerschutzes durch die Reduzierung der Funktionsfähigkeit auslöst, nimmt man lediglich eine unzulässig verkürzte gesamtwirtschaftliche Betrachtung vor. Sehr wohl kann es durch den Ausbau des Anlegerschutzes auch zu positiven Effekten und damit zu Nutzen auf anderen Märkten – z. B. zur Entlastung von Vorsorgesystemen – kommen, die die entstehenden Kosten auf dem Börsenmarkt kompensieren oder sogar überkompensieren. Verkürzte man nun den Anlegerschutzbegriff auf einen rein kapitalmarktfunktionsschützenden Anlegerschutzbegriff, so ignorierte dieser die gesamtwirtschaftliche Bedeutung des Anlegerschutzes. Der Anlegerschutz weist somit nach der hier vertretenen Ansicht ohne weiteres auch einen Eigenwert auf.

[98] Vgl. Hopt, Klaus (1995), S. 159.

V. Ökonomische Begründung der Ad-hoc-Publizität

Die Regulierung der Ad-hoc-Publizität stellt sowohl einen Eingriff in die individuelle Handlungs- und Vertragsfreiheit als auch einen Eingriff in das System der freien Marktwirtschaft dar.[99] Dabei bedarf sowohl der Eingriff in die Privatautonomie als auch der Eingriff in die freie Marktwirtschaft in unserem Rechts- und Wirtschaftssystem einer Begründung.[100] Das Besondere an der Rechtfertigung der Ad-hoc-Publizität besteht darin, dass ihre rechtliche Begründung mit der ökonomischen Begründung parallel läuft, ja mit ihr nahezu identisch ist.[101] Der Grund dafür ist in dem speziellen Verhältnis von Privatautonomie zu freier Marktwirtschaft zu sehen. Die Privatautonomie stellt einerseits einen Teil der Freiheitssphäre des grundgesetzlich geschützten Individuums dar, andererseits handelt es sich bei der Privatautonomie um einen Grundbaustein und um eine wesentliche Maxime der Freien Marktwirtschaft.

Eine ökonomische Begründung der Ad-hoc-Publizität kann nicht ohne die Berücksichtigung der wirtschaftswissenschaftlichen Erkenntnisse, allen voran der Kapitalmarktforschung, auskommen.[102] In Form der Kapitalmarkttheorie vermittelt die Kapitalmarktforschung dem Juristen das analytische Rüstzeug, mit dem sich das Kapitalmarktgeschehen besser einordnen und verstehen lässt.[103] Sie bietet mit dem Effizienzkriterium dem Juristen einen Beurteilungsmaßstab an, mit dem der Jurist zumindest ermitteln kann, welche Lösung aus ökonomischer Sicht als besser einzustufen ist. Wer aus juristischer oder philosophischer Sicht den Begriff der Gerechtigkeit als Idee des Rechts vermisst, sei darauf verwiesen, dass hier in Übereinstimmung mit Vertretern der Chicago-School of Law volkswirtschaftliche „allokationseffiziente“ und „gerechte“ Rechtsgestaltungen einander gleichgesetzt werden.[104] Als Pendant zum theoretischen Teil der Kapitalmarktforschung stellt die empirische Kapitalmarkt-

---

[99] Zur Regulierungswut und dem Thema Bürokratieabbau in der Wirtschaft siehe: Handelsblatt vom 15. Januar 2003, Nr. 10, S. 3, mit dem bezeichnenden Titel „Wirtschaft attackiert Regelwut“.

[100] Grooskettler, Heinz (1989), S. 437-445.

[101] Dogmatisch zu ökonomischen Argumenten bei der Rechtsauslegung: Grundmann (1997), Stefan, S. 423 ff.

[102] Zu den allgemeinen Anwendungsfeldern der ökonomischen Theorie im Gesellschafts- und Kapitalmarktrecht siehe: Fleischer, Holger (2001), S. 1 ff.

[103] Neus, Werner / Hirt, Heribert (2001), Sp. 1305.

[104] Posner, Richard A. (1978), S. 109; wohl wissend, welche fundamentalen Probleme die ökonomischen Begriffe Wohlfahrt, Effizienz und der rechtliche Begriff der Gerechtigkeit aufweisen.

forschung aufbereitetes Marktdatenmaterial zur Verfügung, das dazu beitragen kann, die Auswirkungen alternativer Rechtsregeln oder die Wirksamkeit eingeführter Regeln abzuschätzen und Defizite aufzuspüren.[105] Die Übertragung der Erkenntnisse und Methoden der Wirtschaftswissenschaften in den Bereich der Rechtswissenschaften firmiert dabei unter dem Begriff der Ökonomischen Analyse des Rechts, der wiederum dem Oberbegriff Law and Economics zuzuordnen ist. Der sich hinter dem Begriff Law and Economics verbergende Teil der Wirtschafts- und Rechtswissenschaften ist heute als eigenständiger, wenn auch hybrider Teil der Rechts- und Wirtschaftswissenschaften anerkannt.[106]

In der nun folgenden Untersuchung der ökonomischen Begründung der Ad-hoc-Publizität soll nicht nur die spezielle Begründung der Ad-hoc-Publizität des § 15 WpHG alleine auf ihre ökonomische Richtigkeit hin überprüft werden, sondern es soll auch abstrakt Stellung zu einer gesetzlichen Regulierung der Ad-hoc-Publizität bezogen werden.

Die allgemeine Regelungsintention des deutschen Gesetzgebers bei der Schaffung des § 15 WpHG war, die Attraktivität und internationale Wettbewerbsfähigkeit des Finanzplatzes Deutschland durch die Erweiterung der Transparenzvorschriften und durch ein Bündel weiterer Maßnahmen zu verbessern.[107] Die Ad-hoc-Publizität wurde als wichtiges Instrument angesehen, die Transparenz und damit die Funktionsfähigkeit der Finanzmärkte zu erhöhen. Sie soll nach dem Willen des Gesetzgebers die fehlerhafte und inadäquate Bildung von Wertpapierpreisen durch fehlerhafte oder unvollständige Informationen des Marktes verhindern. Eine weitere Funktionsschutzaufgabe nimmt die Ad-hoc-Publizität durch ihre Integration in das Insiderrecht und damit durch dessen Unterstützung wahr.[108]

Fraglich ist nun, ob diese Zielsetzungen des Gesetzgebers vor den Erkenntnissen der Kapitalmarktforschung Bestand haben können und ob nicht weitere Gründe für eine Regulierung der Ad-hoc-Publizität sprechen.

Ausgangspunkt der ökonomischen Analyse muss die Hauptthese der Gegner einer Regulierung der Ad-hoc-Publizität sein, da sie gleichzeitig

---

[105] Möller, Hans Peter / Hüfner, Peter (2001), Sp. 1275.

[106] Siehe das US-amerikanische Grundwerk der Law and Economics: Posner, Richard A. (1973 u. 1988), und das deutsche Pendant: Heinz-Dieter Assmann / Christian Kirchner / Erich Schanze (Hrsg.), Ökonomische Analyse des Rechts, Kronberg, 1978, S. 109.

[107] BT-Drucks. 12/6679, S. 33.

[108] BT-Drucks. 12/7918, S. 96; Hopt, Klaus (1995), S. 147.

die Hauptmaxime der freien Marktwirtschaft und damit den Prüfstein darstellt, an dem sich alle Eingriffe in die freie Marktwirtschaft messen lassen müssen. Die Rede ist von der These, dass Märkte i. S. der freien Marktwirtschaft nicht nur die Fähigkeit besitzen, durch das freie Spiel der Marktkräfte in Form von Angebot und Nachfrage effiziente Ergebnisse hervorzubringen, sondern auch die Fähigkeit zur Selbstregulierung besitzen. In einer nach dieser Maxime strukturierten Wirtschaftsordnung kommt dem Staat nur noch eine Überwachungsfunktion zu, jedoch nicht die Funktion regulatorisch in den Marktprozess einzugreifen.[109] Es wird damit dem Regulierungsvorhaben das Argument entgegengebracht, dass keine Notwendigkeit für eine Regulierung bestehe. Ihre qualifizierte theoretische Ausgestaltung bei gesetzgeberischen Regulierungsvorhaben hat diese Maxime der freien Marktwirtschaft im sog. Coase-Theorem erhalten. RONALD COASE, Mitbegründer der Ökonomischen Analyse des Rechts, untersucht in seinem Hauptwerk den Einfluss von Rechtsnormen auf das Funktionieren von Wirtschaftssystemen.[110] Die Grundzüge des Coase-Theorems, das eigentlich ein Bündel von Thesen enthält, soll hier im Folgenden dargestellt werden, da dieses Modell bzw. Theorem in diesen Grundzügen allen Argumenten gegen eine Regulierung zugrunde liegt.

Wirtschaftliche Vorgänge sind nach Coase gekennzeichnet durch den Erwerb und die Nutzung von Rechten bzw. Rechtsbündeln. Diese Rechte bzw. Rechtsbündel werden von ihm als Handlungs- oder Verfügungsrechte – property rights – bezeichnet. Die Definition, Übertragung und Nutzung dieser Verfügungsrechte verursacht Transaktionskosten. Der Transaktionskostenbegriff umfasst jeden Zeit- und sonstigen Ressourcenaufwand.[111] Nicht unter den Transaktionskostenbegriff fällt jedoch der Preis des property rights an sich. Das Coase-Theorem besteht aus mehreren Sentenzen. Die hier entscheidende lautet, dass es zu effizienten Allokationen von Verfügungsrechten kommt, unabhängig von der ursprünglichen Zuteilung dieser Rechte. Voraussetzung sei, dass die property rights hinreichend definiert und die Transaktionskosten gleich null sind. Als Grund für das Erreichen einer effizienten Allokation wird die

[109] Hayek vergleicht dabei die Aufgabe des Staates mit der eines Wartungspersonals einer Fabrik, das die Arbeits- und Funktionsfähigkeit des Produktionsmechanismus nur überwacht, ohne selbst dort involviert zu sein, Hayek, Friedrich A. von (1980), S. 71.

[110] Coase, Ronald (1960), S. 1 ff.

[111] Siehe zu diesem Ansatz der Neuen Institutionenökonomik: Rudolph Richter / Eirik Furuboton (1996), S. 45.

Möglichkeit zum Tausch bzw. zu Transaktionen angeführt. Das Verfügungsrecht stehe nach Abschluss dieser Transaktionen demjenigen Marktteilnehmer zu, der das größte Interesse an ihm habe. Damit beinhaltet das Coase-Theorem die Feststellung, dass eine wie auch immer strukturierte Rechtsordnung ohne Einfluss auf die Allokationseffizienz sei. Je nach Situation könnten privatrechtliche Vereinbarungen bei ungehinderter Entfaltungsmöglichkeit über den Preismechanismus die property rights effizient verteilen. Nach COASE haben dabei Gesetze nur die Aufgabe, die Rahmenbedingungen für diese privatrechtlichen Vereinbarungen zu schaffen, wobei darunter auch die hinreichende Definition der property rights zu verstehen ist. In dieses „Urmodell" von COASE lässt sich auch die von den Neo-Institutionalisten vorgebrachte Kritik integrieren, dass eine Welt ohne Transaktionskosten Utopie sei und Transaktionskosten sehr wohl die Marktprozesse entscheidend beeinflussen können. Bei einer Berücksichtigung dieser Kritik wird nach COASE demjenigen das property right zugewiesen, der trotz der anfallenden Transaktionskosten von ihm den größten Nutzen hat.
COASE unterstützt damit in seinem Modell die These, dass das freie, unregulierte Spiel der Marktkräfte sowohl Effizienz als auch das notwendige Maß an Selbstregulierung hervorbringe. Dabei lassen sich die Annahmen des Modells unproblematisch auf den Börsenmarkt und den mit ihm parallel vorhandenen Informationsmarkt übertragen.
Aufbauend auf dem Coase-Modell unterstützt auch die Anreiztheorie in Verbindung mit dem Signaling-Ansatz die These von der Selbstregulierungsfähigkeit des Börsen- bzw. Informationsmarktes. Die Grundaussage der Anreiztheorie lautet, dass genügend Anreize auf dem Kapitalmarkt bestehen, auch ohne zwingende Publizitätsvorschriften das Höchstmaß an Informationen bereitzustellen. Es handele sich bei dem Informationsmarkt um einen funktionierenden Markt, der allein auf der Basis von Preismechanismus und privatrechtlichen Transaktionen zu effizienten Ergebnissen führe. Nach der Anreiztheorie haben Informationen fast ausschließlich positive Auswirkungen. Selbst die Weitergabe von „schlechten" Nachrichten steigere letztendlich das Vertrauen der Anleger in das Unternehmen. Es liege somit im Eigeninteresse des Unternehmens, für optimale Information zu sorgen. Als eine Spielform der Anreiztheorie kann der Signaling-Ansatz gesehen werden. Der Ansatz geht davon aus, dass ein Unternehmen, das den Kapitalmarkt einmal informiert hat, diesen weiterhin mit Informationen versorgen müsse, da der Markt

ein plötzliches Schweigen als negatives Signal verstehen würde. Im Markt gelte nämlich die Regel: „no news heißt bad news".[112]
Gegen die oben geführte Argumentation der Effizienz und Selbstregulierungsfähigkeit des Börsenmarktes sprechen jedoch sowohl schwerwiegende dogmatische als auch empirische Erkenntnisse.
Zuerst soll auf die Behauptung eingegangen werden, dass es sich bei dem Kapitalmarkt nach dem Vorbild von COASE um einen effizienten Kapitalmarkt handele. Dabei wird auf die Erkenntnis zurückgegriffen, dass Kapitalmarkt und Informationsmarkt sog. Parallelmärkte sind und eine Dependenz in der Weise besteht, dass ein effizienter Kapitalmarkt immer auch einen effizienten Informationsmarkt voraussetzt.[113] Soll nun der Kapitalmarkt nach COASE effizient sein, so muss dies auch für den Informationsmarkt gelten. In Anlehnung an FAMA werden in Abhängigkeit von Aktualität und Verfügbarkeit einer abgrenzbaren Informationsmenge drei Formen der Informationseffizienz auf dem Kapitalmarkt unterschieden:[114]
Als „schwach informationseffizient" wird ein Kapitalmarkt eingestuft, wenn alle Informationen, die in historischen Kursen enthalten sind, durch die gegenwärtigen Kurse reflektiert werden. Aktuelle Informationen, die öffentlich verfügbar sind oder private Informationen darstellen, werden nicht durch die Preise reflektiert.
„Mittelstrenge Informationseffizienz" liegt vor, wenn zusätzlich zur Situation der „schwachen Informationseffizienz" alle öffentlich verfügbaren Informationen in den heutigen Kursen enthalten sind. Die Auswertung öffentlich verfügbarer Informationen wäre dann nutzlos.
Von „strenger Informationseffizienz" ist auszugehen, wenn alle überhaupt verfügbaren Informationen – also auch Insiderwissen – zusätzlich zu den historischen und den öffentlich zugänglichen Informationen in den heutigen Kursen verarbeitet sind („always fully reflect"). Eine Veröffentlichung von Informationen erwiese sich als nutzlos, da sie ohnehin im Börsenkurs enthalten sind, unabhängig von der Frage, ob sie zugänglich sind oder nicht.
Folgte man der Ansicht von COASE und seinen Anhängern, so müsste sich der Informationsmarkt im Zustand der „strengen Informationseffizienz" befinden. Die „strenge Form" der Informationseffizienz gilt jedoch sowohl aus theoretischen als auch aus empirischen Gründen als widerlegt.

---

[112] Coffee, John C. (1984), S. 717 ff.
[113] Siehe nur: Wagner, Franz W. (1982), S. 747 ff.
[114] Siehe nur: Fama, Eugene F. (1970).

Dogmatisch spricht gegen diese Form der Effizienz das sog. Effizienzparadoxon. In der „strengen Form“ müssten sich die Informationen so rasch im Preis widerspiegeln, dass keine Möglichkeit besteht, durch deren Auswirkung Handlungsvorteile zu erzielen. Damit entfiele jedoch für die Marktteilnehmer der Anreiz, überhaupt Informationen auszuwerten, da diese Auswertung nur Kosten verursacht. Werden jedoch die Informationen von keinem Marktteilnehmer ausgewertet und daher auch nicht den einzelnen Investitionsentscheidungen zugrunde gelegt, stellt sich die Frage, wie sich diese Informationen im Preis widerspiegeln können, so dass ein effizienter Markt besteht. Bewertet man das hier vorgebrachte Argument als dogmatische Spitzfindigkeit und geht mit GROSSMANN/STIGLITZ davon aus, dass der Informationsmarkt ständig in Richtung Effizienz tendiert, so stehen den Behauptungen von COASE noch gewichtige empirische Erkenntnisse entgegen.[115]

Ginge man auch nur von einer Tendenz des Informationsmarktes in Richtung Effizienz aus, so dürften Ad-hoc-Mitteilungen keinen wesentlichen Effekt auf die Börsenkurse haben. Dies wird jedoch durch führende Arbeiten der empirischen Kapitalmarktforschungen mittels sog. Event-Studien belegt.[116] Danach weisen Ad-hoc-Meldungen signifikante Wirkungen auf den Börsenkurs aus. Als weitere wertvolle Erkenntnis wurde sogar festgestellt, dass die Aktien von Nebenwerten auf Ad-hoc-Mitteilungen stärker reagieren als die Aktien von DAX- und MDAX-Werten.[117]

Es ist also davon auszugehen, dass keine Informations- und damit auch keine Kapitalmarkteffizienz herrscht.

Es bliebe damit ein Anwendungsspielraum für die Ad-hoc-Publizität. Diese könnte auf zwei Arten die auch von COASE angestrebte „strenge Informationseffizienz“ auf dem Kapitalmarkt fördern. Zum einen kann sie die Informationsdichte erhöhen, indem sie den Emittenten zwingt Informationen zu veröffentlichen, die noch nicht auf dem Informationsmarkt angeboten werden.[118] Zum anderen kann die Ad-hoc-Publizität die Transaktionskosten reduzieren, indem sie die private Informationsbeschaffung substituiert und so dem Anleger Informationskosten erspart.[119]

In Bezug auf die Kostensituation bei der Ad-hoc-Publizität wird immer wieder die Kritik laut, dass die Ad-hoc-Publizität zu zusätzlichen Kosten

---

115 Grossmann, S. / Stiglitz J. E. (1980), S. 404.

116 Leis, Josef / Nowak, Eric (2001); Oerke, Marc (1999), Röder, Klaus (2000).

117 Röder, Klaus (2000), S. 567.

118 Grossmann, S. / Stiglitz, J. E. (1980), S. 393-408.

119 Ewert, Ralf (1989), S. 260; Hartmann-Wendels, Thomas (1989), S. 714 ff.

für die Emittenten führe.[120] Es wird vor allem auch für kleinere Unternehmen eine Kostengefahr beschrieben.[121] Fraglich ist jedoch, ob es sich bei diesen Kosten um „echte" zusätzliche Kosten handelt und ob der Nutzen der zusätzlichen Informationsbeschaffung nicht größer ist, als es die entstehenden Kosten sind.

Bei der Bezeichnung der Ad-hoc-Publizität-Kosten als zusätzliche Kosten ist nämlich zu beachten, dass im Unternehmen schon ein ausgeprägtes Informationssystem besteht, das auch zur Gewinnung von Ad-hoc-Publizität-Tatsachen genutzt werden kann. Als Erstes ist das externe und interne Rechnungswesen zu nennen. Sowohl für die Maßnahmen des externen Rechnungswesens, wie die Jahresabschlusserstellung, als auch für Maßnahmen des internen Rechnungswesens, wie die Kosten- und Leistungsrechnung, besteht im Unternehmen schon ein Informationssystem. Als zweiter wichtiger Baustein des bestehenden Informationssystems ist auch das vom § 91 Abs. 2 AktG geforderte Überwachungssystem zur Risikofrüherkennung zu nennen.

Es ist davon auszugehen, dass schon das bestehende Informationssystem den größten Teil der geforderten Daten bei der Ad-hoc-Publizität liefert. Es bleiben damit nur geringe Kosten als echte zusätzliche Kosten übrig.

Bei diesen zusätzlichen Kosten stellt sich nun sofort die Frage, ob das durch die Ad-hoc-Publizität und damit parallel zu den zusätzlichen Kosten entstehende Mehr an Information nicht auch einen kostendeckenden Zusatznutzen generiert. Wird nämlich das Informtionssytem ausgebaut und steigt damit auch gleichzeitig die Informationsqualität und –quantität, so kann dieses Mehr an Information auch innerbetrieblich zur Steuerung der Betriebsprozesse genutzt werden. Auf diese Weise führt die Einführung eines Ad-hoc-Publizität-Systems und das einhergehende Mehr an Information auch zu einem verbesserten Controlling. Es steigt auch die Qualität des Früherkennungssystems und gleichzeitig nimmt das Risiko von Regressansprüchen ab. Über diesen innerbetrieblichen Nutzen hinaus sinken durch das Mehr an Transparenz auch die Kapitalkosten. Alles in allem kann man schließlich davon ausgehen, dass den Unternehmen letztendlich keine Mehrkosten verbleiben.

Neben dem empirischen Nachweis, dass der Kapitalmarkt aus sich selbst heraus keine effizienten Ergebnisse hervorbringt und der Einsatz

---

[120] So z. B. Pellens, Bernhard (1991), S. 67.

[121] Hettler, Stephan (1995), S. 276 ff.; Hennerkes, Brun-H. / Kirchdörfer, Rainer (1994), S. 14; Hennerkes, Brun-H. (1995), S. B4.

der Ad-hoc-Publizität zur Steigerung seiner Effizienz beitragen kann, können die Behauptungen des Coase-Theorems und der Anreiztheorie auch kapitalmarkttheoretisch widerlegt werden. Übergangen wird dabei das empirische Argument, dass das von COASE beschriebene privatrechtliche Vertragssystem zwischen Emittent und Anleger lediglich bei einer Minderheit von Institutionellen Anlegern in der Realität zu beobachten ist.

Das Coase-Theorem und die Anreiztheorie finden nämlich keine Antwort auf die Probleme der asymmetrischen Information, und die Anreiztheorie ignoriert mögliche taktische und strategische Anreize zur Nichtpublizität durch den Emittenten.

Unter asymmetrischer Information ist der Zustand zu verstehen, dass zwei Marktteilnehmer – in der Regel der Träger von Angebot und der Träger von Nachfrage – über einen unterschiedlichen Informationsstand verfügen.[122] Der unterschiedliche Informationsstand kann zum einen darin begründet sein, dass die geforderte Information erst ex-post festgestellt werden kann, da sie bspw. ein Ergebnis von Marktprozessen ist. Diese Unsicherheit der Information wird auch als zeitliche Informationsasymmetrie bezeichnet.[123] Zum anderen kann die Information objektiv bestehen, jedoch resultiert der unterschiedliche Informationsstand aus einem verschiedenen Informationszugang.[124] Das Informationsdefizit kann sich bspw. auf Qualität und Nutzen von Gütern, aber auch auf Daten wie den markträumenden Preis beziehen. Hier steht die asymmetrische Information der Kapitalmarktteilnehmer in Bezug auf die Qualität von Wertpapieren im Vordergrund. Dabei ist der Zustand der asymmetrischen Information sowohl im Verhältnis der Anleger in ihrer Rolle als Anbieter und Nachfrager als auch im Verhältnis des Emittenten zu seinem Management festzustellen. Die Probleme der asymmetrischen Information kanalisieren sich in zwei Effekte, die in der Wirtschaftswissenschaft als Effekt der Adversen Selektion und den Effekt des Moral Hazard in Principal-Agent-Beziehungen bezeichnet werden.

Der Effekt der Adversen Selektion, den AKERLOF erstmals in seinem sog. Lemons-Modell am Beispiel des Gebrauchtwagenmarktes demonstriert hat, tritt auf allen Märkten auf, auf denen asymmetrische Information bezüglich der Qualität des Handelsgutes zwischen Anbieter und Nach-

---

[122] Siehe zum Begriff der Informationsasymetrie: Kamp, Andreas / Ricke, Markus (2003), S. 527 ff.; zur rechtlichen Dimension der Informationsasymetrie: Fleischer, Holger (2001a).

[123] Meyer, Dirk (1990), S. 104 ff.; Schmidt, Ingo (1996), S. 40.

[124] Fritsch, Michael / Wein, Thomas / Ewers, Hans J. (1993), S. 185.

frager vor Vertragsschluss vorliegt.[125] Diese Situation ist auf dem Kapitalmarkt auch zwischen den Anbietern und Nachfragern von Aktien anzutreffen. Genannt sei hier der Verkauf von Aktien durch Unternehmensinsider oder Institutionelle Anleger an Privatanleger. Nun spielt sich aufgrund dieser Ausgangslage Folgendes auf dem Kapitalmarkt ab: Die Anbieter kennen die ungefähre Qualität ihres Wertpapiers und fordern mindestens den Preis, den sie dieser Qualität zuweisen. Im Gegensatz dazu kennen die Nachfrager die Qualität der Wertpapiere im Einzelnen nicht. Sie wissen nur, dass die Qualität einer bestimmten Verteilung entspricht. Befänden sich die Nachfrager auf einem Markt ohne asymmetrische Information, böten sie der Qualität entsprechend. So bildet der Durchschnittspreis, der sich an ihrer Kenntnis über die Verteilung der Qualität orientiert, die erste Begrenzung für ihren Angebotspreis. Darüber hinaus reduzieren sie diesen Angebotspreis um einen Risikoaufschlag, der das Risiko absichert, dass ein Anbieter aufgrund der asymmetrischen Information keinen „angemessenen" Preis für seine Wertpapiere verlangt. Dieses Maximal-Angebot ist jedoch für die Anbieter von Wertpapieren, die eine höhere Qualität als die Durchschnittsqualität besitzen, nicht annehmbar. Sie werden zum Durchschnittspreis nicht verkaufen und verlassen den Markt. Damit sinkt jedoch die durchschnittliche Qualität auf dem Markt. Im Zuge dessen verringert sich auch das Maximal-Angebot der Nachfrager, worauf wieder der nun betroffene Teil der Anbieter den Markt verlässt. Der Effekt setzt sich über den Zustand, dass nur noch die schlechteste Qualität an Wertpapieren gehandelt wird, bis zum Marktversagen fort. Dieser Effekt ist nur zu stoppen, wenn die zum Handel notwendige Transparenz geschaffen wird. Für ihre Schaffung kommt sowohl der Anleger als auch der Emittent in Frage. Der Anbieter, der seinen Insidergewinn realisieren will, hat jedoch keinen Anreiz dazu Transparenz zu schaffen. Die Anbieter qualitativ überdurchschnittlicher Wertpapiere befinden sich in der Problemlage, dass sie zumeist nicht in der Lage sind, Transparenz zu schaffen. So fehlt es ihnen meistens an beweiskräftigen Informationen über die Qualität ihrer Wertpapiere.

Man könnte nun die Emittenten in dieses Geschehen integrieren und fragen, warum sie, die ein großes Interesse an der Handelbarkeit ihrer Wertpapiere haben, nicht aus Eigeninteresse die notwendige Transparenz schaffen. Dies leitet zum Problem des Moral Hazard in Principal-Agent-Beziehungen und zu den bestehenden Interessenkonflikten zwischen Emittent und Anleger hinsichtlich des Transparenzgrades über.

[125] Akerlof, Georg A. (1970), S. 489.

Denn das Problem der asymmetrischen Information liegt nicht nur darin, dass sie den Effekt der Adversen Selektion hervorruft, sondern auch die Lösung des Adversen-Selektions-Problems erschwert.
Die asymmetrische Information ruft nämlich auch das Problem des Moral Hazard in Principal-Agent-Beziehungen hervor. Dabei kann das Verhältnis von Emittent zu seinem Management plastisch als Principal-Agent-Beziehung charakterisiert werden. Der Emittent als Principal überträgt die Aufgabe der Geschäftsführung an seinen Agenten in Form des Managements. Der Emittent kann dabei die Arbeit des Managements nicht vollends kontrollieren und es besteht aufgrund dieser Struktur ein Zustand asymmetrischer Information. Hinzu tritt der Umstand, dass eine Maximierung des Principal-Nutzens nicht unbedingt auch eine Maximierung des individuellen Nutzens des Managements darstellen muss. Grundsätzlich ist es zwar so, dass, was dem Unternehmen nutzt, auch dem Management indirekt nutzt; nur gibt es davon gewichtige Ausnahmen. So kann die Honorierung von Managementleistungen durch Stock-Options-Programme oder ein bevorstehender Management-Buy-Out die Interessenslage divergieren lassen. Sieht das Management seine individuellen Geschäfte durch die Veröffentlichung von Informationen gefährdet, so besteht das Risiko – Moral Hazard -, dass es sich gegen eine Veröffentlichung entscheidet, obwohl das Unternehmenswohl diese geböte. Auch dieses Risiko quittieren die Nachfrager mit einem Risikoabschlag auf ihren Angebotspreis.
Aber noch weitere Gründe sprechen dafür, dass nicht genügend Anreize für eine Publizität vorliegen. Es ist zwar richtig, dass Unternehmen, die Informationen zurückhalten oder manipulieren, vom Markt „bestraft" werden, jedoch geschieht dies nur auf längere Sicht. Es kann sehr wohl für das Unternehmen von Vorteil sein, eine kurzfristige Strategie zu verfolgen und Informationen zurückzuhalten oder zu manipulieren. Außerdem lassen sich Szenarien entwickeln, bei denen das Verschweigen und Manipulieren von Informationen auch auf längere Sicht keine Folgen hat, da aufgrund externer Effekte die Umstände, die der negativen Nachricht zugrunde lagen, neutralisiert worden sind.
Darüber hinaus gibt es noch einen weiteren wichtigen Anreiz für das Unternehmen, der es veranlassen kann, die notwendige Transparenz nicht herzustellen. Gemeint ist der Anreiz, sich durch die zu schaffende Transparenz, die auf dem Kapitalmarkt einen Nutzen hervorbringt, nicht auf anderen Märkten zu schaden. Nicht zu vergessen ist nämlich, dass das Unternehmen nicht nur am Finanzmarkt auftritt. Es ist schließlich auch auf den operativen Märkten vertreten. So kann die Freigabe einer

Information die Stellung des Unternehmens auf dem Kapitalmarkt verbessern, jedoch die strategische Position auf den operativen Märkten verschlechtern. Genannt seien z. B. sensible Daten über Forschungsprojekte. Als wichtige Daten für die Bewertung von Wertpapieren fördern sie die Stellung des Unternehmens auf dem Finanzmarkt, schwächen jedoch vielleicht die Position auf den Wettbewerbsmärkten, wenn durch die Informationsweitergabe über den Kapitalmarkt an die Wettbewerber des Unternehmens ein Wettbewerbsvorsprung gemindert wird.
Wie zu sehen ist, stellt sich die Anreizstruktur des Emittenten sehr differenziert dar. Es kann nicht davon ausgegangen werden, dass er ständig dem Anreiz unterliegt, die für einen effizienten Kapitalmarkt notwendige Transparenz herzustellen.
Da das Gleiche auch für die Anbieter der Wertpapiere festgestellt wurde, muss davon ausgegangen werden, dass die negativen Effekte der asymmetrischen Information das von COASE und seinen Mitstreitern angestrebte Ziel der Kapitalmarkteffizienz vereiteln. Der Kapitalmarkt besitzt damit nicht die Fähigkeit, sich selbst vor den Ursachen des Marktversagens zu schützen, und in diese Lücke der Transparenz stößt nun die Ad-hoc-Publizität des § 15 WpHG. Dabei entfaltet diese Ad-hoc-Publizität in zweifacher Hinsicht ihre positive Wirkung auf die Kapitalmarkteffizienz: Zum einen beschränkt sie den Handlungsspielraum der Unternehmen, andere Interessen als die des Kapitalmarkts zu verfolgen – überwiegende Interessen werden durch die Befreiungsvorschriften berücksichtigt -, und zum anderen dämmt sie durch das Haftungs- und Kontrollsystem auch das Problem des Moral Hazard ein.
Festzuhalten ist damit, dass es sich bei der Regulierung der Ad-hoc-Publizität hinsichtlich des beabsichtigten Funktionsschutzes des Kapitalmarkts und der angestrebten Kapitalmarkteffizienzsteigerung um eine ökonomisch sinnvolle Maßnahme handelt.

Danach stellt sich immer noch die Frage, warum eine Regulierung durch den Gesetzgeber erfolgen musste und dies nicht den Börsen überlassen wurde. Auch hier könnte man im Sinne einer analogen Anwendung der Anreiztheorie argumentieren, dass es ja genug Anreize für die Börse gebe, eine Ad-hoc-Publizität einzuführen und effektiv durchzusetzen. Schließlich profitiert sie ja durch die mit der erhöhten Transparenz einhergehenden Steigerung der Markttiefe und –breite. Doch auch dieser Ansatz greift zu kurz. Zu beachten ist nämlich, dass sich auch die Börsen auf einem Wettbewerbsmarkt befinden. Sie sind dabei nicht nur von der Anlegerschaft abhängig, sondern auch von den Emittenten. Es be-

steht die Gefahr, dass die Börsen sich um ihrer Attraktivität willen den Emittenten gegenüber auf einen Deregulierungswettkampf einlassen und auch die Ad-hoc-Publizität streichen. Dass diese Gefahr nicht von der Hand zu weisen ist, zeigt ein Beispiel aus den USA. Dort entbrannte im Bereich des Gesellschaftsrechts zwischen den einzelnen Bundesstaaten ein Deregulierungswettkampf – ein sog. race to the bottom. Ein Ergebnis dieses Wettkampfs war, dass die Schutzmaßnahme des legal capital – im deutschen Gesellschaftsrecht eine der tragenden Schutzmaßnahmen – in den USA von der Bildfläche verschwand.
Neben diesem Argument sprechen auch die regulatorischen Vorteile einer gesetzlichen Regelung für eine staatliche Regulierung. So steht nur dem Gesetzgeber die Möglichkeit einer Strafbewehrung offen.

Als Ergebnis lässt sich danach festhalten, dass die gesetzliche Regulierung der Ad-hoc-Publizität als ökonomisch sinnvoll zu bewerten ist.

D. Kapitalmarktrechtliches Unternehmenspublizitätssystem

Im nun folgenden Schritt werden das kapitalmarktrechtliche Unternehmenspublizitätssystem des Handels-, Gesellschafts-, Börsen- und Wertpapierrechts vor dem Hintergrund der Ad-hoc-Publizität dargestellt und Verbindungslinien zwischen diesen informationellen Teilsystemen aufgezeigt. Unter Kapitalmarktrecht ist das Kapitalmarktrecht im engeren Sinne zu verstehen, also ein Recht, das alleinig auf das Regelungsobjekt Börsenmarkt ausgerichtet ist. Einen Überblick über das kapitalmarktrechtliche Unternehmenspublizitätssystem gibt das Schaubild auf der folgenden Seite.[126]

I. Handelsrechtliche Unternehmenspublizität

Im Rahmen der handelsrechtlichen Publizität ist in der BRD zwischen der Publizität gem. HGB und der Publizität auf der Grundlage der International Accounting Standards (IAS) zu unterscheiden.[127] Dabei muss auch die Bilanzierung nach IAS als handelsrechtliche Publizität bezeichnet werden, da ihre Anordnung letztendlich auf handelsrechtlichen Vorschriften wie der des § 292a HGB beruht.[128]

1. Handelsrechtliche Unternehmenspublizität des HGB

Die handelsrechtliche Unternehmenspublizität des HGB - als Synonyme werden die Begriffe Rechnungslegung oder Bilanzierung gebraucht - unterteilt sich zunächst in die Rechnungslegung des Einzelunternehmens (§§ 238 ff. HGB) und in die des Konzerns (§§ 290 ff. HGB).

---

[126] Schaubild B: Kapitalmarktrechtliches Unternehmenspublizitätssystem, S. 48.

[127] Die neueren Standards tragen den Namen IFRS (International Financial Reporting Standards).

[128] Die US-GAAP werden nach der momentanen Entwicklung aufgrund der IAS-Verordnung in der BRD nur noch eine indirekte Rolle als Pendant und Referenzmodell zu den IAS/IFRS spielen.

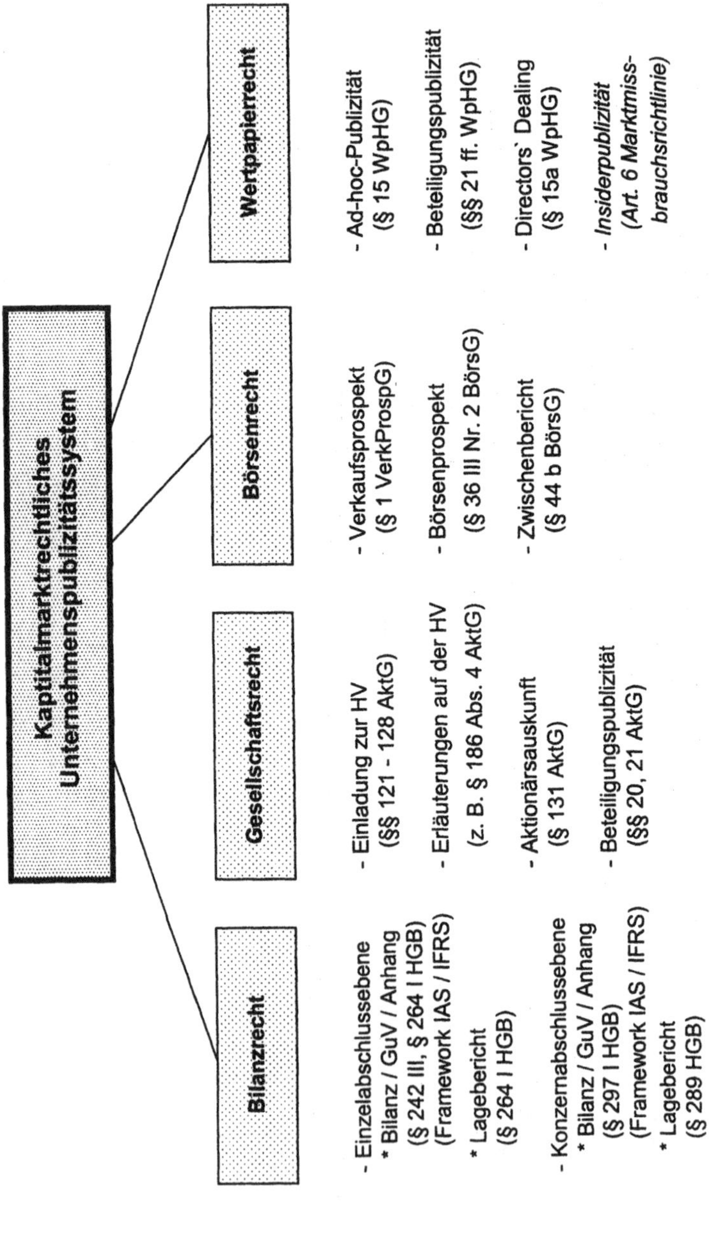

Schaubild B: Kapitalmarktrechtliches Unternehmenspublizitätssystem

a) Rechnungslegung, Offenlegung und Prüfung auf Einzelabschlussebene

Die Rechnungslegung, Offenlegung und Prüfung auf Einzelabschlussebene bestimmt sich nach den §§ 238 ff. HGB, die sich im dritten Buch des HGB mit dem Titel „Handelsbücher" befinden.

Adressat der Rechnungslegungsverpflichtung ist das Unternehmen bzw. der Kaufmann (§ 242 HGB). Die einzelnen Publizitätspflichten differenzieren sich nach Rechtsform und Größe des Unternehmens. Für die kapitalmarktrechtliche Information sind vor allem die Publizitätsverpflichtungen für kapitalmarktnotierte Kapitalgesellschaften entscheidend. Gem. § 267 Abs. 3 HGB gelten Kapitalgesellschaften des Organisierten Marktes des § 2 Abs. 5 WpHG grundsätzlich als „große Kapitalgesellschaften" im Sinne des HGB und müssen danach die strengsten Auflagen des HGB erfüllen.[129] [130] Die Unternehmen müssen gem. § 264 Abs. 1 HGB sowohl einen Jahresabschluss als auch einen Lagebericht erstellen. Den Jahresabschluss bildet die Einheit aus der Bilanz mit der Gewinn- und Verlustrechnung (§ 242 Abs. 3 HGB) und dem Anhang (§ 264 Abs.1 S. 1 HGB).

Wenngleich das Gesetz kein Rangverhältnis zwischen den einzelnen Rechnungslegungsinstrumenten vorgegeben hat, bildet doch die Bilanz - wie bereits die im Vergleich zu den anderen Bestandteilen deutlich höhere Regelungsdichte erkennen lässt - das Kernstück des um den Lagebericht erweiterten Jahresabschlusses nach HGB. Ihr kommt in erster Linie die Aufgabe zu, die Vermögenslage des Unternehmens, d. h. das Verhältnis von Vermögen zu Schulden am jeweiligen Stichtag, abzubilden. Darüber hinaus bildet sie die Grundlage für die Gewinnermittlung durch Vermögensvergleich. Schließlich gewährt sie Einblick in die Finanzlage, indem sie in Verbindung mit dem Anhang über die Herkunft und Verwendung der im Unternehmen eingesetzten Mittel sowie über deren Fristigkeit informiert. Die GuV soll als Zeitraumrechnung das Zustandekommen des Jahreserfolges aufzeigen, indem dieser auf die einzelnen Erfolgsquellen verteilt wird. Damit bildet die GuV das zentrale Element zur Darstellung der Ertragslage.

Dem Anhang kommt eine Relativierungs-, Ergänzungs- und Korrekturfunktion im Hinblick auf die von Bilanz und GuV vermittelten Informationen zu.

---

[129] Beachte die Gleichstellung von Personengesellschaften durch den § 264a HGB und den § 1 PublG.

[130] Kritisch zur Aussparung der Unternehmen des Freien Marktes: Ostrowski, Marcus (1999), S. 24.

Im Mittelpunkt der Berichterstattung durch den Lagebericht steht die wirtschaftliche Gesamtlage des Unternehmens. Der Gesetzgeber normiert dazu die Pflicht zur Erstellung verschiedener Berichte, die vor allem die zukünftige Entwicklung und ihre Risiken im Auge haben (vgl. § 289 HGB).
Die Rechnungslegung orientiert sich dabei an den Grundsätzen ordnungsgemäßer Buchführung (GoB) als Art dogmatischer Überbau.[131] Die Anwendung der GoBs leitet auch gleichzeitig auf die Frage über, wer Adressat der Rechnungslegung ist. Einer der wichtigsten Grundsätze der GoB ist nämlich das sog. Vorsichtsprinzip, das seine Ausgestaltung im Realisationsprinzip (§ 252 Abs. 1 Nr. 4 HGB) und im Imparitätsprinzip (§ 252 Abs. 1 Nr. 4 HGB) findet. Das Vorsichtsprinzip verfolgt das Ziel der Kapitalerhaltung und dient damit vorwiegend dem Gläubigerschutz. Neben dem Schutz der Gläubiger stellt die Handelsbilanz auch den Ausgangspunkt für die steuerliche Gewinnermittlung dar. Über den § 5 Abs. 1 EStG ist die Handelsbilanz grundsätzlich maßgeblich für die Steuerbilanz.[132] Neben dem Gläubigerschutz und der steuerlichen Gewinnermittlung dient die Bilanzierung auch zur allgemeinen Information - wie die Normierung des true and fair view im § 264 Abs. 2 HGB erkennen lässt - und erfasst als Adressat neben der Geschäftsführung auch den Aktionär. Die Aktionäre sind zwar nicht ausdrücklich als Publizitätsadressaten genannt; dieser Bezug wurzelt jedoch in Art. 44b Abs. 2g EG-Vertrag, dem alten Art. 54 Abs. 3g, der die Koordination der Schutzbestimmungen im Interesse der Gesellschafter vorsieht.[133] Da der EG-Vertrag den Gesellschaftern die „Dritten" mit ihren Schutzinteressen gleichstellt und da der Begriff „Dritte" nach dem Daihatsu-Urteil des EuGH[134] weit auszulegen ist, fallen unter „Dritte" auch die potenziellen Aktionäre, sodass die gesamte Anlegerschaft als Zielgruppe der Bilanzierung angesehen werden muss.[135] Damit ist die Bilanzierung auch ein an die Anleger gerichtetes Informationsinstrument, das jedoch seinen Schwerpunkt im Schutz des Gläubigers aufweist. Hierbei ist auch auf die konzeptionellen Unterschiede zwischen Lagebericht (§ 289 HGB) bzw. Konzernlagebericht (§ 315 HGB) und Jahresabschluss hinsichtlich der Anforderungen an die Verständlichkeit der Darstellung hinzuweisen. Die

---

[131] Schmalenbach, Eugen (1933), S. 225 ff.
[132] Siehe statt vieler: Schulze-Osterloh, Joachim (2000), S. 594 ff.
[133] Hommelhoff, Peter (2000), S. 749.
[134] EuGH (1997), S. 129.
[135] Leible, Stefan (1998), S. 600.

Lageberichterstattung richtet sich an den verständigen Leser[136], während sich der Jahresabschluss regelmäßig an den fachkundigen Leser[137] richtet.
Die Veröffentlichung der Rechnungslegungsinformationen wird durch die Offenlegungsvorschriften der §§ 325 ff. HGB geregelt. Danach sind diese Informationen im Bundesanzeiger zu veröffentlichen. Angemerkt sei darüber hinaus, dass neben die Offenlegungspflicht der Rechnungslegungsdaten auch eine Pflicht zur Prüfung der Daten durch einen Wirtschaftsprüfer tritt (§ 316 HGB).

b) Rechnungslegung, Offenlegung und Prüfung auf Konzernabschlussebene

Ein der Einzelabschlussebene ähnliches Bild zeichnet sich auf der Konzernebene ab. Nach der Maßgabe des § 290 HGB sind grundsätzlich Kapitalgesellschaften zur Konzernrechnungslegung verpflichtet – wobei gem. § 264a HGB und § 11 PublG unter den dort genannten Bedingungen auch Personengesellschaften der Pflicht zur Konzernrechnungslegung unterliegen. Auch hier gelten aufgrund der Zugehörigkeit zum Organisierten Markt gem. § 2 Abs. 5 WpHG für die Unternehmen die strengsten Regeln hinsichtlich Rechnungslegung, Offenlegung und Prüfung. Spiegelbildlich zur Einzelabschlussebene stehen als Rechungslegungsinstrumente der Konzernabschluss (§ 297 Abs.1 HGB), der Konzernanhang (§ 289 HGB) und der Konzernlagebericht (§ 315 HGB) zur Verfügung. Sie nehmen die gleichen Funktionen wahr wie der Jahresabschluss und der dazugehörige Lagebericht. Aufgrund des Fehlens einer Konzernbuchhaltung bilden die konsolidierten Einzelabschlüsse die Basis für den Konzernabschluss. Zusätzlich zu den von der Einzelabschlussebene bekannten Instrumente wird noch die Erstellung einer Kapitalflussrechnung, einer Segmentberichterstattung und eines Eigenkapitalspiegels angeordnet (§ 297 Abs. 1 S. 2 HGB).
In der Segmentberichterstattung sollen die in den einzelnen Geschäftsfeldern und/oder geographischen Tätigkeitsfeldern eines Konzerns bestehenden wirtschaftlichen Chancen und Risiken transparent gemacht werden, um so zu einer besseren Abschätzung der gesamten Unternehmenslage und –entwicklung beizutragen.[138] In der Kapitalflussrechnung werden die Zahlungsströme und ihr Verlauf abgebildet. Dabei wird

[136] Herrmann, Harald (1989), S. 284.
[137] § 238 Abs. 1 S. 2 HGB: sachverständiger Dritten.
[138] Förschle, Gerhart / Kroner, Matthias / Rolf, Ellen (1999).

in die Teilbereiche Laufende Geschäftstätigkeit, Investitionstätigkeit und Finanzierungstätigkeit unterschieden.
Bei der Frage nach der Funktion bzw. den Adressaten der Konzernrechnungslegung sind die Besonderheiten des Konstrukts Konzern zu beachten. Der Konzern stellt keine juristische Person dar. Es besteht nur aufgrund der Einheitstheorie die rechtliche Fiktion der Einheit „Konzern".[139] Er ist damit weder Steuersubjekt noch Schuldner von Forderungen. Somit entfällt sowohl eine steuerliche Gewinnermittlungsfunktion als auch eine Gläubigerschutzfunktion des Konzernabschlusses. Damit nimmt der Konzernabschluss nur die Informationsfunktion wahr.
Die Offenlegung und Prüfung der Konzernrechnungslegung entsprechen den Regelungen des Einzelabschlusses (§ 316 Abs. 2 und § 325 Abs. 3 HGB).
Hinsichtlich der Weiterentwicklung der Konzernrechnungslegung ist noch auf eine Besonderheit hinzuweisen. Danach veröffentlicht der Deutsche Standardisierungsrat (DSR), der seine Grundlage im § 342 HGB findet, Empfehlungen für eine ordnungsgemäße Konzernrechnungslegung. Damit handelt es sich bei dem DSR um einen Standardsetter nach anglo-amerikanischem Vorbild. Die Standards werden durch das Bundesministerium der Justiz veröffentlicht und entfalten ihre Wirkungsweise in einer Vermutungswirkung. Bei Einhaltung der Standards wird vermutet, dass die Rechnungslegung ordnungsgemäß ist. Über die Herausgabe der Konzernrechnungslegungsstandards unterstützt der DSR den Gesetzgeber auf Einzelabschlussebene bei seinen Gesetzgebungsvorhaben.[140]

2. Handelsrechtliche Unternehmenspublizität nach IAS

Hier soll nun die Rechnungslegung gem. den International Accounting Standards (IAS) dargestellt werden.[141] Die Bilanzierung nach IAS rückt durch die IAS-Verordnung der Europäischen Gemeinschaft vom 19. Juli 2002 in den Mittelpunkt des Interesses bilanzierender Kapitalmarktunter-

---

139 § 297 Abs. 3 S. 1; Küting, Karlheinz / Weber, Claus-Peter (2001), S. 53.

140 Siehe: www.drsc.de; Baetge, Jörg / Krumnow; Jürgen / Noelle, Jennifer: (2001), S. 769.

141 Für die IAS wird neuerdings die Bezeichnung IFRS (International Financial Reporting Standard) verwendet. Dabei behalten die „alten" Standards den Namen IAS und nur die Neuentwicklungen tragen den Namen IFRS.

nehmen.[142] Die Verordnung sieht für kapitalmarktorientierte Kapitalgesellschaften ab 2005 eine Pflicht zur Erstellung eines konsolidierten Abschlusses im Einklang mit den internationalen Rechnungslegungsstandards des International Accounting Standards Board (IASB) vor. Die Regelung der Europäischen Gemeinschaft braucht als Verordnung keine Transformation in das nationale Recht. Sie löst den § 292a HGB ab, der Unternehmen des Organisierten Marktes die Möglichkeit eröffnete, ihre Konzernrechnungslegung auch auf die Regelungen der IAS und US-GAAP zu stützen. Die US-GAAP werden damit als Grundlage der Konzernbilanzierung nicht mehr anerkannt. Über die Anordnung der Geltung der IAS für den Konzernabschluss von Unternehmen des Organisierten Marktes eröffnet die IAS-Verordnung für den Gesetzgeber die Möglichkeit, die Anwendung der IAS auch auf den Einzelabschluss zu erstrecken. Ob die IAS tatsächlich auch Einzug in den Einzelabschluss halten werden, bleibt abzuwarten.[143]

Die IAS werden von einer unabhängigen privaten Körperschaft, dem 1973 gegründeten International Accounting Standards Committee (IASC), entwickelt. Mitglieder des IASC sind über 100 mit der Rechnungslegung befasste Berufsverbände aus verschiedenen Ländern. Als deutsche Verbände sind das IDW und die WPK Mitglied. Die Geschäfte der IASC werden vom International Accounting Standard Board wahrgenommen. Die IAS stellen als privatwirtschaftliche Empfehlungen ein sog. soft law dar, das zu seiner Rechtskraft der Anordnung durch den Gesetzgeber bedarf. In Deutschland ist dies aktuell durch § 292a HGB der Fall. Bei den IAS handelt es sich um reine Rechnungslegungsvorschriften. Die IAS enthalten damit keine Vorschriften über die Prüfung oder Offenlegung. Diese erfolgt nach der gesetzlichen Anordnungsnorm.[144] Gleichfalls sehen die IAS keine Größen- oder Rechtsformdifferenzierung ihrer Rechnungslegung vor. Die IAS und das ihnen vorgelagerte Framework treffen auch keine Unterscheidung in Konzern- und Einzelabschluss.[145]

---

[142] ABl. EG L 243/1 v. 11. 9. 2002.

[143] Böcking, Hans-Joachim (2002), S. 925 ff.; Zabel, Eric (2002), S. 919 ff.; Arbeitskreis Bilanzrecht der Hochschullehrer Rechtswissenschaft (2002), S. 2373.

[144] Ruhnke, Klaus / Schmidt, Martin / Seidel, Thorsten (2002), S. 138 ff.

[145] Framework der IAS/IFRS Abschnitt 6.

Die IAS enthalten zur Erfüllung der Rechnungslegung folgende Instrumente:

- Bilanz (balance sheet), die insbesondere die Vermögenslage darstellt (Framework Rn. 19),

- G. u. V. (Income Statement), die vor allem der Darstellung der Ertragslage dient (Framework Rn. 19),

- Anhang (Notes), der zusätzliche entscheidungsrelevante Informationen z. B. über die Bilanzierungsmethoden enthält,

- Segmentberichterstattung (Segment Reporting) (IAS 14),

- Kapitalflussrechnung (Statement of Cash Flows), die die Veränderung der Finanzlage zeigt (Framework Rn. 18),

- Eigenkapitalveränderungsrechnung (Statement of Changes in Equity), die nach den übrigen Standards nicht erfasste erfolgsneutrale Gewinne und Verluste enthält (IAS 1.86 ff.).

Wie zu sehen ist, fordern die IAS nicht explizit einen Lagebericht (Framework Rn. 7).
Im Gegensatz zu den US-GAAP, die als regelbasierend eingeordnet werden müssen, handelt es sich bei den IAS um eine prinzipienbasierende Rechnungslegung.[146] Den IAS vorgelagert ist das „Framework for the Preparation and Presentation of Financial Statements". Es wird auch nur als Framework bezeichnet. Dieses Framework stellt selbst keinen Rechnungslegungsstandard dar, sondern bildet die „quasi theoretische" konzeptionelle Grundlage der IAS.[147] Das Framework hat zwei wesentliche Funktionen:[148] Zum einen bildet es die Grundlage zur deduktiven Ableitung neuer IAS und zum anderen legt es allgemein gültige Bilanzierungs- und Bewertungsprinzipien mit Definitionen und Anwendungshilfen für die bestehenden Standards und für ungeregelte Sachverhalte fest. Obwohl die Standards dem Framework generell vorgehen, kommt ihnen nicht nur Empfehlungscharakter zu.[149] Sie stellen damit eine Art GoB der IAS dar.

[146] Preißler, Gerald (2002), S. 2389 ff.
[147] Vgl. Haller, Axel (1993), S. 1301.
[148] Framework Rn. 1; Hayn, Sven (1994), S. 718; Goebel, Andrea (1994), S. 2457.
[149] Framework Rn. 2.

Das Framework legt dabei folgende Qualitätsmaßstäbe (qualitativ charakteristics of financial statements) an die Rechnungslegung an, Maßstäbe, die hier ohne weitere Kommentierung und Qualifizierung aufgezählt werden:[150]

- Verständlichkeit (understandability),
- Relevanz (relevance oder materiality),
- Verlässlichkeit (reliability),
- Vollständigkeit (completness),
- Neutralität (neutrality),
- glaubwürdige Darstellung (faithful representation),
- Vergleichbarkeit (comparability),
- Grundsatz des substance over form,
- zeitnahe Berichterstattung (timeliness),
- Wirtschaftlichkeitsgrundsatz (balance between benefit and cost),
- Vorsicht (Prudence).

Der Grundsatz des true and fair view bzw. der fair presentation ist kein eigenes Prinzip, sondern begründet die Annahme, dass die Rechnungslegung bei Beachtung der oben aufgestellten Prinzipien zu einer fair presentation führt.[151]

Während das deutsche Bilanzrecht keine ausdrückliche Festlegung der Adressaten und Ziele der Rechnungslegung besitzt, ist diese im Rahmen der IAS im Framework ausdrücklich festgeschrieben.

Aus Framework Rn. 9, 12, 13 lassen sich als Adressaten (User) gegenwärtige und zukünftige Eigenkapitalgeber, ferner Arbeitnehmer, Kreditgeber, Zulieferer, andere Kreditoren, Kunden, der Staat und die Öffentlichkeit ableiten. Informationsinteressen der Konzernleitung werden damit nicht berücksichtigt. Von der Zielsetzung her verfolgen die IAS den sog. Decision usefulness-Ansatz. Danach hat die Rechnungslegung das Ziel, relevante Informationen für Investitions- und Finanzierungsentscheidungen bereitzustellen. Die IAS vermitteln Informationen über die finanzielle Situation (financial position), die Veränderungen in der finanziellen Situation (changes in financial position) und die erbrachte Leistung des Unternehmens (performance), die für die wirtschaftlichen Entscheidungen (economic decisions) nützlich sind.[152] Diese Informationen sollen einer großen Zahl von Interessenten die Möglichkeit bieten, ökonomische (Anlage-)Entscheidungen im Hinblick auf das rechnungsle-

[150] Framework Rn. 24 ff.
[151] Framework Rn. 46.
[152] Framework Rn. 12.

gende Unternehmen zu treffen. Entscheidende Aufgabe ist es, dabei die Frage zu beantworten, ob das Unternehmen in Zukunft Gewinne erwirtschaften kann.[153]
Auf diese Informationsfunktion ist die Rechnungslegung nach IAS beschränkt.[154] Sie dient damit nicht der Kapitalerhaltung des Unternehmens, nicht dem Gläubigerschutz, weist weder eine Ausschüttungsfunktion auf noch will sie Grundlage der steuerlichen Gewinnermittlung sein.[155] Das Vorsichtsprinzip, das den Kernbestandteil des Gläubigerschutzes bildet, nimmt in den IAS im Rahmen der Feststellung der „Verlässlichkeit" einer Finanzinformation nur eine sekundäre Rolle ein.[156] Insgesamt werden die IAS durch die Implementierung der „Decision usefulness"-Prämisse auf die Gruppe der Investoren ausgerichtet.[157] Es wird unterstellt, dass ein Abschluss, der den Bedürfnissen gegenwärtiger und potenzieller Investoren entspricht, auch den Anforderungen aller übrigen Adressaten genügt.[158] Es handelt sich damit bei den IAS um Regeln, die an den Anforderungen des Kapitalmarkts ausgerichtet sind, und damit um Spezialregelungen für börsennotierte Gesellschaften.[159] Sie entsprechen dem Shareholder-Value-Gedanken.

II. Gesellschaftsrechtliche Unternehmenspublizität

Adressat der gesellschaftsrechtlichen Unternehmenspublizität ist der Aktionär.[160] Ziel dieser Publizität ist es, den Aktionär mit Informationen zu versorgen, die er zur Erfüllung seiner verbandsrechtlichen Rolle benötigt, die vorwiegend in der Wahrnehmung der Verwaltungskontrolle und Ausübung seiner Mitverwaltungsrechte zu sehen ist.[161] Primärer Hintergrund

[153] Framework Rn. 15 u. 17.
[154] Baetge, Jörg / Kirsch, Hans-Jürgen / Thiele, Stefan (2002), S. 77.
[155] Schruff, Wienand (1993), S. 408; zum Thema IAS als Grundlage der Besteuerung siehe zuletzt: Geiger, Thomas (2001), S. 914 ff.; zum Verhältnis der IAS und den Gläubigerschutzbestimmungen nach deutschem Recht siehe Strobl, Elisabeth (1996), S. 389 ff.
[156] Arbeitskreis Bilanzrecht der Hochschullehrer Rechtswissenschaft (2002), S. 2373; Achleitner, Ann-Kristin / Kleekämper, Heinz (1997), S. 127.
[157] Hayn, Sven (1994), S. 719.
[158] Framework Rn. 10.
[159] Budde, Dieter (1996), S. 81.
[160] Eine Rechtsprechungsübersicht zu den Informations- und Auskunftsrechten der Aktionäre bietet Henze, Hartwig (2002), S. 893 ff.
[161] Schmidt, Karsten (1984), S. 16 ff.; BVerfG (1999), S. 1799.

der gesellschaftlichen Unternehmenspublizität ist damit die Beziehung zwischen Unternehmen und Gesellschafter. Ein direkter Kapitalmarktbezug unterbleibt dabei, da das Verbandsrecht erstens auch für die überwiegende Zahl von Unternehmen gelten soll, die keinen oder nur einen geringen Kapitalmarktbezug aufweisen, und zum zweiten auch die Beziehung zwischen der Gesellschaft und dem Unternehmergesellschafter, der kein Anleger im eigentlichen Sinne ist, regeln soll.[162]

Die Aktionäre werden auf drei Arten informiert: Die erste bildet der Informationsfluss im Zusammenhang mit der Einberufung der Hauptversammlung (§§ 121-128 AktG). Im Umfeld der Ad-hoc-Publizität ist dabei vor allem die Anzeigeverpflichtung gem. § 92 Abs. 1 AktG von Interesse. Die zweite besteht in der Erläuterung der Beschlussvorlagen durch den Vorstand, namentlich der Rechnungslegung, sowie anderer Unterlagen aus besonderem Anlass, wie etwa die Erläuterung des Ausschlussberichts beim Bezugsrechtsausschluss (§ 186 Abs.4 AktG) oder des Unternehmensvertrages samt Vorstandsbericht (§ 293g Abs.2 AktG).

Die dritte Art ist der individuelle Auskunftsanspruch des Aktionärs als aktives Informationsinstrument (§ 131 AktG).[163] [164]

Jedoch erschöpft sich die Information des Aktionärs nicht allein in der Nutzung der auf ihn zugeschnittenen Informationsinstrumente, sondern es sind auch die indirekten Informationen, wie die der §§ 20, 21 AktG zu den Beteiligungsverhältnissen, zu beachten.[165] Sinn dieser Informationen ist die Schaffung von Transparenz und damit auch der Schutz der Anleger. Eine Behandlung der §§ 20, 21 AktG unterbleibt hier, da durch die Verweisung des § 20 Abs. 8 AktG auf die §§ 21 ff. WpHG ihre Bedeutung für den Kapitalmarkt gegen null tendiert. Hinsichtlich des Regelmechanismus wird auf die §§ 21 ff. WpHG verwiesen, die ein Art kapitalmarktrechtliches Spiegelbild zu den gesellschaftsrechtlichen §§ 20, 21 AktG darstellen.[166]

Die funktionale Verknüpfung zwischen Bilanz- und Gesellschaftsrecht tritt dabei offen zu Tage. Grundlage für die Entlastung der Verwaltungs-

[162] Zu den Informationsrechten der Aktionäre in anderen Rechtssystemen siehe Witt, Carl-Heinz (2000), S. 257 ff.

[163] Joussen, Peter (2000), S. 241 ff.; Groß, Wolfgang (1997), S. 97 ff.; Ebenroth, Carsten Thomas (1970), S. 2 ff.

[164] Zu der Rolle des § 131 AktG bei der Information über einzelne Geschäfte siehe LG München I (1995).

[165] Hägele, Matthias (2000), S. 726 ff.; Witt, Carl-Heinz (2001), S. 233; Witt, Carl-Heinz (1998), S. 1153; Burgard, Ulrich (2000), S. 611.

[166] Zu den §§ 21 ff. WpHG siehe Seite 64.

organe und ihrer Mitglieder (§ 120 Abs. 1 AktG) ist ganz wesentlich die Rechnungslegung des Vorstands, die dieser in der Hauptversammlung zu erläutern hat (§ 176 Abs. 1 S. 2 AktG).[167] Bei noch bestehendem Erklärungsbedarf kann der Aktionär von seinem Auskunftsanspruch des § 131 AktG Gebrauch machen.[168] Allerdings hat der Auskunftsanspruch nur subsidiären Charakter, d. h., dieser ist gegenstandslos, soweit sich die Information schon aus dem Jahresabschluss ergibt.[169] Informationen, die dem Aktionär bereits zur Verfügung gestellt wurden, können nicht Gegenstand eines Auskunftsanspruchs sein. Dies folgt aus der funktionalen Verknüpfung zwischen bilanz- und aktienrechtlichem Informationssystem und belegt zugleich die Funktionseinheit, zu der das geltende Recht beide Systeme zusammenfügt.[170]

III. Börsenrechtliche Unternehmenspublizität

Im Börsenrecht sind zwei Ebenen der Unternehmenspublizität zu unterscheiden: zum einen die primärmarktrechtliche Unternehmenspublizität der Emissions- und Börsenprospekte, zum anderen die sekundärmarktrechtliche Unternehmenspublizität der Zwischen-, Halbjahres- und Quartalsberichte.[171]

Das Instrument des Börsen- und Emissionsprospekts (§ 1 VerkProspG, §§ 36 BörsG) kommt aufgrund der Natur des Primärmarktes nur einmal bei Emission der Wertpapiere zum Einsatz.[172]

Die Pflicht zur Erstellung eines Börsenprospekts trifft Unternehmen, die zum Amtlichen Markt (§ 36 Abs. 3 Nr. 2 BörsG) oder zum Geregelten Markt (§ 73 Abs. 1 Nr. 2 BörsG) zugelassen werden wollen. Inhaltlich soll der Prospekt über die tatsächlichen und rechtlichen Verhältnisse, die für die Beurteilung der zuzulassenden Wertpapiere notwendig und wesentlich sind, Auskunft geben (§ 13 Abs. 1 S. 1 BörsZulV).[173]

---

[167] Semler, Johannes (1999), § 34 Rn. 28; Hüffer, Uwe (1997), § 120 AktG Rn. 1.

[168] Zöllner, Wolfgang (2000), S. 145.

[169] Möllers, Thomas (1997), S. 348; Zöllner, Wolfgang (2000), S. 152.

[170] Hommelhoff, Peter (2000), S. 755.

[171] Zum Vorschlag einer neuen Börsenprospekt-Richtlinie: Kopp-Colomb, Wolf von / Lenz, Jürgen (2002), S. 25 ff.

[172] Zum Börsen- und Verkaufsprospekt: Ederer, Franz (2001), S. 397; Groß, Wolfgang (2002a).

[173] Kümpel, Siegfried (2000a), S. 1316; Krämer, Lutz / Baudisch, Mathias (1998), S. 1161 ff.; Grimme, Leoni / Ritz, Corinna (1998), S. 2091; Stephan, Klaus Dieter (2002), S. 3; Schwark, Eberhard (1999), S. 739 ff.

Das Verkaufsprospektgesetz erfasst jedes erstmalige öffentliche Angebot von Wertpapieren (§ 1 VerkProspG) und bezieht damit den Freiverkehr und den außerbörslichen Wertpapierhandel mit ein und ergänzt so die Börsenprospektregelungen. Inhaltlich soll der Verkaufsprospekt die Angaben enthalten, die notwendig sind, um dem Publikum ein zutreffendes Urteil über den Emittenten und die Wertpapiere zu ermöglichen (§ 7 Abs. 1 S. 1 VerkProspG).

Innerhalb der Prospektpublizität fungiert die Rechnungslegung als eines der verschiedenen Informationselemente. Jedem Emissions- oder Börsenzulassungsprospekt sind die Jahres- oder Konzernjahresabschlüsse zu inkorporieren (§ 8 Abs. 1, 2 VerkProspVO, §§ 21 f. BörsZulV).[174]

Man kann jedoch nicht von einer Akzessorietät der börsenrechtlichen Publizität zur handels- und gesellschaftsrechtlichen Rechnungslegung sprechen.[175]

Zusätzlich zu den Jahresabschlussinformationen muss nämlich noch eine Vielzahl von Angaben gemacht werden. Sie betreffen die Wertpapiere, den Emittenten, sein Kapital und seine Geschäftstätigkeiten, Angaben über die Mitglieder der Verwaltungsorgane bis hin zu den Mitteilungen über den jüngsten Geschäftsverlauf und die Geschäftsaussichten des Emittenten. Von Akzessorietät kann dabei nicht die Rede sein, viel eher von einer Eingliederung der Jahresabschlussinformationen in den Prospekt.[176] [177]

Im Mittelpunkt der sekundärmarktrechtlichen Börsenpublizität stehen der Zwischen- oder Halbjahresbericht (§ 44 Abs. 1 BörsG) und die Quartalsberichte für Unternehmen des Prime Standard (§ 63 Abs. 1 und Abs. 2 BörsO).

Gem. § 44 Abs. 1 BörsG sind Unternehmen des Amtlichen Markts über die handelsrechtliche Jahrespublizität hinaus verpflichtet einen Zwischen- oder Halbjahresbericht zu veröffentlichen.[178] [179] Dieser Zwischen- oder Halbjahresbericht soll ein den tatsächlichen Verhältnissen der Gesellschaft entsprechendes Bild ihrer Finanzlage und ihres allgemeinen Geschäftsgangs anhand von Zahlenangaben und Erläuterungen vermit-

---

[174] Claussen, Carsten P. (2000), S. 477; Kümpel, Siegfried (2000a), Rn. 9.280 f.

[175] Merkt, Hanno (2001), 1. Teil, 6. Kap., 4.

[176] Schwark, Eberhard (1987), S. 2044 ff.

[177] Zu Qualität und Umfang der Zwischenberichterstattung: Selch, Barbara / Rothfuss, Christian (2000), S. 506 ff.; zum wichtigen Problemfeld der Prospekthaftung siehe: Bischhoff, Kai (2002), S. 489; Kort, Michael (1999), S. 9 ff.

[178] Bridts, Christian (1990), S. 47; Dahl, Gabriele (1995), S. 57.

[179] Zur Prüfung des Zwischenberichts: Schindler, Joachim (2002), S. 1121.

teln (§ 44 Abs. 1 1. HS BörsG).[180] Der § 53 BörsZulV spricht davon, dass der Zwischenbericht eine Beurteilung ermöglichen muss, wie sich die Geschäftstätigkeit des Emittenten in den ersten sechs Monaten des Geschäftsjahrs entwickelt hat. Abgestellt wird auf die Zeitkomponente. Darüber hinaus soll der Zwischenbericht auch eine Vorschau auf die Jahresabschlussdaten ermöglichen. Dabei ist bei der Halbjahres- oder Zwischenberichtspublizität ein Gleichklang mit den Jahresabschlussinformationen festzustellen. Hier bilden die Angaben aus der Rechnungslegung das Ausgangsmaterial; es erfolgt eine zeitliche Fortschreibung. Bei der Fortschreibung der Jahresabschlussdaten ist dabei auf folgendes Problem hinzuweisen: Es stellt sich nämlich die Frage, ob die Daten für die einzelnen unterjährigen Perioden so bemessen werden sollen wie im Jahresabschluss – als sog. eigenständiger Ansatz - oder ob im Hinblick auf die Berichtsperiode eine Abgrenzung erfolgen muss – als sog. integrativer Ansatz. Die Beantwortung dieser Frage würde den hier gesetzten Rahmen sprengen und muss der Spezialliteratur überlassen bleiben.[181] Wichtig ist diese Frage jedoch für das Verhältnis von Jahresabschluss zu Zwischenbericht. Für die hier vorgenommene Untersuchung ist wichtig, dass im Zwischenbericht keine über den Jahresabschluss hinausgehenden kapitalmarktspezifischen Zusatzinformationen enthalten sind. Die kapitalmarktrechtliche Regelpublizität weist auch für Jahresbericht und Zwischenbericht eine durchgehend identische Grundstruktur auf. Mit den Worten HOMMELHOFFS kann davon gesprochen werden, dass die kapitalmarktrechtliche Regelpublizität die handelsrechtliche Rechnungslegung in ihre Dienste nimmt und sich in ihr im Wesentlichen erschöpft.[182] Dadurch unterscheidet sich die börsenrechtliche Regelpublizität von der Prospektpublizität.

Da die Zwischenberichterstattung konkret Bezug auf die Regelpublizität nimmt, muss auch hier wieder die Zwischenberichterstattung nach IAS und nach HGB unterschieden werden.

Als Basis geben jedoch die §§ 54, 55 BörsZulV einen Mindestinhalt für beide Berichtsarten vor. Nach § 54 BörsZulV muss der Zwischenbericht mindestens Zahlenangaben über die Umsatzerlöse, das Ergebnis vor und nach Steuern und die jeweiligen Vergleichszahlen zum entsprechenden Vorjahreszeitraum enthalten. § 55 BörsZulV fordert Erläuterun-

---

[180] Knief, Peter / Nöthen, Thomas (2002), S. 105; Alvarez, Manuel / Wotschofsky, Stefan (2000a), S. 312 ff.; Kilgert, Theodor / Großmann, Philipp (1990), S. 189 ff.; Treiber, Klaus (1991), S. 600.

[181] Siehe nur: Ammedick, Oliver / Strieder, Thomas (2002), S. 109 ff.

[182] Hommelhoff, Peter (2000), S. 757.

gen zu den Punkten Umsatzerlöse, Auftragslage, Entwicklung der Kosten und Preise, Zahl der Arbeitnehmer, Investitionen, Vorgänge von besonderer Bedeutung, die sich entweder auf das Ergebnis der Geschäftstätigkeit auswirken können oder das Ergebnis des Berichtszeitraums beeinflusst haben, und last but not least eine Prognose für die Aussichten im laufenden Geschäftsjahr.
Aufbauend auf die Vorgabe der BörsZulV hat nun das DRSC (§ 342 HGB) den DRS 6 entwickelt.[183] Er trägt den Titel Zwischenberichterstattung und gibt damit die nähere Anleitung, wie eine Zwischenberichterstattung des HGB auszusehen hat, und konkretisiert so die Vorgaben der §§ 53 BörsZulVO ff.
Danach enthält der Zwischenbericht folgende Mindestbestandteile:[184]

- eine Gewinn- und Verlustrechnung für das zum Stichtag endende Quartal und den entsprechenden Zeitraum des Vorjahres,

- eine Bilanz zum Stichtag des Zwischenberichtszeitraums und des vorangegangenen Geschäftsjahres,

- eine Kapitalflussrechnung vom Beginn des Geschäftsjahres bis zum Stichtag des Zwischenberichts und des vorangegangenen Geschäftsjahres,

- erläuternde Angaben zum Zwischenabschluss,

- Angaben zum Geschäftsverlauf und zu der voraussichtlichen Entwicklung im Geschäftsjahr.

Alle Angaben unterliegen der Prämisse, dass es sich um wesentliche Ereignisse handeln muss.[185] Hinsichtlich Form und Inhalt von Jahresabschluss und Zwischenbericht ordnet der DRS 6 Stetigkeit an. D. h.: Grundsätzlich haben bei der Zwischenberichterstattung die Gliederung der Bilanz und der G. u. V.-Rechnung sowie anderer Rechnungen die gleichen Posten zu enthalten wie auch der letzte Jahresabschluss.[186]

---

[183] Siehe: Busse von Colbe, Walter (2000a), S. 2194 ff.; Knief, Peter / Nöthen, Thomas (2002), S. 105; Merkt, Hanno / Göthel, Stephan R. (2003), S. 23 ff.
[184] DRS 6, Rn 13.
[185] DRS 6, Rn. 2.
[186] DRS 6, Rn. 15.

Außerdem gelten im Zwischenbericht die gleichen Bilanzierungs- und Bewertungsmethoden wie im Jahresabschluss.[187]
Die Zwischenberichterstattung der IAS baut auf dem IAS 34 auf. Er trägt den Titel „Interim Financial Reporting“ und trat 1999 in Kraft.[188] Der IAS 34 verzichtet dabei auf die Festlegung eines bestimmten Kreises von Unternehmen, die Zwischenberichte veröffentlichen müssen, und stellt keine verbindlichen Regelungen zur Häufigkeit der Berichterstattung, der Prüfung oder des Veröffentlichungszeitpunkts auf. Diese Punkte überlässt der IAS 34 den nationalen Regelungen, die eine Zwischenberichterstattung und die Anwendbarkeit des IAS 34 anordnen.[189] Hinsichtlich des Veröffentlichungszeitpunkts enthält er die Empfehlung, dass die Veröffentlichung innerhalb von 60 Tagen nach Ende der Berichtsperiode erfolgen soll.[190] Der IAS 34 bezieht sich wie alle IAS sowohl auf das Einzelunternehmen als auch den Konzern. Hinsichtlich des Mindestinhalts des Zwischenberichts orientiert sich der IAS 34 an IAS 1 (Presentation of Financial Statements) und gibt folgende Bestandteile vor:[191]

- eine zusammengefasste Bilanz,
- eine zusammengefasste Gewinn- und Verlustrechnung,
- eine zusammengefasste Cash-Flow-Rechnung,
- eine zusammengefasste Eigenkapitalveränderungsrechnung und
- bestimmte, in den „notes“ offen zu legende Angaben.

Unter dem Begriff Zusammenfassung ist in diesem Zusammenhang zu verstehen, dass die wesentlichen Daten und Veränderungen präsentiert werden müssen. Die Notes haben die Aufgabe, über wesentliche Veränderungen und Ereignisse nach dem letzten Abschlussstichtag zu berichten, die sich an keiner anderen Stelle des Zwischenberichtes wiederfinden. Darunter können Hinweise und Angaben zu saisonalen Einflüssen

---

[187] DRS 6, Rn. 18.
[188] Förschle, Gerhard / Helmschrott, Harald (1997), S. 553 ff.; Federspieler, Christian (1997), S. 943 ff., die sich beide noch auf den Exprosure Draft E-57 des IAS 34 beziehen.
[189] IAS 34, Rn. 6.
[190] IAS 34, Rn. 6.
[191] IAS 34, Rn. 7.

oder zu Änderungen in den Bilanzierungsmethoden fallen. Der Zwischenbericht enthält nicht nur die Angaben der Berichtsperiode, sondern auch die des Vorjahres. Hinsichtlich der Form und des Inhalts der Angaben gilt auch im IAS 34 der Stetigkeitsgrundsatz, d. h., grundsätzlich müssen die Bilanzierungs- und Bewertungsprinzipien angewandt werden, die auch im Jahresabschluss benutzt wurden.[192] Trotz der zahlreichen Erleichterungen der Zwischenberichtserstattung gegenüber der Jahresabschlussberichterstattung gilt auch beim Zwischenbericht das Prinzip der fair presentation, das schon durch § 44 Abs. 1 BörsG angeordnet wird.

Ähnlich stellt sich die Situation der Quartalsberichterstattung gem. § 63 Abs. 1 und 2 BörsO dar. Zur Quartalsberichterstattung sind alle Unternehmen des Prime Standard verpflichtet. Erfasst werden über den Anwendungsbereich des § 44 Abs. 1 BörsG hinaus damit auch Unternehmen des Geregelten Marktes. Die Quartalsberichterstattung erfasst jeweils die ersten drei Quartale eines Geschäftsjahres. Hinsichtlich ihres Inhalts und ihrer Zielrichtung besteht Übereinstimmung mit der Zwischen- und Halbjahresberichterstattung (§ 63 BörsO). Als zugrunde gelegtes Rechnungslegungssystem stehen jedoch nur die IAS bzw. IFRS oder die US-GAAP zur Verfügung. Auch hier ist ein Akzessorietätsverhältnis zwischen Quartalsberichterstattung und Jahresabschlusspublizität festzuhalten (§ 63 Abs. 1 BörsO). Hinsichtlich der Prüfung der Quartalsberichte empfiehlt § 63 Abs. 7 BörsO eine prüferische Durchsicht (review), wobei die Rechtsnatur dieser Vorschrift noch nicht endgültig hinsichtlich der Frage geklärt ist, ob es sich um eine bloße Empfehlung oder eine zwingende Regelung handelt.[193] Im Weiteren sind damit keine wesentlichen Unterschiede zwischen Quartalsberichterstattung und Zwischen- und Halbjahresberichterstattung festzustellen.

IV. Wertpapierrechtliche Unternehmenspublizität

Das Wertpapiergesetz normiert mit der Beteiligungspublizität der §§ 21 ff. und des § 15a zwei Publizitätsinstrumente, die in Zusammenhang mit der ebenfalls im Wertpapierhandelsgesetz normierten Ad-hoc-Publizität des § 15 gesehen werden müssen. Darüber hinaus wird auch die geplante Insiderpublizität der Marktmissbrauchsrichtlinie hier behandelt.

---

192 IAS 34, Rn. 14.
193 Schlitt, Michael (2003), S. 67.

1. Beteiligungspublizität nach §§ 21 ff. WpHG

Der Gesetzgeber normiert in Abschnitt 5 des WpHG die Mitteilungs- und Veröffentlichungspflichten bei Veränderungen des Stimmrechtsanteils an börsennotierten Gesellschaften.[194] Die §§ 21 ff. WpHG stellen eine der drei Grundsäulen der sog. Beteiligungspublizität dar. Die §§ 20 ff. AktG, die als Vorläufervorschriften den §§ 21 ff. WpHG dienten, können aufgrund ihrer praktischen Bedeutungslosigkeit durch den Anwendungsvorrang der §§ 21 ff. WpHG nicht mehr als funktionstragende Elemente der Beteiligungspublizität bezeichnete werden. Wohl handelt es sich aber bei den §§ 20 ff. AktG um das aktienrechtliche Spiegelbild zu den wertpapierrechtlichen §§ 21 ff. WpHG.

§ 21 WpHG legt fest, dass der sog. Meldepflichtige, der die Schwelle eines Stimmrechtsanteils von 5, 10, 25, 50 oder 75 Prozent an einer börsennotierten Gesellschaft durch Transaktionen unterschreitet oder überschreitet, dies sowohl der Gesellschaft als auch der BAFin mitzuteilen hat. Ihre Bedeutung als Informationsinstrument des Kapitalmarkts erhält diese Mitteilungspflicht des Anlegers durch die verpflichtende Weitergabe dieser Information durch die Gesellschaft an den Kapitalmarkt laut den §§ 25, 26 WpHG. Bei dem § 21 WpHG handelt es sich aufgrund des Veröffentlichungsweges um ein indirektes Kapitalmarktinformationsinstrument.

Die Verpflichtung zur Publizität trifft dabei sowohl den Anleger in seiner Eigenschaft als aktueller Aktionär – Ausnahme ist der Konzernbefreiungstatbestand des § 24 WpHG – als auch den Emittenten. Hinsichtlich des Segmentsanwendungsbereichs beschränken sich die §§ 20 ff. WpHG auf den Amtlichen Markt und den Geregelten Markt als Teil des Organisierten Markts (§ 21 Abs. 2 WpHG).[195]

Adressaten der §§ 21 ff. WpHG sind damit sowohl der Emittent als auch die Anlegerschaft. In Bezug auf den Emittenten fügen sich die §§ 21 ff. WpHG in die Schutzvorschriften des Konzernrechts ein. Für die Anlegerschaft, wobei nicht nur der Aktionärs-Anleger, sondern auch der potenzielle Aktionär geschützt werden soll, wird das Ziel verfolgt, im Sinne des Funktionsschutzes des Kapitalmarkts Transparenz in den Dschungel der Deutschland-AG zu bringen. [196]

---

[194] Sudmeyer, Jan (2002), S. 685 ff.

[195] Burgard,Ulrich (2000), S. 611; Witt, Carl-Heinz (2001), S. 233; ders. (1998), S. 1153; Heppe, Hansjörg (2002), S. 60 ff.; Schneider, Uwe H. (1997), S. 80 ff.

[196] Hommelhoff, Peter (2000), S. 753, m. w. N.

Betreffend die Durchsetzung der Veröffentlichungspflichten der §§ 21, 22 WpHG ist auf eine Besonderheit hinzuweisen: Solange der Meldepflichtige seiner Publizitätspflicht nicht nachkommt, stehen ihm die Rechte aus den betroffenen Aktien nicht zu (§ 28 S. 1 WpHG). Durch diesen Rechtsverlust, der auf die Zeit der Nichterfüllung beschränkt ist, soll neben den sonstigen Ordnungsmaßnahmen Druck auf den Meldepflichtigen ausgeübt werden.[197]

2. Directors` Dealing nach § 15a WpHG

Bei der Directors` Dealing-Vorschrift des § 15a WpHG handelt es sich um die jüngste Transparenzvorschrift des WpHG. Sie wurde erst mit dem 4. FMFG eingeführt.[198] Unter Directors` Dealing können vereinfacht die Transaktionen der Organmitglieder eines Emittenten in Wertpapieren mit Bezug auf die vom Emittenten herausgegebenen Wertpapiere verstanden werden.[199]

Bis vor kurzem gab es keine Veröffentlichungspflicht, die sich speziell mit dem Tatbestand des § 15a WpHG auseinander setzte, für den sich die angelsächsische Alliteration Directors` Dealing eingebürgert hat.[200] Nur unter den engen Voraussetzungen des § 15 WpHG oder der §§ 21 ff. WpHG kam es zu einer Publizität. Gem. § 16 Abs. 1 WpHG konnte zwar die BAFin bei Vorliegen eines Insidergeschäftsverdachts Auskunft über die vorgenommenen Directors` Dealing-Sachverhalte verlangen, jedoch handelt es sich bei dieser Regelung um eine reine Ermittlungsvorschrift und folglich ist eine Veröffentlichung dieser Information nicht vorgesehen.[201] Eine interne gesellschaftsrechtliche Meldepflicht von Directors` Dealing-Sachverhalten aufgrund der Treuepflicht von Vorstandsmitglie-

---

[197] Gelhausen, Hans Friedrich / Bandey, Uwe (2000), S. 497 ff.

[198] Bedenken löst dabei die Tatsache aus, dass, trotz des Inkrafttretens der Regelung am 1. Juli 2002, Unternehmen immer noch bekennen, dass ihnen die Regelung bis jetzt nicht bekannt gewesen sei. (Rosen, Rüdiger [2002], S. 5).

[199] Unter der Internetadresse www.fortune.com hat das US-amerikanische Wirtschaftsmagazin „Fortune" die 25 größten Verkäufe von Aktien des eigenen Unternehmens durch Officers und Directors in den USA von Januar 1999 bis Mai 2002 zusammengestellt.

[200] Sonderregelungen für Wertpapierdienstleistungsunternehmen bleiben unberücksichtigt.

[201] Weiler, Lothar / Tollkühn, Oliver, (2002), S. 1923.

dern (§ 93 AktG) bzw. Aufsichtsratsmitgliedern (§ 116 AktG) wird weitgehend abgelehnt.[202]
Die Regelungssituation des Directors` Dealing hat sich nun in Deutschland vor einigen Jahren schlagartig verändert. Insgesamt vier Rechtsquellen befassen oder befassten sich seitdem speziell mit dem Directors` Dealing. Die zeitlich erste Regelung enthielt das Regelwerk Neuer Markt in Ziffer 7. 3. 2, die jedoch mit dem Inkrafttreten des § 15a WpHG hinfällig wurde.[203] In gleicher Weise erfolgt eine explizite Behandlung der Directors` Dealing-Regelung in der Marktmissbrauchsrichtlinie in Art. 6 Abs. 4 und im Deutschen Corporate Governance Kodex in Ziffer 6. 6. In Bezug auf die Regelung der Marktmissbrauchsrichtlinien ist jedoch die genaue Umsetzung durch den nationalen Gesetzgeber abzuwarten und der Corporate Governance Kodex ist aufgrund seines Empfehlungscharakters, der nur durch die Comply or explain–Regelung des § 161 AktG überhaupt an Bedeutung gewinnt, hier nicht zu behandeln. Damit ist im Moment der § 15a WpHG als vierte und letzte Regelungsgrundlage des Directors` Dealing die einzige Regelung, die zwingend den Directors` Dealing-Tatbestand regelt.
Was genau unter Directors` Dealing zu verstehen ist, erklärt sich am Tatbestand des § 15a WpHG.
Wer als Vorstands- oder Aufsichtsratsmitglied eines börsennotierten Emittenten Wertpapiere des Emittenten erwirbt oder veräußert, ist fortan gemäß § 15a Abs. 1 WpHG verpflichtet, dem Emittenten und der BAFin den Erwerb oder die Veräußerung unverzüglich mitzuteilen. Der Emittent wiederum hat diese Mitteilung nach § 15a Abs. 3 WpHG durch Bekanntgabe im Internet oder Abdruck in einem überregionalen Börsenpflichtblatt unverzüglich zu veröffentlichen.
Der § 15a WpHG stellt damit ein indirektes Publizitätsinstrument mit zwei Stufen des Meldeverfahrens dar. Dabei handelt es sich um eine nachträgliche Meldepflicht; eine vorherige Meldepflicht wurde vom Gesetzgeber explizit nicht gewollt.[204] Die Directors` Dealing-Regelung des § 15a WpHG stellt damit eine der drei Säulen der Beteiligungspublizität dar. Neben den schon vorgestellten §§ 21 ff. WpHG übernimmt der § 28 Abs. 2 Nr. 4 BörsZulV für den Primärmarkt die Aufgabe, über die Gesamtzahl der Aktien des Emittenten, die von den Mitgliedern der Geschäftsführungs- und Aufsichtsratsorgane insgesamt gehalten werden,

[202] Weiler, Lothar / Tollkühn, Oliver, (2002), S. 1923, die vom Nichtbestehen ausgehen.
[203] Deutsche Börse (2002a), www.deutsche-boerse.com.
[204] BT-Drucks. 14/8017, S. 165; kritisch dazu: Bernd, Rudolph (2002), S. 1040.

und über die Rechte, die diesen Personen auf den Bezug solcher Aktien eingeräumt werden, zu informieren. § 15a WpHG führt nun diese Transparenzaufgabe für den Sekundärmarkt fort.
Aufgrund seiner Natur als zweistufiges bzw. indirektes Publizitätsinstrument besitzt der § 15a WpHG zwei Ebenen des persönlichen Anwendungsbereichs.[205]
Auf der Ebene, die zur Veröffentlichung der Meldung durch den Emittenten führt, bezieht sich der § 15a WpHG in seinem Anwendungsbereich nur auf Emittenten, deren Wertpapiere zum Handel an einer inländischen Börse zugelassen sind. Das bedeutet, dass der § 15a WpHG den Amtlichen und den Geregelten Markt umfasst. Im Gegensatz zur Insiderregelung des § 12 Abs. 1 Nr. 1 WpHG wird der Freiverkehr nicht erfasst. Der Vorwurf, dass es sich dabei um einen dogmatischen Bruch handelt, ist jedoch nicht gerechtfertigt.[206] Bisher verfügte das Insiderrecht nur über das hybride Publizitätsinstrument des § 15 WpHG. Auch dieses Publizitätsinstrument erfasst aus zwingenden Gründen nur den Amtlichen und Geregelten Markt. Insoweit ist es konsequent auch den § 15a WpHG auf diese Märkte zu beschränken.[207] Wichtig ist in diesem Zusammenhang, dass die Meldepflichtigen einen Bezug zu einem Unternehmen des Amtlichen oder Geregelten Marktes aufweisen müssen; die entsprechend zu meldende Transaktion muss sich jedoch nicht auf ein Wertpapier dieser beiden Märkte beziehen.
Die zweite Ebene des persönlichen Anwendungsbereichs umfasst die Mitglieder des Geschäftsführungs- und Aufsichtsorgans oder die persönlich haftenden Gesellschafter des Emittenten (§ 15a Abs. 1 S. 1 WpHG). Die Regierungsbegründung spricht von „Primärinsidern“ und schlägt die Brücke zu § 13 Abs. 1 Nr. 1 WpHG.[208] Damit kann auf die dort vorgenommene Definition des Primärinsiders und seine Interpretation verwiesen werden. Verfolgt wird mit dieser Verweisung eine formale Abgrenzung des Adressatenkreises. Abweichungen von der Insiderregelung enthält der § 15a WpHG in der Weise, dass in einem Netzwerk von Un-

[205] Dass der § 15a WpHG auch nicht aufgrund seines persönlichen und sachlichen Anwendungsbereichs leer laufen wird, zeigen die Erfahrungen mit der Regelung des Regelwerks Neuer Markt. Danach werden im Durchschnitt etwa 20 Transaktionen gemeldet. (FAZ Nr. 62 vom 14. 03. 2002, S. 28).
[206] So Fleischer, Holger (2002b), S. 1225.
[207] Siehe zur Begründung dieser Marktbeschränkung beim § 15 WpHG S. 126 ff. Das Hauptargument, dass der Emittent in den Freiverkehr auch ohne seinen Willen integriert werden kann, spricht auch für die Marktbegrenzung des § 15a WpHG; zum § 15a WpHG siehe Letzel, Hans-Joachim (2002), S. 863 ff.
[208] BT-Drucks. 14/8017, S. 87.

ternehmen nicht auch die Verbundenen Unternehmen und ihre Insider einbezogen werden, sondern nur die Insider eines Mutterunternehmens. Dies führt zu dem Umstand, dass die Insider des Tochterunternehmens auch unter § 15a WpHG fallen, wenn sich der Sitz des Unternehmens im Ausland befindet, da § 15a WpHG nur eine Notierung des Emittenten im Inland voraussetzt. Sollen jedoch auch die Verwaltungsmitglieder des Mutterunternehmens miterfasst werden, so muss es sich aufgrund des Verweises von § 15a Abs. 1 S. 1 WpHG um eine Kapitalgesellschaft mit Sitz im Inland handeln.[209] Um eine Umgehung des § 15a Abs. 1 S. 1 WpHG durch familiäre Strohmanngeschäfte zu verhindern, erfasst die Meldepflicht auch nahe Angehörige.[210] Zu beachten ist, dass die nahen Angehörigen selbst die Meldepflicht trifft und nicht etwa eine Zurechnung erfolgt.

Spiegelbildlich zum persönlichen Anwendungsbereich spaltet sich auch der sachliche in zwei Stufen auf.
Auslösendes Ereignis der Meldepflicht auf der Stufe des Organmitglieds ist eine Transaktion in Wertpapieren i. S. d. § 15a WpHG. Unter Transaktion ist der Erwerb oder die Veräußerung zu verstehen. Abgestellt werden muss auf das Verpflichtungsgeschäft.[211]
Gegenstand der anzuzeigenden Transaktion muss ein Finanzinstrument i. S. d. § 15a Abs. 1 S. 1 WpHG sein. Dieser erfasst in seiner Nr. 1 nur Aktien des Emittenten oder andere Wertpapiere, bei denen dem Gläubiger ein Umtauschrecht in Aktien eingeräumt wird. Ausgeklammert werden damit Geschäfte in Schuldverschreibungen. Die Argumentation des Gesetzgebers, wonach Schuldverschreibungen ausgeklammert wurden, da sie keine solche Indikatorwirkung wie Aktien besäßen, muss vor dem Hintergrund der fließenden Grenzen zwischen Eigen- und Fremdkapital kritisch gesehen werden.[212] Die Nr. 2 des Abs. 1 S. 1 erfasst zusätzlich Finanzinstrumente, die nicht unter Nr. 1 fallen und deren Preis unmittelbar vom Börsenpreis des Emittenten abhängt.

---

209 Zum Problem des Directors` Dealing im Konzern siehe: Schneider, Uwe H. (2002a), S. 473 ff.

210 Kritik an der Abgrenzung dieses Personenkreises bei: Hutter, Stephan / Leppert, Michael (2002), S. 656.

211 Rundschreiben der BAFin vom 5. Mai 2002; wohl a. A. Fleischer, Holger (2002b), S. 1226, der jedoch die Bedeutung von Termingeschäften unterschätzt und den Bezug des § 15a WpHG zur insiderrechtlichen Regelung missachtet; zu diesem Problemfeld ausführlich Schneider, Uwe H. (2002), S. 1818.

212 BT-Drucks. 14/8601, S. 18.

Das auslösende Ereignis für die Meldepflicht der zweiten Stufe ist noch nicht endgültig geklärt. In Frage käme eine Entstehung der Meldepflicht des Emittenten erst mit Erhalt der Meldung vom Meldepflichtigen der ersten Stufe. Andererseits käme auch eine Entstehung der Meldepflicht schon bei Tätigung der Transaktion in Frage. Eine Verzögerung durch den Emittenten aufgrund seiner fehlenden Kenntnis würde dann vom Tatbestandsmerkmal Unverzüglichkeit der Meldung aufgefangen werden.

§ 15a WpHG kennt keinen Befreiungstatbestand i. S. d. § 15 Abs. 1 S. 2 WpHG, sondern sieht zwei Ausnahmen vom sachlichen Anwendungsbereich vor. § 15a Abs. 1 Nr. 2 S. 4 WpHG enthält eine sog. Bagatellgrenze. Danach entfällt eine Meldepflicht, wenn die Transaktionen innerhalb von 30 Kalendertagen insgesamt das Volumen von 25 000 € nicht überschreiten. Darüber hinaus sieht der § 15a Abs. 1 S. 3 WpHG eine Ausnahme für sog. Equity Participation Program-Maßnahmen und die Einräumung von sog. stock apreciation rights vor.[213]

Formal sollte die Meldung der Transaktion über die Angaben des § 15a Abs. 2 WpHG hinaus die im Musterformular der BAFin enthaltenen Daten über die Transaktion enthalten. Als Veröffentlichungsweg wird primär die Veröffentlichung im Internet normiert (§ 15 a Abs. 3 Nr.1 WpHG). Die Information soll dort unter einer eigenen Rubrik mindestens einen Monat zugänglich gemacht werden. Nur in Ausnahmefällen ist eine Veröffentlichung mittels überregionalem Börsenblatt erlaubt, (§ 15a Abs. 3 Nr. 2 WpHG). Über die Veröffentlichung muss wiederum der Emittent die BAFin informieren. Dieser obliegt gem. § 15a Abs. 4 WpHG auch die Überwachung und Durchsetzung der Meldepflichten. Darüber hinaus sieht § 39 Abs. 4 WpHG einen Bußgeldrahmen von bis zu 100 000 € bei den dort genannten Verstößen gegen § 15a WpHG vor.

[213] Feddersen, Dieter (1997), S. 269 ff.

3. Insiderpublizität des Art. 6 der EU-Marktmissbrauchsrichtlinie

Last but not least wird nun die Insiderpublizität als „geplantes“ Element des Unternehmenspublizitätssystems untersucht.[214]

Im Dezember 2002 wurde die Richtlinie des Europäischen Parlamentes und des Rates über Insidergeschäfte und Marktmanipulation (Marktmissbrauch) – im Weiteren als Marktmissbrauchsrichtlinie bezeichnet – verabschiedet.[215] Wohlwissend, dass die Regelungen der Marktmissbrauchsrichtlinie aufgrund ihrer Rechtsnatur noch einer Transformation in nationales Recht bedürfen, sollen hier ihre Regelungen in Bezug zur Regelung des § 15 WpHG gesetzt werden, um den nationalen Transformationsprozess in effektive Bahnen zu lenken und letztendlich die hier noch zu entwickelnde optimale Ausgestaltung der Ad-hoc-Publizität des § 15 WpHG vor Schaden zu bewahren.

Art. 6 Abs. 1 S. 1 der Marktmissbrauchsrichtlinie sieht vor, dass Emittenten von Finanzinstrumenten alle Insider-Informationen, die sie unmittelbar betreffen, sobald als möglich der Öffentlichkeit bekannt geben müssen.

Gemäß Art. 6 Abs. 3 der Marktmissbrauchsrichtlinie darf der Emittent die Bekanntgabe von Insider-Informationen auf eigene Verantwortung aufschieben, wenn diese Bekanntgabe seinen berechtigten Interessen schaden könnte, sofern die Öffentlichkeit dadurch nicht irregeführt wird und der Emittent die Vertraulichkeit der Information gewährleisten kann.

Darüber hinaus soll nach der Richtlinie ein Insiderverzeichnis geführt werden. Darin sollen alle Personen aufgeführt werden, die für den Emittenten tätig sind und über Zugang zu Insiderinformationen verfügen (Art. 6 Abs. 2 S. 3 der Marktmissbrauchsrichtlinie).

Die Regelung des Art. 6 Marktmissbrauchsrichtlinie stellt das Pendant zur US-amerikanischen Regulation FD dar.[216]

Eingeführt wird mit dem Art. 6 Marktmissbrauchsrichtlinie ein Publizitätsinstrument, das alle Merkmale der Ad-hoc-Publizität aufweist.[217] Fraglich ist, wie sich die Einführung einer solchen Insiderpublizität auf das Verhältnis von Ad-hoc-Publizität und Insiderrecht und auf die grundsätzliche Bedeutung der Ad-hoc-Publizität auswirken würde.

---

[214] Siehe dazu: Grimme, Leoni / v. Buttlar, Julia (2003), S. 901 ff.

[215] Richtlinie über Insidergeschäfte und Marktmanipulation (Marktmissbrauch), KOM(2002) 724, endgültig verabschiedet am 3. Dezember 2002; siehe zusammenfassend: Ilberg, Philipp von / Neises, Michael (2002), S. 635 ff.

[216] Siehe Exkurs S. 99 ff.

[217] Zu den Merkmalen der Ad-hoc-Publizität siehe Seite 135.

Fraglich ist auch, welche Auswirkungen eine Übernahme des Richtlinienwortlauts in das Insiderrecht für die Ad-hoc-Publizität hätte.
Bisher verfügt das Insiderrecht der §§ 12 ff. WpHG über kein reines Publizitätsinstrument zur Insidergeschäftsbekämpfung. Als Instrumente stehen ihm ausschließlich Verwertungs-, Weitergabe- und Empfehlungsverbote zur Verfügung (§ 14 WpHG Abs. 1), wobei das Weitergabe- und Empfehlungsverbot nur den Primärinsider i. S. d. § 14 Abs. 1 WpHG trifft. Zielrichtung ist dabei der passive Schutz der Funktionsfähigkeit des Kapitalmarkts durch Schutz des Anlegervertrauens, indem Insidergeschäfte verhindert werden.[218]
Sehr wohl jedoch wird das Insiderrecht durch die Ad-hoc-Publizität unterstützt. Ein Grund für die Einführung der Ad-hoc-Publizität war die Präventionsfunktion der Ad-hoc-Publizität beim Kampf gegen Insidergeschäfte.[219] Dieser Gedankengang wird auch deutlich bei der Verortung der Ad-hoc-Publizität im dritten Abschnitt des WpHG mit dem Titel Insiderüberwachung. Primäre Funktion der Ad-hoc-Publizität ist jedoch nicht der passive Schutz des Kapitalmarkts, sondern der aktive. Die Ad-hoc-Publizität ist als positives Informationsinstrument ausgestaltet, das durch die Erhöhung der Informationsdichte auf dem Kapitalmarkt aktiv die Mechanismen des Kapitalmarkts fördern soll.[220] Auf der Grundlage dieser Funktionsunterschiede und der Wirkungsweise einer Informationspflicht im Gegensatz zu den Verwertungs-, Weitergabe- und Empfehlungsverboten wurden die Tatbestände der Insiderregelung und der Ad-hoc-Publizität nicht kongruent ausgestaltet, sondern weisen wesentliche Abweichungen auf.
Vom marktrechtlichen Anwendungsbereich erfasst das Insiderrecht der §§ 12 ff. WpHG im Gegensatz zum § 15 WpHG nicht nur den Amtlichen und Geregelten Markt, sondern auch den Freiverkehr.
Darüber hinaus unterscheidet sich die Ad-hoc-Publizität des § 15 WpHG in der Weise vom § 13 WpHG, dass die Veröffentlichungspflicht in Abgrenzung zur in § 13 WpHG legaldefinierten Insidertatsache vom Vorliegen einer Reihe weiterer Tatbestandsmerkmalen abhängig gemacht wird. Sowohl eine Insidertatsache i. S. d. § 13 Abs. 1 WpHG als auch eine – nicht legaldefinierte – Ad-hoc-Publizität-Tatsache setzen eine nicht öffentlich bekannte Tatsache voraus, die geeignet ist, im Falle ihres öffentlichen Bekanntwerdens den Kurs des Insiderpapiers wesentlich zu beeinflussen. Auch die Frage der Kursrelevanz ist bei beiden Tatbestän-

[218] Siehe zur Insiderpublizität: Dreyling, Georg (2001), S. 1 ff.
[219] BT-Drucks. 12/6679, S. 1 ff.
[220] Siehe zur Zielsetzung der Ad-hoc-Publizität S. 77 ff.

den identisch zu bestimmen. § 15 WpHG legt jedoch fest, dass die Tatsache im Tätigkeitsbereich des Emittenten eingetreten sein muss. § 15 WpHG erfasst als Pflichtadressaten jedoch damit nur den Emittenten selbst und kennt keinen Konzernbezug, wie das Insiderrecht den Bezug auf die verbundenen Emittenten (§ 13 Abs. 1 WpHG). Mit dem Erfordernis des Tätigkeitsbereichs werden die sog. Marktdaten vom Anwendungsbereich ausgeschlossen. Unter Marktdaten sind Informationen über Rahmenbedingungen zu verstehen, die nur einen mittelbaren Bezug zum Emittenten aufweisen. Diese Marktdaten können sehr wohl jedoch eine Insidertatsache sein. Beispiele von Marktdaten sind politische Daten wie eine Regierungsumbildung und gesamtwirtschaftliche Daten wie der Rohölpreis.[221]

§ 15 WpHG erfordert darüber hinaus, dass die Kursrelevanz sich gerade wegen der Auswirkungen auf die Vermögens- oder Finanzlage oder den allgemeinen Geschäftsverlauf ergibt. Aufgrund dieser Tatbestandsunterschiede ist festzustellen, dass zwar jede Tatsache, die der Ad-hoc-Publizität-Pflicht unterliegt, zugleich eine Insidertatsache i. S. d. § 13 WpHG darstellt, aber nicht jede Insidertatsache auch der Ad-hoc-Publizität-Pflicht unterliegt. Deutlich wird dies auch in der europäischen Grundlage des § 13 WpHG, die nicht vom strengeren Begriff der Tatsache spricht, sondern von präziser Information.[222] Die unterschiedlichen Definitionen der Ad-hoc-Publizität-Tatsache und der Insider-Tatsache haben vor allem für die Frage Bedeutung, ab wann eine Information zu veröffentlichen ist. Dies spielt bei sog. mehrstufigen Sachverhalten eine große Rolle. Auf dieses Problemfeld wird in der Evaluation des Ad-hoc-Publizität-Tatbestands einzugehen sein; es steht jedoch so viel fest, dass eine Tatsache nach Insiderrecht grundsätzlich schon zu einem früheren Zeitpunkt angenommen wird als nach der Ad-hoc-Publizität des § 15 WpHG.[223]

Würde nun eine Insiderpublizität mit dem Inhalt des Art. 6 Marktmissbrauchsrichtlinie in die §§ 12 ff. WpHG unverändert integriert werden, so ergäben sich schwerwiegende Folgen für die Ad-hoc-Publizität in Deutschland. Die Insiderpublizität des Art. 6 Marktmissbrauchsrichtlinie würde aufgrund ihrer Basis in den §§ 12 ff. WpHG und den dort im Vergleich zum § 15 WpHG weit gezogenen Grenzen den Tatbestand des § 15 WpHG nicht nur unterminieren, sondern fast „sprengen“. § 15

[221] Kümpel, Siegfried (1994), S. 2137 ff., zum Begriff der Insidertatsache.
[222] Art. 1 der Insiderrichtlinie.
[223] Siehe: Pananis, Panos (1997), S. 462.

WpHG wäre damit zur Bedeutungslosigkeit verurteilt. Jede Evaluation des Ad-hoc-Publizität-Tatbestandes des § 15 WpHG wäre überflüssig.
Im Rahmen der hier vorgenommenen Untersuchung stellt sich nun die Frage, ob eine solche ausgedehnte Unterminierung der Ad-hoc-Publizität des § 15 WpHG zu befürworten ist, und im Falle einer Verneinung, welche Maßnahmen der nationale Gesetzgeber bei der Umsetzung der Richtlinie ergreifen soll.
Gegen die unveränderte Umsetzung des Art. 6 Marktmissbrauchsrichtlinien spricht eine Vielzahl von Argumenten.
So würde durch Art. 6 Marktmissbrauchsrichtlinie die Ad-hoc-Publizität faktisch auch auf den Freiverkehr ausgedehnt werden. Dies muss jedoch abgelehnt werden, da die Wertpapiere der Unternehmen des Freiverkehrs auch ohne Willen des Unternehmens in den Freiverkehr einbezogen werden können. Aufgrund des Fehlens einer Verantwortung des Unternehmens für seinen Marktauftritt erscheint es unbillig, es mit den weitgehenden Publizitätspflichten der Ad-hoc-Publizität zu belegen.
In gleicher Weise erscheint auch die Übertragung des weiten Insidertatsachenbegriffs auf die Ad-hoc-Publizität verfehlt. Die einschränkenden Merkmale der Ad-hoc-Publizität-Tatsache bezwecken nämlich den ausgewogenen Schutz des Emittenten. Geschützt werden sollen vor allem die sensiblen internen Entscheidungsprozesse, wie sie sich beim Problemfeld der sog. mehrstufigen Entscheidungen zeigen. Das Insiderrecht bedurfte bislang keiner Schutzmechanismen für diese internen Entscheidungsprozesse, da von den bisherigen Instrumenten des Insiderrechts für diese keine Gefahr ausging. Da jedoch dem Art. 6 Marktmissbrauchsrichtlinie auch selbst ein solcher Schutzmechanismus fehlt, würde die unveränderte Umsetzung der Vorschrift zwangsläufig einen hohen Schaden an den internen Entscheidungsprozessen hervorrufen.
Zudem enthält der Art. 6 Marktmissbrauchsrichtlinie keine Vorgaben für den Inhalt der Ad-hoc-Publizität, wie ihn z. B. der § 15 WpHG in seinem Abs. 1 S. 2 für genutzte Kennzahlen vorsieht. Darüber hinaus besitzt Art. 6 Marktmissbrauchsrichtlinie bis jetzt noch kein dem § 15 WpHG adäquates „aktives" Veröffentlichungssystem. Es fehlt auch an einer Benachrichtigung der Börsen, damit diese die Chance zur Aussetzung des Handels haben (15 Abs. 2 Nrn. 1 und 2).[224]
Noch schwerer als die Absenkung des formalen oder technischen Niveaus der Ad-hoc-Publizität durch Art. 6 Marktmissbrauchsrichtlinie wiegt der Mangel einer der Regelung des § 15 Abs. 1 S. 2 adäquaten Befrei-

[224] Dier, Christian / Fürhoff, Jens (2002), S. 608.

ungsvorschrift. Art. 6 Marktmissbrauchsrichtlinie sieht nämlich nur eine gegenüber dem § 15 Abs. 1 S. 2 WpHG eingeschränkte Befreiung von der Ad-hoc-Publizität vor. Zwar trägt der Emittent im Falle des § 6 Marktmissbrauchsrichtlinie alleine die Verantwortung und Kontrolle über seine Befreiung, jedoch lässt Art. 6 Abs. 3 nur eine Selbstbefreiung zu, wenn letztendlich die Vertraulichkeit der Information gewährleistet ist.[225] Diese Einschränkung des Emittentenschutzes ist jedoch nicht hinnehmbar. Die Interessen des Emittenten werden nicht genügend berücksichtigt. Sehr wohl kann auch im Falle von drohenden oder sogar schon anlaufenden Insidergeschäften eine Befreiung des Emittenten von der Insiderpublizität gerechtfertigt sein. Dies ist letztendlich immer dann anzunehmen, wenn der dem Markt drohende Schaden durch Insideraktivitäten geringer einzuschätzen ist als der Schaden für das Unternehmen. Nicht jeder geringe Schaden für den Markt durch die nicht zu gewährleistende Geheimhaltung kann einen möglicherweise gravierenden Eingriff in den Unternehmensgang rechtfertigen. Das Eigeninteresse des Unternehmens wird durch die Befreiungsvorschrift des Art. 6 Abs. 3 vernachlässigt. Für diese Ansicht spricht auch das Szenario, bei dem zwar aufgrund von Firmengeheimnissen Insidergeschäfte getätigt werden, aber die Firmengeheimnisse an sich von den Insidern nicht einer größeren Gruppe bekannt gegeben werden. Eine generelle Veröffentlichungspflicht der Firmengeheimnisse ohne Abwägung der Einzelinteressen ist in dieser Situation grundsätzlich abzulehnen.[226]

Darüber hinaus sprechen auch Kriterien der Informationseffizienz gegen die Ausgestaltung des Art. 6 Marktmissbrauchsrichtlinie bzw. gegen die durch diesen hervorgerufene Unterminierung des § 15 WpHG. Art. 6 Marktmissbrauchsrichtlinie enthält nämlich im Gegensatz zu § 15 WpHG keine Wesentlichkeitsgrenze der Information. Damit erfolgt eine Publizität aufgrund des Insiderrechts unabhängig davon, wie wichtig die Information ist. Zu befürchten ist daher eine Überschwemmung des Informationsmarktes mit unwichtigen Informationen.

Die hier gewonnenen Erkenntnisse über die Auswirkungen des Art. 6 Marktmissbrauchsrichtlinie auf die Ad-hoc-Publizität können damit wie folgt zusammengefasst werden: Übernähme man den Art. 6 Marktmissbrauchsrichtlinie unverändert in das deutsche Insiderrecht, so würde die Ad-hoc-Publizität des § 15 WpHG derart unterminiert, dass die durch

---

[225] Leppert, Michael / Stürwald, Florian (2002), S. 95, weisen darauf hin, dass dann auch die Kontrolle dieser Befreiungsmöglichkeit ausgeweitet werden muss.

[226] Zu Schnittstelle Ad-hoc-Publizität, Art. 6 Marktmissbrauchsrichtlinie und Geheimhaltung der Unternehmen siehe: Fürhoff, Jens (2003), S. 83.

den Tatbestand des § 15 WpHG und der dazu entwickelten Auslegung getragene Balance zwischen vertraglichen, verbandsrechtlichen und marktrechtlichen Interessen der Ad-hoc-Publizität-Beteiligten zerstört würde. Diese Balance durch eine eigenverantwortliche Selbstbefreiung anhand einer simplen Interessensabwägung, wie sie Art. 6 Abs. 3 Marktmissbrauchsrichtlinie vorsieht, wiederherzustellen ist von vornherein zum Scheitern verurteilt.

Noch schwerer wiegt jedoch die Erkenntnis, dass die oben festgestellten negativen Auswirkungen des Art. 6 Marktmissbrauchsrichtlinie auch den Zielsetzungen des europäischen Gesetzgebers entgegenlaufen. Dieser bezweckt laut seiner Erwägungsgründe mit der Regelung des Art. 6 Marktmissbrauchsrichtlinie die Schaffung eines effizienten Kapitalmarkts.[227] Aufgrund der oben dargestellten negativen Auswirkungen des Art. 6 Marktmissbrauchsrichtlinie auf die vorhandene Ad-hoc-Publizität des § 15 WpHG ist jedoch davon auszugehen, dass die Regelung in ihrer jetzigen Form dem Kapitalmarkt mehr schaden als nutzen wird.

Einzige Rettung bietet in dieser Situation nur das Umsetzungsverfahren. Gem. Art. 249 EGV sind die Mitgliedstaaten nur zu einer Umsetzung hinsichtlich der Zielsetzung der jeweiligen Richtlinie verpflichtet; im Übrigen ist die Gestaltung der Umsetzung den Ländern überlassen. Dieser Spielraum muss hier genutzt werden. Zum einen, um die Zielsetzung der Europäischen Union wirksam umzusetzen, und zum anderen, um den drohenden Schaden durch die „Sprengung" des Ad-hoc-Publizität-Tatbestandes abzuwenden. Um diese Zielsetzung zu realisieren, wird folgende grobe Modifizierung der Normierung der Insiderpublizität vorgeschlagen:

Der Emittent von Wertpapieren, die zum Handel im Amtlichen oder Geregelten Markt zugelassen sind, ist zur Veröffentlichung von Insiderinformationen verpflichtet, die die Bewertung der Wertpapiere und der darauf basierenden Finanzderivaten unmittelbar betreffen, wenn die Gefahr von erheblichen Insidergeschäften besteht und diese Gefahr nicht durch anderweitige Maßnahmen abgewehrt werden kann. Der Emittent ist von seiner Publizitätspflicht zu befreien, wenn der dem Emittenten durch die Veröffentlichung drohende Schaden den Schaden durch die drohenden Insidergeschäfte übersteigt. Zuständige Stelle für den Befreiungsantrag ist die BAFin.

[227] Siehe Einleitung der Marktmissbrauchsrichtlinie.

Diese Regelung genügt sowohl der Zielsetzung des europäischen Gesetzgebers als auch den Zielsetzungen der Ad-hoc-Publizität. Somit wird festgestellt, dass die Regelung nur bei einer beachtlichen Gefahr von Insidergeschäften zur Anwendung gelangt und sie unter den Instrumenten des Insiderrechts als letztes Mittel eingesetzt wird. Die Befreiungsregelung nimmt die Interessen des Marktes und der Emittenten angemessen in den Veröffentlichungsmechanismus auf. Im Interesse eines wirksamen Rechtsgüterschutzes soll die Schadensabwägung auf die BAFin als neutrale Institution verlagert werden. Darüber hinaus werden die Emittenten durch eine solche Befreiungsregelung nicht quasi im Stich gelassen, sondern die Befreiungsregelung kann auch als eine Art Anfrageregelung mit Exkulpationswirkung genutzt werden. Durch die hier vorgeschlagene Umsetzung des Art. 6 Marktmissbrauchsrichtlinie wird damit letztendlich das effektive Nebeneinander und Miteinander des Insider- und Ad-hoc-Publizität-Rechts gewährleistet.

4. Ad-hoc-Publizität nach § 15 WpHG

Hauptuntersuchungsgegenstand der vorliegenden Arbeit ist die Ad-hoc-Mitteilungspflicht gem. § 15 WpHG.

a) Regelungswortlaut

Abschnitt 3: Insiderüberwachung
§ 15 Veröffentlichung und Mitteilung kurserheblicher Tatsachen
Abs. 1: [1]Der Emittent von Wertpapieren, die zum Handel an einer inländischen Börse zugelassen sind, muss unverzüglich eine neue Tatsache gemäß § 15 Abs. 3 Satz 1 veröffentlichen, die in seinem Tätigkeitsbereich eingetreten und nicht öffentlich bekannt ist, wenn sie wegen der Auswirkungen auf die Vermögens- oder Finanzlage oder auf den allgemeinen Geschäftsverlauf des Emittenten geeignet ist, den Börsenpreis der zugelassenen Wertpapiere erheblich zu beeinflussen, oder im Falle zugelassener Schuldverschreibungen die Fähigkeit des Emittenten, seinen Verpflichtungen nachzukommen, beeinträchtigen kann. [2]Die Bundesanstalt kann den Emittenten auf Antrag von der Veröffentlichung befreien, wenn die Veröffentlichung der Tatsache geeignet ist, den berechtigten Interessen des Emittenten zu schaden. [3]In der Veröffentlichung genutzte Kennzahlen müssen im Geschäftsverkehr üblich sein und einen Vergleich mit den zuletzt genutzten Kennzahlen ermöglichen. [4]Sonstige

Angaben, die die Voraussetzungen des Satzes 1 offensichtlich nicht erfüllen, dürfen, auch in Verbindung mit veröffentlichungspflichtigen Tatsachen im Sinne des Satzes 1, nicht veröffentlicht werden. [5]Unwahre Tatsachen, die nach Satz 1 veröffentlicht wurden, sind unverzüglich in einer Veröffentlichung nach Satz 1 zu berichtigen, auch wenn die Voraussetzungen des Satzes 1 nicht vorliegen.

b) Entstehungsgeschichte

Ausgangspunkt der heutigen Ad-hoc-Publizität des § 15 WpHG war die im Rahmen der Umsetzung der Börsenzulassungsrichtlinie vom 5. März 1979 eingefügte Vorgängervorschrift zu § 15 WpHG, der § 44a BörsG a. F. Im § 44a BörsG a. F. wurde zum ersten Mal im deutschen Recht die laufende Informationspflicht börsennotierter Unternehmen festgeschrieben. Trotz des Wortlauts, der dem des § 15 WpHG ähnelt, blieb der § 44a BörsG a. F. in der Praxis bedeutungslos. Von seinem In-Kraft-treten am 1. Mai 1987 bis zu seiner Ablösung durch § 15 WpHG am 1. Januar 1995 wurden insgesamt sechs Ad-hoc-Mitteilungen gezählt.[228] Für diese niedrige Zahl wurden mehrere Umstände verantwortlich gemacht. Zum einen die traditionell existierende Zurückhaltung deutscher Unternehmen bezüglich der Veröffentlichung von Unternehmensinformationen.[229] Diese Zurückhaltung muss auch in Zusammenhang mit der weit verbreiteten Rechtsunsicherheit bei der Anwendung von § 44a BörsG a. F. gesehen werden.[230] Der Hauptgrund für die weitgehende Bedeutungslosigkeit liegt jedoch in der fehlenden effektiven Überwachung und Durchsetzung des § 44a BörsG a. F. Eine der BAFin (das frühere BAWe) vergleichbare Institution zur Überwachung der Ad-hoc-Publizität fehlte. Die sanktionsrechtlichen Folgen des § 44 a BörsG a. F. wurden auch als viel zu mild eingestuft, um eine effektive Flankierung der Publizitätsvorschrift zu gewährleisten. § 90 Abs. 1 Nr. 2 BörsG a. F. sah nur eine Ordnungswidrigkeitsstrafe bis zu 100.000 DM vor.[231] Ein weiterer Vorwurf im Zusammenhang mit der Bedeutungslosigkeit des § 44a BörsG a. F. muss der Wissenschaft gemacht werden. Sie verstand es während der Gültigkeit dieser Norm nicht, ihre Bedeutung darzulegen, erst recht nicht, sie hervorzuheben

[228] Wittich, Georg (1997), S. 2; Happ, Wilhelm (1994), S. 241.
[229] Happ, Wilhelm (1994), S. 241.
[230] Pellens, Bernhard (1991), S. 63.
[231] Gehrt, John A. (1997), S. 27.

und den Tatbestand und seinen Anwendungbereich genügend auszuloten.[232]
Ausgehend von der Feststellung, dass es sich bei dem § 44a BörsG a. F. um totes Recht handelte, nahm der Gesetzgeber im Rahmen der Umsetzung der Insider-Richtlinie vom 13. November 1989 eine Aktivierung der Vorschrift vor.[233] Die Insider-Richtlinie wurde durch den Gesetzgeber im Rahmen des 2. Finanzmarktförderungsgesetzes durch den Erlass des Gesetzes über den Wertpapierhandel (WpHG) umgesetzt.[234] Die Ad-hoc-Publizität wurde aus dem BörsG herausgenommen und in den § 15 WpHG transferiert. Die Ad-hoc-Publizität des § 15 WpHG trat zum 1. Januar 1995 in Kraft und erhielt den erwähnten Wortlaut. Das Wertpapierhandelsgesetz als systemischer Rahmen der Ad-hoc-Publizität wird als Grundgesetz des deutschen Kapitalmarktrechts angesehen, da es neben der Ad-hoc-Publizität auch erstmals Vorschriften zur Insiderhandelsbekämpfung enthält.[235]

c) Rolle der Ad-hoc-Publizität des § 15 WpHG

Eine Analyse der Rolle der Ad-hoc-Publizität des § 15 WpHG im Rahmen der Unternehmenspublizität muss von den europarechtlichen Grundlagen ausgehen und vor dem Hintergrund der US-amerikanischen Regelung der Ad-hoc-Publizität erfolgen.
Ausgangspunkt der Untersuchung muss die Frage sein, wer durch die Ad-hoc-Publizität geschützt werden soll. In Frage käme:[236]

1. Schutz der Anleger vor falschen Informationen über die Vermögens-, Finanz-, Ertragslage und über den Geschäftsverlauf
2. Schutz der Gläubiger vor falschen Informationen über die Vermögens-, Finanz- und Ertragslage

[232] Schwark, Eberhard (1987), S. 2045; Heidmeier, Heiner (1992), S. 110; Kümpel, Siegfried (2000a), Rz. 14. S. 231.
[233] Happ, Wilhelm (1994), S. 241; Hopt, Klaus (1994), S. 94; Pellens, Bernhard / Fülbier, Rolf Uwe (1995), S. 44.
[234] Art. 20 S. 2 des Gesetzes über den Wertpapierhandel und zur Änderung börsenrechtlicher und wertpapierrechtlicher Vorschriften (2. Finanzmarktförderungsgesetz) vom 26. 7. 1994; BGBl I 1994, S. 1749.
[235] Hopt, Klaus (1995), S. 135; zum Insiderrecht: Dreyling, Georg (2001).
[236] Wöhe, Günter (1990), S. 993 ff.

3. Schutz der Gesellschafter bei Gesellschaften, deren Führung nicht in den Händen der Eigentümer, sondern von Organen (Vorständen, Geschäftsführern) liegt, vor falschen Informationen über die Vermögens-, Finanz- und Ertragslage und vor Informationen, deren Zweck es ist, Gewinnansprüche zu verkürzen oder auf spätere Perioden zu verschieben
4. Schutz der vertraglich am Gewinn beteiligten Arbeitnehmer vor Verkürzung oder Verschiebung ihrer Gewinnansprüche
5. Schutz der Finanzbehörden vor falschen Informationen über die Besteuerungsgrundlagen
6. Schutz der am Betriebe interessierten Öffentlichkeit vor falschen Informationen über die Vermögens-, Finanz- und Ertragslage
7. Schutz vor plötzlichem wirtschaftlichem Zusammenbruch des Betriebs im Interesse der Belegschaft (Sicherung der Arbeitsplätze) und der gesamten Volkswirtschaft (Rückwirkung eines Zusammenbruchs auf andere Betriebe, insbesondere Lieferanten)

In der der Vorgängervorschrift zum § 15 WpHG zugrunde liegenden Börsenzulassungs-Richlinie wird im ersten Satz der Präambel ausdrücklich der Anlegerschutz als Ziel der in ihr enthaltenen Maßnahmen festgelegt. Durch die neue Informationspflicht soll mehr Markttransparenz geschaffen und zugleich sichergestellt werden, dass die Anleger in den verschiedenen Mitgliedsstaaten möglichst gleichwertige Informationen erhalten. Nach der Börsenzulassungs-Richtlinie schützt damit die Ad-hoc-Publizität sowohl den individuellen Anleger als auch die Anleger in ihrer Gesamtheit.[237] Mit diesem Ziel geht die Richtlinie auch mit der Absicht der US-amerikanischen Ad-hoc-Publizität konform, die den individuellen Anlegerschutz als Primärziel verfolgt.[238] Individueller Anlegerschutz und allgemeiner Anlegerschutz, der durch den Schutz der Funktionsfähigkeit der Wertpapiermärkte erreicht wird, sind auch Ziele der dem § 15 WpHG zugrunde liegenden Insider-Richtlinie. So wird im dritten, vierten und sechsten Erwägungsgrund der Präambel der Richtlinie auf die Bedeutung der Funktionsfähigkeit der Wertpapiermärkte verwiesen, die weitgehend mit einem funktionierenden Anlegerschutz gleichzusetzen ist. HOPT spricht in diesem Zusammenhang davon, dass die Funktionsfähigkeit des Kapitalmarkts und der Anlegerschutz „zwei Seiten der gleichen Medaille“ seien.[239] Besonders hervorgehoben wird in der Insider-

[237] Gehrt, John A. (1997), S. 201.
[238] Siehe Exkurs Seite S. 100.
[239] Vgl. Hopt, Klaus (1995), S. 159.

Richtlinie das Vertrauen der Anleger als Index für die Funktionsfähigkeit des Marktes. Die Insider-Richtlinie schlägt durch die Integration der Ad-hoc-Publizität in die Insider-Regelungen eine Brücke zwischen dem Funktionsschutz durch Insider-Regelungen und demjenigen durch Ad-hoc-Publizität.[240] Anzumerken ist, dass es sich bei dem Ziel des Anlegerschutzes und dem Ziel der Verhinderung von Insiderhandel um zwei harmonisierende Zielrichtungen handelt, die folglich - im Gegensatz zum Gläubigerschutz und zum Anlegerschutz - nicht in Antinomie stehen.[241] Darüber hinaus kann festgestellt werden, dass sich der Anlegerschutz als einheitliches Prinzip durch alle kapital- und börsenmarktrechtlichen Richtlinien des Gemeinschaftsrechts zieht.

Zusammenfassend kann damit gesagt werden, dass die europarechtlichen Grundlagen der Ad-hoc-Publizität die Rolle eines Instruments des individuellen und allgemeinen Anlegerschutzes durch Information zuweisen. Dieser Regelungsintention ist der deutsche Gesetzgeber bei der Schaffung des § 15 WpHG im Zweiten Finanzmarktförderungsgesetz weitgehend gefolgt. Danach war es das Ziel der in diesem Gesetz enthaltenen Maßnahmen, die Attraktivität und internationale Wettbewerbsfähigkeit des Finanzplatzes Deutschland durch die Erweiterung des Anlegerschutzes und durch ein Bündel weiterer Maßnahmen zu verbessern.[242] Die Ad-hoc-Publizität wurde als wichtiges Instrument angesehen, die Transparenz und damit die Funktionsfähigkeit der Finanzmärkte zu erhöhen. Sie soll die fehlerhafte und inadäquate Bildung von Wertpapierpreisen durch falsche oder unvollständige Informationen des Marktes verhindern. Gemäß der Intention der Insider-Richtlinie erfolgte eine Integration der Ad-hoc-Publizität in das Insiderrecht. Damit wurde der Ad-hoc-Publizität die weitere Aufgabe der Präventivwirkung im Hinblick auf die Bekämpfung des Insiderhandels zugewiesen, da mit der Publizität die Qualität einer Tatsache als nicht öffentlich bekannt entfällt und dementsprechend kein Insiderhandel mehr möglich ist.[243]

Abweichend von den europarechtlichen Vorgaben und dem Vorbild der US-amerikanischen Ad-hoc-Publizität verneinte jedoch der historische deutsche Gesetzgeber einen individuellen Anlegerschutz durch die Ad-hoc-Publizität. Der Schutz des einzelnen Anlegers sei ein bloßer Rechts-

240 Vgl. Art. 7 der Insiderrichtlinie.
241 So weitgehend: Beisse, Heinrich (1996), S. 77 u. 78.
242 BT-Drucks. 12/6679, S. 1.
243 BT-Drucks. 12/7918, S. 96; Hopt, Klaus (1995), S. 147.

reflex.[244] An diesem Ergebnis kann jedoch nach den neuesten Veränderungen des Gesetzgebers im Bereich des Schadensersatzrechts – §§ 37b und 37c WpHG – so nicht mehr festgehalten werden. Die besseren Argumente sprechen heute dafür, dass § 15 WpHG auch den individuellen Anlegerschutz bezweckt. Auf das Problemfeld des individuellen Anlegerschutzes wird an entscheidenden Stellen später noch ausführlich eingegangen; für die Einordnung der Ad-hoc-Publizität reicht vorerst das Ergebnis, dass die Ad-hoc-Publizität das Ziel des Funktionsschutzes des Kapitalmarkts durch Gewährleistung des Anlegerschutzes und durch Abwehr von Insidergeschäften verfolgt.[245]

Aber auch die Verneinung eines individuellen Anlegerschutzes durch die Ad-hoc-Publizität des § 15 WpHG würde nichts an dem Ergebnis ändern, dass dem § 15 WpHG die Rolle eines Anlegerschutzinstrumentes durch Publizität zugewiesen wurde. Der Anlegerschutz ist also primäres Ziel und bedingt die uneingeschränkte Informationsfunktion des § 15 WpHG. Ein möglicher Gläubiger- oder Gesellschafterschutz spielt im Rahmen des § 15 WpHG primär keine Rolle.

---

[244] BT-Drucks. 12/7918, S. 100; zu beachten ist, dass § 15 Abs. 6 WpHG a. F. nur einen individuellen Schadensersatzanspruch ausschließen will. Dies ist jedoch streng von der Frage zu unterscheiden, ob § 15 WpHG auch den Individualschutz bezweckt.

[245] Auf die Problematik des individuellen Anlegerschutzes wird im Schadensersatzrecht auf den Seiten 219 ff. eingegangen.

E. Verortung der Ad-hoc-Publizität im Koordinatensystem der informationellen Teilsysteme der Unternehmenspublizität

Ausgehend von der Feststellung, dass es sich bei der Ad-hoc-Publizität um ein Instrument des Anlegerschutzes handelt, stellt sich die Frage nach dem Verhältnis der Ad-hoc-Publizität des § 15 WpHG zu den restlichen Teilen des Unternehmenspublizitätssystems.[246]

I. Verhältnis zur handelsrechtlichen Unternehmenspublizität des HGB

Bei der Untersuchung des grundsätzlichen Verhältnisses der Ad-hoc-Publizität zur handelsrechtlichen Unternehmenspublizität des HGB ist die Entstehungsgeschichte der Ad-hoc-Publizität des § 15 WpHG zu beachten.

Anknüpfend an eine missverständliche Äußerung in der Regierungsbegründung zum Gesetzentwurf des § 15 WpHG wurde zunächst die Auffassung vertreten, dass Tatsachen, die der Regelpublizität des Einzel- und Konzernabschlusses unterliegen, nicht Gegenstand der Ad-hoc-Publizität sein könnten.[247] Dies widerspricht jedoch sowohl der europarechtlichen Herkunft des § 15 WpHG als auch der zum § 44 a BörsG a. F. vertretenen Ansicht. In Schema Nr. 5a im Anhang der Börsenzulassungsrichtlinie wird eindeutig die Funktion der Ergänzung der Jahresabschlusspublizität durch die Ad-hoc-Publizität angesprochen. Das ergibt sich aus der systemischen Stellung der Vorschrift innerhalb des Pflichtenkatalogs im Schema C. Die Ad-hoc-Publizität ist dabei dem Titel <<Zusätzliche Informationen>> untergeordnet und folgt unmittelbar auf die Vorschrift über die unverzügliche Veröffentlichung von Jahresabschluss und Lagebericht. Danach soll das Wort „zusätzlich" verdeutlichen, dass die Ad-hoc-Publizität neben der jährlichen Berichterstattung als „Information aus Anlaß besonderer Ereignisse" das Informationsangebot für die Öffentlichkeit erweitern soll.

Zur gleichen Ansicht kommt man beim Studium der Gesetzesbegründung zu § 44 a BörsG a. F. Danach soll die Ad-hoc-Publizität als Ergänzung zur laufenden Veröffentlichung des Jahresabschlusses und des

---

246 Gesamtthematik: Hommelhoff, Marcus (2000), S. 749 ff.

247 Bruns, Hans-Georg (1995), S. 110, Bezug nehmend auf BT-Drucks. 12/6679, S. 48.

Lageberichts sowie der Zwischenberichte nach § 44 Abs. 1 BörsG dienen.[248]

In Umkehrung der oben genannten Auffassung wird vertreten, dass nur Tatsachen, die grundsätzlich der Regelpublizität unterliegen, im Falle ihres Auftretens zwischen den Zeitpunkten der Regelpublizität zu veröffentlichen seien, nicht jedoch Tatsachen, die generell nicht der Regelpublizität unterliegen.[249] Diese Meinung stützt sich auf den Wortlaut des § 15 Abs. 1 S. 1 WpHG, der mit den Begriffen der Finanz- und Vermögenslage Termini des HGB aufgreift.[250]

M. E. kann jedoch aus der Verwendung von Termini des HGB und der Formulierung „zusätzliche Information" nicht zwingend gefolgert werden, dass sich die Ergänzung der Regelpublizität durch die Ad-hoc-Publizität in einem Akzessorietätsverhältnis der Ad-hoc-Publizität zur Jahresabschlusspublizität manifestiert. Diese Ansicht wird auch durch den Gesetzgeber selbst gestützt. Seine Öffnung der Konzernrechnungslegung gem. § 292a HGB auch für internationale Standards wie den IAS oder US-GAAP spricht für die Vermutung, dass der Gesetzgeber seine Maßnahmen nicht mehr nur mit dem Bilanzierungssystem des HGB harmonisiert wissen will, sondern auch mit internationalen Bilanzierungssystemen. Will man nun ein Akzessorietätsverhältnis zwischen Ad-hoc-Publizität und Regelpublizität festlegen, so stellt sich die Frage, zu welchem System dieses Verhältnis bestehen soll. Die Unterschiede zwischen den einzelnen Bilanzierungssystemen machen diese Frage nämlich nicht überflüssig.[251] Hinsichtlich der Internationalisierung ist darauf hinzuweisen, dass sie sich noch auf die Konzernabschlussebene beschränkt, wobei CLAUSSEN feststellt, dass der Konzernabschluss zur „Heimat des Anlegerschutzes" geworden ist.[252] Ob es auch zu einer Internationalisierung der Einzelabschlussebene kommt, bleibt abzuwarten.[253]

Letztendlich kann die Ad-hoc-Publizität auch als eigenständiges Publizitätsinstrument mit eigenem Anwendungsbereich die Jahresabschluss-

---

[248] BT-Drucks. 10/4296, S. 16.

[249] Pellens, Bernhard (1991), S. 64 ff.; Heidmeier, Heiner (1992), S. 111, zu § 44a BörsG a. F.; Ekkenga, Jens (1998), S. 453.

[250] Vgl. § 264 HGB.

[251] Müller, Stefan / Wulf, Inge (2001), S. 2206 ff.

[252] Vgl. Claussen, Carsten P. (2000a), S. 615.

[253] Arbeitskreis Bilanzrecht der Hochschullehrer Rechtswissenschaft (2002), S. 2373; Arbeitskreis „Externe Unternehmensrechnung" (2001), S. 160 f.; Kübler, Friedrich (2000), S. 550 ff., bezeichnet die primäre Informationsfunktion als Wunsch des Kapitalmarktrechts; Schön, Wolfgang (2000), S. 742.

publizität des HGB ergänzen. Sie tut es in einem noch größeren Maße, wenn sie dem Anleger auch Informationen über den Jahresabschlussinhalt hinaus anbietet.

Das Verhältnis der Ad-hoc-Publizität zur Jahresabschlusspublizität muss vielmehr ausgehend von den ihnen jeweils zugewiesenen Funktionen her bestimmt werden.

Wie festgestellt wurde, liegt die primäre Funktion der Ad-hoc-Publizität im Funktionsschutz und Anlegerschutz durch Information.

Die Frage, welchem Ziel die Bilanzierung dient bzw. welche Funktionen die unternehmerische Rechnungslegung hat, wird schon mehr als 100 Jahre gestellt.[254]

So konstatierte das Reichsgericht bereits im Jahr 1894, dass „jeder einzelne Aktionär für sich die Mitteilung der für die Bildung eines selbständigen Urteils erforderlichen Bilanzunterlagen verlangen könnte".[255] Dies spräche für eine vordringliche Informationsfunktion gegenüber den einzelnen Rechnungslegungsbezugsgruppen mit Zielrichtung Kapitalmarkt.[256]

Sieht man sich jedoch den Meinungsstand in der Literatur an, so werden dort zur Untersuchung der Bilanzierungsfunktion die einzelnen Bilanzierungsfunktionen auf die zwei Grundfunktionen Gläubigerschutz[257] und Information zurückgeführt.[258] Die Informationsfunktion bzw. das True and fair view-Prinzip wird zum Teil als unvereinbar mit der Gläubigerschutzfunktion gehalten; es ist von Antinomie die Rede.[259] Im Raum steht die Kernaussage, dass die Gläubigerschutzfunktion Abstriche bei der Aufgabe der Informationsvermittlung verlangt oder wenigstens rechtfertigt.[260]

Nach herrschender deutscher Auffassung ist der Gläubigerschutz der maßgebliche Grundsatz, nach dem oder unter dessen Berücksichtigung die Rechenschaftslegung erfolgt.[261]

---

[254] Kübler, Friedrich (2000), S. 551 ff.; ders. (1995a), S. 373; ders. (1995b), S. 551 ff.; Möllers, Thomas (1999), S. 435; Ballwieser, Wolfgang (1996).

[255] Vgl. RG (1894), S. 85; zur historischen Entwicklung der Bilanzzwecke vgl. Schön, Wolfgang (1997), S. 133 ff.

[256] Siehe zu diesem Themenkomplex: Pellens, Bernhard / Fülbier, Rolf Uwe (2000), S. 572.

[257] Beisse, Heinrich (1996), S. 77 ff.

[258] Budde, Dieter / Steuber, Elgin (1996), S. 543.

[259] Beisse, Heinrich (1996), S. 77/78.

[260] Siehe: Kübler, Friedrich (2000), S. 556, m. w. N.

[261] Assmann, Heinz-Dieter (1999), § 1 Rn. 73; Budde, Dieter / Steuber, Elgin (1996), S. 543.

Gestützt wird diese Meinung durch die gesetzlichen Regelungen. Man könnte einen anderen Eindruck gewinnen, wenn man sich die Regelung des § 264 Abs. 2 HGB nur oberflächlich ansieht; jedoch bestätigt eine genauere Analyse folgendes Ergebnis: Der § 264 Abs. 2 HGB konstatiert zwar in seiner Formulierung „ein den tatsächlichen Verhältnissen entsprechendes Bild der Vermögens-, Finanz- und Ertragslage" das Prinzip des true and fair view.[262] Eingeführt wurde dies durch die Bilanzrichtlinie aus dem Jahr 1978.[263] Dieses Prinzip dient zweifellos der Informationsfunktion und damit der Kapitalmarkt- und Anlegerinformation. Das Prinzip des true and fair view findet jedoch, wie § 264 Abs. 2 S. 1 1. HS HGB zu erkennen gibt, seine Einschränkung in den Grundsätzen ordnungsgemäßer Buchführung, und einer der Grundsätze ist das Vorsichtsprinzip, das in Deutschland traditionell mit dem Gläubigerschutz gleichgesetzt wird.[264]

Festzustellen bleibt, dass die Informationsfunktion, die auch die Kapitalmarkt- und Anlegerinformation enthält, nach dem klassischen Ansatz hinter die Gläubigerschutzfunktion zurücktritt.

Die Betonung der Gläubigerschutzfunktion hat weit reichende Folgen auf die Eignung der Bilanzierung zur Kapitalmarkt- und Anlegerinformation. Es tritt dadurch eine Informationseinschränkung oder gar -verzerrung ein.[265]

Festgestellt werden kann, dass zwischen der Ad-hoc-Publizität und der Jahresabschlusspublizität gravierende Funktionsunterschiede bestehen. Würde man nun die Ad-hoc-Publizität als akzessorisch zur handelsrechtlichen Jahresabschlusspublizität des HGB ansehen, würde die Informationsverzerrung aufgrund des Prinzips der Kapitalerhaltung auch Einzug in die Ad-hoc-Publizität halten. Die Anlegerschutzfunktion der Ad-hoc-Publizität und damit das Ziel des Gesetzgebers würden konterkariert.

Aufgrund dieses Ergebnisses muss das Verhältnis in der Weise gesehen werden, dass sich der Tatbestand des § 15 WpHG der Fachtermini des HGB bedient und die Ad-hoc-Publizität insofern in einem Ergänzungsverhältnis steht, als sie die Informationslage des Anlegers aufgrund der Jahresabschlussinformationen erweitert.[266] Dies tut die Ad-hoc-Publizität jedoch als originäres und eigenständiges Informationsinstrument, das

[262] Moxter, Adolf (1996), S. 419.

[263] Bilanz-Rl. 78/660/EWGV v. 25.7.1978; Hulle, Karel van (1995), S. 313 ff.

[264] Beisse, Heinrich (1996), S. 77 ff.

[265] Kleindiek, Detlef (1998), S. 474.

[266] Gleichfalls für eine kapitalmarktrechtliche Auslegung: Ekkenga, Jens (1999), S. 165 ff.

seinen eigenen Grundsätzen folgt und damit vor allem keinem Einfluss der Grundsätze ordnungsgemäßer Buchführung unterliegt.

II. Verhältnis der Ad-hoc-Publizität zur handelsrechtlichen Publizität der IAS/IFRS

Das Verhältnis der Ad-hoc-Publizität zur handelsrechtlichen Publizität der IAS ist, wie schon erwähnt, aufgrund der Tatsache von entscheidender Bedeutung, dass Unternehmen des Organisierten Marktes i. S. d. § 2 Abs. 5 WpHG ab 2005 nicht nur der bisher schon geltenden Ad-hoc-Publizität unterliegen, sondern auch der ausschließlichen Regelpublizität der IAS.
Zur Klärung des Verhältnisses zwischen den beiden Regelungsinstrumenten muss auch hier wieder die europäische Wurzel der Ad-hoc-Publizität beachtet werden. Wie schon dargestellt, spricht der Anhang des Schema Nr. 5a der Börsenzulassungsrichtlinie eindeutig die Funktion der Ergänzung der Jahresabschlusspublizität durch die Ad-hoc-Publizität zu. Das ergibt sich aus der systemischen Stellung der Vorschrift innerhalb des Pflichtenkatalogs im Schema C. Die Ad-hoc-Publizität ist dem Titel <<Zusätzliche Informationen>> untergeordnet und folgt unmittelbar auf die Vorschrift über die unverzügliche Veröffentlichung von Jahresabschluss und Lagebericht. Danach soll das Wort „zusätzlich“ verdeutlichen, dass die Ad-hoc-Publizität neben der jährlichen Berichterstattung als „Information aus Anlaß besonderer Ereignisse“ das Informationsangebot für die Öffentlichkeit erweitern soll. Zur gleichen Ansicht kommt man beim Studium der Gesetzesbegründung zu § 44 a BörsG a. F. Danach soll die Ad-hoc-Publizität als Ergänzung zur laufenden Veröffentlichung des Jahresabschlusses und des Lageberichts sowie der Zwischenberichte nach § 44 Abs. 1 BörsG dienen.[267] An dieser Zielrichtung des Gesetzgebers bestehen auch nach der IAS-Verordnung keine Bedenken. Für eine Akzessorietätsbeziehung über ein Ergänzungsverhältnis hinaus gibt es keine Anhaltspunkte. Jedoch kann bei dem Ergänzungsverhältnis der IAS zur Ad-hoc-Publizität festgestellt werden, dass es sich nicht nur um ein rein tatsächliches Ergänzungsverhältnis handelt. Aufgrund Gleichklangs hinsichtlich der Zielrichtung und Adressatenschaft kann von einer funktionalen Verschränkung der beiden Informationsinstrumente ausgegangen werden. Das unterscheidet die

[267] BT-Drucks. 10/4296, S. 16.

IAS- von der HGB-Rechnungslegung.[268] Sowohl die Ad-hoc-Publizität als auch die IAS sind ausschließlich kapitalmarktorientiert, sehen den Investor bzw. Anleger als ihren Adressaten, und beide verfolgen den Decision use fulness- und den Fair presentation-Ansatz. Dabei gilt aber auch hier, dass die Ad-hoc-Publizität durch die IAS nicht in ihrer Rolle als eigenständiges Informationsinstrument tangiert wird. Sehr wohl wäre jedoch aufgrund der dogmatischen Übereinstimmungen eine Harmonisierung der beiden Instrumente in Form eines funktionellen Ergänzungsverhältnisses wünschenswert. Zumindest können die Grundsätze des Framework auch bei der Ausgestaltung der Ad-hoc-Publizität als Anleitung dienen.

III. Verhältnis zur gesellschaftsrechtlichen Unternehmenspublizität

Schon 1994 sah der Gesetzgeber Handlungsbedarf im Bereich der Harmonisierung von kapitalmarktrechtlicher Ad-hoc-Publizität und gesellschaftsrechtlicher Unternehmenspublizität.[269] Die Funktionsunterschiede beider Informationsinstrumente zeigen sich formal schon im Adressaten der Publizität: auf der einen Seite die Information und damit der Schutz der Anleger – der auch den Aktionär und die Gesellschafter einschließt -, auf der anderen Seite Information und Schutz der Gesellschafter bzw. Aktionäre. Dabei spricht die gesellschaftsrechtliche Publizität den Aktionär nicht in seiner Rolle als Kapitalmarktteilnehmer an, sondern als Mitglied des Verbandes. Es ist das Ziel der gesellschaftsrechtlichen Publizität dem Aktionär die Verwaltungskontrolle und ihm des Weiteren die Ausübung seiner Mitverwaltungsrechte zu ermöglichen.[270]
In einem Spannungsverhältnis zur Ad-hoc-Publizität wird das Auskunftsrecht des Aktionärs auf der Hauptversammlung gem. § 131 AktG gesehen.[271] Hintergrund des Problems ist, dass eine Veröffentlichung auf der Hauptversammlung nicht die in § 15 WpHG geforderte Bereichsöffentlichkeit erreicht und somit der Vorstand bei seiner Auskunftsgabe gegen

[268] Zu den Unterschieden der drei Rechnungslegungssysteme HGB, IAS und US-GAAP: Krawitz, Norbert (2001), S. 629 ff. u. S. 733 ff.
[269] BT-Drucks. 12/7918, S. 96 u. 97; zum Wandel des Gesellschaftsrechts: Wymeersch, Eddy (2001), S. 294 ff.
[270] Siehe nur: Schmidt, Karsten (1984), S. 16 ff; BVerfG (1999), S. 1799.
[271] Hirte, Heribert (1996), S. 47 ff.; Gehrt, John A. (1997), S. 176-180; Möllers, Thomas (1997), S. 356.

die Ad-hoc-Publizität-Vorschriften verstoßen würde.[272] Mag auch die Problematik, dass grundsätzlich alle bestehenden Ad-hoc-Publizität-Tatsachen vor der Hauptversammlung veröffentlicht werden, als eher rein theoretischer Natur eingestuft werden,[273] so sind doch Konstellationen denkbar, dass während der Hauptversammlung ad-hoc-publizität-pflichtige Ereignisse eintreten. Erinnert sei nur an die Richtigstellung von Gerüchten, die ihren Ausgangspunkt beim Emittenten haben und erst während des Ablaufs der Hauptversammlung nach außen dringen.

Die Lösung des Konflikts zwischen Ad-hoc-Publizität und gesellschaftsrechtlicher Publizität findet sich im § 15 Abs. 3 S. 2 WpHG. Er verbietet, eine ad-hoc-publizität-pflichtige Tatsache vor der Veröffentlichung nach § 15 WpHG auf eine andere Art zu publizieren. Er stellt damit klar, dass § 15 WpHG lex specialis zu allen sonstigen Veröffentlichungsinstrumenten und damit auch zu denen des Gesellschaftsrechts ist.[274] Auf die Frage, wie sich ein Vorstand in einer solchen Situation auf der Hauptversammlung verhalten soll, gibt das AktG eindeutige Vorgaben. Der Vorstand muss sich in dieser Situation auf das Auskunftsverweigerungsrecht gem. § 131 Abs. 3 Nr. 5 AktG berufen.[275] § 131 Abs. 3 Nr. 5 AktG gewährt dem Vorstand dieses Recht, soweit er sich mit der Auskunft strafbar machen würde. Da ein Verstoß gegen § 15 Abs. 3 S. 2 WpHG strafbewehrt ist, steht dem Vorstand dieses Auskunftsverweigerungsrecht zu. Der Vorstand hat, wie es § 15 WpHG vorsieht, in zeitlicher Nähe mit der Verweigerung die Veröffentlichung nach § 15 WpHG zu initiieren. Eine Nachholung der Beantwortung der Aktionärsfrage im Rahmen des § 131 AktG und eine Veröffentlichung nach § 15 WpHG können dabei zusammenfallen. Wie gesehen, blockiert damit der § 15 Abs. 3 S. 2 WpHG das Fragerecht des § 131 AktG nicht endgültig, sondern führt nur zu einer Verzögerung.[276]

Dieser Lösung des Konflikts zwischen der Ad-hoc-Publizität und der gesellschaftsrechtlichen Publizität des § 131 AktG wird entgegengebracht, dass eine so verstandene Ad-hoc-Publizität den Gesellschafterschutz

---

[272] Kümpel, Siegfried (1994), S. 2138; Assmann, Heinz-Dieter (1997), S. 57.

[273] Kümpel, Siegfried (1994), S. 2138; Hopt, Klaus (1995), S. 157, Fn. 93.

[274] Hirte, Heribert (1996), S. 53.

[275] A. A. Joussen, Peter (1994), S. 2485 ff., der jedoch die Rolle der Ad-hoc-Publizität verkennt, und a. A. auch Benner-Heinacher, Jella (1995), S. 765 f., die davon ausgeht, dass es keine zeitlichen Überschneidungen zwischen der Ad-hoc-Publizität und § 123 AktG gibt.

[276] Wilga, Norbert in Möllers, Thomas / Rotter, Klaus (2003), S. 233 verneint eine Kollision der beiden Vorschriften, da der § 131 Abs. 1 AktG im Gegensatz zu § 15 WpHG keine sofortige Veröffentlichung bzw. Beantwortung verlange.

untergrabe. Dem ist jedoch bei einer genaueren Untersuchung der Ad-hoc-Publizität-Vorschriften nicht zuzustimmen. Einerseits steht der Gesellschaft die Möglichkeit eines Befreiungsantrags offen, wenn ihr, und damit indirekt den Gesellschaftern, durch die Veröffentlichung ein unangemessener Schaden droht (§ 15 Abs. 1 S. 2 WpHG). Zum anderen ist grundsätzlich keine Situation denkbar, in der ein Gesellschafter als Aktionär gegenüber seinen Mitaktionären und gegenüber potenziellen Aktionären der Gesellschaft in der Weise privilegiert werden müsste, dass er die Information als Erster auf dem Wege des § 131 AktG erhalten müsste. Zu beachten ist nämlich, dass seine Frage im Rahmen des § 15 WpHG beantwortet wird und er die Antwort als Teil der Bereichsöffentlichkeit erhält. § 131 AktG bezweckt nicht den Schutz des Aktionärs durch eine Art Erstinformationsrecht.

Als Ergebnis kann damit festgehalten werden, dass die Vorschriften der Ad-hoc-Publizität als lex specialis den gesellschaftsrechtlichen Publizitätsvorschriften vorgehen.

Das zweite Spannungsverhältnis zwischen Gesellschaftsrecht und Ad-hoc-Publizität wird im Verhältnis von § 92 Abs. 1 AktG, der eine sog. Anzeigepflicht bei Verlust vorsieht, zum § 15 WpHG gesehen.

Die Pflicht des Vorstandes, die Hauptversammlung einzuberufen und Verlustanzeige zu erstatten, besteht nur den Aktionären gegenüber und steht damit nicht im allgemeinen Publizitätsinteresse.[277] Es werden auch noch nicht einmal die Gesellschaftsgläubiger vor Verlusten infolge der Verringerung des Eigenkapitals geschützt, sondern nach Maßgabe des BGH soll durch diese Anzeige ausschließlich den verantwortlichen Gesellschaftsorganen die Gelegenheit geboten werden, sich rechtzeitig auf die Kapitalverringerung und die daraus resultierenden Gefahren einzustellen und Gegenmaßnahmen zu ergreifen. Wenn selbst die so nahe liegende Gläubigerschutzfunktion in Bezug auf den § 92 Abs. 1 AktG verneint wird, so ist erst recht eine primäre Anlegerschutzfunktion dieses Instruments zu verneinen.

Gleichwohl unterfällt der Verlustanzeigetatbestand in der Regel der Ad-hoc-Publizität des § 15 WpHG. Dabei ist auch nicht der Umstand abträglich, dass der Verlust an Eigenkapital das Resultat eines längerfristigen Prozesses ist, da von der Ad-hoc-Publizität auch sog. eigenständige „Summenereignisse“ erfasst werden.[278] Als absolut unproblematisch ist

[277] BGH (1979), S. 1831; Hüffer, Uwe (1997), § 92 Rn. 1.

[278] Siehe: die Beispiele in BAWe (1998), S. 50 f.; Kümpel, Siegfried (1997), S. 69.

auch das Tatbestandmerkmal der Auswirkung auf den Geschäftsverlauf anzusehen.
Somit kommt es zu einer Überschneidung der Anwendungsbereiche. Nun könnte man auch hier einen strikten Anwendungsvorrang der Ad-hoc-Publizität aufgrund der Regelung des § 15 Abs. 3 S. 2 WpHG annehmen. Dieses Ergebnis könnte aus dogmatischer Sicht abzulehnen sein, wenn durch einen strikten Anwendungsvorrang der Ad-hoc-Publizität die gesellschaftsrechtliche Schutzfunktion des § 92 Abs. 1 AktG unterlaufen würde. Anders als der § 131 AktG schützt der § 92 Abs. 1 AktG nämlich nicht nur den Aktionär, sondern auch die Gesellschaft. Als problematisch erweisen sich in diesem Zusammenhang die Fälle, in denen eine Veröffentlichung der Verlustanzeige an die Kapitalmarktteilnehmer per Ad-hoc-Mitteilung gerade die Möglichkeiten der Aktionäre, geeignete Reaktions- bzw. Rettungsmaßnahmen einzuleiten, torpedieren würde.[279] Doch auch diese Gefahr berücksichtigt die Ad-hoc-Publizität-Regelung. Zu denken ist nämlich in diesem Zusammenhang an die Befreiungsmöglichkeit des § 15 Abs. 1 S. 2 WpHG. Besteht die Gefahr, dass ein Rettungsversuch durch die Veröffentlichung der Verlustanzeige per Ad-hoc-Mitteilung torpediert wird, so greift der Befreiungstatbestand ein und durchbricht den hier befürworteten Anwendungsvorrang der Ad-hoc-Publizität. Es ist damit ein strikter Anwendungsvorrang der Ad-hoc-Publizität gegenüber der Anzeige gem. § 92 Abs. 1 AktG zu konstatieren.
Nach der Untersuchung von speziellen Anwendungsverhältnissen zwischen gesellschaftsrechtlicher Publizität und Ad-hoc-Publizität stellt sich die allgemeinere Frage, warum sich der Gesetzgeber bei der Regelung des Kapitalmarkts und damit des Anlegerschutzes nicht des Gesellschaftsrechts bedient hat und nicht bedient, zumal von der Wissenschaft ein Funktionswandel des Gesellschaftsrechts sowohl als möglich als auch als notwendig erachtet wird.[280] Zweifellos kann das Gesellschaftsrecht einen Beitrag zum Schutz des Anlegers leisten.[281] Jedoch sind zwei Dinge zu beachten: Zum einen muss das Gesellschaftsrecht in seiner ureigensten Funktion primär den Besonderheiten des Konstrukts Verband gerecht werden. Aktienrecht oder GmbH-Recht ist in erster Linie Verbandsrecht. Es konzentriert sich auf das Verhältnis zwischen Aktionär und Gesellschaft, wobei ein Kapitalmarktbezug schon aus dem

[279] Zu den Veröffentlichungspflichten einer börsennotierten Unternehmung in der Insolvenz siehe: Weber, Martin (2001), S. 422 ff.
[280] Statt vieler: Hommelhoff, Peter (2000), S. 749 ff.
[281] Zu den Harmonisierungsmöglichkeiten: Möllers, Thomas (1997), S. 335.

Grund nicht berücksichtigt werden kann, dass das Verbandsrecht auch für Nichtkapitalmarktunternehmen gilt und dies in der Rechtswirklichkeit auch in den meisten Fällen tut, da die börsennotierte Gesellschaft heute immer noch die Ausnahme bildet. Das Gesellschaftsrecht verfolgt damit einen anderen Ansatz als das Kapitalmarktrecht. Auch ein Rückgriff des Kapitalmarktrechts auf die konkreten Instrumente des Aktienrechts erscheint, abgesehen von den dogmatischen Unterschieden dieser beiden Rechtsgebiete, nicht sinnvoll, da die Selbstschutzmöglichkeiten des Aktionärs durch „voice" (Kontrolle und Widerspruch) und „exit" (Abwanderung = Desinvestitionsentscheidung) für einen Anlegerschutz zu kurz greifen und einer Vorverlegung durch das Kapitalmarktrecht bedürfen.[282]
Festzuhalten bleibt damit als Ergebnis, dass ein grundsätzlicher Vorrang der Ad-hoc-Publizität gegenüber der gesellschaftsrechtlichen Publizität besteht.

IV. Verhältnis zur börsenrechtlichen Unternehmenspublizität

Zuerst stellt sich die Frage nach der Beziehung der Ad-hoc-Publizität zur primärmarktrechtlichen Publizität in Form der Prospektpublizität. Aufgrund der Tatsache, dass es sich bei der Ad-hoc-Publizität um ein Informationsinstrument des Sekundärmarktes handelt, kommt es zu keiner Überschneidung des Anwendungsbereichs. Sehr wohl liegt jedoch eine funktionale Verschränkung vor. Die Zielrichtung der primärmarktrechtlichen Prospektpublizität liegt im Schutz der Anleger durch die Bereitstellung wesentlicher Informationen für die Kauf- oder Verkaufsentscheidung bei Emission.[283] In die gleiche Richtung orientiert sich die Ad-hoc-Publizität. Sie stellt sicher, dass die Anleger nach der „Erstinformation bzw. Startinformation" weiterhin mit den wesentlichen Informationen versorgt werden, die für eine Kauf- oder Verkaufsentscheidung relevant sind.
Beide Informationsinstrumente sind damit Teil des Konzepts „Anlegerschutz durch Information" und zielen direkt auf den Anlegerschutz ab, wobei das Ziel des Funktionsschutzes des Kapitalmarkts in dieser Zielrichtung enthalten ist. Die Ad-hoc-Publizität aktualisiert damit das Bild, das der Prospekt von der Unternehmung zeichnet.

---

[282] Begriffe bei Hirschmann, Albert (1974).
[283] BT-Drucks. 11/6340, S. 10; Ritz, Corinna (2002), S. 662 ff.

Eine ähnliche Lage zeigt sich auch in Bezug auf die sekundärmarktrechtliche Publizität der Zwischenberichterstattung.[284] Die gleiche Zielsetzung ist nämlich auch beim Zwischenbericht festzustellen. Sie verfolgt neben dem Individualschutz des Anlegers gleichberechtigt den Funktionsschutz des Kapitalmarkts.[285] Jedoch wird die Verfolgung des Anlegerschutzes durch den Zwischenbericht in seiner praktischen Umsetzung relativiert, was sich auch auf das konkrete Verhältnis von Zwischenbericht und Ad-hoc-Publizität auswirkt.

Der Gesetzgeber verknüpft nämlich die handelsrechtliche Publizität mit dem Zwischenbericht in der Weise, dass der Zwischenbericht die Entwicklung seit dem letzten Jahresabschluss darzustellen und gleichzeitig eine Prognose abzugeben hat.[286] Damit übernimmt der Zwischenbericht primär die Rolle der Fortschreibung des Jahresabschlusses. Somit richtet sich der Zwischenbericht formal an die Anlegerschaft, orientiert sich jedoch im Inhalt an der handelsrechtlichen Publizität. Dies hat im Falle einer handelsrechtlichen Publizität auf der Grundlage der IAS, wie zu sehen war, keine Auswirkungen auf den anlegerschützenden Charakter des Zwischenberichts. Anders stellt sich jedoch die Sachlage bei einem Jahresabschluss auf der Grundlage des HGB dar. Baut nämlich der Zwischenbericht auf einem Jahresabschluss nach HGB auf, so finden automatisch auch die GoB Eingang in die Zwischenberichterstattung.[287] Es findet bei der Übernahme auch keine Art Bereinigung von den gläubigerschützenden GoB statt. Damit wird der auf dem HGB basierende Zwischenbericht entgegen seiner eigenen Zielsetzung zu einem Instrument des Gläubigerschutzes.[288]

Aufgrund dieser Akzessorietät von Zwischenbericht und handelsrechtlicher Publizität lassen sich folgende Feststellungen treffen: Zwischen der Ad-hoc-Publizität und dem Zwischenbericht auf der Grundlage der IAS besteht neben einem willkürlichen Ergänzungsverhältnis auch ein funktioneller Zusammenhang. Anders stellt sich die Lage beim Verhältnis zwischen HGB-Zwischenbericht und Ad-hoc-Publizität dar. Dort besteht nur ein willkürliches bzw. tatsächliches Ergänzungsverhältnis, wobei eine funktionelle Verschränkung der beiden Informationsinstrumente aufgrund der dogmatischen Unterschiede unterbleiben muss.

---

[284] Zur Zielrichtung und Adressatengruppe der Zwischenberichterstattung: Alvarez, Manuel / Wotschofsky, Stefan (2000), S. 1789 ff.

[285] Bridts, Christian (1990), S. 47; Dahl, Gabriele (1995), S. 57.

[286] Knief, Peter / Nöthen, Thomas (2002), S. 105 ff.

[287] Bridts, Christian (1990), S. 141.

[288] So aber Kleinmann, Niko (1998), S. 56.

V. Verhältnis zur Beteiligungspublizität der §§ 21 ff. WpHG

Hinsichtlich ihres Schutzweckes bestehen zwischen der Ad-hoc-Publizität des § 15 WpHG und der Beteiligungspublizität der §§ 21 ff. WpHG keine Unterschiede. Beide bezwecken den Funktionsschutz des Kapitalmarkts und betonen gleichzeitig den Schutz des Anlegers.[289] Von ihrer gesetzestechnischen Konstruktion her unterscheiden sich die beiden Informationsinstrumente in der Weise, dass der § 21 WpHG auch den Anleger zur Publizität verpflichtet und die Information über den Emittenten an den Kapitalmarkt gelangt. Es handelt sich bei den §§ 21 ff. WpHG um eine Art indirektes Publizitätsinstrument. Gleichwohl sind die §§ 21 ff. WpHG nicht nur durch den unternehmerischen Bezug ihrer Information Teil des Unternehmenspublizitätssystems, sondern auch durch die direkte Verpflichtung des Emittenten zur Publizität (§§ 25, 26 WpHG). Da keine funktionelle Abgrenzung vorgenommen werden muss, stellt sich die Frage nach einer funktionalen Abgrenzung. Zu einer Überschneidung der Anwendungsbereiche kann es nämlich kommen, wenn die in den §§ 21 ff. WpHG qualifizierten Beteiligungsveränderungen die Qualität einer ad-hoc-publizität-pflichtigen Tatsache aufweisen. Dass es sich bei Beteiligungsveränderungen um Geschehnisse im Tätigkeitsbereich des Emittenten handelt, ergibt sich schon aus der gesellschaftsrechtlichen Beziehung zwischen dem Anleger als Aktionär und dem Emittenten als Aktiengesellschaft. Auf dem gleichen Argument aufbauend, kann auch eine Tangierung des Geschäftsverlaufs des Emittenten grundsätzlich bejaht werden. Zum entscheidenden Auslöser der Ad-hoc-Publizität auch bei Publizitätssachverhalten der §§ 21 ff. WpHG wird damit das Tatbestandsmerkmal der Eignung zur Kursbeeinflussung. Liegt dieses Tatbestandsmerkmal vor, kommt es regelmäßig zur Überschneidung der Anwendungsgebiete.

Überwiegend werden in der Literatur die §§ 21 ff. WpHG als leges speciales zum § 15 WpHG eingestuft und wird ein Anwendungsvorrang der §§ 21 ff. WpHG bejaht.[290] Das hat zur Folge, dass Beteiligungsveränderungen auf dem Amtlichen Markt nur der Publizität der §§ 21 ff. WpHG unterliegen. Für die anderen Marktsegmente, für die die §§ 21 ff. WpHG nicht anwendbar sind, soll eine Anwendbarkeit des § 15 WpHG zu bejahen sein.[291]

[289] Sudmayer, Jan (2002), S. 685.

[290] Caspari, Karl-Burkhard (1995), S. 71; Gehrt, John A. (1997), S. 140; Braun, Franz in Möllers, Thomas / Rotter, Klaus (2003), S. 155.

[291] Caspari, Karl-Burkhard (1995), S. 71.

Diese Ansicht überzeugt jedoch nicht. Der Gesetzgeber hat in den Gesetzesmaterialien immer wieder zum Ausdruck gebracht, dass die im WpHG enthaltenen Publizitätsvorschriften dem Funktionsschutz des Kapitalmarkts dienen sollen. Verneinte man nun die Anwendbarkeit des § 15 WpHG auf Sachverhalte der §§ 21 ff. WpHG, käme es jedoch zu einem schweren Schaden für die Funktionsfähigkeit des Kapitalmarkts. Alleine schon aufgrund der 9-Tagesfrist, die der § 25 WpHG dem Emittenten gewährt, käme es zu einer Aushebelung der Insiderprävention und der effizienten Informationsverarbeitung auf dem Gebiet der Beteiligungspublizität. Gerade die Einführung einer Beteiligungspublizität in den §§ 21 ff. WpHG weist doch darauf hin, welche Bedeutung der Gesetzgeber der Beteiligungspublizität beimisst. Es sprechen keine vernünftigen Gründe für die Annahme, dass der Gesetzgeber in dem von ihm gerade als so wichtig erachteten Bereich der Beteiligungspublizität auf Insiderprävention und auf Informationseffizienz verzichten wollte. Danach spricht mehr dafür, dass die beiden Regelungen des § 15 WpHG und der §§ 21 ff. WpHG parallel zur Anwendung kommen. Damit ist festzuhalten, dass die Vorschriften des § 15 WpHG und der §§ 21 ff. WpHG parallel zur Anwendung gelangen und dass eine etwaige Doppelveröffentlichung vor dem Hintergrund der Insiderprävention und der Informationseffizienz hinzunehmen ist.

VI. Verhältnis zur Directors` Dealing-Regelung des § 15a WpHG

Hinsichtlich ihrer dogmatischen Zielrichtung unterscheidet sich die Directors` Dealing-Regelung des § 15a WpHG nicht von § 15 WpHG. Beide Instrumente verfolgen den Funktionsschutz des Marktes und die Anlegergleichbehandlung.[292] Sowohl der § 15 WpHG als auch der § 15a WpHG weisen eine Funktion bei der Insidergeschäfteabwehr auf. Äußerlich wird dies durch die Integrierung des § 15a WpHG unter die Überschrift Insiderüberwachung deutlich. Inhaltlich wird dieses Ziel dadurch erreicht, dass durch eine Offenlegung der Directors` Dealings die Chance der Organmitglieder als Primärinsider sinkt, unerkannt aus Insidergeschäften zu profitieren. Bei der Verfolgung von Insidergeschäften geht der § 15a WpHG über die Regelung sowohl des § 14 WpHG als auch des § 15 WpHG hinaus, da sein Tatbestand keine Erheblichkeitsschwelle kennt.

---

[292] BT-Drucks. 14/8017, S.2 u. S. 87 f.

Die Aufgabe des Funktionsschutzes nimmt der § 15a WpHG parallel zum § 15 WpHG durch Erhöhung der Informationsdichte wahr. Das Wissen um die Wertpapiergeschäfte der Primärinsider ist nämlich geeignet, die Entscheidungsgrundlage der Kapitalanleger zu verbessern. Weil Vorstands- und Aufsichtsratsmitglieder das eigene Unternehmen viel genauer bewerten können als Außenstehende, können aus ihrem Transaktionsverhalten wertvolle Schlüsse auf die gegenwärtige Situation und zukünftige Entwicklung des Unternehmens gezogen werden. Die Regierungsbegründung zum § 15a WpHG spricht von einer „gewissen Indikatorwirkung".[293] Für diese Annahme sprechen auch Erkenntnisse der empirischen Kapitalmarktforschung, die darauf hinweisen, dass eine Überrendite von 2 - 5 % erreicht werden kann, wenn Transaktionen getätigt werden, die in ihrer Zielrichtung auch von drei oder mehr Unternehmensinsidern vorgenommen wurden.[294] Aus diesen Gründen ist auch die Sorge, dass § 15a WpHG einen „Datenfriedhof" schaffen könnte, unberechtigt.[295] Wohl ist jedoch darauf hinzuweisen, welche Schwierigkeiten bei der Auswertung der Primärinsidertransaktionen auftreten. Zum einen ist die Motivation für eine Transaktionsentscheidung i. d. R. nicht monokausal auf die ökonomische Lage des Emittenten zurückzuführen, und zum anderen kann die Publizität des § 15a WpHG auch strategisch missbraucht werden. So soll der Vorstandsvorsitzende von COMROAD ständig Aktien seines Unternehmens erworben haben.[296]

Neben der Schutzrichtung stellt sich beim § 15a WpHG parallel zum § 15 WpHG die Frage, ob er auch individuellen Anlegerschutz bezweckt. Diese Frage ist wohl für § 15a WpHG zu verneinen. Dafür spricht, dass sogar der US-amerikanischen Directors` Dealing-Regelung der Section 16 (a) SEA, die als Vorbild für § 15a WpHG diente, kein individueller Anlegerschutz zugesprochen wird, obwohl das US-amerikanische Kapitalmarktrecht generell auf den individuellen Anlegerschutz ausgerichtet ist.[297]

---

[293] Vgl. BT-Drucks. 14/8017, S. 87 f.

[294] Siehe zu diesem Komplex: Fleischer, Holger (2002b), S. 1220, m. w. N.

[295] Vgl. Claussen, Carsten P. (2002), S. 105; dies zeigten auch die Erfahrungen mit der Regelung des Regelwerks Neuer Markt. Danach wurden im Durchschnitt etwa 20 Transaktionen gemeldet. (FAZ Nr. 62 vom 14. 03. 2002, S. 28).

[296] FAZ Nr. 62 vom 14. 03. 2002, S. 28.

[297] Rosen, Rüdiger (2002), S. 12; zu weiteren rechtsvergleichenden Vorbildern siehe: Fleischer, Holger (2002b), S. 1220 ff.

Nachdem festgestellt wurde, dass von der dogmatischen Zielrichtung her ein Gleichklang zwischen § 15 WpHG und § 15a WpHG zu verzeichnen ist, lautet die nächste Frage, wie konkrete Anwendungsüberschneidungen zu behandeln sind. Zu solchen Anwendungsüberschneidungen kann es kommen, wenn die Transaktionen i. S. d. § 15a WpHG den engeren sachlichen Anwendungsbereich des § 15 WpHG erfüllen und es sich damit im Besonderen nicht lediglich um Marktdaten handelt und die Wesentlichkeitsschwelle des § 15 WpHG erreicht wird. Dann stellt sich die konkrete Frage, welche Regelung den Vorrang genießt. Die Entscheidung muss in diesem Fall zugunsten des § 15 WpHG gefällt werden. Grund dafür ist das passive und indirekte Veröffentlichungsverfahren des § 15a WpHG und das zum § 15 Abs. 1 S. 2 WpHG fehlende Pendant des Befreiungstatbestandes in § 15a WpHG.

Aufgrund der fehlenden Einspeisung der § 15a WpHG-Sachverhalte in ein Veröffentlichungssystem, das aktiv die Bereichsöffentlichkeit herstellt, hängt es von „Zufälligkeiten" ab, ob der Kapitalmarkt Kenntnis von der Sachlage nimmt.[298]

Für einen Vorrang des § 15 WpHG sprechen auch die ersten Erfahrungen mit der Veröffentlichungsgeschwindigkeit des indirekten Veröffentlichungssystems. Danach liegt die Veröffentlichungsverzögerung seit Geschäftsabschluss bei der Hälfte der Transaktionen über 3 Tagen. Bei 13,1 % beträgt sie mehr als 14 Tage.[299]

Über die technische Umsetzung des § 15a WpHG hinaus sprechen aber auch dogmatische Gründe für einen Vorrang des § 15 WpHG. Der Regelung des § 15a WpHG fehlt es an einer Nachteilsabwehr für den Emittenten durch Befreiungsantrag i. S. d. § 15 Abs. 1 S. 2 WpHG. Verpflichtete man den Emittenten zur Veröffentlichung des ad-hoc-publizitätpflichtigen Tatbestands über die Regelung des § 15a WpHG, obwohl an sich der Befreiungstatbestand des § 15 WpHG eingreift, so würde dieser Schutz des Emittenten unterlaufen. Es besteht jedoch kein Zweifel daran, dass der Gesetzgeber den Grundsatz, dass der Emittent sich durch Publizität nicht uneingeschränkt selbst schädigen muss, durch die Regelung des § 15a WpHG unberührt lassen wollte.

Damit ist ein genereller Vorrang der Ad-hoc-Publizität vor der Directors` Dealing-Regelung des § 15a WpHG festzustellen.

---

[298] Vgl. Großmann, Klaus / Nikoleyczik, Tobias (2002), S. 2033.

[299] Rosen, Rüdiger (2002) S. 42; siehe zum Vorschlag Ad-hoc-Mitteilungen als Art Veröffentlichungsplattform für Directors` Dealing-Mitteilungen zu nutzen: Weiler, Lothar / Tollkühn, Oliver (2002), S. 1923 ff., und Stellungnahme der Deutsche Börse (2001), www.deutsche-boerse.com vom 28. 11. 2001.

F. Exkurs: Ad-hoc-Publizität in den USA

I. Bedeutung der US-amerikanischen Ad-hoc-Publizität

Nachdem die Ad-hoc-Publizität in Deutschland und das sie umgebende Regelungssystem vorgestellt worden ist, ist es sinnvoll, sich vor der kritischen Analyse der deutschen Ad-hoc-Publizität dem US-amerikanischen Ad-hoc-Publizität-System zuzuwenden.[300] Dabei bezieht das US-amerikanische Ad-hoc-Publizität-System seine Bedeutung schon alleine aus der Tatsache, dass es sich bei dem US-amerikanischen Kapitalmarkt um den wichtigsten der Finanzwelt handelt.[301] Darüber hinaus besteht das US-amerikanische System der Publizitätspflichten schon seit mehr als 60 Jahren und hat der Entwicklung der Kapitalmarktordnungen in Europa wesentliche Impulse gegeben.[302] Die Kapitalmarktregelungen der USA gelten allen Industrieländern als Vorbild, und der US-amerikanische Kapitalmarkt gilt als nahezu effizient.[303] HOPT geht sogar so weit, die USA als „Mutterland des disclosure principle" zu bezeichnen.[304] Dass die US-amerikanischen Publizitätsvorschriften das prädestinierte Referenzmodell für die entsprechenden europäischen Vorschriften sind, zeigt auch die Diskussion um die US-GAAP als Alternative zu den europäischen Bilanzierungssystemen wie dem des HGB.[305]
Ziel des Exkurses ist es, die im US-amerikanischen Ad-hoc-Publizität-System manifestierten Erkenntnisse herauszuarbeiten, um sie in der folgenden Analyse für die Ausgestaltung bzw. Auslegung des deutschen Ad-hoc-Publizität-Systems fruchtbar zu machen. Hinzuweisen ist darauf, dass vor dem Hintergrund von Finanzskandalen um Firmen wie ENRON oder XEROX eine Verschärfung des US-amerikanischen Kapitalmarkrechts zu erwarten ist. Dies kündigte zumindest der US-amerikanische Präsident George W. Bush in seiner Rede vor der NYSE am 9. Juli 2002 an.[306]

---

[300] Siehe rechtsvergleichend zur US-amerikanischen Ad-hoc-Publizität: Struck, Christian (2003).
[301] Pellens, Bernhard (1998), S.55.
[302] Hsu, Peter (2000), S. 81.
[303] Wiedemann, Herbert (1980), S. 487.
[304] Vgl. Hopt, Klaus (1977), S. 415.
[305] Hulle, Karel van (2000), S. 537.
[306] Saarbrücker Zeitung vom 10. Juli 2002, Nr. 176, S. 41.

II. Rahmen und Philosophie der US-amerikanischen Kapitalmarktpublizität

Infolge des Börsencrashs von 1929 hat sich in den USA das Rechtsgebiet der securities regulation entwickelt. Dahinter steht die Idee eines umfassenden Anleger- und Verbraucherschutzes. Diese trägt dem Umstand Rechnung, dass es in den USA an einem umfassenden staatlichen Vorsorgenetz fehlt und dem Privatvermögen damit bei der privaten Vorsorge entscheidende Bedeutung zukommt. WIEDEMANN vergleicht in diesem Zusammenhang das Vorantreiben des Anlegerschutzes in den USA seit der Jahrhundertwende in seiner Dimension mit der Entwicklung des Sozialrechts und der Sozialversicherung in Deutschland.[307] Den Regelungen liegt das Prinzip der Ordnung des Kapitalmarkts und damit der Schutz der Anleger durch Publizität zugrunde. Diese sog. disclosure philosophy hatte sich hierbei gegen die schlichte Betrugsgesetzgebung (antifraud approach) und gegen eine staatliche Bonitätsprüfung (merit philosophy) als Instrument zur Wiederherstellung des nach dem Börsencrash von 1929 arg gebeutelten Vertrauens der Anleger durchgesetzt.[308] Ein verbandsrechtliches Konzept zum Schutz der Anleger bot sich von vornherein nicht an, da es auf dem Gebiet des Business Corporation Law, das der Regelungskompetenz der Einzelstaaten unterliegt, zu einer Art Deregulierungswettlauf gekommen war, der im US-Schrifttum unter dem Schlagwort „race to the bottom" geführt wird. Infolge dieses Deregulierungswettlaufs wurden die Schutzmechanismen quasi abgeschafft.[309]

Im Mittelpunkt der disclosure philosophy steht der Decision usefulness-Ansatz, der auch in den Rechnungslegungsgrundsätzen der Regelpublizität seinen Niederschlag gefunden hat.[310] Danach soll der Anleger voll und zutreffend mit entscheidungsnützlichen Informationen versorgt werden, damit er eine eigenständige und eigenverantwortliche Entscheidung über sein Investment treffen kann. Festzuhalten ist auch, dass die Publizitätsvorschriften und damit auch die Ad-hoc-Publizität in allererster Linie - und damit unterscheidet sich die amerikanische von der deutschen Begründung erheblich - dem individuellen Anlegerschutz dienen sollen. § 13 (a) des Securities Exchange Act of 1933 (SEA) als eine der Gesetzesgrundlagen für die Ad-hoc-Publizität bringt dies zum Ausdruck, wenn er auf die „proper protection of investors" abstellt.

---

[307] Wiedemann, Herbert (1980), S. 482.
[308] Hopt, Klaus (1980), S. 234 ff.; Loss, Louis (1988), S. 25 ff.
[309] Witt, Carl-Heinz (2000), S. 261.
[310] Hennrichs, Joachim (2000), S. 628.

III. Rechtliche Grundlagen der US-amerikanischen Ad-hoc-Publizität

Bei der Untersuchung der Regelung der Ad-hoc-Publizität in den USA ist zu beachten, dass die Kapitalmarktordnung durch eine Vielzahl von Rechtsquellen bestimmt wird.[311] Im Zusammenhang mit der Ad-hoc-Publizität sind vor allem drei Rechtsquellen von Bedeutung: Als Erstes sind die börsenrechtlichen Bestimmungen in den Listing-Agreements zu nennen. Sie werden im Folgenden auch als erste behandelt, da sie vom sachlichen Anwendungsbereich die weitest gehenden Publizitätspflichten statuieren und der Ad-hoc-Publizität nach § 15 WpHG vergleichbar sind. Als Zweites werden die passiven Veröffentlichungspflichten des US-amerikanischen Anti-Betrugs- und Insiderrechts untersucht. Im Mittelpunkt stehen hier die Rules 10b-5 i. V. m. § 10 (b) SEA (Securities Exchange Act) und die Regulation FD (Fair Disclosure). Last but not least stehen die positiven Veröffentlichungspflichten auf der Grundlage des SA (Securities Act) und SEA zur Untersuchung an, die ihren Ausdruck im Current Report als Teil des continuing disclosure reporting requirement gefunden haben. Bevor jedoch die einzelnen Rechtsquellen geprüft werden, muss beachtet werden, dass das US-amerikanische Ad-hoc-Publizität-System zwar auf verschiedene Rechtsquellen zurückgreift, jedoch der Ansatzpunkt für die Ad-hoc-Publizität hinsichtlich der Tatsachenqualität nach amerikanischem Disclosure-Verständnis immer die Materiality ist. Was unter dem Schlüsselbegriff der Materiality, der sich im Deutschen am ehesten mit „Wesentlichkeit" umschreiben ließe, zu verstehen ist, wurde durch das Case Law konkretisiert. Es wurde der sog. Materiality-Standard entwickelt.[312] Nach diesem ist eine Tatsache wesentlich, wenn eine substantielle Wahrscheinlichkeit besteht, dass ein vernünftiger Investor die Information als wichtig erachtet hätte. Abgestellt wird auf den vernünftigen Investor („reasonable investor") und nicht auf den „Mann auf der Straße" („reasonable man"). Dabei wird weiter ausgeführt, dass eine substantielle Wahrscheinlichkeit bestehen muss, dass die Veröffentlichung der unterdrückten Tatsache vom vernünftigen Investor so eingeschätzt worden wäre, dass sie das Gesamtbild, den „total mix", der diesem zur Verfügung stehenden Informationen in bedeutender Weise verändert hätte.[313]

[311] Überblick: Wiemann, Hans-Ulrich (1987), S. 25 ff.; Hopt, Klaus (1976), S. 203 ff.

[312] Basic, Inc. v. Levinson, 485 U. S. 224, 231 (1988); TCS Industries, Inc. v. Northway, Inc., 426 U. S. 438, 445 (1976).

[313] Basic, Inc. v. Levinson, 485 U. S. 224, 231 (1988).

Kennzeichnend ist, dass die Wesentlichkeit eines Ereignisses nach US-amerikanischem Verständnis auch das „Timing" der Bekanntgabe beeinflusst. Dies kommt bei unsicheren Ereignissen in der sog. Probability Magnitude-Formel zum Ausdruck. Danach ist die Materiality von unsicheren oder spekulativen Informationen oder Ereignissen im jeweiligen Zeitpunkt aufgrund einer Abwägung zwischen der Wahrscheinlichkeit („probability") des Eintritts des Ereignisses und der zu erwartenden Tragweite („magnitude") des Ereignisses im Vergleich zur Gesamtheit der Unternehmensaktivitäten zu beurteilen.[314]
Im Zusammenhang mit dem „Timing" einer Ad-hoc-Mitteilung ist darauf hinzuweisen, dass sich das Problem des mehrstufigen Genehmigungsverfahrens in den USA nicht in dem Maße stellt wie in Deutschland. Die USA kennen in ihrem Board-System die organisatorische Trennung von Aufsichtsrat und Vorstand nicht. Bei Akquisitionen zum Beispiel fällt die Vertragsunterzeichnung und der Boardbeschluss regelmäßig zeitlich zusammen.[315]
Jetzt zu den einzelnen Rechtsquellen der US-amerikanischen Ad-hoc-Publizität.

1. Börsenrechtliche Bestimmungen

In den USA existieren sieben Präsenzbörsen. National Stock Exchanges sind die New York Stock Exchange (NYSE) und die American Stock Exchange (AMEX). Als regionale Stock Exchanges werden Boston, Cincinnati, Midwest, Pacific und Philadelphia geführt. Gemessen am Handelsvolumen und an der Marktkapitalisierung der gehandelten Werte ist die NYSE die mit Abstand größte, gefolgt von der AMEX. Daher sollen im Mittelpunkt der folgenden Untersuchung die Regelungen der NYSE und der AMEX stehen.
Die börsenrechtlichen Bestimmungen sehen eine dem § 15 WpHG vergleichbare aktive Publizitätspflicht für entscheidungsrelevante Informationen vor, sog. Timely Disclosure Requirements. So normiert § 202.05 des NYSE Listed Company Manuals: A listed company is expected to release quickly to the public any news or informations which might

[314] Basic, Inc v. Levinson, 485 U. S., 224 (1988); SEC v. Texas Gulf Sulphur Co., 401 F. 2d (2nd Cir. 1968) 833,849.
[315] Sauermilch, Thomas (1996), S. 304.; zum US-amerikanischen Gesellschaftsrecht: Merkt, Hanno (1991).

reasonably be expected to materially affect the market of its securities.[316] Die Einhaltung der Ad-hoc-Publizität wird dabei als eine der wichtigsten Pflichten des Emittenten angesehen und im Company Guide der AMEX als Voraussetzung für einen effizienten und fairen Wettbewerb betrachtet.[317]

Das NYSE Listed Company Manual und der AMEX Company Guide enthalten zur Konkretisierung der Regelung einen Beispielkatalog, der nicht abschließend ist. Aufgeführt werden annual and quarterly earnings, dividend announcements, mergers, acquisitions, tend offers, major management changes, news of major management changes, news of major new products, expansion plans.

Es wird ausdrücklich gefordert, dass schlechte Nachrichten genauso schnell wie günstige Nachrichten publiziert werden müssen. Gerüchte müssen korrigiert und ungewöhnliche Aktivitäten im Handel der Wertpapiere erklärt werden. Die NYSE sieht hierfür ein Muster-Statement vor. Darin erklärt der Emittent, dass er über keinerlei Erkenntnisse bezüglich der außergewöhnlichen Marktaktivitäten in seinem Wertpapier verfügt.[318] Werden Prognosen abgegeben, so müssen bei Abweichungen von der Voraussage entsprechende Korrekturmeldungen abgegeben werden.[319] Eine Befreiungsvorschrift durch die Börsenaufsicht existiert nicht. Der Emittent selbst nimmt eine Abwägung seiner Interessen mit denen der Anleger vor und verzichtet auf die Veröffentlichung, falls seine Interessen in der Abwägung überwiegen.[320] Hinsichtlich der Veröffentlichungsgeschwindigkeit wird auf eine möglichst zeitnahe Veröffentlichung (press release) an ein breites Publikum, z. B. durch elektronische Medien, gedrängt.[321] Im Normalfall ist die Börsenleitung zehn Minuten vor der Veröffentlichung zu informieren.[322]

Man könnte vor dem Hintergrund dieser börsenrechtlichen Regelungen den Eindruck gewinnen, dass die US-amerikanischen Emittenten einer der deutschen Regelung vergleichbaren Verpflichtung zur Ad-hoc-Publizität unterliegen. Praktisch jedoch spielen die genannten Regelun-

---

316 Vgl. NYSE Listed Company Manuals, § 202.05.
317 AMEX Company Guide, Part 4, § 401.
318 NYSE Listed Company Manuals, §§ 202.03, 202.05.
319 NYSE Listed Company Manuals, § 202.06.
320 NYSE Listed Company Manuals, § 202.06.
321 NYSE Listed Company Manuals, § 202.06 (c).
322 NYSE Listed Company Manuals, §§ 202.06 (b), 202.07.

gen keine Rolle.[323] Von den Emittenten wird diesen Regelungen kaum Beachtung geschenkt. Der Grund dafür ist wohl in der mangelnden Flankierung der Vorschriften mit effizienten Durchsetzungs- und Sanktionsmaßnahmen zu sehen. Dem Emittenten drohen keine Schadensersatzklagen, da eine solche in den USA nicht auf die Verletzung eines Börsenvertrags gestützt werden kann.[324] Sanktionsrechtlich drohen dem Emittenten lediglich eine Kursaussetzung bis zur richtigen Veröffentlichung.[325] Da jedoch zwischen den einzelnen Börsen große Konkurrenz herrscht, machen diese davon kaum Gebrauch.[326]
Festgehalten werden kann damit, dass theoretisch die USA ein dem § 15 WpHG vergleichbares Ad-hoc-Publizität-System mit seinen börsenrechtlichen Bestimmungen besitzen, dieses jedoch in der Praxis nicht zur Wirkung gelangt.

2. Anti-Betrugs- und Insiderregelungen, einschließlich Regulation FD

Aufbauend auf den SA und SEA wurde im Rahmen der Rule 10 (b) 5 durch das Case Law eine umfassende Anti-Betrugs- und Insiderregelung geschaffen. Unterstützt wird sie durch die von der SEC erlassene Regulation FD (Fair Disclosure).
Im Rahmen der sog. Antifraud-Regulation verbietet die Bestimmung 10 (b) SEA im Zusammenhang mit dem Kauf oder Verkauf von Securities ganz allgemein manipulative und täuschende Mittel oder Machenschaften, die gegen die von der SEC erlassenen Rules und Regulations verstoßen.
Bei der SEC handelt es sich um die mächtige Börsenaufsichtsbehörde der USA.[327] Sie besitzt eine sehr weit reichende Verordnungskompetenz. Sie erlässt Rules, die größten Teils technische Regelungen zum Verfahren enthalten, und solche, die gesetzliche Begriffe auslegen und näher definieren. Mit den Rules nimmt die SEC auch die Ausübung der vom

[323] Brotte Jörg (1997), S. 144; Gruson, Michael / Wiegmann, William J. (1995), S. 176; Sauermilch, Thomas (1996), S. 300; Kleinmann, Niko (1997), S. 78.
[324] Brown, Robert J. (1994), S. 98 f.; Gruson, Michael / Wiegmann, William J. (1995), S. 176.
[325] NYSE Listed Company Manuals, Section 803.
[326] Kleinmann, Niko (1997), S. 78; Sauermilch, Thomas (1996), S. 300 f.; Gruson, Michael / Wiegmann, William J. (1995), S. 176.
[327] Skousen, Fred K. (1991).

Kongress an sie delegierten, weit reichenden Rechtsetzungsbefugnisse wahr. Diese Rules begründen als Rechtsverordnungen Rechte und Pflichten. In Forms konkretisiert die SEC, wie die Emittenten ihrer Berichterstattungspflicht nachkommen müssen. Von Bedeutung sind auch die Releases der SEC. In diesen nimmt die SEC im Rahmen eines „informal law-making" zu gewissen aktuellen Fragen Stellung, ohne hierfür eine rechtlich verbindliche Erlassform zu verwenden.[328] Als Aufsichtsbehörde ist die SEC auch zuständig für die Überwachung und Durchsetzung der kapitalmarktrechtlichen Regelungen.[329] Sie vereinigt damit sowohl legislative und administrative als auch judikative Funktionen in einer einzigen Institution. Sie kann sich selbst Informationen verschaffen und den Handel mit Wertpapieren untersagen. Unterstützt wird die SEC durch die National Association of Securities Dealers (NASD).[330]

Im Fall der Antifraud-Regulation erfolgte die Konkretisierung der Bestimmung der 10 (b) SEA durch die Rule 10b-5. Sie untersagt im Zusammenhang mit dem Kauf oder Verkauf von Securities insbesondere die unwahre Mitteilung oder die Unterlassung der Bekanntgabe einer wesentlichen Tatsache (material fact), die erforderlich ist, um die gemachten Angaben nicht irreführend erscheinen zu lassen.

Im Zusammenhang mit der Rule 10b-5 hat die US-amerikanische Gerichtsbarkeit die sog. Disclose or abstain-Regel entwickelt, die das Herzstück des US-amerikanischen Insiderrechts darstellt.[331] Danach ist ein Insider gehalten, entweder die dem Anlagepublikum nicht bekannte Information zu veröffentlichen oder aber, wenn er dies aus Investor Relations-Gründen nicht will oder dies z. B. wegen Geheimhaltungsinteressen der Gesellschaft nicht darf, von Transaktionen in die betreffenden Securities abzusehen.[332] Als Insider gilt jede Person, die aufgrund ihrer Position im Unternehmen oder aus anderen Treueverhältnissen über wesentliche nicht-öffentliche Informationen verfügt. Zu beachten ist dabei, dass die Disclose or abstain-Regelung keine unmittelbare Publizitätspflicht statuiert, da sie die Verpflichtung immer noch an Transaktionen in Securities koppelt. Ein Ausbau der Disclose or abstain-Regelung zur Dis-close even if you abstain-Regel ist nicht erfolgt.[333]

---

[328] Ratner, David L. / Hazen, Thomas L. (1994), S. 16.
[329] Hopt, Klaus (1976), S. 206.
[330] Wiedemann, Herbert (1980), S. 485.
[331] Zum Insiderrecht: Baskin, Stuart J. (1992).
[332] Cady, Roberts & Co., 40 SEC 907 (1961); Dirks v. SEC, 463 U. S. 646, 653 f. (1983); Hsu, Peter (2000), S. 94 f.
[333] Gehrt, John A. (1997), S. 100; Hsu, Peter (2000), S. 96.

Weiterhin entwickelten die US-amerikanischen Gerichte verschiedene Korrekturpflichten, sog. duties to correct. So muss ein Emittent eine schon zum Zeitpunkt der Veröffentlichung irreführende Bekanntgabe später berichtigen, wenn sie noch „alive" ist.[334] Hinsichtlich Gerüchte trifft die Gesellschaft eine Kommentierungspflicht, wenn die Gesellschaft selbst die Quelle des Gerüchts ist. Eine allgemeine Pflicht zur Kommentierung von Gerüchten ist jedoch genauso wenig zu bejahen wie eine allgemeine Aktualisierungpflicht.[335]
Nächste wichtige Waffe im Kampf gegen den Insiderhandel stellt die von der SEC erlassene und Ende Oktober 2000 in Kraft getretene Regulation FD (Regulation Fair Disclosure) dar.[336] Mit dieser Regulation FD will die SEC der selektiven Informationsweitergabe zwischen Emittenten und Finanzanalysten bzw. institutionellen Investoren einen Riegel vorschieben. Kennzeichnend ist deshalb für die Regulation FD nicht die Schnelligkeit der Informationsweitergabe, sondern ihre Gleichmäßigkeit. So enthält Rule 100 (a) der Regulation FD eine Pflicht zur Simultanveröffentlichung. Ein Emittent, der kursrelevante Informationen selbst oder durch eine für ihn handelnde Person bestimmten anderen Personen außerhalb des Emittenten-Bereichs zugänglich macht, muss diese Information im Falle einer absichtlichen Veröffentlichung gleichzeitig, im Falle einer unabsichtlichen Veröffentlichung baldmöglichst der Öffentlichkeit zugänglich machen. Die in Frage kommenden Personen außerhalb des Emittenten-Bereichs werden in der Rule 100 (b) näher konkretisiert. Es sind Broker und Dealer im Sinne von Sec. 3 des SEA, Investmentberater, Investmentmanager und Investmentgesellschaften und schließlich sonstige Inhaber der betreffenden Wertpapiere, wenn es nach den Umständen vorhersehbar ist, dass diese Person aufgrund der Information die betreffenden Wertpapiere kaufen oder verkaufen wird.[337] Damit wird eine eigene Definition des Begriffs Insider vorgenommen. Nicht zu den Insidern gehören nach der vorliegenden Definition Personen, die zum Emittenten entweder in einer Vertrauensbeziehung stehen, z. B. Anwälte, Wirtschaftsprüfer oder sonstige Berater, oder zur Verschwiegenheit ausdrücklich verpflichtet sind, wie z. B. Ratingagenturen. Die Regulation FD greift beim Merkmal der Wesentlichkeit der Information auf den Begriff der Materiality zurück. Um der wichtigen Funktion der Finanzanalysten gerecht zu werden, bedient sich die

[334] Backman v. Polaroid Corp., 910 F. 2d 10 (1st Cir. 1990).
[335] Prentice, Robert A. (1994), S. 636; State Teachers Retirement Board v. Fluor Cor. 654 F. 2d 843, 850 (2nd Cir. 1981).
[336] Regulation FD (2000).
[337] Siehe zur Regelung: Drygala, Tim (2001), S. 1290 f.

gerecht zu werden, bedient sich die Regulation FD innerhalb des Materiality-Begriffs der sog. Mosaiktheorie.[338] Danach liegt keine selektive Veröffentlichung vor, wenn nur Informationsbruchstücke veröffentlicht werden, auch wenn z. B. ein Finanzanalyst diese in Verbindung mit öffentlich bekannten oder von dritter Seite erhaltenen Informationen zu einer sog. Summeninformation zusammensetzen kann, die kurserheblich ist. Bei der Regulation FD handelt es sich eindeutig um eine insiderrechtliche Regelung, die Regelungslücken des Insiderrechts in Bezug auf selektive Informationsweitergabe schließen will.[339] Als Ergebnis kann damit festgehalten werden, dass die Regulation FD bei allen Veröffentlichungen eines Emittenten fordert, dass diese gleichmäßig an alle Kapitalmarktteilnehmer erfolgen.

Hinsichtlich der sanktions- und haftungsrechtlichen Situation stellt sich ein differenziertes Bild dar. Im Gegensatz zu der Rule 10 (b) 5 und zu den aus dem Case Law herrührenden Pflichten kann auf der Grundlage der Regulation FD kein zivilrechtlicher Schadensersatz gefordert werden. Dies stellt Rule 102 der Regulation FD noch einmal fest. Daneben drohen bei allen Regelungen Sanktionen der SEC, die von einer Geldbuße bis zur Aussetzung der Notierung reichen können.

Noch einmal sei darauf hingewiesen, dass es sich bei den hier aufgeführten Regelungen nicht um aktive Publizitätspflichten mit Ziel der Ad-hoc-Veröffentlichung handelt.

3. Current Report als Bestimmung des Federal Securities Law

Der Current Report ist Teil des US-amerikanischen Publizitätsrechts auf Bundesebene. Grundlage des Current Report sind der Securities Act von 1933 (SA), der Securities Exchange Act von 1934 (SEA) und die Rules und Releases der SEC. Sie bilden ein Integrated disclosure-System, in das sich der Current Report einpasst.[340] Den Primärmarkt erfasst der SA. Er umfasst die Erstausgabe von Aktien, Wandelschuldverschreibungen, Anleihen und sonstigen Securities. Den Sekundärmarkt regelt der SEA. Dieser umfasst den eigentlichen Wertpapierhandel, ohne Rücksicht auf Segmentierung.

Vor der Emission unterliegt der Emittent gem. § 5 SA im Rahmen der Registrierung bei der SEC (Securities Exchange Commission) weitge-

---

338 SEC v. Bausch & Lomb Inc., 565 f. 2d, 8, 9 (2nd Cir. 1977).

339 Drygala, Tim (2001), S. 1313.

340 Hopt, Klaus (1976), S. 206.

henden Angabepflichten. Eingereicht werden müssen ein Geschäftsbericht, eine Gewinn- und Verlustrechnung und weiter gehende Angaben, die dem in Deutschland bekannten Börsenprospekt vergleichbar sind.[341]
Nach der Emission unterliegen die Emittenten einer ausgeprägten periodischen Berichtspflicht. Voraussetzung der Berichtspflicht ist entweder gem. § 12 SEA die Registrierung bei der SEC oder die Ausgabe von Wertpapieren, die nach § 15 SEA registrierungspflichtig sind. Sind diese Voraussetzungen erfüllt, entsteht gem. § 13 (a) (2) SEA die Pflicht zur Abgabe von Jahres- und Quartalsberichten.
Der Jahresbericht richtet sich nach der sog. Form 10-K bzw. für private ausländische Emittenten nach der Form 20 F. Ausgangspunkt der Form 10-K ist dabei der Jahresabschluss. Er enthält detaillierte Angaben zum Geschäftsverlauf des letzten Jahres, eine Beschreibung aller rechtlichen Vorgänge wie Prozesse und anderer Verfahren, einen finanziellen Bericht und den Abschnitt zur sog. Management Discussion and Analysis, der dem Lagebericht nach deutschem Recht vergleichbar ist. Weiterhin erfolgen Angaben zu den Aktionärsverhältnissen, dem Management und den Mitgliedern des Board of Directors. Kernstück der Regelpublizität ist die Management Discussion and Analysis (MD+A). Der MD+A enthält Angaben zum Cash Flow, zu Liquidität und außergewöhnlichen Beiträgen zum Ergebnis. Er enthält auch die in Wachstumsbranchen so wichtigen Prognosen über die Entwicklung.
Der Quartalsbericht übernimmt die Aufgabe der vierteljährlichen Aktualisierung der Angaben des Jahresberichts.
Der Inhalt der Regelpublizität richtet sich nach den SEC-Verordnungen S-K und S-X. Die Verordnung S-K bezieht sich auf das Wie der Aufstellung, die Verordnung S-X regelt den Umfang der Berichterstattung, einschließlich der sog. Segmentberichterstattung, wonach die finanzielle Berichterstattung auszugsweise auch für die verschiedenen Geschäftssparten eines Unternehmens vorzunehmen ist.[342]

Der Current Report weist folgenden personellen und sachlichen Anwendungsbereich auf: Gem. § 13 (a) (1) SEA haben alle Unternehmen, deren Wertpapiere nach § 12 SEA oder § 5 SA registriert sind, auch die Pflicht, zwischen Jahres- und Quartalsbericht wichtige Informationen zu

[341] Assmann, Heinz-Dieter (1985), S. 108 f.
[342] Sauermilch, Thomas (1996), S. 302; Eisolt, Dirk (1992), S. 25 ff.; Brotte, Jörg (1996), S. 145 ff.

publizieren.[343] Konkretisiert wird diese Verpflichtung durch die SEC in der Form 8-K.

Er enthält neun Items:

Item 1 : Changes in Control of Registrant
Der Emittent wird in diesem Punkt verpflichtet, Veränderungen in der Unternehmenskontrolle bekannt zu geben. Anzugeben sind die Namen der Personen, die die Kontrolle erlangt haben, und die Namen der Personen, die die Kontrolle verloren haben. Von Interesse ist auch der Geldbetrag zur Erlangung der Kontrolle und die Höhe der Beteiligung, welche die betreffenden Personen durch die Transaktion halten. Verlangt wird ferner das Datum und die Beschreibung des Transaktionsablaufs. Alle Daten stehen jedoch unter dem Vorbehalt, dass der Emittent davon Kenntnis erhält.

Item 2: Acquisition or Disposition of Assets
Wird eine bedeutende Menge an Vermögensgegenständen verkauft oder gekauft und gehört dies nicht zum gewöhnlichen Geschäftsverlauf, so muss der Emittent darüber eine Meldung abgeben. Datum, finanzielles Volumen, Art, Inhalt, Bewertungsmethode und Angaben über die Beteiligten der Transaktion müssen enthalten sein. Wann eine bedeutende Summe vorliegt, hat die SEC näher bestimmt. Danach liegt sie vor, wenn die Transaktion mindestens 10 % des Volumens der Aktiva des Emittenten erreicht. Unter Item 2 fallen damit auf jeden Fall Unternehmensübernahmen.

Item 3: Bankruptcy or Receivership
Kommt es zu einem Konkurs- oder Vergleichsverfahren, so hat der Emittent Einzelheiten des Verfahrens, wie das Gericht und den Vergleichs- oder Konkursverwalter, zu bezeichnen.

Item 4: Changes in Registrant´s Certifying Accountant
Rücktritt oder Entlassung des CPA wird von der SEC als meldepflichtiger Umstand angesehen. Damit wird der CPA - wie ein Vergleich mit Item 6 zeigt - von seiner Bedeutung her auf die gleiche Stufe wie ein Mitglied des Board of Directors gehoben.

---

[343] Gehrt, John A. (1997), S. 101; Hsu, Peter (2000), S. 87.

Item 5: Other Events and Regulation FD Disclosure
Item 5 eröffnet dem Emittenten die Möglichkeit zur Veröffentlichung weiterer Informationen, die nicht unter ein anderes Item fallen. In diesem Punkt wird auch die Veröffentlichung von Ereignissen entsprechend den Vorgaben der Regulation FD angesprochen. Ausdrücklich ist dies noch einmal in Item 9 erwähnt. Wichtig ist, dass aus Item 5 auch durch die Verknüpfung mit der Regulation FD keine Generalklausel i. S. einer Veröffentlichungspflicht nach § 15 WpHG wird. Die Regulation FD enthält keine aktive Veröffentlichungspflicht, und Item 5 an sich soll nur eine freiwillige Veröffentlichung ermöglichen.

Item 6: Resignations of Registrant´s Directors
Stellt sich ein Board-Mitglied wegen interner Meinungsverschiedenheiten nicht zur Wiederwahl oder tritt es zurück, hat der Emittent über diesen Vorgang eine Meldung abzugeben. In der Praxis versuchen die Emittenten Meinungsverschiedenheiten nicht nach außen dringen zu lassen, um der Veröffentlichungspflicht des Item 6 zu entgehen.[344]

Item 7: Financial Statements and Exhibits
Dieses Item nimmt Bezug auf Item 2. Sollte im Rahmen des Item 2 der Kauf oder Verkauf eines Unternehmens zu melden sein, so verpflichtet Item 7 u. a. zur Meldung des Jahresabschlusses dieses Unternehmens, damit sich die Anleger ein genaueres Bild über die Transaktion machen können.[345]

Item 8: Change in Fiscal Year
Wird das Geschäftsjahr gewechselt, so sind das Datum des Beschlusses, der Zeitraum des neuen Geschäftsjahres sowie das Formblatt, auf dem das Übergangsjahr gemeldet wird, anzugeben.

Item 9: Regulation FD Disclosure
In diesem Item wird auf die Veröffentlichungen entsprechend der Regulation FD eingegangen. Wie schon unter Item 5 erwähnt, soll der Veröffentlichungspflicht nach der Regulation FD im Item 5 entsprochen werden.

---

[344] Brown, Robert J. (1994), S. 11 f.
[345] Pellens, Bernhard (1997), S. 339.

Zu beachten ist, dass die Form 8-K nur für inländische Emittenten greift. Liegt eine Cross Border-Situation vor, in der ein ausländischer privater Emittent an einer amerikanischen Börse emittiert, so kommt die Form 6-K zur Anwendung. Sie entspricht weitgehend der Form 8-K. Wichtigster Unterschied ist, dass der Emittent auch alle Informationen unverzüglich zu veröffentlichen hat, die er im Heimatmarkt veröffentlichen muss.
Hinsichtlich der Veröffentlichungsfristen sehen die General Instructions eine differenzierte Regelung vor. Für Item 1 - 3 und Item 8 beträgt die Veröffentlichungsfrist 15 Tage, für Item 4 und 6 beträgt sie 5 Tage. Für Item 7 liegt sie bei 60 Tagen. Für Item 5 bzw. Item 9 existiert keine Frist in der Form 8-K, da es sich um freiwillige Veröffentlichungen handelt bzw. die Regelungen der Regulation FD zu beachten sind. Aufgrund der doch langen Veröffentlichungsfrist von 5 Tagen ist der Aussage von GRUSSON/WIEGEMANN, der Current Report diene auch der schnellen Informationsweitergabe, nicht zuzustimmen.[346] Im Gegensatz zu den im Current Report eingeräumten Fristen ist das System der integrierten Unternehmensberichterstattung der SEC in Sachen Geschwindigkeit als vorbildlich zu bewerten. Die US-amerikanische integrierte Unternehmensberichterstattung stützt sich seit 1993 auf das eigens eingerichtete, privatrechtlich organisierte elektronische Filing-System EDGAR (Electronic Data Gathering, Analysis and Retrieval). Dieses System ermöglicht eine Veröffentlichung, deren Prozess nur noch wenige Minuten in Anspruch nimmt. Seine gesetzlichen Grundlagen findet dieses System in der Regulation S-T (Governing Electronic Filing).[347] Seine Daten sind frei verfügbar im Internet abrufbar.[348] Das EDGAR-System beschränkt sich dabei nicht auf die Veröffentlichung des Current Report, sondern auch auf die gesamte sonstige Unternehmensberichterstattung wie der nach Form 10-K und 10-Q.
Zur Bedeutung des Current Report ist zu sagen, dass die Kombination der Formulare 10-Q und 8-K eines der wichtigsten Elemente der amerikanischen Publizität ist. Einmal wegen der regelmäßigen, relativ kurzfristigen Berichterstattung, und zweitens wegen der Praxis, wesentliche, zwischen den Quartalsberichten eintretende Entwicklungen schon dann zu veröffentlichen, wenn erwartet wird, dass sie sich auf den nächsten Quartalsbericht auswirken werden.

[346] Gruson, Michael / Wiegmann, William J. (1995), S. 175.
[347] www.sec.gov.
[348] www.edgar-online.com.

Ein Verstoß gegen die Current-Report-Vorschriften kann gem. §§ 12 (k) und 32 SEA mit Geld- und Freiheitsstrafe sowie einem vorübergehenden oder endgültigen Börsenausschluss geahndet werden.
Fraglich ist, welche Funktion der Current Report innerhalb des Disclosure-Systems einnimmt. GRUSSON/WIEGEMANN betonen die Funktion der Ergänzung der Regelpublizität.[349] Nicht zu vergessen ist jedoch, dass die in Formular 8-K aufgezählten Sachverhalte sehr wohl auch Fallgestaltungen erfassen können, die über den Umfang der Regelpublizität hinausgehen. Im Jahres- und Quartalsbericht wird auf solche Ad-hoc-Mitteilungen ausdrücklich Bezug genommen.[350] Und schon die Möglichkeit des Emittenten, laut Item 5 freiwillig mehr an entscheidungsnützlichen Informationen zu veröffentlichen, zeigt, dass der Current Report über die Ergänzung der Regelpublizität hinaus eine eigenständige, originäre Funktion hat.[351]

IV. Bewertung der Ad-hoc-Publizität in den USA

Ausgehend von der Tatsache, dass die börsenrechtlichen Bestimmungen in der Praxis keine Bedeutung haben, kann festgestellt werden, dass die USA nur über eine beschränkte Ad-hoc-Publizität verfügen. Der Current Report bezieht sich aufgrund seiner Natur als kasuistische Regelung nur auf einen Ausschnitt der ad-hoc-publizität-tauglichen Tatbestände, und aufgrund der langen Veröffentlichungsfristen ist daran zu zweifeln, ob es sich überhaupt noch um eine ***Ad-hoc***-Meldung handelt. Die Anti-Betrugs- und Insiderregelungen einschließlich der Regulation FD erfassen zwar als eine Art Generalklausel eine Vielzahl von Ad-hoc-Sachverhalten, statuieren jedoch keine aktive Publizitätspflicht, sondern koppeln die Publizitätspflicht an ein Verhalten des Emittenten. Dies führt dazu, dass, wenn der Emittent sich nicht „bewegt“, er auch nichts veröffentlichen muss. Der große Vorteil der US-amerikanischen Ad-hoc-Publizität-Regelungen muss jedoch in ihrer hohen Rechtssicherheit gesehen werden, die nicht zuletzt auf der effektiven Arbeit der SEC beruht. So muss insgesamt darüber nachgedacht werden, die BAFin auch in der Praxis zu einer deutschen SEC umzuwandeln. Als absolut vorbildlich muss auch die reine Ausrichtung des US-amerikanischen Ad-hoc-

[349] Gruson, Michael / Wiegmann, William J. (1995), S. 177.
[350] Skousen, Fred K. (1991), S. 102 u. S. 111; Item 14 (b) Form 10-K; Item 6 (b) Form 10-Q.
[351] Brotte, Jörg (1996), S. 160 f.

Publizität-Systems auf den Anlegerschutz und damit auf die Kapitalmarktinformation bewertet werden. Es kommt in der Rechnungslegung nicht zu einer Einschränkung des true and fair view durch andere Ziele der Rechnungslegung, z. B. durch das der Kapitalerhaltung, ein Ziel, das in Deutschland im Rahmen des § 264 HGB Eingang findet und über das Tatbestandsmerkmal der Vermögens- und Finanzlage im § 15 WpHG auch Eingang in die deutsche Ad-hoc-Publizität finden soll.[352]

[352] Siehe Seite 154.

G. Grundsätze ordnungsgemäßer Ad-hoc-Publizität (GoAhP)

Im Folgenden sollen nun erstmals Grundsätze ordnungsgemäßer Ad-hoc-Publizität (GoAhP) entwickelt werden.
Im Gang der Untersuchung dienen sie später als Instrument der Evaluation des Ad-hoc-Publizität-Tatbestandes und des ihn umgebenden Enforcementsystems.
Dogmatisch sollen die GoAhP folgende Aufgaben wahrnehmen:[353]

1. Die GoAhP sollen den konzeptionellen Rahmen für die Ad-hoc-Publizität bilden.

2. Die GoAhP sollen in der Normenstruktur der Ad-hoc-Publizität als Art Grundgesetz fungieren.

3. Die GoAhP sollen als primäre Auslegungshilfe für die einzelnen Ad-hoc-Publizität-Regelungen dienen.

4. Die GoAhP sollen bei Fehlen eindeutiger Gesetzesnormen zwingend zur Rechtsergänzung heranzuziehen sein.

5. Die GoAhP sollen als primäre Deduktionsbasis für zu entwickelnde Ad-hoc-Publizität-Vorschriften dienen.

Als „externe“ Zielsetzungen der GoAhP lassen sich folgende drei anführen:
Erstens sollen sie als Rahmengrundsätze die Auslegung und Ausgestaltung der Ad-hoc-Publizität-Normen in der Weise beeinflussen, dass die Funktionsfähigkeit der Ad-hoc-Publizität optimal gewährleistet wird.
Zweitens sollen sie als Anleitung den mit den Problemen der Ad-hoc-Publizität in Kontakt kommenden Personen, wie z. B. Emittenten, oder der Gerichtsbarkeit zur Verfügung stehen.

---

[353] Die von Josef Leis (2001), S. 346, präsentierten Grundsätze ordnungsgemäßer Ad-hoc-Publizität erfüllen nur eine dokumentarische Funktion in Bezug auf den Stand der Ad-hoc-Publizität und können aufgrund ihrer fehlenden dogmatischen Reichweite nicht als „echte“ Grundsätze ordnungsgemäßer Ad-hoc-Publizität angesehen werden.

Drittens sollen sie den Empfängern von Ad-hoc-Mitteilungen einen Überblick darüber verschaffen, welches Verhalten sie von den Emittenten bei der Ad-hoc-Publizität erwarten können.

Die aufgestellten dogmatischen und externen Aufgaben legen auch gleichzeitig die Rechtsnatur der hier zu entwickelnden GoAhP fest.
Bei den GoAhP handelt es sich um Normbefehle in Form eines unbestimmten Rechtsbegriffes. Das Gebot der Rechtssicherheit legt fest, dass es sich bei den GoAhP ausschließlich um geschriebenes Recht handeln muss. Darüber hinaus muss es sich um Regelungen als Ergebnis eines formellen Gesetzgebungsverfahrens handeln, da ansonsten die GoAhP aus verfassungsrechtlichen Gründen ihre hierarchische Stellung im Normensystem der Ad-hoc-Publizität nicht einnehmen könnten. Damit scheidet also eine Regelung von GoAhP aufgrund einer Rechtsverordnung aus. Klarzustellen ist damit, dass es sich bei den GoAhP nicht um bloße Kunstregeln einer Fachwissenschaft wie den Regeln der Baukunst oder der ärztlichen Kunst handelt. Deutlich wird dies nicht nur am Kennzeichen eines formellen Gesetzgebungsverfahrens, sondern auch an der Entwicklung der GoAhP nach den Regeln der Rechtsfindung. Aufgrund der Tatsache, dass die GoAhP ihre zentrale Deduktionsbasis im Gesetz und damit im gesetzgeberischen Willen finden werden, beinhalten die GoAhP die Wert- und Ordnungsvorstellungen des Gesetzgebers.[354]

Zur Stellung der GoAhP im Normensystem ist Folgendes festzuhalten:[355]
Die GoAhP beanspruchen innerhalb des Ad-hoc-Publizität-Systems als Art Grundgesetz Vorrang vor allen anderen gesetzlichen Regelungen.[356]
Eine andere Hierarchiestruktur würde die systemische Natur der GoAhP konterkarieren.[357] Hinsichtlich der Kollision der GoAhP mit Regelungen außerhalb der Ad-hoc-Publizität wird auf die allgemeinen Regeln über Anwendungskollisionen verwiesen.

---

[354] Anders die Ansicht Leffsons, Ulrich (1982), S. 21, über die GoB´s, der die Wert- und Ordnungsvorstellungen außerhalb des Gesetzes verortet.

[355] Anschaulich zu den Generalnormen in den handelsrechtlichen Bilanzierungssystemen des HGB, der IFRS bzw. IAS und US-GAAP: Krawitz, Norbert (2001), S. 632.

[356] Anders die Lage beim § 264 Abs. 2 HGB; dort gilt uneingeschränkt die Regel: Lex specialis derogat legi generali; auch die IFRS bzw. IAS wählen einen anderen Ansatz in Bezug auf ihr Framework.

[357] Diese hierarchische Struktur findet sich auch bei den US-GAAP wieder, wo der Grundsatz der fair presentation als overriding principle ausgestaltet ist (Baetge, Jörg / Roß, Heinz-Peter (2000), S. 35 ff.).

Fraglich bleibt, auf welche Art und Weise die GoAhP zu gewinnen sind.[358]
Hinsichtlich dieser Gewinnung von GoAhP bieten sich zwei Methoden an. Zum einen die induktive Methode, zum anderen die deduktive.[359]
Nach der induktiven Methode sind die GoAhP in der Weise zu entwickeln, dass die Anschauung ordentlicher, ehrenwerter – früher bezeichnet als königliche - Kaufleute festzustellen ist. Es ist darauf hinzuweisen, dass es nicht darauf ankommt, ob die tatsächlichen Gepflogenheiten mit dieser Anschauung übereinstimmen. Die induktive Methode stützt sich damit auf eine Art idealisierte Empirie.
Dogmatisch krankt diese Methode an dem Umstand, dass sich der Schluss von singulären Sätzen auf allgemeine Sätze logisch nicht rechtfertigen lässt.[360]
Neben den dogmatischen Bedenken spricht auch die konkrete Praxis-Situation der Ad-hoc-Publizität gegen das Verfahren der Induktion. Dieses setzt letztendlich als Beobachtungsbasis doch eine gewisse einheitliche Übung der Kapitalmarktteilnehmer oder zumindest eine bei den Kapitalmarktteilnehmern festzustellende einheitliche Vorstellung von ordnungsgemäßer Ad-hoc-Publizität voraus. Beides ist jedoch auf dem Kapitalmarkt nicht anzutreffen. Dem Vakuum der Unbestimmtheit des Regelungssystems Ad-hoc-Publizität ausgesetzt, zeigt die Ad-hoc-Publizität-Praxis eher ein chaotisches Bild auf, ganz zu schweigen von dem vielstimmigen Chor, was unter ordnungsgemäßer Ad-hoc-Publizität zu verstehen ist.

Damit steht als einzig gangbare Methode nur noch die deduktive Methode zur Verfügung. Bei der Deduktion wird von allgemeinen Sätzen mit höherem Informationsgehalt auf logisch implizierte Sätze mit einem niedrigeren Informationsgehalt in der Weise geschlossen, dass die logischen Beziehungen zwischen den Sätzen analysiert und nachgewiesen werden. Nach der deduktiven Methode werden damit die GoAhP aus den Zwecken der Ad-hoc-Publizität abgeleitet.[361]

---

[358] Siehe zum Streit über die Methodenwahl bei Entwicklung der GoB´s: Moxter, Adolf (1980), S. 254 ff.

[359] Hinsichtlich der methodischen Ansätze siehe: Karl, Larenz (1983), S. 117 ff.

[360] Statt vieler: Popper, Karl (1973), S. 3 ff.

[361] Die Probleme erkennend, die auch die letztendlich auf Erkenntnissen der Logik basierende deduktive Methode aufweist, spricht Döllerer, Georg (1959), S. 1217, von der Entwicklung solcher Grundsätze „durch Nachdenken“.

Die Gewinnung der GoAhP wird damit als Vorgang auf der Normebene verstanden. Als Deduktionsbasis dienen danach neben dem Gesetz – einschließlich der zugrunde liegenden EG-Richtlinien - als Entscheidungshilfen die Rechtsprechung, die Verlautbarungen und Richtlinien der BAFin, die Gutachten und Stellungnahmen von Fachorganisationen (bspw. DAI), die gesicherten Erkenntnisse der Betriebs- und Volkswirtschaftslehre, die Fachliteratur sowie, wenn möglich, die Ad-hoc-Publizität-Praxis ordentlicher Kaufleute. Dass die Ad-hoc-Publizität deduktionsfähige gesetzliche Ziele bzw. Zwecke aufweist, wurde schon festgestellt.[362] Die Deduktionsfähigkeit setzt in erster Linie voraus, dass die verfolgten Zwecke miteinander vereinbar sind und sich nicht widersprechen.[363]

Dogmatisch ist darauf hinzuweisen, dass die Erkenntnisse der induktiven Methode und die der nachfolgend zu verwendenden deduktiven Methode nicht im Verhältnis der Antinomie stehen.[364] Sehr wohl ist nämlich bei der Gewinnung der GoAhP zu beachten, dass diese nicht ohne Berücksichtigung der Natur der Sache entwickelt werden können. Auf diesen Gesichtpunkt wird später noch einzugehen sein.

Neben der reinen Neugewinnung wird auch das Verfahren der Analogie – was im Falle der hier vorgenommenen Rechtsetzung eher mit dem betriebswirtschaftlichen Begriff des Benchmarking belegt werden sollte – als Rechtsentwicklungsverfahren angewandt. D. h., bestehende Regelungen bzw. Grundsätze aus anderen Teilbereichen des Unternehmenspublizitätssystems werden auf ihre Übertragbarkeit in den Katalog der GoAhP überprüft und bei Bejahung ihrer Übertragbarkeit in den Katalog aufgenommen.[365] Als Art Regelungsvorbilder kommen auf nationaler Ebene die Grundsätze ordnungsgemäßer Buchführung bzw. die Grundsätze ordnungsgemäßer Rechnungslegung in Betracht.[366]

---

362 Hinsichtlich der Deduktionsbasis wird auf die Ausführungen auf den S. 77 ff. verwiesen.

363 Ausführlich zum Fehlen einer solchen Deduktionsbasis für die GoB´s: Schneider, Dieter (1983), S. 141 ff.

364 Bieg, Hartmut (2000), S. 234, spricht vom komplementären Verhältnis der beiden Methoden.

365 So müssen von vorneherein im System der GoB diejenigen Grundsätze außer Betracht bleiben, die nicht der Informationsfunktion, sondern der Funktion der Kapitalerhaltung dienen.

366 Siehe zuletzt: Moxter, Adolf (2003), und auch die Grundsätze für das Value Reporting des Arbeitskreis Externe Unternehmensrechnung der Schmalenbach-Gesellschaft (2002), S. 2337 ff., fanden hier Beachtung.

Auf internationaler Ebene bildet das Framework der IAS bzw. IFRS und das Conceptual Framework der US-GAAP die Vorlage für die GoAhP.[367] [368]
Die zu entwickelnden GoAhP müssen dabei auf dogmatischer Ebene der Forderung nach „intersubjektiver Rekonstruierbarkeit" und „intersubjektiver Akzeptierbarkeit" entsprechen.[369]
Unter intersubjektiver Rekonstruierbarkeit ist die Möglichkeit eines geordneten und überprüfbaren Nachvollzuges einer Gedankenführung durch ein anderes Subjekt als der Urheber dieser Gedankenführung zu verstehen. Im Fall der folgenden Entwicklung der GoAhP wird dies durch das Einhalten der deduktiven Methode und des Analogieverfahrens erreicht.
Unter intersubjektiver Akzeptierbarkeit ist zu verstehen, dass die GoAhP jeweils den philosophisch wie spezialwissenschaftlich vertretenen Auffassungen einerseits und den praktischen Bedürfnissen andererseits entsprechende, konsensbildende Eigenschaften aufweisen. Dem Gedankengang der intersubjektiven Akzeptierbarkeit trägt die hier vorgenommene Entwicklung von GoAhP in der Weise Rechnung, dass schon bei Gewinnung der Deduktionsbasis die notwendige Akzeptierbarkeit der GoAhP einbezogen wird.

Als Ergebnis der dargestellten Methoden ergeben sich folgende GoAhP. Eine Übersicht über die Grundsätze ordnungsgemäßer Ad-hoc-Publizität und ihrer Hierarchie-Struktur gibt das Schaubild auf der nächsten Seite.[370]

---

[367] Kessler, Harald (2001), S. 6 ff.; Bieg, Hartmut (2000), S. 225 ff.; Baetge, Jörg / Roß, Heinz-Peter (2000), S. 29 ff.; Haller, Axel (2000), S. 1 ff.
[368] Das Conceptual Framework dient für die US-GAAP heute explizit als Deduktionsbasis der US-GAAP, Ballwieser, Wolfgang (2000), S. 7.
[369] Begriffe bei: Schreiner, Helmut (1980), S. 1 ff.
[370] Schaubild C: GoAhP und ihre Hierarchiestruktur, Seite 120.

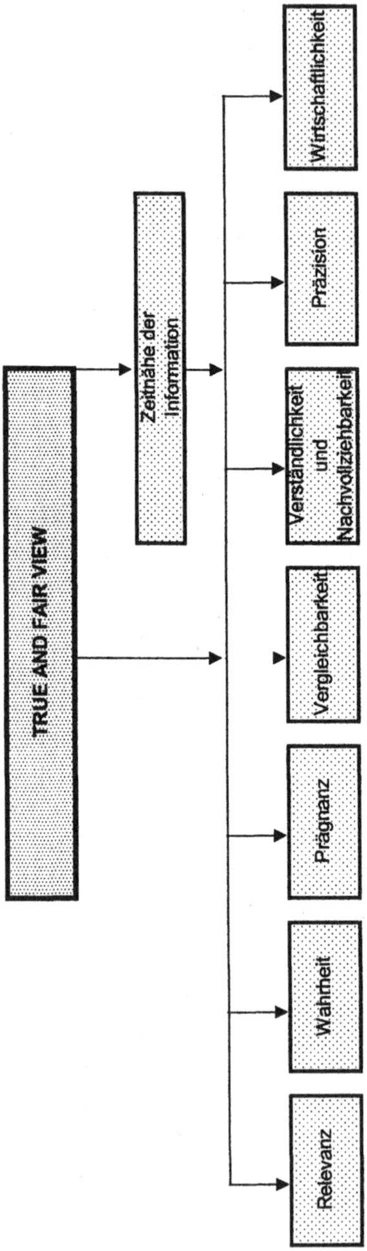

Schaubild C: GoAhP und ihre Hierarchiestruktur

I. Grundsatz des true and fair view

Der Grundsatz des true and fair view beinhaltet in der Sprache des HGB und WpHG, dass die Ad-hoc-Mitteilung ein den tatsächlichen Verhältnissen entsprechendes Bild der Vermögens-, Finanz-, Ertragslage und des allgemeinen Geschäftsverlaufs des Emittenten vermitteln muss.[371]
Das True and fair view-Prinzip steht in der Normenhierarchie der GoAhP an oberster Stelle.[372] Es bildet sozusagen den Art. 1 der GoAhP. Als overriding principle ist es sowohl Idee als auch oberstes Prinzip der Ad-hoc-Publizität; es hält das hierarchisch gegliederte System der GoAhP zusammen. Abgeleitet wird das True and fair view-Prinzip aus der primären Zielsetzung der Ad-hoc-Publizität heraus, die Funktionsfähigkeit des Kapitalmarkts und gleichzeitig den Anlegerschutz zu gewährleisten. Nur durch den Abbau der Informationsasymmetrie zwischen Management und Kapitalgeber durch unverzerrte Informationen i. S. d. True and fair view-Prinzips kann die Ad-hoc-Publizität dieses Ziel erreichen. Die Forderung nach einer wirklichkeitsgetreuen Darstellung übertrifft in ihrer Bedeutung dabei die anderen Grundsätze. Alle Maßnahmen aufgrund der anderen Grundsätze müssen sich an der Forderung messen lassen, dass die Ad-hoc-Mitteilung final ein den tatsächlichen Umständen entsprechendes Bild vermitteln muss. Zu berücksichtigen ist im Verhältnis des True and fair view-Prinzips zu den anderen Einzelgrundsätzen, dass auch diese Einzelgrundsätze als Teil des true and fair view zu begreifen sind und sich aus diesem ableiten lassen. Über die Funktion des overriding principle hinaus beinhaltet das True and fair view-Prinzip und seine Forderung nach einer fair presentation folgende Einzelaspekte, wobei die hier vorgestellten nur eine Auswahl darstellen:
Das True and fair view-Prinzip fordert neben der Vollständigkeit der Information die Ausgewogenheit der Darstellung der Chancen und Risiken des berichtenden Unternehmens. Dabei ist nicht nur die direkte informationelle Einbettung der Ad-hoc-Mitteilung in die Ad-hoc-Publizität des Unternehmens zu berücksichtigen, sondern auch die informationelle Einbettung in das gesamte Unternehmenspublizitätssystem. Die Ad-hoc-Publizität ist damit nicht lediglich ein Brandmelder oder ein Instrument der Werbung. Sie soll über negative Sachverhalte und Entwicklungen in

[371] Der § 15 WpHG nimmt in seinem Wortlaut „Vermögens- und Finanzlage" den Wortlaut des § 264 Abs. 2 HGB auf, ergänzt ihn um Geschäftsverlauf, reduziert ihn jedoch um Ertragslage. Dass der Wortlaut des § 15 WpHG auch die Ertragslage umfasst, ist unstrittig.

[372] Siehe zur Hierarchie-Struktur der GoAhP das Schaubild Seite 120.

gleicher Weise berichten wie über positive Vorgänge. Wie wichtig die explizite Festlegung eines ausgewogenen Informationsverhaltens ist, zeigt die bisherige Praxis der Unternehmen, schlechte Ad-hoc-Publizität-Informationen länger zurückzuhalten als positive.[373]
In die gleiche Zielrichtung geht die Forderung des True and fair view-Ansatzes nach Neutralität der Ad-hoc-Publizität-Berichterstattung. Neutralität erfordert, dass die Ad-hoc-Mitteilung in der Weise verfasst sein muss, dass sie nicht die Beurteilung durch die Adressaten in eine bestimmte – gewillkürte - Richtung lenkt. Damit soll verhindert werden, dass Ad-hoc-Mitteilungen zu strategischen und taktischen Zwecken der Investor Relations missbraucht werden und eine Manipulation der Adressaten erfolgt.
Der True and fair view-Ansatz fordert indirekt, dass sich die Information durch die Ad-hoc-Publizität inhaltlich an der unternehmensinternen Berichterstattung orientiert (am sog. management approach). Hintergrund dieses Vorgehens ist, dass die Informationen, die auch dem Management zur Unternehmenssteuerung dienen, am ehesten geeignet sind, ein wirklichkeitsgetreues Bild vom Unternehmen zu liefern. Dieser Ansatz verinnerlicht die ökonomische Aufgabe der Ad-hoc-Publizität, Informationsasymmetrien zwischen Management und Kapitalgeber zu verringern.
Der Grundsatz des true and fair view findet sich im handelsrechtlichen Publizitätssys-tem im § 264 Abs. 2 S. 1 HGB wieder. Der gravierende Unterschied zu dem hier formulierten Grundsatz liegt jedoch in der hierarchischen Stellung. § 264 Abs. 2 S. 1 HGB stellt kein Leitprinzip der handelsrechtlichen Publizität dar. Am ehesten ist der True and fair view-Ansatz mit dem Ansatz der fair presentation der US-GAAP zu vergleichen, weicht jedoch inhaltlich in Nuancen von ihm ab.

[373] Siehe Seite 227 ff.

II. Grundsatz der Zeitnähe der Information

Der Grundsatz der Zeitnähe der Information resultiert schon aus der Erkenntnis, dass Informationen für den Anleger nur von Nutzen sind, wenn sie ihm rechtzeitig zugehen, also bevor sie ihre entscheidungsbeeinflussende Wirkung verlieren. Im Gegensatz zu anderen Informationsinstrumenten kommt hier jedoch der schnellen bzw. zeitnahen Information ein besonderer Stellenwert zu. Das Gebot zur Schnelligkeit resultiert nämlich zum einen aus der Aufgabe der Ad-hoc-Publizität, im Rahmen des Informationskonzepts für eine schnelle Verarbeitung von Informationen zu sorgen, damit sich möglichst alle existierenden Informationen im Aktienkurs und damit in einem „wahren Preis" der Aktie niederschlagen. Zum anderen erfordert die Aufgabe der Insiderprävention, dass die Ad-hoc-Mitteilungen schnell erfolgen, damit die Zeitspanne für Insidergeschäfte möglichst klein ist. Der Grundsatz der zeitnahen Information ist auch im Gesetz verankert. § 15 Abs. 1 S. 1 WpHG fordert eine „unverzügliche" Veröffentlichung, wobei „unverzüglich" bekanntlich „ohne schuldhaftes Zögern" bedeutet. Der Grundsatz der zeitnahen Information sichert damit vor allem die zweite große Aufgabe der Ad-hoc-Publizität, die Abwehr von Insidergeschäften. Trotz der Erfüllung einer solch wichtigen Aufgabe ist dieses Prinzip auf einer Hierarchieebene unterhalb des True and fair view-Prinzips anzusiedeln. Diese Einstufung trägt dem Umstand Rechnung, dass es sich bei der Ad-hoc-Publizität primär um ein Publizitätsinstrument und erst sekundär um ein Instrument der Marktmissbrauchsabwehr handelt. Die Ad-hoc-Publizität erfordert zwar auch in ihrem Charakter als Publizitätssystem die Schnelligkeit der Information - die Zeitnähe ist sogar Definitionskriterium der Ad-hoc-Publizität -, diese Schnelligkeit darf jedoch nicht zu Lasten der Kernaufgabe der Ad-hoc-Publizität gehen, die Versorgung des Marktes mit vertrauensvollen und „fairen" Informationen zu sichern. Der Bedeutung des Grundsatzes der zeitnahen Information wird im GoAhP-System in der Weise Rechnung getragen, dass dieser als zweitrangiges Leitprinzip über den restlichen Einzelgrundsätzen steht. Inhaltlich ist der Grundsatz der zeitnahen Information kein konkret fassbarer Grundsatz, dessen Einzelerwägungen einer Niederlegung zugänglich wären. Bei ihm handelt es sich viel eher um eine allgemein gültige Mahnung. Sie beinhaltet die Forderung, alle Prozesse der Ad-hoc-Publizität so zu optimieren, dass ein möglichst hoher Geschwindigkeitsgrad des Informationsprozesses erreicht werden kann.

III. Grundsatz der Relevanz

Dieser Grundsatz fordert die Entscheidungserheblichkeit der Information, deren Träger die Ad-hoc-Publizität ist.[374] Die Information muss die Fähigkeit besitzen, die Entscheidung der Ad-hoc-Publizität-Adressaten zu beeinflussen. Sie leistet aufgrund ihrer Entscheidungsnützlichkeit damit Hilfestellung bei der Beurteilung zukünftiger Ergebnisse von Entscheidungen oder dient der Bestätigung oder Revidierung bereits früher getroffener Entscheidungen. Der Grundsatz der Relevanz nimmt dabei die Erkenntnis der Informationsökonomie auf, dass ein Mehr an Informationen nicht gleichzusetzen ist mit einem Mehr an Information. Nur entscheidungsnützliche Informationen weisen die vom Gesetzgeber geforderte Fähigkeit auf, die „wahre" Preisbildung auf dem Kapitalmarkt herbeizuführen und damit die Funktionsfähigkeit des Kapitalmarkts zu fördern. Der Grundsatz der Relevanz unterstreicht damit die Eigenschaft aller Ad-hoc-Publizität-Instrumente, Träger von wichtigen und wichtigsten Unternehmensinformationen zu sein. Nach dem Grundgedanken der Ad-hoc-Publizität ist damit eine Informationsüberflutung durch Ad-hoc-Mitteilungen ausgeschlossen. Der Grundsatz der Relevanz findet sich auch im Tatbestand des § 15 WpHG wieder. § 15 WpHG legt fest, dass die Tatsache die Fähigkeit aufweisen muss, den Börsenpreis der Wertpapiere erheblich zu beeinflussen. Der Tatbestand nimmt konkret Bezug auf die Fähigkeit der Information, in den kapitalmarktrechtlichen Entscheidungsprozess einzugreifen. Hinzuweisen ist darauf, dass dieses Tatbestandsmerkmal nicht lediglich den positiven Normbefehl enthält, entscheidungsnützliche Informationen zu veröffentlichen, sondern gleichzeitig den negativen, die Veröffentlichung nicht entscheidungsrelevanter Informationen zu unterlassen.

IV. Grundsatz der Wahrheit

Dieser Grundsatz nimmt verschiedene Aspekte der Ad-hoc-Publizität in sich auf. Er berücksichtigt den Aspekt der Richtigkeit der Ad-hoc-Publizität-Information, d. h., es dürfen in Ad-hoc-Mitteilungen keine unwahren Angaben gemacht werden. Über die „passive" Wahrheitspflicht hinaus verlangt die Ad-hoc-Publizität eine „aktive" Wahrheitspflicht. Ihre

---

[374] Im angelsächischen Raum wird die Entscheidungsrelevanz dem Decision usefulness-Ansatz zugeordnet.

gesetzliche Definition findet die „aktive" Wahrheitspflicht jetzt schon im Tatbestand des § 15 WpHG. Nach § 15 Abs. 1 S. 5 WpHG müssen „unwahre Tatsachen" berichtigt werden.[375] Zusätzlich zur formellen Richtigkeit der Information verlangt der Grundsatz der Ad-hoc-Publizität-Wahrheit, dass der Ad-hoc-Publizität-Pflichtige selbst überzeugt ist und dies auch nach außen hin vertritt, dass mit der Ad-hoc-Mitteilung eine getreue Dokumentation der Tatsache nach den GoAhP erfolgt.

V. Grundsatz der Prägnanz

Dabei handelt es sich um einen rein formalen Grundsatz. Dieser fordert, dass die nach § 15 WpHG zu veröffentlichende Tatsache in einer möglichst kurzen Ad-hoc-Mitteilung zu veröffentlichen ist. Dieser Grundsatz nimmt den Aspekt auf, dass der Ad-hoc-Publizität die Rolle eines „Kurznachrichtensenders" innerhalb des Unternehmenspublizitätssystems zugewiesen wird. Für die Ausgestaltung der Ad-hoc-Mitteilung bedeutet dies, dass ein möglichst schneller und einfacher Zugriff der Ad-hoc-Publizität-Adressaten auf die Information gewährleistet werden muss.

VI. Grundsatz der Vergleichbarkeit

Der Grundsatz der Vergleichbarkeit stellt sowohl einen formalen als auch einen materiellen Grundsatz dar. Im Rahmen des Entscheidungsvorganges ist es für den Anleger notwendig, die von einem Unternehmen gewährten Informationen den korrespondierenden Informationen aus der Vergangenheit gegenüberzustellen und sie miteinander zu vergleichen. Der Grundsatz der Vergleichbarkeit soll nun die Möglichkeit zu einem solchen Vergleich gewährleisten. Er fordert, dass Änderungen hinsichtlich der Veröffentlichungsgepflogenheiten in formeller und materieller Weise weitgehend unterbleiben. Erfolgen sie dennoch, muss darauf hingewiesen und müssen die Veränderungen erläutert werden. Es kann auch notwendig sein, die historischen Daten rückwirkend anzupassen, um eine Vergleichbarkeit zu gewährleisten. Als „Regel für Ausnahmen" kann dabei gelten, dass diese nur angezeigt sind, wenn der Nutzen der Abweichung von den Gepflogenheiten höher ist als es die Kosten durch

[375] Die unlogische Bezeichnung „unwahre Tatsache" muss als tradierter terminus technicus akzeptiert werden.

mangelnde Vergleichbarkeit sind. Hinzuweisen ist darauf, dass hier nicht allein die Vergleichbarkeit der Ad-hoc-Mitteilungen untereinander beabsichtigt ist, sondern die Vergleichbarkeit der Ad-hoc-Mitteilungen mit den Informationen des restlichen Unternehmenspublizitätssystems. Der Grundsatz der Vergleichbarkeit trägt dabei dem Umstand Rechnung, dass die Ad-hoc-Mitteilungen nur einen Teil der Unternehmensnachrichten darstellen, es jedoch betreffend den Wert der Informationen für den Adressaten von höchster Wichtigkeit ist, dass sich diese Informationen sachlich, zeitlich und formal vergleichen lassen. Als Beispiel kann hier die Aktienrenditeberechnung dienen. Sie soll nach dem Grundsatz der Vergleichbarkeit nach einheitlichen Kriterien in allen Unernehmensberichterstattungsinstrumenten erfolgen. Im § 15 WpHG findet der Grundsatz der Vergleichbarkeit im Abs. 1 S. 2 Anklang, der fordert, dass die verwendeten Kennzahlen einen Vergleich zulassen müssen.
Der Grundsatz der Vergleichbarkeit korrespondiert dabei mit dem Grundsatz der Stetigkeit im Bilanzrecht.

VII. Grundsatz der Verständlichkeit und Nachvollziehbarkeit

Selbstverständlich kann eine Information für den Anleger nur nützlich sein und ihn damit schützen, wenn sie für ihn das Kriterium der Verständlichkeit erfüllt. Unter dem Gebot der Verständlichkeit ist jedoch nicht zu verstehen, dass „der Mann von der Straße" die Ad-hoc-Mitteilung versteht, sondern Zielgruppe der Ad-hoc-Mitteilung ist der verständige und rationale Anleger. Anzumerken ist jedoch, dass im Interesse eines hohen Wirkungsgrades der Ad-hoc-Mitteilungen im Zweifel eher ein Mehr als ein Weniger an Verständlichkeit zu fordern ist.
Fachtermini müssen danach, wenn ihr Einsatz unerlässlich ist, erläutert werden. Dies kann sowohl in der Ad-hoc-Publizität selbst als auch auf der Internetseite des Emittenten in einer Art Glossar geschehen. Aber auch hinsichtlich der Grammatik der Ad-hoc-Mitteilungen gilt es, das Kriterium der Verständlichkeit einzuhalten. Dabei garantieren bspw. kurze und einfache Sätze die Verständlichkeit, ferner ein linearer Satzaufbau, die Vermeidung des Passivs, die Benutzung positiver statt negativer Formulierungen und die Verwendung von Adverbien und Verben statt Substantiva.[376]

[376] Siehe auch die Vorschläge von Schumacher, Claudia (2001), Punkt 8.4.

Die Forderung nach Nachvollziehbarkeit bezieht sich im Gegensatz zur Forderung nach Verständlichkeit eher auf den materiellen Inhalt der Ad-hoc-Mitteilung. Die Forderung nach Nachvollziehbarkeit beinhaltet, dass es dem Adressaten der Ad-hoc-Publizität möglich sein muss, die in der Ad-hoc-Mitteilung getroffenen Aussagen gedanklich zu verfolgen. Der Grundsatz fordert, dass der Adressat bei Bekanntgabe von aggregiertem Zahlenmaterial oder von sonstigen Ergebnissen in die Lage versetzt wird, die Vorgehensweise bei der Aggregierung des Zahlenmaterials oder der Ergebniserzielung nachzuvollziehen und zu analysieren. Werden etwa Kennzahlen wie das EBIT – später wird noch eingehend zu untersuchen sein, ob diese Kennzahlen im Einzelnen überhaupt ad-hoc-mitteilungsfähig sind - verwendet, muss es dem Anleger ermöglicht werden, die Zusammensetzung der Kennzahl zu erkennen.[377] Das Gebot der Transparenz fordert nicht, dass das Unternehmen jedes Mal aufs Neue sein Zahlenmaterial erläutert, vielmehr reicht es, wenn der Emittent einmal, z. B. auf seiner Internetseite, veröffentlicht, nach welchen Standards sich das Unternehmen z. B. im Bereich der Kennzahlenrechnung richtet. Hinzuweisen ist darauf, dass nach dem Grundsatz der Prägnanz eine externe Erläuterung der Aussagen, z. B. auf der Internetseite des Emittenten, zu präferieren ist.[378]
Die gleiche Erläuterungspflicht trifft den Emittenten auch im Bereich von Prognosen in Ad-hoc-Mitteilungen. Erforderlich ist die Offenlegung der zugrunde liegenden Annahmen, damit die Informationsadressaten sich selbst ein Bild von der Plausibilität der Prämissen machen können. Gleichzeitig verbessert die Offenlegung der Prämissen die zwischenbetriebliche Vergleichbarkeit von Prognosen.

VIII. Grundsatz der Präzision

Der Wert und damit der Nutzen einer Information für den Anleger wird entscheidend von ihrer Qualität im Bereich der Genauigkeit und Bestimmtheit beeinflusst. Der Grundsatz der Präzision der Information fordert nun in diesem Zusammenhang vom Emittenten, dass er eine Information mit möglichst hoher Genauigkeit und Bestimmtheit veröffentlicht.

---

[377] Vergleiche zu EBIT Seite 132 ff.

[378] Vorbildlich in diesem Bereich ist die Deutsche Telekom AG. Ihre Ad-hoc-Mitteilungen enthalten einen Link auf ihre Internetseite, wo detailliert die von ihnen verwendeten Methoden und Kennzahlen erläutert werden. www.telekom.de/Ueberleitungsrechnung/2002.

Dabei ist je nach Natur der Information zuzugestehen, dass sich nicht alle Informationen bis auf den Punkt quantifizieren lassen, sondern zumeist nur quantitative Intervalle oder komparative Tendenzen angegeben werden können. Der Emittent soll sich jedoch weder hinter schwammigen Ausdrücken und Angaben verstecken noch durch scheinbare Punkt-Angaben einen falschen Grad an Präzision vorspiegeln. Er soll das ihm Mögliche zur Qualifizierung und Quantifizierung der Information tun. Besteht Unsicherheit bezüglich der Genauigkeit der Information, kann die vorhandene Sicherheit mit Angaben von Bandbreiten oder Wahrscheinlichkeiten zum Ausdruck gebracht werden.[379]

IX. Grundsatz der Wirtschaftlichkeit

Wie bei allen Informationsinstrumenten muss auch bei der Ad-hoc-Publizität der Grundsatz der Wirtschaftlichkeit beachtet werden. Dieser Grundsatz besagt, dass eine Publizität zu unterbleiben hat, wenn die dem berichtenden Unternehmen entstehenden Kosten für die Informationsgewinnung und Informationsbereitstellung nicht in einem angemessenen Verhältnis zum Informationsnutzen aus Sicht der Informationsadressaten stehen. Nicht verschwiegen werden soll, dass es sich bei dem Gebot der Wirtschaftlichkeit um ein nur schwer operationalisierbares Kriterium handelt. Eine genaue Abschätzung von vor allem mittelbaren Kosten und indirektem Nutzen bereitet höchste Schwierigkeiten; ist sie jedoch hinreichend genau möglich, muss dieses Gebot beachtet werden.

Noch einmal ist der systemische Charakter der hier entwickelten GoAhP zu betonen. Die GoAhP stellen danach ein umfassendes, widerspruchsfreies Gefüge von Prinzipien und Einzelnormen dar. Die Widerspruchsfreiheit des Systems ist in der Weise zu verstehen, dass Probleme bei auftretenden Widersprüchen zwischen den einzelnen Regelungen im Rahmen einer praktischen Konkordanz unter Zugrundelegung des Leitprinzips true and fair view gelöst werden.
Der systemische Charakter ist wiederum nicht so zu verstehen, dass es sich bei den GoAhP um ein statisch geschlossenes Gefüge handelt;

[379] Mit zunehmender Genauigkeit werden folgende Klassen von Präzision unterschieden: Nicht messende Informationen, Klassifizierende (qualitative) Informationen, Komparative Informationen, Quantitative Intervallinformationen, Quantitative Punktinformationen.

vielmehr handelt es sich um ein gegenüber neuen Anforderungen offenes und bewegliches System. Im Interesse der Rechtssicherheit sollte jedoch eine quantitative Erweiterung nur durch den Gesetzgeber erfolgen.

Im Zusammenhang mit den hier entwickelten GoAhP ist weiterhin fraglich, wie der aufgrund der verwendeten unbestimmten Rechtsbegriffe bestehenden Rechtsunsicherheit entgegengetreten werden kann. Darin schwingt der schon dem § 243 Abs. 1 HGB entgegengebrachte Vorwurf mit, er formuliere eine „Lücke intra legem" bzw. normiere „Stücke offengelassener Gesetzgebung". Dieser Vorwurf kann aufgrund der geforderten positiven Festlegung der GoAhP im Gesetzeswortlaut gegenüber dem hier vorgestellten System der GoAhP nur in Bezug auf die Unbestimmtheit der einzelnen Grundsätze erhoben werden.[380] Jedoch ist die Unbestimmtheit des Wortlauts der GoAhP nicht auf ein Versagen des Rechtsetzenden zurückzuführen, sondern auf die Natur der GoAhP als Generalnormen. An der Zulässigkeit des Erlasses solcher noch auszudifferenzierender Generalnormen besteht kein Zweifel.
Trotzdem besteht der Bedarf nach Lösung dieses Problem. Dabei sind zwei Sachverhalte voneinander zu unterscheiden. Zur Weiterentwicklung und Ausdifferenzierung der GoAhP sind grundsätzlich alle Bezugsgruppen der GoAhP aufgerufen. Diese Vorschläge oder Vorformierungen von GoAhP, wie sie vor allem von der Wissenschaft und den Fachverbänden wie dem DAI zu erwarten sind, lösen jedoch nicht das Problem der Rechtssicherheit, da sie nur eine wissenschaftliche und damit keine rechtsverbindliche Qualität aufweisen. Diese Vorschläge und Vorformierungen können danach mit dem Begriff des soft law belegt werden. Zur Lösung des Problems steht aus verfassungsrechtlicher Perspektive nur die Institution der Rechtsprechung und des Gesetzgebers zur Verfügung. An der verfassungsrechtlichen Kompetenz der Gerichtsbarkeit zur Ausdifferenzierung und Rechtsfortbildung von Normen bestehen insbesondere hinsichtlich der Obersten Gerichtshöfe keine Zweifel.[381] Diese bestehen jedoch an der Effektivität der Rechtsfortbildung durch die Gerichtsbarkeit. So ist anzunehmen, dass es Jahre dauern wird, bis die Rechtsprechung die Materie der GoAhP durchdrungen hat. Deshalb wird hier die Ausdifferenzierung des GoAhP-Systems durch den Gesetzgeber präferiert. Um diesen gesetzgeberischen Prozess zu optimieren, wird

[380] Kruse, Heinrich W. (1970), S. 114 ff. u. S. 188.
[381] BVerfGE (1965), S. 190 ff.; BVerfG (1969), S. 371; Müller, Friedrich (1986).

seine Institutionalisierung durch die Einrichtung eines Ad-hoc-Publizität-Standardisierungs-Rates (ASR) vorgeschlagen. Dieser ASR soll in kurzer Zeit durch Entwicklung von Ad-hoc-Publizität-Standards und durch Veröffentlichung von Verlautbarungen zu einer schnellen Ausdifferenzierung der GoAhP beitragen. Zu Einzelheiten des ASR sei auf die Seiten 191 ff. verwiesen.

H. Evaluation des Ad-hoc-Publizität-Tatbestands in § 15 WpHG

Mit den oben gewonnenen Erkenntnissen über die Rolle und Funktion der Ad-hoc-Publizität im Rahmen der Unternehmenspublizität und mit dem Instrument der GoAhP soll nun eine Evaluation des Tatbestands der Ad-hoc-Publizität des § 15 WpHG vorgenommen werden.[382] Zuvor bedarf es noch eines Wortes zur Gesetzestechnik des Gesetzgebers im § 15 WpHG.

Als schwerwiegender Kritikpunkt wird der Ad-hoc-Publizität des § 15 WpHG nämlich entgegengebracht, dass über die Auslegung und Anwendung der Ad-hoc-Publizität immer noch große Rechtsunsicherheit herrsche.[383]

Angegriffen wird der Tatbestand des § 15 WpHG vor allem wegen der Vielzahl von unbestimmten Rechtsbegriffen. Dies wird vor dem Hintergrund der Strafbewehrung der Ad-hoc-Publizität als inakzeptabel angesehen. In Bezug auf die Rechtsunsicherheit werden sogar verfassungsrechtliche Bedenken geäußert. Unternehmen müssten genau wissen, was unter einer meldepflichtigen Tatsache zu verstehen sei und wann und auf welche Weise sie gemeldet werden müsste. Zurückzuführen sei dies letztendlich auf die Verwendung von unbestimmten Rechtsbegriffen. Deshalb wird vorgeschlagen, dass der Gesetzgeber bei der Ad-hoc-Publizität wie im US-amerikanischen Kapitalmarktrecht einen Katalog mit meldepflichtigen Tatbeständen einführt.

Diese Argumentation greift zu kurz. Zwar bringen Regelungen mit unbestimmten Rechtsbegriffen vor allem am Anfang ihrer Laufzeit aufgrund des Fehlens der Kommentierung und Auslegung durch die Verwaltung, Gerichtsbarkeit und Wissenschaft Schwierigkeiten auf dem Gebiet der Rechtssicherheit mit sich. Diese Rechtsunsicherheit besteht jedoch auch bei Herausgabe eines Meldekatalogs nach amerikanischem Vorbild. Denn auch die Festlegung einzelner Sachverhalte kommt nicht ohne die Verwendung von unbestimmten Rechtsbegriffen aus. Dies macht auch der current report der US-amerikanischen Ad-hoc-Publizität deutlich. Die

---

[382] Ein wichtiges und viel diskutiertes Einzelbeispiel zur Anwendung des § 15 WpHG ist der Erwerb eigener Aktien. Zu diesem Einzelbeispiel siehe: Schockenhoff, Martin / Wagner, Eike (1999), S. 548 ff.; Bosse, Christian (1999), S. 2047 ff., Aerssen, Rick van (2000), S. 391.

[383] Rosen, Rüdiger (1997), S. 25; Pellens, Bernhard / Fülbier, Rolf Uwe (1995), S. 23 ff.

Flexibilität von unbestimmten Rechtsbegriffen bringt jedoch enorme Vorteile.

Durch ihre Abstraktionshöhe kann das Feld der publizitätspflichtigen Sachverhalte in seiner ganzen Breite erfasst werden. Es bedarf erstens keines Wustes an Einzelfallregelungen. Ein Negativbeispiel in diesem Zusammenhang sind die US-GAAP, die aufgrund ihrer Quantität und fehlenden Systematik als „schwarzes Loch" bezeichnet werden. Zweitens bringen Meldekataloge weder vom sachlichen Umfang noch von ihrer Anpassungsfähigkeit her die notwendige Flexibilität mit sich, die höchst komplizierten Vorgänge in börsennotierten Unternehmen zu erfassen. Ein Negativbeispiel auf diesem Gebiet ist der current report der SEC. Er ist nicht annähernd in der Lage, die wirtschaftlichen Prozesse in einer Unternehmung gänzlich zu erfassen, und damit weist die US-amerikanische Ad-hoc-Publizität erhebliche, nicht zu akzeptierende Schutzlücken auf. Zur Verunsicherung der Emittenten ist zu sagen, dass ihnen weiterhin auch die Möglichkeit einer Anfrage bei der BAFin offen steht. Darüber hinaus resultieren aus den bestehenden Unsicherheiten auch keine unwägbaren Haftungsrisiken für den Emittenten. Hat er nämlich alles Erforderliche zur Rechtsaufklärung getan, wird dies im Rahmen des Verschuldens der Ad-hoc-Publizität-Verletzung berücksichtigt werden.

Damit sprechen die Argumente der Übersichtlichkeit, Flexibilität und Schutzeffektivität für die Verwendung von unbestimmten Rechtsbegriffen.

Nichtsdestoweniger bedürfen die Tatbestandsmerkmale neben einer Evaluation einer rechtssicheren Eingrenzung, wie sie hier vorgenommen werden soll. Einen Überblick über die tatbestandliche Prüfungsreihenfolge bei der Ad-hoc-Publizität gibt das Schaubild auf der folgenden Seite.[384]

[384] Schaubild D: Tatbestandliche Prüfungsreihenfolge des § 15 WpHG, Seite 133.

Schaubild D: Tatbestandliche Prüfungsreihenfolge des § 15 WpHG

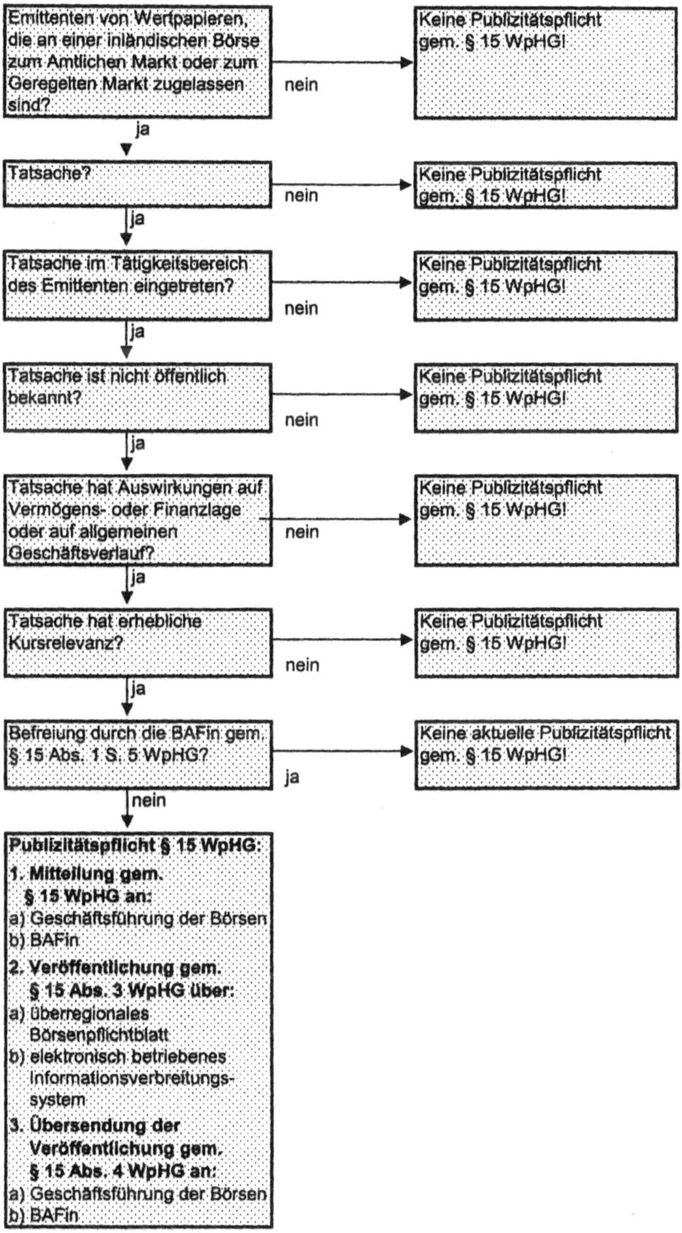

I. Normadressat der Ad-hoc-Publizität

Normadressat der Ad-hoc-Publizität ist der Emittent von Wertpapieren, die zum Handel an einer inländischen Börse zugelassen sind. Konkreter Normadressat ist damit nur der Emittent; nicht erfasst werden Verbundene Unternehmen. § 15 WpHG unterscheidet sich dabei vom § 13 Abs. 1 Nr. 1 WpHG, der sich auch auf mit dem Emittenten verbundene Unternehmen bezieht.
Der Begriff des Wertpapiers wird im § 2 Abs. 1 WpHG definiert. Neben Aktien werden dabei auch reine Schuldbuchforderungen einbezogen und es wird dadurch deutlich, dass der Wertpapierbegriff des WpHG kapitalmarktrechtlich und nicht effektenmäßig ausgestaltet ist.[385] Die Wertpapiere des Emittenten müssen „zum Handel an einer inländischen Börse" zugelassen sein. Mit der Einführung dieses Tatbestandsmerkmals hat der Gesetzgeber festgelegt, für welche Börsensegmente die Ad-hoc-Publizität-Pflicht gelten soll.
Unstrittig ist die Einbeziehung des Amtlichen Markts (§ 36 BörsG) und des Geregelten Markts (§ 71 BörsG).
Unter der Geltung des § 44a BörsG a. F. war noch strittig, ob der Freiverkehr von der Regelung des § 15 WpHG erfasst wird.[386] Mit der Einführung des § 15 WpHG und des § 2 WpHG wurde der Streit dahin gehend entschieden, dass im Freiverkehr gehandelte Wertpapiere nicht der Ad-hoc-Publizität unterliegen, wie schon der Vergleich des Wortlauts mit § 12 Abs. 1 Nr. 1 WpHG deutlich macht.[387] Kritik wird an dieser Entscheidung des Gesetzgebers geübt, da somit ein wichtiges Börsensegment dem Schutz durch die Ad-hoc-Publizität entzogen werde. Mag auch vom ökonomischen Standpunkt her die Aussparung des Freiverkehrs als ordnungspolitischer Fehler bewertet werden, so präkludiert jedoch die rechtliche Situation alle ökonomischen Argumente. Richtig ist nämlich, dass der Freiverkehr somit nicht dem Schutz durch den § 15 WpHG unterfällt. Für dieses Vorgehen gibt es jedoch einen gewichtigen Grund. Die Wertpapiere des Emittenten i. S. d. § 15 WpHG werden vielmals ohne Zustimmung des Emittenten von Dritten in den Freiverkehr eingeführt. Damit treten die Emittenten im Gegensatz zum Amtlichen und Geregelten Markt unfreiwillig am Börsenmarkt auf. Eine solche unfreiwillige Teilnahme kann jedoch unter keinen Umständen zu den weit reichenden

[385] Klitzing, Joachim (1999), S. 61 f.
[386] Schwark, Eberhard (1987), S. 2046.
[387] Kümpel, Siegfried (1999), § 15 Rn. 31.

Verpflichtungen und den damit einhergehenden Haftungsrisiken führen. Ein Emittent kann nicht ohne weiteres zu einer solchen Pflichterfüllung gezwungen werden. Es gehört zu dem anerkannten Selbstbestimmungsrecht eines Unternehmens, ob es sich den strengen Regeln des Kapitalmarkts unterwerfen will. Die Nichteinbeziehung des Freiverkehrs relativiert sich auch vor dem Hintergrund, dass viele Börsenordnungen bzw. Freiverkehrsrichtlinien die Erfüllung einer Ad-hoc-Publizität vorsehen, die mit der des § 15 WpHG identisch ist. Dabei darf nicht verschwiegen werden, dass eine solche privatrechtliche Vereinbarung nicht das Haftungs-, Sanktions- und Kontrollsystem der Ad-hoc-Publizität nach § 15 WpHG in Gang zu bringen vermag. Festzustellen bleibt damit, dass im Freiverkehr zwar die Insiderregelungen Anwendung finden, aber nicht die der Ad-hoc-Publizität.[388]

Strittig ist auch die Geltung des § 15 WpHG für das Handelssegment des Neuen Markts, der Ende 2003 endgültig eingestellt wird. Der Neue Markt ist ein Handelssegment des Freiverkehrs, weist jedoch die Besonderheit auf, dass die Aufnahme in dieses Handelssegment zunächst die Zulassung zum Geregelten Markt voraussetzt.[389] Von der herrschenden Literaturmeinung und der BAFin wird die Anwendung der Ad-hoc-Publizität auf den Neuen Markt bejaht.[390] Dagegen wird eingewendet, dass die §§ 71 Abs. 1, 78 Abs.1 BörsG ein Verbot der Doppelnotierung enthalten und die Unternehmen des Neuen Markts entweder im Geregelten Markt oder im Freiverkehr gehandelt werden.[391] Vor dem Hintergrund, dass die Nichteinbeziehung des sonstigen Freiverkehrs auf die fehlende Zustimmung der Emittenten zur Einbeziehung in den Freiverkehr gestützt wird, muss eine Einbeziehung des Neuen Marktes befürwortet werden. Die Unternehmen des Neuen Markts haben durch ihre vorangehende Anmeldung zum Geregelten Markt sich freiwillig den Publizitätsanforderungen unterworfen.

---

[388] Gehrt, John A. (1997), S. 117 ff., u. Schlittgen, Volker (2000), S. 66 ff., die dieses Vorgehen als inkonsequent bezeichnen.

[389] Potthoff, Volker / Stuhlfauth, Jutta (1997), S. 11 ff.; Kersting, Oliver (1997), S. 222 ff.

[390] BAWe (1998), S. 30; Klitzing, Joachim (1999), S. 66; Kümpel, Siegfried (1999), § 15 Rn. 28a; Potthoff, Volker / Stuhlfauth, Juttta (1997), S. 71.

[391] Aerssen, Rick van (2000), S. 396; Claussen, Carsten P. (1998), S. 178.

II. Begriff „Tatsache“

Die Eingrenzung des Tatbestandsmerkmals der Tatsache gehört neben der Eingrenzung des Begriffs „Eignung zur erheblichen Kursbeeinflussung“ zu den schwierigsten Unterfangen bei der Eingrenzung und Auslegung des Tatbestands des § 15 WpHG. Eine Legaldefinition hält der Gesetzgeber nicht bereit. Hier soll nun ein Herantasten an den Kern des Tatbestandsmerkmals erfolgen.

Ausgangspunkt kann dabei die in der zivil- und strafrechtlichen Rechtsprechung geprägte Eingrenzung sein. Danach handelt es sich bei einer Tatsache um einen „konkreten Vorgang oder Zustand der Vergangenheit oder Gegenwart, der sinnlich wahrnehmbar in Erscheinung getreten und infolgedessen dem Beweis zugänglich ist“.[392] Will man diesen Tatsachenbegriff unverändert in das Wertpapierrecht und die Auslegung des § 15 WpHG übernehmen, stößt man schnell auf Probleme. So stellt sich das Problem, ob auch Prognosen oder Werturteile dem Tatsachenbegriff des § 15 WpHG unterfallen und damit Inhalt einer Ad-hoc-Mitteilung sein können. Einigkeit besteht darüber, dass jedenfalls bloße Meinungen, rein subjektive Werturteile und Prognosen ohne Tatsachenkern nicht dem Tatsachenbegriff des § 15 WpHG unterfallen.[393] Einige Vertreter gehen so weit zu fordern, dass zukünftige Ereignisse sowie Prognosen grundsätzlich nicht unter den Tatsachenbegriff des § 15 WpHG fallen sollten.[394] Dagegen spricht neben der Genese des § 15 WpHG sowohl die systemische als auch teleologische Auslegung der Vorschrift. Art. 1 der Insider-Richtlinie verwendet im Gegensatz zum § 15 WpHG den Begriff „präzise Information“, legt sich also nicht auf den durch das Merkmal der Beweisbarkeit eingeschränkten Begriff der Tatsache, wie ihn das Zivil- und Strafrecht kennt, fest. Außerdem besteht, bezogen auf das Verhältnis der Regelpublizität zur Ad-hoc-Publizität, grundsätzlich Einigkeit darüber, dass zumindest all diejenigen Informationen, die in der Regelpublizität enthalten sind, im Falle der Kursrelevanz zuvor ad hoc veröffentlicht werden müssen.[395] Aber schon die §§ 289 Abs. 2 Nr. 2, 315 Abs. 2 Nr. 2 HGB machen deutlich, dass auch Prognosen und Werturteile erfasst werden müssen. Desgleichen spricht für eine weite Auslegung des Tat-

---

[392] Vgl. RG (1921), S. 227 ff.; BGH (1966), S. 304.

[393] Hopt, Klaus (1995), S. 152; Heidmeier, Heiner (1992), S. 111 f.; Gehrt, John A. (1997), S. 125 ff.; Kümpel, Siegfried (1997), S. 69; wohl auch Kiem, Roger / Kotthoff, Jost (1995), S. 2000.

[394] Klitzing, Joachim (1999), S. 75; Pananis, Panos (1997), S. 461 f.

[395] Burgard, Ulrich (1998), S.73 ff., m. w. N.

sachenbegriffs auch das Verhältnis der Ad-hoc-Publizität zum Insiderrecht. Nach allgemeiner Auffassung sind ad-hoc-publizität-pflichtige Tatsachen auch stets zugleich Insidertatsachen i. S. d. § 13 Abs. 1 WpHG.[396] § 13 Abs. 2 WpHG schließt aber Bewertungen aus, die ausschließlich aufgrund von öffentlich bekannten Tatsachen erstellt werden, auch wenn sie kursrelevant sind. Diese Vorschrift wäre überflüssig, wenn Werturteile in jedem Fall ohnehin keine Insidertatsachen darstellten. Noch stärker spricht für die weite Auslegung des Tatbestandsmerkmals die teleologische Untersuchung des § 15 WpHG. Die Rolle und Funktion des § 15 WpHG verlangt, dass grundsätzlich alle kursrelevanten Informationen vom Tatbestand erfasst werden. Würden Prognosen, Absichtserklärungen oder Werturteile im Falle der Kursrelevanz generell aus dem Anwendungsbereich dieser Vorschrift herausfallen, entstünde eine gefährliche Funktions- und damit Schutzlücke. Ein ganzes Informationsspektrum von Relevanz für den Kapitalmarkt bliebe unberücksichtigt. Die Funktion der Ad-hoc-Publizität als Präventivmaßnahme gegen Insidergeschäfte würde in einem wichtigen Bereich geschwächt. Der Anlegerschutz würde durch das entstehende Informationsdefizit empfindlich Schaden nehmen.
Alle diese Argumente sprechen für eine weite Auslegung des Tatbestandsmerkmals „Tatsache“ und für eine Einbeziehung von Prognosen und Werturteilen. Festgestellt werden muss aber, dass auch bei Einbeziehung von Wertungen und Prognosen der Tatsachenbegriff ein Mindestmaß an Objektivität und Beweisbarkeit bzw. intersubjektiver Nachprüfbarkeit erfordert. So unterfallen private Meinungsäußerungen und Werturteile nur dann dem Tatsachenbegriff, wenn sie aus überlegener Sachkunde abgegeben werden und damit einen tatsachenähnlichen Richtigkeitsgehalt, der dem Beweis zugänglich ist, haben.[397] Das ist z. B. der Fall, wenn sich die Aussagen auf konkretes Zahlenmaterial beziehen. Danach ist es auch unstreitig, dass sog. „innere Tatsachen“ dem Tatsachenbegriff unterfallen. Darunter werden Planungen, Konzepte, Strategien und andere vorbereitende Maßnahmen verstanden. Das Argument, dass eine Einbeziehung dieser Sachverhalte unterbleiben solle, da ansonsten mit gravierenden Nachteilen für den Emittenten zu rechnen sei, überzeugt nicht.[398] Zum einen erfüllen die meisten angesprochenen Maßnahmen aufgrund ihres Vorbereitungscharakters nicht das

---

396 Siehe nur Kümpel, Siegfried (1994), S. 2137 ff.; Fürhoff, Jens (2000), S. 155.
397 Gehrt, John A. (1997), S.120 ff.; Happ, Wilhelm (1994), S. 242; Klitzing, Joachim (1999), S. 86.
398 Pellens, Bernhard / Füllbier, Rolf Uwe (1995), S. 27; Wittich, Georg (1997), S. 2.

Tatbestandsmerkmal der Eignung zur erheblichen Kursbeeinflussung, zum anderen wahrt schon die in § 15 WpHG enthaltene Befreiungsvorschrift die Interessen des Emittenten.
Nach dieser Eingrenzung des Begriffs „Tatsache" sollen zwei spezielle Problemfelder des § 15 WpHG im Zusammenhang mit dem Begriffsmerkmal untersucht werden, nämlich der Einsatz von Pro-Forma-Ergebnissen in Ad-hoc-Mitteilungen und der Zeitpunkt der Veröffentlichung von Ad-hoc-Mitteilungen bei mehrstufigen Entscheidungsprozessen.

1. Einsatz von Pro-Forma-Ergebnissen in Ad-hoc-Mitteilungen

Hier soll nun der Frage nachgegangen werden, ob und inwieweit der § 15 WpHG den Einsatz von Pro-Forma-Ergebnissen in Ad-hoc-Mitteilungen zulässt. Anzumerken ist dabei, dass die BAFin in ihrem Rundschreiben vom 26. November 2002 aufgrund einer bloßen empirischen Nachschau alle gängigen Pro-Forma-Ergebnisse zugelassen hat. Wie aus den folgenden Ausführungen ersichtlich werden wird, ist diese Vorgehensweise vollkommen indiskutabel und abzulehnen.[399]
Pro-Forma-Ergebnisse werden in der Weise definiert, dass in Abweichung von gewählten Regelwerken wie HGB, IAS und US-GAAP die Zahlen vom Unternehmen selbst zu einem subjektiven Resultat geführt werden.[400] Es handelt sich damit bei Pro-Forma-Ergebnissen um Unternehmens-subjektiv definierte Ergebnisse.[401] In dieser Neuberechnung oder bereinigten Rechnung fehlen vor allem „außerordentliche" Aufwendungen wie Goodwill-Abschreibungen, Restrukturierungsaufwand, Spin-Off-Aufwand, aber auch Erträge wie Verkaufserlöse aus Beteiligungen. Wichtige Kennzeichen der Pro-Forma-Ergebnisse sind damit, dass keine Prüfung innerhalb der offiziellen Jahresabschlussprüfung stattfindet, die Pro-Forma-Ergebnis-Kennzahlen stark subjektiv geprägt sind und es noch keinen offiziellen Standard zur Berechnung solcher Kennzahlen gibt.[402] Abzugrenzen sind die Pro-Forma-Ergebnisse von sog. Pro-Forma-Abschlüssen, die auch zur Unterscheidung der Begriffe als Als-ob-Abschlüsse bezeichnet werden. Bei Als-ob-Abschlüssen werden auf-

[399] BAFin (2002), S. 1 ff.
[400] Teitler-Feinberg, Evelyn (2002), S. 191.
[401] Hillebrandt, Franca / Sellhorn, Thorsten (2002), S. 153.
[402] Zu ersten Ansätzen des FASB in den USA: Financial Performance Reporting by Business Enterprises, Project update, www.fasb.org/project/fin_reporting.shtml.

grund von Verpflichtungen, wie aus der Ziffer 4.1.8 Nr. 1 Regelwerk Neuer Markt, Ereignisse rückwirkend abgebildet, um die Vergleichbarkeit des Abschlusses mit den Abschlüssen der Vorjahre zu gewährleisten. Gründe für einen Als-ob-Abschluss sind typischerweise die Erweiterung des Konsolidierungskreises, ein Rechtsformwechsel oder Verschmelzungen.[403]

Bei Pro-Forma-Ergebnissen handelt es sich aus der Sicht der Bilanzanalyse um cashflow-orientierte Modifizierungen des Betriebsergebnisses des jeweiligen Bilanzierungssystems.[404] Kennzeichnend für Pro-Forma-Ergebnisse ist, dass es sich um unternehmensindividuell ausgestaltete Größen handelt.[405] Die Pro-Forma-Ergebnisse sind damit Teil der Stromgrößen-orientierten Liquiditätsanalyse. Im Mittelpunkt dieser Analyse steht der Begriff Operativer Cash Flow, im bilanzanalytischen Schrifttum nur als Cash Flow bezeichnet. Der Cash Flow entspricht dem aus der laufenden Geschäftstätigkeit des Unternehmens erzielten Zahlungsüberschuss.[406] Hinsichtlich des Verbreitungsgrades von Pro-Forma-Ergebnissen wird von einer wahren Epidemie gesprochen. Laut einer Studie weisen im Geschäftsjahr 2000 von 127 untersuchten deutschen Industrieunternehmen 113 Gesellschaften ein solches Pro-Forma-Ergebnis aus. Insgesamt wurden 43 verschiedene Varianten von Pro-Forma-Ergebnissen gefunden. Die am weitesten verbreitete Kennzahl ist neben dem EBIT, das von 83,3 % der Unternehmen ausgewiesen wird, das EBITDA mit 42,2 %.[407] Dabei rangiert die Bedeutung von Pro-Forma-Ergebnis-Kennzahlen bei professionellen Marktteilnehmern ganz oben.[408] HALLER bezeichnet diese vermehrte Bilanzierung von Pro-Forma-Ergebnissen als Modeerscheinung im Rahmen des Shareholder-Value-Konzepts.[409] Als Ausgangsort der „Pro-Forma-Epidemie" können wohl die USA bezeichnet werden. Laut einer Untersuchung des National Investor Relation Institute (NIRI) bevorzugten von 233 befragten Gesellschaften 133 den Gewinnausweis gemäß Pro-Forma-Statements und nicht denjenigen nach US-GAAP.[410] Als ein Grund für die weitgehende

[403] Schindler, Joachim / Böttcher, Bert / Roß, Norbert (2001a), S. 22, u. (2001b), S. 139.
[404] Siehe zu dieser Konzeption: Kley, Christoph R / Vater, Hendrik (2003), S. 45 ff.
[405] Heiden, Matthias (2002).
[406] Coenenberg, Adolf Gerhard (2000), S. 933.
[407] Hillebrandt, Franca / Sellhorn, Thorsten (2000a), S. 1 ff.
[408] Achleitner, Ann-Kristin, u. a. (2002), S. 37.
[409] Haller, Axel (2001), www.faz.net, Interview vom 12. Aug. 2001.
[410] Teitler-Feinberg, Evelyn (2002), S. 191.

Verbreitung von Pro-Forma-Ergebnissen im US-amerikanischen Raum kann festgehalten werden, dass die US-GAAP kein dem deutschen Modell der Erfolgsspaltung in Betriebs-, Finanz-, außerordentliches und Steuerergebnis vergleichbares Konzept kennen.[411] Es existieren zwar Arten der Erfolgsspaltung, jedoch entsprechen diese weder vom sachlichen Umfang her noch nach ihrer Intention der Erfolgsspaltung nach § 275 HGB. Es ist nun die Bedeutung der beiden wichtigsten Vertreter der Pro-Forma-Kennzahlen, EBIT und EBITDA, zu untersuchen. Die Abkürzung EBIT steht für Earnings Before Interest & Tax, was mit „Gewinn vor Steuern und Zinsen" zu übersetzen ist. Die Abkürzung EBITDA steht für Earnings Before Interest Tax Depreciation & Amortisation, also „Gewinn vor Zinsaufwand, Steuern, Abschreibungen und außerordentlichen Ergebnissen". Dass selbst bei den Abkürzungen z. T. kein Standard herrscht, wird ersichtlich, wenn man sich den jüngsten Ableger der EBIT-Familie, das EBITDAR, ansieht. Es kursieren dazu gleich zwei verschiedene Definitionen: zum einen EBITDA Before Restructing Costs, und zum anderen EBITDA Before Rental Costs.

Es stellt sich nun die Frage, was gegen die Verwendung von Pro-Forma-Ergebnissen in Ad-hoc-Mitteilungen spricht. Sucht man nach Kritik an Pro-Forma-Ergebnissen, so ist eine Flut von Kritik anzutreffen. Es ist von Ergebniswirrwarr und Ergebniskosmetik durch den Einsatz von Pro-Forma-Kennzahlen die Rede.[412] Durch mangelnde Transparenz der Pro-Forma-Ergebnisse aufgrund fehlender oder nur unzureichender Erläuterungen sei ihr Aussagewert stark eingeschränkt.[413] Mit Hilfe der Pro-Forma-Ergebnisse werde eine beliebige Manipulation der Ergebnisse betrieben, die den Anleger hinters Licht führe.[414] Der Anleger werde verwirrt, wenn nicht gar getäuscht, wenn Pro-Forma-Ergebnisse in starkem Umfang von Ergebnissen nach HGB, IAS und US-GAAP abwichen. Als Beispiel dienen dabei Unternehmen wie AOL, die nach US-GAAP einen Verlust aufweisen, aber nach ihrer Pro-Forma-Berechnung einen Gewinn.[415] PELLENS stellt in diesem Zusammenhang fest, dass mit Verwendung von Pro-Forma-Kennzahlen „die Gewinnermittlung zur reinen Konvention" werde, und KÜTING fordert eine Abkehr von solch selbst-

---

[411] Heiden, Matthias (2002).
[412] Engelbrecht, Thorsten / Kempf, Marcus (2002); Heiden, Matthias (2002).
[413] Hillebrandt, Franca / Sellhorn, Thorsten (2002), S. 153.
[414] Engelbrecht, Thorsten / Kempf, Marcus (2002).
[415] Robert, Jacob (2001), S. 23 ff.; er spricht von Doppelter Buchführung im wahrsten Sinne des Wortes; Teitler-Feinberg, Evelyn (2002), S. 191.

gestrickten Kennziffern, die zu einer Beschönigung der Lage des Unternehmens führten.[416]
In das System der GoAhP übertragen, werden damit Verstöße gegen den Leitgrundsatz des true and fair view und gegen die Einzelgrundsätze der Nachvollziehbarkeit und der Vergleichbarkeit geltend gemacht. Im Rahmen der Kennzahlenrechnung muss jedoch nicht ausschließlich auf die GoAhP und die allgemeinen Tatbestandsmerkmale Bezug genommen werden, sondern der Gesetzgeber hat sich im Rahmen des 4. FMFG selbst im Tatbestand des § 15 WpHG zur Benutzung von Kennzahlen in Ad-hoc-Mitteilungen geäußert. Nach § 15 Abs. 1 S. 3 WpHG müssen die genutzten Kennzahlen im Geschäftsverkehr üblich sein und einen Vergleich mit den zuletzt genutzten Kennzahlen zulassen.[417] Der Gesetzgeber nennt in der Gesetzesbegründung ausdrücklich die Kennzahlen EBIT und EBITDA als Anwendungsfälle.[418] Ziel der Gesetzesänderung ist die Erhöhung der Vergleichbarkeit von Kennzahlen und die Verhinderung von „Fantasiekennzahlen".[419] Eine Verschleierung von negativen Entwicklungen des Unternehmens durch den Gebrauch oder den Wechsel von Kennzahlen soll verhindert werden. Die gesetzlichen Vorgaben nehmen Teile der von den GoAhP aufgestellten Forderungen an die Benutzung von Kennzahlen auf. Die GoAhP gehen jedoch in der Weise darüber hinaus, dass auch explizit jede Verschleierung, d. h. auch die Verschleierung von positiven Entwicklungen, durch Kennzahlen ausgeschlossen werden muss. Darüber hinaus sollten die Kennzahlen nicht nur einen vertikalen, sondern auch einen horizontalen Vergleich zwischen den einzelnen Unternehmen zulassen. In Bezug auf die Transparenz der Kennzahlen ist wohl stillschweigend eine Übereinstimmung zwischen der einzelgesetzlichen Regelung und dem Gebot der Nachvollziehbarkeit anzunehmen. Im Rahmen der Untersuchung der Zulässigkeit von Kennzahlen in Ad-hoc-Mitteilungen ist bei der Entwicklung des Prüfungsmaßstabes auf Folgendes hinzuweisen: Prüfungsmaßstäbe sind ausschließlich die oben genannten Grundsätze und Anforderungen. Dem Wortlaut „übliche Kennzahl" des § 15 WpHG ist bei diesem Prozess nur eine spezifische Bedeutung zuzumessen. Es erfolgt keinesfalls eine Art induktive Praxisschau zur Beantwortung der

---

[416] Vgl. Haller, Axel (2001), www.faz.net, Interview v. 12. Aug. 2001; Küting, Karlheinz (2002), S. 175.
[417] Zu diesem Tatbestandsmerkmal: Letzel, Hans-Joachim (2003), S. 1757.
[418] BT-Drucks. 14/8017, S. 87.
[419] BT-Drucks. 14/8017, S. 87.

Frage, was eine zulässige Kennzahl ist. Diese induktive Praxisschau ist nämlich sowohl aus schon aufgezeigten dogmatischen als auch empirischen Gründen abzulehnen. Zum einen wurde schon bei der Entwicklung der GoAhP darauf hingewiesen, dass die induktive Methode kein tragfähiges Konzept zur Herleitung von Rechtsregeln darstellt.[420] Zum anderen zeigt das vollkommen uneinheitliche Dickicht an Kennzahlen und die fast völlig fehlende Transparenz in diesem Bereich, dass sich jede Praxisschau zur Ableitung etwaiger Regeln verbietet. Der Ausdruck „üblich" im § 15 WpHG muss ausschließlich im Zusammenhang mit dem Begriff „Vergleich" gesehen werden.

Nun aber zur Frage, ob Pro-Forma-Kennzahlen den Anforderungen der GoAhP und den darauf basierenden Einzelregelungen gerecht werden können. Als konkrete Anforderungen können dabei folgende isoliert werden:

Der True and fair view-Grundsatz fordert von der Kennzahlenbenutzung, dass sie die tatsächliche wirtschaftliche Lage des Unternehmens transparent macht. Die Kennzahlen müssen weiterhin ein notwendiges Maß an Objektivität und intersubjektiver Nachprüfbarkeit aufweisen. Die Kennzahlenherleitung muss damit wissenschaftlich und somit willkürfrei erfolgen. Der Grundsatz der Vergleichbarkeit definiert den Wunsch nach Einheitlichkeit und Stetigkeit der Kennzahlennutzung. Der Grundsatz der Nachvollziehbarkeit fordert von der Kennzahlenrechnung, dass die Gründe für die Modifizierung der Ergebniskennzahlen im Allgemeinen und im Speziellen offen gelegt werden.

Nach der Definition der Ansprüche an eine Kennzahlenbenutzung innerhalb von Ad-hoc-Mitteilungen kann nun auf die massive Kritik an Pro-Forma-Ergebnissen eingegangen werden.

Hinsichtlich dieser massiven Kritik muss jedoch differenziert werden. Zu differenzieren ist danach, ob Pro-Forma-Ergebnisse aufgrund ihrer Natur und der ihnen inhärenten Probleme generell nicht zum Inhalt von Ad-hoc-Mitteilungen werden können oder ob die von den Unternehmen konkret verwendeten Pro-Forma-Ergebnis-Kennzahlen aufgrund ihrer Präsentation und Entwicklung nicht für diese Aufgabe geeignet sind.

Der erste Gedanke - Natur von Pro-Forma-Ergebnissen - spricht das Problem an, ob diese vom Grundsatz her als hinreichend objektivierbare und intersubjektiv nachprüfbare, nicht informationsverzerrende, also letztendlich als wissenschaftlichen Ansprüchen genügende Kennzahlen zu bewerten sind. Die Begründung des 4. FMFG, die den Begriff der

[420] Siehe Seite 117.

Kennzahl in den Tatbestand des § 15 WpHG eingefügt hat, spricht davon, dass Fantasiekennzahlen nicht den Anforderungen des § 15 WpHG genügen.[421] Dass es sich von der Natur der Pro-Forma-Ergebnis-Kennzahlen her generell um solche Fantasiekennzahlen handelt, die Zahlenangaben ins Blaue hinein bedeuten, kann jedoch bei näherer Untersuchung nicht bestätigt werden. Es gibt schließlich Konzepte, die sich bei der Entwicklung von Pro-Forma-Ergebnissen stark an das Erfolgsspaltungskonzept des HGB in § 275 anlehnen. Sie eliminieren dabei gerade im Sinne eines Gebotes des true and fair view Sondereinflüsse aus den Ergebniszahlen. Es sind damit sehr wohl Konzepte zur Gewinnung von Pro-Forma-Kennzahlen möglich, die auf wissenschaftlicher Basis beruhen.[422] Dass Pro-Forma-Ergebnisse subjektive Ergebnisse darstellen und somit einen entsprechend starken Einschlag aufweisen, reicht darüber hinaus auch nicht für eine Verneinung der Tatsachenqualität i. S. v. § 15 WpHG bzw. zur Qualifizierung als reine Willkür-Zahlen aus. Wie anhand der Einbeziehung von Prognosen in den Tatbestand des § 15 WpHG sichtbar wird, erfordert der § 15 WpHG bei subjektiven Aussagen lediglich eine objektive Basis. Als Ausgangsbasis für Pro-Forma-Ergebnisse dienen jedoch die offiziellen Zahlen und Daten der Bilanzierungssysteme.

Sollte also die allgemein herrschende Kritik an Pro-Forma-Kennzahlen dahin gehend verstanden werden, dass diese grundsätzlich nicht Inhalt von Ad-hoc-Mitteilungen sein könnten, so ist dies abzulehnen.

Wendet man sich jedoch statt der abstrakten einer konkreten Beurteilung der aktuellen Pro-Forma-Ergebnis-Praxis im Rahmen des § 15 WpHG zu, so vermögen die Aussagen der Kritiker zu überzeugen. Die jetzigen Pro-Forma-Ergebnis-Veröffentlichungen, die in der Regel keine oder nicht hinreichende Erläuterungen aufweisen, die ferner keinen Verweis auf Basiskennzahlen enthalten und ihren Bezug bzw. ihr Verhältnis zu Jahresabschlussangaben etwa nach HGB nicht offen legen, können nicht Inhalt von Ad-hoc-Mitteilungen sein.[423] Die fehlende Transparenz und Vergleichbarkeit macht dabei eine Kontrolle der Einhaltung des True and fair view-Prinzips von vornherein unmöglich. Die Tatsache, dass je-

---

421 BT-Drucks. 14/8017, S. 87.

422 Siehe Coenenberg, Adolf Gerhard (2000), S. 932 ff.

423 Eine positive Ausnahme in Bezug auf die Transparenz ihrer Kennzahlen stellt die Deutsche Telekom AG dar, die unter einer eigenen Internetadresse, die als Link auch in die einzelnen Ad-hoc-Mitteilungen eingebaut wird, ihre verwendeten Pro-Forma-Kennzahlen ausführlich erläutert. Siehe: www.telekom.de/Ueberleitungsrechnumg/2002.

doch in der Praxis bei Pro-Forma-Ergebnissen ausschließlich negative Einflüsse eliminiert werden – es wird spöttisch von earnings before bad stuff gesprochen –, weist auf massive Verstöße gegen die Leitlinie hin.
Die Folge der Feststellung, dass die heutigen Pro-Forma-Ergebnis-Veröffentlichungen nicht den GoAhP entsprechen und dass sie die einzelgesetzlichen Vorgaben des § 15 WpHG ignorieren, darf jedoch nicht den Ruf nach einem Verbot von Pro-Forma-Kennzahlen in Ad-hoc-Mitteilungen auslösen. Sowohl die Praxis der Finanzanalyse der Kapitalmarktteilnehmer als auch die Kennzahlenrechnung selbst verlangt nach Kennzahlen wie dem EBIT.[424] An die Stelle des Verbots von Pro-Forma-Ergebnissen muss die Durchsetzung der GoAhP treten. Einen ähnlichen Weg hat auch die US-amerikanische Börsenaufsicht SEC eingeschlagen. Sie sieht kein Verbot von Pro-Forma-Ergebnissen vor, sondern versucht die Emittenten durch Androhung von Sanktionen zu regelkonformen Veröffentlichungen - regelkonform i. S. des amerikanischen Fair disclosure-Konzepts - zu bewegen.[425] Abzuwarten bleibt, ob es zu einem Standard für Pro-Forma-Ergebnisse durch die SEC kommt.
Neben der allgemeinen Aufforderung zur Einhaltung der GoAhP im Bereich der Kennzahlenbenutzung muss jedoch die Kennzahlenbenutzung im Bereich der Ad-hoc-Publizität institutionalisiert werden:
Ausgehend von der Prämisse, dass es verschiedene Ansätze und Konzepte zur Herleitung von Pro-Forma-Ergebnissen gibt, die den hohen Ansprüchen der GoAhP genügen, wird folgender Vorschlag unterbreitet:
Beim Ad-hoc-Publizität-Standardisierungsrat (ASR) sollte eine Arbeistgruppe eingerichtet werden, die die Entwicklung eines Ad-hoc-Publizität-Standards (AhPS) im Bereich Pro-Forma-Ergebnis vorantreibt. Dieser Standard sollte sowohl Ausführungen zur konkreten wissenschaftlichen Herleitung von Pro-Forma-Ergebnissen als auch zu ihrer adäquaten Erläuterung und Veröffentlichung enthalten. So müsste der Emittent verpflichtet werden, weitgehende Erläuterungen hinsichtlich der Berechnungsweise des Pro-Forma-Ergebnisses und der ihr zugrunde liegenden Basiskennzahlen bereitzustellen. Die Kritik, dass eine solche Erläuterung den Rahmen einer Ad-hoc-Mitteilung sprenge, geht dabei fehl. Diese Erläuterungen müssen nicht in der konkreten Ad-hoc-Mitteilung abgelegt sein, sondern müssen nur dem öffentlichen Zugriff

[424] Achleitner, Ann-Kristin, u. a. (2002), S. 37.
[425] SEC (2002), Release Nos. 33-8039, 34-45124, FR-59, u. siehe SEC (2002), Tips for investors, unter www.sec.gov/investor/pubs/proforma12-4.htm.

durch den Anleger, z. B. über eine Internetseite, zur Verfügung stehen.[426]
Die Erfüllung des Vergleichbarkeitserfordernisses müsste dem Emittenten durch die Einhaltung einer materiellen und formellen Stetigkeit bei Publizierung der Pro-Forma-Ergebnis-Kennzahlen auferlegt werden. Es wäre danach dem Emittenten nicht erlaubt, ohne zwingenden Grund z. B. die Berechnungsweise zu ändern. Erfolgte eine Abweichung, so wäre dies mitzuteilen.
Der Grundsatz des true and fair view könnte im Standard in der Weise verankert werden, dass im Falle einer erheblichen Abweichung des Pro-Forma-Ergebnisses vom offiziellen Ergebnis entweder eine dezidierte Überleitungsrechnung erforderlich wäre oder sogar - bei Gefahr einer Irreführung - eine Veröffentlichung von Pro-Forma-Ergebnissen unterbleiben müsste.
Letztendlich sollte der AhPS einen Katalog beinhalten, der die zulässigen Kennzahlen definiert und konkrete Angaben zu ihrer Verwendung enthält.
Ein solcher AhPS „Pro-Forma-Ergebnisse" würde die durch die Literatur zum Ausdruck gebrachte Kritik zum Verstummen zu bringen und die Einhaltung der Vorgaben an eine ordnungsgemäße Kennzahlenbenutzung im Bereich der Ad-hoc-Publizität garantieren. Durch die verbindliche Festlegung der Kennzahlen würde ein Höchstmaß an Transparenz und Vergleichbarkeit erreicht werden. Darüber hinaus würden die gesamte Kennzahlenbenutzung durch die Standardentwicklung auf eine wissenschaftliche Basis gestellt und der Aussagewert von Pro-Forma-Kennzahlen für den Anleger gesichert werden.

2. Zeitpunkt der Veröffentlichung bei mehrstufigen Entscheidungsprozessen

Die zweite wesentliche Problematik im Tatsachenbegriff ist der Veröffentlichungszeitpunkt kursrelevanter Tatsachen im Rahmen von mehrstufigen Entscheidungsprozessen.[427]
Dabei handelt es sich um ein sehr praxisrelevantes Problem, da Ereignisse bzw. Tatsachen regelmäßig nicht punktuell und plötzlich auftreten,

[426] Siehe nur das Beispiel Deutsche Telekom AG in FN. 422.
[427] Für eine Übersicht dieses Problemfeldes siehe: Feldhaus, Heiner (2001), S. 442 und die Beispiele bei Braun, Franz in Möllers, Thomas / Rotter, Klaus (2003), S. 164 ff.

sondern zumeist vorher eine Entwicklung bzw. einen Prozess durchlaufen. Angelehnt an SCHWARK soll hier eine Eingrenzung des Begriffs des mehrstufigen Entscheidungsprozesses vorgenommen werden, wobei die Begriffe mehrstufige Unternehmungsentscheidung und mehrstufiger Sachverhalt als Synonyme gebraucht werden. Nach SCHWARK definiert man den Begriff als einen Prozess, der von vorbereitenden Maßnahmen auf einzelnen Unternehmensebenen bis hin zu den verbindlichen Letztentscheidungen der Unternehmensorgane reicht.[428]

An diesem Prozess sind regelmäßig mehrere Gesellschaftsorgane wie Vorstand, Aufsichtsrat und gegebenenfalls die Hauptversammlung beteiligt. Da diese Gesellschaftsorgane über verschiedene Kompetenzen innerhalb des Entscheidungsprozesses verfügen, ergeben sich Zielkonflikte zwischen der im WpHG geforderten unverzüglichen Veröffentlichung von meldepflichtigen Tatsachen einerseits und den im Gesellschaftsrecht den Gesellschaftsorganen, vor allem dem Aufsichtsrat, vorbehaltenen Entscheidungs- und Kontrollkompetenzen andererseits.[429]

Als Beispiel für einen mehrstufigen Entscheidungsprozess kann die Aufstellung und Feststellung des Jahresabschlusses dienen. Das für den Jahresabschluss benötigte Zahlenmaterial wird von der Buchführungs- und Bilanzabteilung des Unternehmens in einem vorläufigen Jahresabschluss zusammengefasst, der dann - gegebenenfalls nach Korrekturen - vom Vorstand verabschiedet bzw. „aufgestellt“ wird. Nach der Prüfung durch den Wirtschaftsprüfer wird der Jahresabschluss dem Aufsichtsrat zugeleitet, der ihn prüft, bewilligt und damit feststellt (§§ 170, 171, 172 AktG; §§ 316, 320 HGB). Eine für den Kapitalmarkt relevante Information wie die über den Jahresüberschuss ist damit dem Emittenten zumindest schon ab Aufstellung des Jahresabschlusses bekannt. Fraglich ist, zu welchem Zeitpunkt eine mögliche Ad-hoc-Mitteilung erfolgen muss.[430]

Weitere Beispiele für mehrstufige Sachverhalte sind etwa die nach der Satzung der Aktiengesellschaft gem. § 111 Abs. 4 S. 2 AktG zustimmungspflichtigen Geschäftsführungsmaßnahmen. Darunter können Verschmelzungsverträge, Ausgliederungen, Umwandlungen, Spaltungen oder der Erwerb von wesentlichen Beteiligungen fallen. Sie bedürfen meist der Zustimmung des Aufsichtsrats, wenn nicht gar als Grundla-

---

[428] Schwark, Eberhard (2000), S. 771.

[429] Schruff, Wienand / Nowak, Eric / Feinendegen, Stefan (2001), S. 719.

[430] Ausführlich zum Jahresüberschuss als Gegenstand der Ad-hoc-Mitteilung: Schruff, Wienand / Nowak, Eric / Feinendegen, Stefan (2001), S. 719.

gengeschäfte i. S. d. AktG oder der Holzmüller-Rechtsprechung der Zustimmung der Hauptversammlung.

Seine Verortung findet das Problem der mehrstufigen Entscheidungsprozesse traditionell beim Tatsachenbegriff. Streng genommen ist dieses Problem jedoch nicht ein Problem des Tatsachenbegriffes, da die Entscheidungen des Vorstands und des Aufsichtsrates unstreitig selbstständige Tatsachen i. S. v. § 15 WpHG darstellen.

In der Literatur werden zur Lösung dieses Problems verschiedene Wege vorgeschlagen.

Die wohl herrschende Meinung stellt auf den letztverbindlichen Beschluss der letzten Entscheidungsebene - zumeist des Aufsichtsrates - ab.[431]

Die Gegenmeinung will den Veröffentlichungszeitpunkt vorverlagern. Beim Jahresabschluss wird der Zeitpunkt des Testats durch den Abschlussprüfer genannt,[432] in sonstigen Fällen der Zeitpunkt des Vorstandsbeschlusses.[433] Dabei knüpft diese Meinung die Vorverlagerung an die Bedingung, dass der Aufsichtsratsbeschluss prognostizierbar ist. Liegt ein qualifiziertes Maß an Wahrscheinlichkeit der Zustimmung des Aufsichtsrats und damit der Realisierung des Beschlusses vor, soll der Zeitpunkt der Vorstandsentscheidung ausschlaggebend sein. Hinsichtlich der Qualifizierung des Wahrscheinlichkeitsgrades trifft man auf die Begriffe „an Sicherheit grenzende Wahrscheinlichkeit“[434], „hohe Wahrscheinlichkeit“[435], „ganz überwiegende Wahrscheinlichkeit“[436] oder „überwiegende Wahrscheinlichkeit“[437].

Untersucht werden sollen zunächst die Argumente, die für einen späten Veröffentlichungszeitpunkt vorgebracht werden. Da wäre zuerst einmal der Hinweis darauf, dass sowieso schon zu viel veröffentlicht würde und die Gefahr einer Überinformation drohe. Verlege man den Zeitpunkt der Veröffentlichung bei mehrstufigen Sachverhalten vor, schwelle der Informationsfluss noch an.[438] Vor dem Hintergrund der Funktion der Ad-

---

[431] Schwark, Eberhard (2004), § 15 Rn. 91 ff.; Happ, Wilhelm / Semmler, Johannes (1998), S. 141; Handelsrechtsausschuss des dt. Anwaltsvereins (1998), S. 136 ff.; Kümpel, Siegfried (1996), S. 654; Hopt, Klaus (1995), S. 152.

[432] Feinendegen, Stefan / Nowak, Eric (2001), S. 37 ff.

[433] Pananis, Panos (1997), S. 463; Kiem, Roger / Kotthoff, Jost (1995), S. 2002 f; wohl auch Braun, Franz in Möllers, Thomas / Rotter, Klaus (2003), S. 191.

[434] Vgl. Kümpel, Siegfried (2002), S. 68.

[435] Vgl. Caspari, Karl-Burkhard (1995), S. 77.

[436] Vgl. Pananis, Panos (1997), S. 464.

[437] Vgl. Fürhoff, Jens / Wölk, Armin (1997), S. 453.

[438] Cahn, Andreas (1998), S. 26.

hoc-Publizität muss dieses Argument als nahezu absurd abgelehnt werden. Es handelt sich, wie gesehen, bei mehrstufigen Sachverhalten regelmäßig um Tatsachen mit großer Tragweite sowohl für das Unternehmen als auch für den Kapitalmarkt. Der Informationsflut per Ad-hoc-Mitteilungen durch den Wegfall grundsätzlich wichtiger Informationen Herr werden zu wollen klingt nahezu grotesk. Hinsichtlich der Informationsüberflutung ist die BAFin gefordert; eine engere Tatbestandsauslegung des § 15 WpHG ist nicht angebracht.
Auch die Argumentation, dass der Geheimnisschutz eine Verzögerung des Veröffentlichungszeitpunkts bedinge, dringt vor dem Hintergrund der Befreiungsvorschrift des § 15 Abs. 1 S. 2 WpHG nicht durch.
Ein gewichtiges Argument gegen eine Vorverlagerung des Veröffentlichungszeitpunkts lautet, dass eine Vorverlagerung als Art Vorabveröffentlichung die Arbeitsfähigkeit der Organe, vor allem des Aufsichtsrates, in erheblicher Weise einschränke. Durch die Vorabinformation der Tatsache bzw. des Beschlusses des Vorstands und die darauf erfolgende Reaktion des Kapitalmarkts werde Druck auf die Entscheidungsfindung des Aufsichtsrates ausgeübt. Die Entscheidung des Aufsichtsrates werde praktisch präjudiziert.[439] CAHN formuliert es folgendermaßen: „Selbst wenn nach Auffassung des Aufsichtsrates die besseren Gründe gegen die Vornahme der betreffenden Maßnahme sprechen, kann doch nach ihrer Ankündigung durch den Vorstand gem. § 15 Abs. 1 S. 1 WpHG das Unternehmensinteresse es verbieten, die Glaubwürdigkeit der Gesellschaft durch einander widersprechende Veröffentlichungen in Frage zu stellen und dadurch der Öffentlichkeit den Eindruck zu vermitteln, die Verwaltung könne sich über die Geschäftspolitik nicht einigen".[440] M. E. drückt sich in diesem Ansatz eine unzulässige Sichtweise von Corporate Governance aus. Erstens ist dieser Meinung entgegenzuhalten, dass unbequeme Aufsichtsräte nicht per se dazu geeignet sind, dem Unternehmensinteresse zu schaden, sondern im Gegenteil ein positives Anzeichen dafür sind, dass die Mandatsträger ihre Aufgabe ernst nehmen.[441] Leitbild aller Bemühungen zur Verbesserung der Corporate Governance-Strukturen ist ein starker, selbstständiger und unabhängiger Aufsichtsrat, der nur dem Unternehmensinteresse verpflichtet ist.[442] Eine strikte Trennung von Unternehmensinteresse und Anlegerinteresse kann

[439] Handelsrechtsausschuss des dt. Anwaltsvereins (1998), S. 137 ff.
[440] Vgl. Cahn, Andreas (1998), S. 25.
[441] Ekkenga, Jens (1999), S. 184.
[442] Bericht Regierungskommission Corporate Governance (2001), S. 1 ff.

jedoch aufgrund ihrer Interdependenzen nicht vorgenommen werden.[443] So ist auch die Rolle des Aufsichtsrates nicht dahin gehend ausgebaut, dass es sich um eine quasi absolutistische Institution handelt, deren Aufgabe darin besteht, ihre Kompetenz auszuüben und zu bewahren. Der Aufsichtsrat nimmt vielmehr eine Überwachungs- und Beratungsfunktion wahr, wobei die Beratungsfunktion in die Überwachungsfunktion integriert ist.[444] Diese Überwachungsfunktion nimmt er im Interesse des Unternehmens und selbstverständlich damit zumindest mittelbar auch im Auftrag der Aktionäre als Teil der Anlegerschaft wahr. Diese sollen jedoch gerade durch die Ad-hoc-Publizität geschützt werden. Es käme nach obiger Meinung zu dem Paradoxon, dass der Aufsichtsrat vor den Reaktionen derjenigen geschützt werden soll, deren Schutz ihm selbst obliegt. Ist es nicht vielmehr so, dass es sich bei einem Aufsichtsratsmitglied, das durch eine Vorabveröffentlichung beeinflussbar ist, um einen manipulierbaren Mandatsträger handelt, der eine i. S. v. effizienter Corporate Governance geforderte Kontrolle gar nicht leisten kann und deshalb ausgewechselt werden muss? Aber auch ein anderer Gedanke spricht gegen die oben vorgebrachten Argumente. Einem Vorstand bliebe es unbenommen, die Veröffentlichung mit einem anderen Informationsinstrument vorzunehmen und so den von CAHN vorgezeichneten Aufsichtsrat zu manipulieren. Eine Verhinderung von Ad-hoc-Mitteilungen in dieser Situation bringt keine Abhilfe. Darüber hinaus kann Folgendes festgestellt werden: Selbst wenn man die Frage, ob der § 15 WpHG die Kompetenzverteilung in der Aktiengesellschaft negativ beeinflusst, mit Ja beantwortet, stellt sich immer noch die Frage, warum die Kompetenz- bzw. Organisationsstruktur schützenswerter ist als ein Kapitalmarktteilnehmer. Einen solchen natürlichen Vorrang des Gesellschaftsrechts vor dem Wertpapierrecht gibt es jedoch nicht.[445]

Im Gegensatz zu einer willkürlichen Zuweisung eines derartigen Vorrangs muss das Problem des richtigen Zeitpunkts von Ad-hoc-Mitteilungen viel eher in Form einer gesamtwirtschaftlichen Effizienzbetrachtung gelöst werden. Wenn eine Vorverlegung des Veröffentlichungszeitpunktes zu einem Nutzen für die Kapitalmarktteilnehmer führt, jedoch gleichzeitig Kosten sowohl für das Unternehmen als auch für die Kapitalmarktteilnehmer verursacht, so muss der Zeitpunkt derart gewählt werden, dass im Moment der Veröffentlichung die Grenzkosten dem

---

[443] Cahn, Andreas (1998), S. 22, Fn 91.

[444] Siehe nur: Lutter, Marcus (1995), S. 287, m. w. N.

[445] So auch: Ekkenga, Jens (1999), S. 185.

Grenznutzen entsprechen. Der Nutzen einer möglichst frühzeitigen Veröffentlichung ist in der optimalen Prävention von Insidergeschäften und in der Herstellung von Informationseffizienz zu sehen. Als Kosten der Vorverlegung konnten sowohl negative Auswirkungen auf die Kompetenz- und Organisationsstruktur als auch Nachteile des Unternehmens durch Preisgabe von Wettbewerbsvorteilen ausgeschlossen werden. Wohl könnte jedoch die Vorverlagerung des Zeitpunkts der Veröffentlichung in der Weise zu Kosten führen, dass die steigende Anzahl von „Berichtigungs-Ad-hoc-Mitteilungen", wonach Vorhaben an der Ablehnung des Aufsichtsrates gescheitert seien, zu einer Verwirrung der Anleger und zu einem Sinken des Anlegervertrauens führen kann, was gleichzusetzen wäre mit höheren Kapitalkosten.[446] Bei einer genaueren Untersuchung kann dieses Argument betreffend die Veröffentlichungen eines Vorstandsbeschlusses nicht überzeugen. Einer Verwirrung bzw. Täuschung der Anleger kann in der Weise vorgebeugt werden, dass auf das Ausstehen des Aufsichtsratsbeschlusses in der Ad-hoc-Mitteilung verwiesen wird. Diese Möglichkeit spricht auch gegen die oben genannte Ansicht, dass eine Ad-hoc-Mitteilung erfolgen solle, wenn der Vorstand eine qualifizierte Wahrscheinlichkeit für die Zustimmung des Aufsichtsrats sieht. Es ist nicht notwendig, dass der Vorstand diese Einschätzung dem Kapitalanleger abnimmt. Als mündiger und rationaler Anleger soll er nicht vor Risiko geschützt werden, sondern dieses Risiko soll ihm kommuniziert werden. Darüber hinaus erscheint das Merkmal der qualifizierten Wahrscheinlichkeit wenig justiziabel.

M. E. sind danach beide oben vorgebrachten Meinungen betreffend einen Veröffentlichungszeitpunkt abzulehnen. Bei mehrstufigen Sachverhalten ist die Tatsache regelmäßig auf Ebene des Vorstands zu veröffentlichen. Auf eine noch ausstehende Entscheidung des Aufsichtsrates oder der Hauptversammlung ist nicht Rücksicht zu nehmen. Die Vorverlegung des Zeitpunkts einer Veröffentlichung wird zum einen durch einen Antrag auf Befreiung wegen Geheimnisschutzes nach § 15 Abs. 1 S. 2 WpHG begrenzt; zum anderen wird die Vorverlegung durch das Merkmal der Kursrelevanz eingeschränkt. Maßnahmen auf der Ebene unter der des Vorstands erfüllen aufgrund ihres reinen Vorbereitungscharakters dieses Merkmal des § 15 WpHG nicht.

[446] Hopt, Klaus (1995), S. 152.

III. Tatbestandsmerkmal „im Tätigkeitsbereich des Emittenten"

Zur Auslegung dieses Begriffsmerkmals findet sich in den Gesetzesmaterialien nichts. Auffällig ist, dass der § 15 WpHG im Gegensatz zur Insiderregelung keinen sog. „Verbundtatbestand" aufweist. Nach dem Tatbestand des § 15 WpHG muss die Tatsache im Tätigkeitsbereich des Emittenten eingetreten sein. Einigkeit besteht darüber, dass dieses Tatbestandsmerkmal nach allgemeiner Ansicht zuerst einmal die Funktion aufweist, sog. allgemeine Marktdaten von der Veröffentlichungspflicht auszuschließen. Als allgemeine Marktdaten werden Daten wie die Inflations- oder Zinsentwicklung bezeichnet, die keinen konkreten Bezug zum Tätigkeitsbereich des Emittenten aufweisen.[447] Streitig dagegen ist, ob dieses Tatbestandsmerkmal darüber hinaus die Funktion hat, Tatbestände, die primär bei einem anderen Unternehmen eingetreten sind, dem Emittenten zuzurechnen. Angedacht wird dabei, dass Tatsachen, die im Bereich von verbundenen Unternehmen oder Konzernunternehmen auftreten, ebenfalls zu veröffentlichen seien. Praktische Bedeutung hat dies vor dem Hintergrund, dass es sich nahezu bei allen Börsenemittenten um konzernverbundene Unternehmen handelt.[448]
Die Meinungen reichen dabei vom reinen Emittentenbezug – z. B. Umweltnachrichten - über einen qualifizierten Bezug zur Unternehmenssphäre - i. S. der Unternehmenssphäre als Ursprung und Quelle der Information[449] - als Voraussetzung für eine Tatsache im Tätigkeitsbereich des Emittenten bis hin zur Meinung, dass die Information in der Einflusssphäre des Unternehmens entstanden sein muss.[450] Ein reiner Umweltbezug der Ad-hoc-Publizität scheitert sowohl an der Natur und Aufgabe der Ad-hoc-Publizität als auch an der mit der Haftungsbewehrung einhergehenden Organisationspflicht des Unternehmens. Die Ad-hoc-Publizität ist als Lieferant von Unternehmensnachrichten konstruiert. Der Wertpapierbesitzer oder potenzielle Wertpapierbesitzer will Informationen *aus „seinem"* Unternehmen erhalten, die er aufgrund seiner nicht vorhandenen Möglichkeiten infolge der Sphärenteilung nicht selbst gewinnen kann. Das Unternehmen soll nicht zum allgemeinen Informationslieferanten werden. Zu beachten ist aber auch hier, dass die

[447] Tippach, Stefan (1993), S. 1269 ff.
[448] Pellens, Bernhard (1993), S. 37; auf die tatsächliche Einbeziehung in einen Konzernabschluss kommt es dabei nicht an.
[449] Kümpel, Siegfried (1997), S. 66 f.; ähnlich: Pananis, Panos (1997), S. 461; Cahn, Andreas (1998), S. 30; Burgard, Ulrich (1998), S. 58f.
[450] Zubrod, Andreas (2000), S. 62 ff.; Kübler, Friedrich (1995b), S. 565; Götz, Jürgen (1995), S. 1952; Schander, Albert / Lucas, Johannes (1997), S. 2111 f.

onslieferanten werden. Zu beachten ist aber auch hier, dass die Grenzen der Informationszuordnung fließend sein können. Sobald ein äußeres Ereignis oder eine Tatsache Wirkungen innerhalb des Unternehmens entfaltet haben, müssen die Umweltinformationen, wenn auch indirekt durch die Information über die Wirkungen, veröffentlicht werden. Eine Ausweitung des Tatbestandsmerkmals „Tätigkeitsbereich" i. S. v. Umweltbereich ist damit nicht vorzunehmen. Gleichfalls muss jedoch auch eine Einschränkung des Tatbestandsmerkmals in der Weise abgelehnt werden, dass nur solche Informationen veröffentlicht werden müssen, die ihren Tatsachenursprung im Tätigkeitsbereich des konkreten Emittenten haben. Dieser Auffassung ist auch die oben angeführte Meinung, die auf die Einflusssphäre des Emittenten abstellt. Beide Ansichten weisen jedoch konzeptionelle Schwächen auf. Diejenige Meinung, die auf den Tätigkeitsbereich des konkreten Emittenten abstellt, ignoriert, dass ein Festhalten an der juristischen Definition des Emittenten die von Kapitalmarktinstrumenten wie der Ad-hoc-Publizität immer mit zu beachtende wirtschaftliche Betrachtungsweise vernachlässigt. Wie die Rechnungslegungsvorschriften des Konzernrechts im Allgemeinen und einzelne Rechnungslegungsinstrumente wie der Abhängigkeitsbericht (§ 312 AktG) im Besonderen zeigen, muss das Unternehmen als wirtschaftliche Einheit betrachtet werden. In diese Richtung geht die Ansicht, die von der Einflusssphäre des Emittenten spricht. Diese Meinung ignoriert jedoch den klaren Wortlaut und Sinn des Begriffs Tätigkeitsbereich. Die Begriffe Tätigkeitsbereich und Einflusssphäre überschneiden sich nicht in dem Maße, dass von einer annähernden Äquivalenz auszugehen ist. Vorgeschlagen wird hier, die Ansätze der Einflusssphärentheorie auf diejenige Meinung zu übertragen, die vom Tätigkeitsbereich des konkreten Emittenten ausgeht. Danach ist nicht der Begriff Tätigkeitsbereich extensiv auszulegen, sondern der Begriff Emittent muss eine wirtschaftliche Auslegungsweise erfahren. Übertragen werden können die Erkenntnisse des Konzern- und Konzernrechnungslegungsrechts über den wirtschaftlichen Begriff des Unternehmens.

In diesem Zusammenhang wird vorgeschlagen, dass die Tatsache bei einem Tochterunternehmen eingetreten sein muss, das in den Konsolidierungskreis (§§ 294 ff. HGB) einbezogen ist; teilweise wird aber auch ein einfaches Beteiligungsverhältnis als ausreichend angesehen.[451] Vor dem Hintergrund, dass nur ein möglichst hoher Grad an Transparenz in

[451] Peltzer, Martin (1994), S. 750; Wölk, Armin (1997), S. 77; Schlittgen, Volker (2000), S. 92 ff.

dem Dschungel der „Deutschland AG“ optimal zum Funktions- und Anlegerschutz beitragen kann, wird auch hier eine möglichst weitgehende Auslegung des Tatbestandsmerkmals befürwortet. Das Argument der Gegenmeinung, dass eine enge Auslegung erforderlich sei, da aufgrund des mangelnden Einflusses z. B. eines Tochterunternehmens auf seine Konzernmutter das Tochterunternehmen schwerlich einer Veröffentlichungspflicht unterworfen werden könne, überzeugt nicht.[452] Es kommt bei der Veröffentlichungspflicht nicht darauf an, ob irgendeine Art von Einflussnahme zwischen den Unternehmen möglich ist. Anlehnend an die Fiktion des Bilanzrechts, dass es sich bei den Unternehmen um eine rechtliche und wirtschaftliche Einheit handelt, ist Voraussetzung für eine Veröffentlichungspflicht nur ein qualifiziertes Näheverhältnis. Es drohen dem Tochterunternehmen in einer solchen Situation auch keine Haftungsfolgen, wenn es aufgrund seiner fehlenden Möglichkeit zur Einflussnahme keine Kenntnis von der Tatsache erhält. Ein solches Unvermögen wird im Haftungsrecht zumindest bei der Schuldfrage berücksichtigt, findet aber auch schon auf Tatbestandsebene Berücksichtigung im Tatbestandsmerkmal „unverzüglich“. Entscheidend ist vielmehr der tatsächliche Informationsfluss.[453] Hier wird vorgeschlagen, den Tätigkeitsbereich des Unternehmens auf die Sphäre der Unternehmen auszudehnen, mit denen der Emittent in einem Beteiligungsverhältnis i. S. d. § 271 Abs. 1 HGB steht. Die Verwendung des Merkmals „Verbundenes Unternehmen“ bietet sich nicht an, da sonst Gemeinschaftsunternehmen i. S. d. § 310 HGB und assoziierte Unternehmen i. S. d. § 311 HGB außen vor blieben. Hingewiesen werden muss aber darauf, dass auch das Konstrukt des Beteiligungsverhältnisses keinen optimalen Funktionsschutz durch Ad-hoc-Publizität gewährleistet. Es sind immer noch Formen wirtschaftlicher Zusammenarbeit denkbar, die keine der oben angesprochenen rechtlichen Aspekte aufweisen, aber aus ökonomischer Sicht rechtlichen Konstruktionen wie der eines assoziierten Unternehmens gleichzustellen wären. Gleichwohl müssen solche ökonomischen Sachverhalte wie reine Investmentverbindungen von der Ad-hoc-Publizität erfasst werden. Damit kann festgestellt werden, dass das Konstrukt des Beteiligungsverhältnisses i. S. d. § 271 Abs. 1 HGB nur ein Hilfsinstrument sein kann und im Einzelfall auch die konkrete ökonomische Sachlage mit Berücksichtigung finden muss.

---

[452] Klitzing, Joachim (1999), S. 108 f.

[453] A. A. Zubrod, Andreas (2000), S. 72, der auf ein Informationsrecht abstellt.

IV. Tatbestandsmerkmal „Auswirkungen der Tatsache auf die Vermögens- oder Finanzlage oder auf den allgemeinen Geschäftsverlauf"

Nach dem Tatbestand des § 15 WpHG muss die Tatsache Auswirkungen auf die Vermögens- oder Finanzlage oder den allgemeinen Geschäftsverlauf haben.[454] In der Literatur findet regelmäßig bei der Erläuterung dieses Tatbestandsmerkmals eine Spaltung in den Teil Auswirkungen auf die Vermögens- oder Finanzlage einerseits und den Teil Auswirkungen auf den allgemeinen Geschäftsverlauf andererseits statt. Anhand der Untersuchung des ersten Teils wird dann das Verhältnis der Ad-hoc-Publizität zur Regelpublizität festgestellt. Dabei wird eine handelsrechtliche Auslegung des § 15 WpHG in der Weise propagiert, dass nur solche Tatsachen veröffentlichungspflichtig seien, die nach den allgemeinen GoB einen Buchungsvorgang im Jahresabschluss oder Lagebericht zur Folge haben oder haben können.[455] Konsequenz einer solchen Auslegung wäre, dass das systemfremde Konzept der GoB Einzug in die Ad-hoc-Publizität hielte. Die h. M. will diesen Umstand entschärfen, indem sie das Merkmal „Auswirkungen auf den allgemeinen Geschäftsverlauf" als Auffangtatbestand extensiv auslegt.[456] Diese Vorgehensweise ist aber schon vor dem Hintergrund der der Ad-hoc-Publizität zugewiesenen Rolle und Funktion als verfehlt abzulehnen. Wie schon auf den Seiten 83 ff. festgestellt, soll es sich bei der Ad-hoc-Publizität nicht um eine bloße unterjährige Prolongation der börsenrechtlichen Regelpublizität handeln. Darauf weist nicht nur das Tatbestandsmerkmal des allgemeinen Geschäftsverlaufes hin, sondern auch die Gesamtanalyse von Rolle und Funktion der Ad-hoc-Publizität. Ein Einzug der GoB in die Ad-hoc-Publizität und die damit einhergehende Informationsverzerrung ist strikt abzulehnen.[457] Darüber hinaus erscheint nach Einführung des § 292a HGB fraglich, an welchem Bilanzierungssystem sich gegebenenfalls die Auslegung des Tatbestandsmerkmals zu orientieren hätte. Nur durch eine solche Auslegung kann eine empfindliche Funktionseinbuße der Ad-hoc-Publizität verhindert werden. Nach der vorgenomme-

[454] Ausführlich zu diesem Tatbestandsmerkmal: Zubrod, Andreas (2000); S. 81 ff.
[455] Pellens, Bernhard (1991), S. 64 ff.; Heidmeier, Heiner (1992), S. 111.
[456] Gehrt, John A. (1997), S.143; Führhoff, Jens (2000), S. 169 ff.; Klitzing, Joachim (1999), S. 112 ff.; Burgard, Ulrich (1998), S. 64 ff., tritt sogar für eine ersatzlose Streichung ein.
[457] Ekkenga, Jens (1999), S. 177, „diametrales Verhältnis von true and fair view zu den GoB´s".

nen Auslegung fallen auch Personalveränderungen unstreitig unter den § 15 WpHG.[458]
Neben der allgemeinen Eingrenzung des Tatbestandsmerkmals soll an dieser Stelle auf zwei konkrete Anwendungsfälle eingegangen werden, die von höchster Brisanz für die Unternehmen sind und daher immer wieder Gegenstand von Fragestellungen aus der Praxis waren. Untersucht werden sollen die Fragen, ob in Ad-hoc-Mitteilungen zum einen über Stille Reserven und zum anderen über das Intellectual Capital berichtet werden muss.
Für beide Problemfelder gilt, dass eine Berichterstattung über sie nicht an einer funktionellen Beschränkung der Ad-hoc-Publizität scheitert. Wie schon festgestellt, behauptet die Ad-hoc-Publizität innerhalb des Unternehmenspublizitätssystems ihre Rolle als reines Kapitalmarktinformationsinstrument. Nur auf diese Weise kann sie ihrer Rolle als Anlegerschutzinstrument gerecht werden. Für eine funktionelle Beschränkung gibt es auch keine systemischen Gründe. Weder die vorrangig in Frage kommende handelsrechtliche und gesellschaftsrechtliche Unternehmenspublizität noch das sie umgebende Regelsystem wird durch eine unbeschränkte Ad-hoc-Publizität unterlaufen oder sogar konterkariert. Diesen Umstand verkennt unter anderem die Meinung, die eine Veröffentlichung von Informationen über die Stillen Reserven ablehnt, da dem Vorstand gem. § 131 Abs. 3 Nr. 3 AktG in Bezug auf das Auskunftsrecht des Aktionärs ein Auskunftsverweigerungsrecht zustehe.[459] Es sprechen keine dogmatischen Gründe für eine funktionelle Beschränkung. Die einzelnen Teile des Unternehmenspublizitätssystems stehen viel eher im Verhältnis einer funktionellen Verschränkung bzw. Ergänzung zueinander. Jedoch zeigen sich bei den Themenfeldern Stille Reserven und Intellectual Capital noch über die funktionell-dogmatischen Aspekte hinaus weitere Probleme, die gegen eine Veröffentlichung mittels der Ad-hoc-Publizität in diesen Bereichen sprechen. Die Untersuchung dieser Probleme macht eine Einzelbetrachtung erforderlich.

---

[458] A. A.: Pellens, Bernhard (1991), S. 64 ff.; Heidmeier, Heiner (1992), S. 111 f.; Pananis, Panos (1997), S. 463.

[459] So Ekkenga, Jens (1998), S. 425; Möllers, Thomas (1997), S. 350 f.; siehe zum Themenkomplex der Stillen Reserven als Informationsgegenstand des § 131 AktG: Siegel, Theodor, u. a. (1999), S. 2077 ff., die ein aus ökonomischer, aber auch rechtlicher Sicht verheerendes Urteil des BVerfG (1999a) zurecht rücken.

1. Stille Reserven als Gegenstand der Ad-hoc-Publizität

Im Bereich der Stillen Reserven werden neben den funktionell-dogmatischen Argumenten auch weitere Argumente aufgeboten, die die Veröffentlichung von Stillen Reserven in der Ad-hoc-Publizität ausschließen sollen.[460] Die nachfolgend zu untersuchenden Gegenargumente propagieren dabei eine teleologische Reduktion der Ad-hoc-Publizität bzw. nähern sich dem Ansatz, dass für Stille Reserven automatisch der Befreiungstatbestand des § 15 Abs. 1 S. 2 WpHG erfüllt sei. Um jedoch dem Problem der Stillen Reserven als Gegenstand der Ad-hoc-Publizität auf den Grund gehen zu können, bedarf es zuerst einer rechtlichen und ökonomischen Betrachtung des Phänomens Stille Reserven.
Stille Reserven stellen Eigenkapitalteile dar, die in der Bilanz nicht oder nicht als solche ausgewiesen werden.[461] Im Prinzip handelt es sich bei Stillen Reserven um die Differenz zwischen einem betriebswirtschaftlich als zutreffend erachteten tatsächlichen Wert – meist als fair value bezeichnet – und einem zu niedrig ausgewiesenen oder betriebswirtschaftlich ansatzfähigen, aber nicht angesetzten Vermögensposten auf der Aktivseite oder einem überhöhten Ansatz von Schulden auf der Passivseite.[462] Stille Reserven stellen damit grundsätzlich eine Abweichung vom True and fair view-Grundsatz des Bilanz- und Ad-hoc-Publizität-Rechts dar. Die Höhe der Stillen Reserven kann dabei im Einzelfall ein Vielfaches des Eigenkapitals darstellen.[463] Wichtig ist hierbei, dass Stille Reserven nur bei solchen Bilanzposten möglich sind, die gemäß GoB dem Grunde nach ansatzfähig sind, denn nur bei solchen Posten kann eine Verwerfung zwischen Buchwert und tatsächlichem Wert auftreten. Dies macht auch den entscheidenden Unterschied zum noch zu untersuchenden Intellectual Capital aus. Dieses enthält gerade das Vermögen, das nicht i. S. d. GoB identifizierbar ist. Von den Offenen Rücklagen unterscheiden sich die Stillen Rücklagen nicht nur durch ihren fehlenden Ausweis in der Bilanz, sondern auch dadurch, dass die Stillen Rücklagen sich jeweils einem bestimmten Aktiv- oder Passivposten zuordnen lassen.

---

460 Zu rechtspolitischen Aspekten der Stillen Reserven siehe: Kübler, Friedrich (1995a), S. 368.
461 Lachnit, Laurenz (2000), S. 774.
462 Wulf, Inge (2001), S. 1097.
463 Lachnit, Laurenz (1993), S. 195, zur praktischen Bedeutung von Stillen Rücklagen.

Neben Stillen Reserven sind auch Stille Lasten möglich. Dies ist der Fall, wenn der tatsächliche Wert von Aktivpositionen unter den Buchwert sinkt oder wenn Fremdkapitalposten zu niedrig oder gar nicht angesetzt werden.[464]

Im Mittelpunkt der Untersuchung sollen wegen ihrer Praxisrelevanz ausschließlich die Stillen Reserven stehen. Der Begriff Stille Rücklagen stellt ein Synonym zum Begriff der Stillen Reserven dar.[465] Die Stillen Reserven stellen keine homogene Menge dar; vielmehr existiert ein differenziertes Bild von Stillen Reserven.

Stille Reserven können sowohl im Rahmen von Ansatz- als auch von Bewertungsentscheidungen entstehen. Während Ansatzrücklagen aus der Bilanzierung dem Grunde nach resultieren, d. h. aus der Entscheidung, welche Position überhaupt in die Bilanz aufgenommen werden sollen, entstehen Bewertungsrücklagen im Rahmen der Bilanzierung der Höhe nach und sind das Ergebnis von Bewertungswahlrechten und/oder Bewertungseinschätzungsspielräumen.

Hinsichtlich der Beeinflussbarkeit bzw. Gestaltbarkeit ihrer Entstehung wird zwischen Marktzeitwertrücklagen und Anschaffungswertrücklagen unterschieden. Bei Marktzeitwertrücklagen handelt es sich um gesetzlich bedingte Rücklagen, die unabhängig vom Willen des Bilanzierenden zwangsläufig durch die Befolgung gesetzlicher Rechnungslegungsvorschriften entstehen.[466] Diese Zwangsrücklagen werden bspw. immer dann gelegt, wenn für die Bewertung von Vermögensgegenständen eine Bewertungsobergrenze in Höhe der Anschaffungs- oder Herstellungskosten zu beachten und es nicht erlaubt ist, den höheren aktuellen Marktzeitwert anzusetzen. Hinzuweisen ist darauf, dass sowohl das HGB als auch die Systeme IAS/IFRS und US-GAAP die Legung stiller Reserven kennen. Dabei ist davon auszugehen, dass die Menge der Stillen Reserven in der internationalen Bilanzierung geringer ist als im deutschen HGB.[467] Im Gegensatz zu den Marktwertrücklagen handelt es sich bei den Anschaffungswertrücklagen um durch den Bilanzierenden beein-

---

[464] Lachnit, Laurenz (2000), S. 774.

[465] Bei der Kategorisierung wird auf die Diktion von Lachnit, Laurenz (2000), S. 774 ff., zurückgegriffen; zu den unterschiedlichen Benennungen der verschiedenen Stillen Rücklagen siehe die Nachweise bei: Lachnit, Laurenz (2000), S. 775 FN. 10.

[466] Küting, Karlheinz (2000a), S. 392, spricht in diesem Zusammenhang von exogenen Stillen Reserven.

[467] Wulf, Inge (2001), S. 1098; Glaum, Martin / Mandler, Udo (1996), S. 138 ff.

flussbare Rücklagen.[468] In Abhängigkeit von der Inanspruchnahme der verschiedenen bilanzpolitischen Instrumente wird zwischen Wahlrechts-, Schätzungs- und Willkürrücklagen differenziert. Wahlrechtsrücklagen entstehen durch die Nutzung gesetzlicher Ansatz- und Bewertungswahlrechte, wodurch Vermögensteile nicht oder niedriger als möglich und Fremdkapitalkosten höher als nötig angesetzt werden können. Als Beispiele sind in der nationalen Bilanzierung nach HGB vor allem die steuerrechtlichen Abschreibungen, die Bildung von Aufwandsrückstellungen sowie die Bewertung von Herstellungskosten zu Teilkosten zu nennen. Bei den Wahlrechtsrücklagen handelt es sich dabei um willentliche Rücklagen, wobei diese jedoch nicht auf der Willkür des Bilanzierenden beruhen, sondern auf den sachlichen Erwägungen des Gesetzgebers. Dies unterscheidet die Wahlrechtsrücklagen von den sog. Schätzungsrücklagen. Diese resultieren unvermeidlich aus der praktischen Unmöglichkeit einer Normierung der komplexen Wirklichkeit. Sie sind die Folge unbestimmter Rechtsbegriffe oder unvollkommener Information. Als plastisches Beispiel kann hier die Schätzung der Nutzungsdauer im Rahmen der notwendigen Abschreibungen oder die Bildung von Rückstellungen genannt werden. Aufgrund des Prognosecharakters der Entscheidungsfindung bei solchen Bilanzierungsmaßnahmen und des Fehlens einer absoluten Informationslage kann es bei diesen Vorgängen unwillentlich zur Legung Stiller Reserven bzw. Stiller Rücklagen kommen. Die Schätzungsrücklagen erweisen sich damit als beeinflussbar, aber nicht in der Weise, dass sie willentlich gelegt werden. Als letzte Kategorie der Anschaffungswertrücklage ist die der Willkürrücklage zu nennen. Sie stellt eine beeinflussbare und willentliche Rücklage dar, die sich jedoch sowohl von den restlichen Anschaffungswertrücklagen als auch von den Marktwertrücklagen in der Weise unterscheidet, dass sie auf einer nicht von sachlichen Erfordernissen getragenen Bewertung beruht. Sie beruht auf einer ökonomisch unbegründeten, von den Ansatz- und Bewertungsvorschriften rechtlich nicht gedeckten, willkürlichen Zugeringschätzung von Vermögensgegenständen bzw. Zuhochschätzung von Schulden. Es handelt sich damit um systemwidrige Reserven; sie stellen einen Verstoß gegen das jeweilige Bilanzierungssystem dar. In der Praxis sind jedoch die Willkürrücklagen nur schwer von den Schätzungsrücklagen zu

[468] Es handelt sich insoweit auch nicht generell um willentliche Rücklagen, wie die Ursache für Schätzrücklagen zeigt.

unterscheiden, da sich Willkürrücklagen nicht selten hinter dem Vorsichtsprinzip verbergen.[469]
Stille Reserven besitzen keinen Ewigkeitscharakter. Sie teilen das gleiche Schicksal wie der Vermögensgegenstand, dem sie zugeordnet werden können. So werden Stille Reserven in Grundstücken regelmäßig langfristig, Stille Reserven in den Vorräten regelmäßig nur kurz im Unternehmen gebunden sein.[470] Als Auflösungsgründe sind Veräußerung, Preis- und Wertänderungen durch Bewertungsmaßnahmen und Auflösung im Zeitablauf zu nennen.[471]
Informationsökonomisch lässt sich Folgendes über Stille Reserven sagen: Sie verzerren im erheblichen Maße das Informationsbild von der wirtschaftlichen Lage des Unternehmens.[472] Die Bildung und Auflösung von Stillen Reserven weist dabei wesentliche Erfolgs-, Finanzstruktur- und Zahlungswirkungen auf.[473]
Der Gesetzgeber begegnet dieser Informationsverzerrung bspw. in den §§ 284, 285, 313 und 314 HGB nur mit rudimentären Regelungen zur Offenlegung der Bildung von Stillen Reserven.
Durch die Informationsverzerrung behindern die Stillen Reserven massiv eine Bewertung des Unternehmens aus externer Sicht. Die Bilanzanalyse reagierte mit umfangreichen Maßnahmen zur Schätzung von Stillen Reserven.[474] Aber auch diese Schätzungen können die Informationsverzerrung nur ansatzweise beheben.
Als hier noch unkommentierter positiver Effekt der Stillen Reserven lässt sich anführen, dass die Stillen Reserven wie die Offenen Rücklagen der Kapital- und Gewinnrücklage einen sog. „Puffer für schlechte Zeiten" darstellen. Durch ihre Auflösung können liquide Mittel realisiert werden, die einen plötzlich auftretenden Bedarf decken oder mit denen das Unternehmen betrieblichen Notlagen begegnen kann.[475] Jedoch unterscheiden sich die Kapital- und Gewinnrücklagen durch ihre Transparenz von den Stillen Rücklagen.[476]

469 Lachnit, Laurenz (2000), S. 774.
470 Küting, Karlheinz (2000a), S. 391.
471 Schmitz, Theo (1981), S. 262 ff.
472 Küting, Karlheinz (2000a), S. 438.
473 Siehe dazu die Übersichten bei Lachnit, Laurenz (2000), S. 781, 782.
474 Siehe nur: Lachnit, Laurenz (2000), S. 773 ff.
475 Küting, Karlheinz (2000a), S. 389.
476 Hierbei ist darauf hinzuweisen, dass es sich bei den Stillen Reserven nicht um Nominalkapital handelt.

Auf die zuletzt genannten Argumente stützen sich diejenigen, die eine Veröffentlichung von Stillen Reserven in Ad-hoc-Mitteilungen ablehnen. Hinter dem Vorbringen von unternehmenspublizitätssystemischen Argumenten versteckt sich die Ansicht, dass im Bereich der Stillen Reserven eine Art teleologische Beschränkung der Ad-hoc-Publizität erfolgen müsse. In Anlehnung an den Befreiungstatbestand des § 15 WpHG kann davon gesprochen werden, dass den Unternehmen generell ein überwiegendes berechtigtes Interesse an der Geheimhaltung von Stillen Reserven zugesprochen werden muss. Eine Geheimhaltung wird jedoch nicht nur durch das Befreiungsverfahren des § 15 Abs. 1 S. 2 WpHG erreicht, sondern schon durch eine teleologische Begrenzung des Tatbestands des § 15 WpHG. Die Vertreter dieser Meinung schließen sich dem von den Unternehmen und dem BVerfG gezeichneten positiven Bild von Stillen Reserven an.
Von Unternehmen werden Stille Rücklagen nämlich durchweg positiv bewertet. Sie verweisen, wie oben angerissen, auf die Substanzerhaltungs-, Finanzierungs- und Pufferfunktion. Stille Reserven ständen im Dienst einer Gewinnregulierung und verhinderten den Abfluss finanzieller Mittel durch Ausschüttung und Besteuerung.[477] Durch die Stillen Reserven würden letztlich die Unternehmen geschützt.[478] In Verkennung der wirtschaftlichen Hintergründe hat sich auch das BVerfG dieser Art „egoistischen" Sichtweise von Stillen Reserven angeschlossen. Es sieht die Vorteile von Stillen Reserven darin, dass durch sie Mittel zur Unternehmenssicherung und Konkursvorsorge bereitgestellt würden, von ihnen ein Schutz sowohl gegen allgemeine wirtschaftliche Risiken als auch gegen Wertschwankungen der bilanziellen Vermögensgegenstände ausgehe und durch sie eine Sicherung des good will des Unternehmens am Markt erfolge.[479]
Eine solche Art teleologischer Beschränkung ist jedoch aus drei Aspekten abzulehnen.
Zum Ersten hat der Gesetzgeber schon durch die Befreiungsvorschrift des § 15 Abs. 1 S. 2 den teleologisch gebotenen Interessenschutz des Unternehmens normiert. Der Gesetzgeber stellt damit fest, dass eine Abwägung der Interessen und damit der Schutz der Interessen im Einzelfall erfolgen soll. Eine grundsätzlich teleologische Reduktion wird diesem Verfahren jedoch nicht gerecht.

---

[477] Coenenberg, Adolf(1997), S. 211; Hölscher, Reinhold (1995), S. 57.
[478] Lachnit, Laurenz (1993), S. 195.
[479] BVerfG (1999a), S. 1803.

Zum Zweiten ist die Argumentationslinie zur Begründung der Vorteilhaftigkeit von Stillen Reserven inkonsistent und begründet letztendlich auch keine Geheimhaltung von Stillen Reserven. Die von den Unternehmen und dem BVerfG vertretene Ansicht verkennt nämlich die negativen Auswirkungen, die die Geheimhaltung von Stillen Reserven auf die von ihnen selbst gesteckten Ziele hat. Liest man aus den Argumenten der Gegenseite ab, dass Stille Reserven die Sicherung des Unternehmens bewirken sollen, so ist dies aufgrund der überwiegend negativen Wirkungen einer Informationsverzerrung, wie sie die Stillen Reserven unbestritten hervorrufen, abzulehnen. Die Informationsverzerrung führt letztlich zu einer erheblichen Verminderung der Fähigkeit zur frühzeitigen Erkennung von Gefahren. Zu beachten ist, dass Stille Reserven genauso still, wie sie gelegt wurden, auch aufgelöst werden, sodass negative Entwicklungen schwerer erkennbar werden. Damit konterkarieren sie gerade die Zielsetzung der Unternehmenserhaltung und -sicherung, die bspw. vom BVerfG mit der Legung von Stillen Reserven verfolgt wird. Darüber hinaus können die weiter genannten Vorteile Stiller Reserven gleichwohl durch Offene Reserven erzielt werden.[480] [481] Dies gilt insbesondere für die Pufferfunktion. Auch die durch das Vorsichtsprinzip verfolgte Sicherung der Gläubiger bedingt nicht Stille Reserven; sie kann auch durch entsprechende „offene" Kapitalerhaltungsmaßnahmen erfolgen.

Selbst wenn man annähme, dass die Stillen Reserven die einzige Möglichkeit zur Erreichung der oben genannten Ziele darstellten, ist die Argumentation der Gegner einer Veröffentlichung von Stillen Reserven aus einem dritten und dem wohl wichtigsten Aspekt heraus abzulehnen. Die geltend gemachte teleologische Beschränkung ignoriert vollkommen die Interessen der Anleger, Interessen, die bei einer solchen Beschränkung tangiert werden. Wie ein Blick in die Befreiungsvorschrift des § 15 WpHG zeigt, bedarf es jedoch dieser Berücksichtigung der Anlegerinteressen bei der Einschränkung der Ad-hoc-Publizität. Eine Interessensabwägung kann eine solche Informationsverzerrung, wie sie durch Stille Reserven ausgelöst wird, im Ergebnis nicht unterstützen. Es ist nämlich kein Grund ersichtlich, warum das Eigeninteresse des Unternehmens dem Interesse der Anleger vorgehen sollte. Dabei ist zu berücksichtigen, dass es sich beim Thema Stille Reserven nicht um einen Geheimnisschutz, wie ihn

[480] Siehe zu diesem Ansatz schon: Stützel, Wolfgang (1967), S. 329.

[481] Küting, Karlheinz (1999) S. 762, der sich vehement für ein Konzept Offener Rücklagen einsetzt.

die Befreiungsvorschriften des § 15 WpHG im Augen haben, handelt. Schon dogmatisch ist zu beachten, dass es in der ökonomischen Realität keine Unternehmung „an sich" – auch nicht bei Vorliegen einer juristischen Person - gibt. Es besteht damit kein Interessengegensatz zwischen dem Unternehmen „an sich" und den Gesellschaftern. Ein Interessengegensatz liegt nur zwischen den Kollektivinteressen der Anleger und ihren Einzelinteressen vor. Die Unternehmung besitzt in diesem Bezug kein ökonomisches Eigenleben.[482] Die Anleger sind jedoch bei Verschleierung von Stillen Reserven erheblichen Gefahren ausgesetzt und ihres Rechts beraubt, eigenverantwortlich ihre finanziellen Risiken zu beurteilen und letztendlich über ihr Vermögen zu entscheiden.[483] KOVERO bringt die negative Beurteilung von Stillen Reserven in diesem Bezug schon am Anfang des vorherigen Jahrhunderts auf den Punkt, wenn er von einem Betrug gegenüber den Anteilseignern ausgeht.[484] Die Anleger als Kapitalgeber haben ein berechtigtes Interesse zu erfahren, wie es um ihr finanzielles Engagement steht.[485] Sie tragen letztendlich das finanzielle Risiko der Unternehmung. Diesem Interesse der Anleger steht, wie gezeigt, kein berechtigtes Interesse des Unternehmens an der Informationsverzerrung entgegen. BUSSE VON COLBE richtet aufgrund dieser Tatsache die Forderung an den Gesetzgeber, den die gesellschaftsrechtliche Berichterstattung über die Stillen Reserven behindernden § 131 Abs. 3 Nr. 3 aus dem Aktiengesetz zu streichen. Er betont über die Einzelinteressen hinaus, dass nur eine dezidierte Berichterstattung über die Stillen Reserven einen Funktionsschutz des Kapitalmarkts gewährleiste.[486] Hinsichtlich des Funktionsschutzgedankens muss auch das Argument aufgegriffen werden, dass eine Nichtveröffentlichung von Stillen Reserven die Gefahr von Insidergeschäften heraufbeschwört. Gerade ein Informationsleck im Bereich der wichtigen Position Stille Reser-

[482] Siehe zu diesem Problemfeld: Siegel, Theodor, u. a. (1999), S. 2081, m. w. N.

[483] Inakzeptabel in diesem Bereich Kleinmann, Niko (1998), S. 222. Die Gefahren für die Anlegerschaft und die wirtschaftlichen Auswirkungen von Stillen Reserven völlig verkennend, einer nahezu absurden Vorstellung des Stellenwertes der Anlegerinteressen in einem Unternehmen folgend und die Interessenstruktur der Privatanleger missachtend, geht Kleinmann davon aus, dass eine – von ihm lediglich untersuchte – Dividendenschmälerung durch Stille Reserven bei der Privatanlegerschaft hinzunehmen sei.

[484] Kovero, Ilmari (1912), S. 130; Stützel, Wolfgang (1967), S. 333, sieht die Berichterstattung über solche Posten wie Stille Reserven als Voraussetzung und Bedingung der Fungibilität von Aktien.

[485] Kübler, Friedrich (1995b), S. 565 f.

[486] Busse von Colbe, Walther (2000), S. 667 f.

ven würde damit den Insidergeschäften Tür und Tor öffnen. Allein die Funktionsschutz-Argumente würden damit eine Veröffentlichung von Stillen Reserven gebieten, ohne dass eine nähere Untersuchung der Tragfähigkeit der Argumentation pro Stille Reserven erfolgen müsste.

Somit bleibt auch auf dem Gebiet der Stillen Reserven festzuhalten, dass eine i. S. d. Tatbestands des § 15 WpHG adäquate Veränderung der Stillen Reserven Inhalt einer Ad-hoc-Meldung sein muss.[487] Nur im Bereich der Schätzungsrücklagen erfolgt aus der Natur der Sache heraus keine Berichterstattung. Die Ad-hoc-Publizität erweist sich damit einmal mehr als „reines und echtes“ Kapitalmarktinformationsinstrument, das zum Schutz der Anlegerschaft keine Informationsverzerrungen zulässt und uneingeschränkt dem Grundsatz des true and fair view folgt. Nachdem eine Veröffentlichungspflicht für Stille Reserven konstatiert wurde, stellt sich abschließend als letzte Frage, ob den ad-hoc-publizitätpflichtigen Vorstand eine Nachforschungspflicht nach Stillen Reserven trifft. ZUBROD lehnt dies in Verweis auf das frühere BAWe ab.[488] Nur wenn schon Erkenntnisse über Stille Reserven vorlägen, müsse eine Publikation erfolgen. Diesem Ansatz ist so nicht zu folgen. Alleine die Untätigkeit des Vorstands darf die Anleger nicht von den ihnen zustehenden Informationen abschneiden. Vielmehr ist eine Nachforschungspflicht grundsätzlich anzunehmen. Der erforderliche Aufwand beschränkt sich jedoch auf den Sorgfaltsmaßstab des § 93 Abs. 1 AktG.

---

[487] Diese Ansicht stimmt auch mit der der BAFin überein (BAWe [1998], S. 37). Die BAFin äußert sich jedoch nur verhalten zu diesem Problem und ignoriert weitgehend die Nichtbefolgung in diesem Bereich (so auch Kleinmann, Niko [1998], S. 43, zum Verhalten des früheren BAWe).

[488] Zubrod, Andreas (2000), S. 122.

2. Intellectual Capital als Gegenstand der Ad-hoc-Publizität

Hier soll nun der Frage nachgegangen werden, ob Informationen über das sog. Intellectual Capital zum Pflichtumfang der Ad-hoc-Publizität gehören. Das Intellectual Capital rückte in der neueren Wissenschaftsdiskussion im Bereich der Unternehmensberichterstattung in den Mittelpunkt, da zahlreiche Untersuchungen ergeben haben, dass sich die Schere zwischen der Marktkapitalisierung und dem bilanziellen Eigenkapital von Unternehmen – auch nach Bereinigung in Hinsicht auf die Stillen Reserven - auf dem Weg von der Industriegesellschaft zur Informationsgesellschaft immer weiter öffnet.[489] Auslöser dieses Phänomens ist die Tatsache, dass sich der Anteil materiellen Bilanzvermögens am Gesamtvermögen der Unternehmung stetig absolut und relativ verringert. So ist heute bei Markenunternehmen zu beobachten, dass der Wert der Marke 90 Prozent des Unternehmenswertes ausmacht.[490] Ursache der Diskrepanz in der Berichterstattung ist der Umstand, dass die nichtmateriellen Vermögensgegenstände weitgehend keine Berücksichtigung in der traditionellen Berichterstattung, insbesondere im Bilanzrecht, finden.[491] Diese traditionelle Berichterstattung orientiert sich immer noch am klassischen Industrieunternehmen und hat damit nicht den Absprung in die Dienstleistungs- und Hochtechnologiegesellschaft geschafft.[492] Speziell dem Anlegerpublikum wird durch diese mangelhafte Berichterstattung ein höchst wichtiges Informationsfeld vorenthalten und der Anlegerschutz erleidet großen Schaden. Fraglich ist nun, ob in Ad-hoc-Mitteilungen über dieses wichtige Informationsfeld berichtet werden muss.

Zunächst jedoch zum Begriff des Intellectual Capital. Die terminologische Diskussion im Bereich des Intellectual Capital (z. B. Intellektuelles Vermögen vs. Intellektuelles Kapital), die den Begriff eingrenzen und auch in bestehende Sinnzusammenhänge integrieren will, hat zwar noch kein abschließendes Ende gefunden, jedoch lässt sich schon eine für die wissenschaftliche Arbeit notwendige Kerndefinition des Begriffs Intellectual Capital gewinnen.[493]

---

489 Stewart, Thomas A. (1997), S. 33; Mills, Roger W. (1998), S. 185 f.

490 PricewaterhouseCoopers / Sattler, Henrik (1999).

491 Arbeitskreis Immaterielle Werte der Schmalenbach-Gesellschaft (2001), S. 989.

492 Zur faktischen Bedeutung des Intellectual Capital: Haller, Axel / Dietrich, Ralph (2001), S. 1046 f.

493 Sieh zu diesem Problembereich: Maul, Karl-Heinz (2000), S. 2009.

Anlehnend an die Vorgehensweise des Arbeitskreises Immaterielle Werte im Rechnungswesen der Schmalenbach-Gesellschaft e. V. wird das Intellectual Capital als Summe von Werttreibern des Unternehmenswertes positiv definiert, wobei sich die Werttreiber als immaterielle Werte beschreiben lassen, die weder monetäre Werte darstellen noch eine körperliche Substanz besitzen.[494] Die immateriellen Werttreiber weisen als Eigenschaften auf, dass ihr Wert durch Nutzung steigt („Gesetz des wachsenden Grenznutzens") und dass insbesondere bei personengebundenen Immaterialwerten das Unternehmen i. d. R. keine uneingeschränkte Verfügungsmacht besitzt, sondern das Intellectual Capital in diesem Fall lediglich „gemietet" ist.[495]
Die Werttreiber des Intellectual Capital lassen sich intern folgenden sieben Kategorien zuordnen:[496]

- Innovation Capital
    - Neue Software
    - Patente
    - Filme
- Human Capital
    - Know-how
    - Motivation
    - Kreativität
    - Führungsqualitäten

[494] Daneben existieren die Begriffe intangible assets und intellectual property, die teilweise synonym verwendet werden.
[495] Vgl. Schmidt, Andreas (2001), S. 4.
[496] Arbeitskreis Immaterielle Werte der Schmalenbach-Gesellschaft (2001), S. 990; zu anderen Konzepten der Einteilung des Intellectual Capital siehe: Haller, Axel / Dietrich, Ralph (2001), S. 1045.

- Custumer Capital
    - Vertriebsnetze
    - Kundenlisten
    - Kundenzufriedenheit
    - Marken
    - Image
- Supplier Capital
    - Lieferantenbeziehungen
    - Zuverlässigkeit
    - Leistungsqualität der Lieferanten
    - Exklusive Belieferungsrechte
- Investor Capital
    - Eigentümerstruktur
    - Finanzierungsstruktur
    - Hausbankbeziehungen
    - Kapitalgeberloyalität
- Process Capital
    - Ablauf- und Aufbauorganisation
    - EDV-Systeme

- Location Capital

  Standortvorteile durch:

  - Produktionsfaktoren
  - Steuern
  - Marktstrukturen

Ein Werttreiber des Intellectual Capital lässt sich immer einer der Kategorien zuordnen, wobei es sich jedoch nicht ausschließlich um eindeutige Zuordnungen handelt, da Werttreiber hybride Naturen aufweisen können.

Die Wichtigkeit des Intellectual Capital für die Unternehmung wird aus der Bezeichnung als Vierter Produktionsfaktor deutlich.[497] Die in diesem Bereich getätigten Aufwendungen werden aufgrund ihrer langfristigen Ertragswirkungen in der Betriebswirtschaftlehre als Strategische Kosten bezeichnet.[498] Im Bereich der Berichterstattung wird davon ausgegangen, dass eine zweckmäßige Kommunikation mit der Financial Community ohne Informationen über das Intellectual Capital nicht mehr funktionieren kann. Fehlen also Angaben über das Intellectual Capital, so kommt es zu einer Verzerrung des Unternehmensbildes. Der True and fair view-Ansatz findet damit keine Beachtung. Dem Kapitalmarkt und damit primär dem Anleger werden entscheidungsrelevante Informationen vorenthalten. Darüber hinaus werden Insidertransaktionen Tür und Tor geöffnet.

Einer Berichterstattung über das Intellectual Capital in der Ad-hoc-Publizität steht, wie schon beim Problemfeld der Stillen Reserven als Gegenstand der Ad-hoc-Publizität untersucht, keine funktionale Beschränktheit der Ad-hoc-Publizität entgegen. Der Umstand, dass das Intellectual Capital in der traditionellen Berichterstattung nicht erfasst wird oder sogar explizit nicht erfasst werden soll – siehe das Bilanzrecht -,

---

[497] Anlehnung an den deutschen Titel „Der vierte Produktionsfaktor" von Stewart, Thomas A. (1997). Nach Gutenberg werden traditionell die drei Produktionsfaktoren Arbeitsleistung, Betriebsmittel und Werkstoffe unterschieden.

[498] Kasperzak, Rainer / Krag, Joachim / Wiedenhofer, Marco (2001), S. 1495.

spielt keine Rolle für die Frage, ob das Intellectual Capital Gegenstand der Ad-hoc-Publizität ist.
In Bezug auf das Intellectual Capital erheben sich jedoch tatbestandliche Fragen. So stellt sich hinsichtlich der Tatsachenqualität von Intellectual Capital-Informationen die Frage, ob die gewonnenen Informationen das notwendige Maß an Objektivität und intersubjektiver Nachprüfbarkeit aufweisen, um Tatsachen im Sinne des § 15 WpHG sein zu können. Das Tatbestandsmerkmal der Tatsache macht jedoch in diesem Zusammenhang, wie bei jeder Information der Ad-hoc-Publizität, nur deutlich, dass die Informationen nicht aus dem subjektiven Nichts heraus entstehen dürfen. Sie müssen sich schließlich auf historische Daten zurückführen lassen, was sie letztlich in der Praxis auch tun. In Bezug auf die Subjektivität der Intellectual Capital-Informationen darf die Sachlage bei der Ad-hoc-Publizität nicht mit der Sachlage bei den einzelnen Verfahren zur Fruchtbarmachung von Intellectual Capital-Informationen im Rahmen der Unternehmenssteuerung oder der Unternehmensbewertung verwechselt werden. Die Ad-hoc-Publizität stellt lediglich die Rohinformationen über das Intellectual Capital bereit. Wie die Informationen weiter genutzt werden bzw. welche Probleme bei der weiteren Nutzung entstehen, ist keine Frage der Ad-hoc-Publizität. Hinsichtlich der Subjektivität wird die Sachlage zumindest in Bezug auf die Nützlichkeit der Informationen entschärft, wenn man sich am Prinzip des management approach bei der Veröffentlichung der Informationen orientiert. Schließlich werden dadurch solche Daten über das Intellectual Capital veröffentlicht, die auch dem Management zur Entscheidungsfindung und -begründung dienen.
Weiterhin stellt sich bei der Berichterstattung über das Intellectual Capital das Problem der Quantifizierung und Qualifizierung der Werttreiber. Einen ersten Anhaltspunkt für den Gesamtwert des Intellectual Capital bietet die Differenz zwischen dem Marktwert, der sich entweder über den Aktienmarkt oder auch über den Markt für Unternehmensakquisitionen ermitteln lässt, und dem zu Zeitwerten bewerteten Nettovermögen des Unternehmens.[499] Dabei ist jedoch zu beachten, dass der Begriff Goodwill, der sich alleinig auf ein solches Erwerbskonzept stützt, nicht mit dem Intellectual Capital gleichzusetzen ist.[500]

[499] Hinsichtlich des Unterschieds Goodwill und Intellectual Capital ist die Formulierung Haller, Axel / Dietrich, Ralph (2001), S. 1045, etwas unglücklich. In der Zusammenfassung verwenden sie jedoch selbst den Begriff „Indiz" (S. 1052).
[500] Zum Unterschied Goodwill – Intellectual Capital siehe: Arbeitskreis Immaterielle Werte der Schmalenbach-Gesellschaft (2001), S. 991.

Zu dem Problem der Qualifizierung und Quantifizierung der Werttreiber des Intellectual Capital als Hindernis einer Ad-hoc-Publizität-Berichterstattung ist Folgendes festzustellen: Eine objektivierte Bewertung und Zuordnung von Intellectual Capital in der Weise, dass durch Hinzuaddierung der immateriellen Werttreiber zum materiellen und finanziellen Vermögen die objektive Differenz zwischen dem Marktwert und dem Wert des zu Zeitwerten angesetzten Nettovermögens des Unternehmens geschlossen würde, scheitert letztlich an der Natur der immateriellen Werttreiber. Dass jedoch die Bewertung von immateriellen Vermögensgegenständen des Intellectual Capital gänzlich unmöglich sei und deshalb eine Berichterstattung in der Ad-hoc-Publizität ausbleiben müsse, ist abzulehnen. Ähnlich der Lage bei Bildung von Rückstellungen, wo auch der Faktor Unsicherheit und Subjektivität der Umweltwahrnehmung eine Rolle spielt, ist es dem Unternehmen möglich objektivierte Schätzungen über das Intellectual Capital abzugeben.[501] Von der Unternehmung wird nur eine Quantifizierung und Qualifizierung verlangt, soweit sie möglich ist. Verlangt werden also nicht wie auch immer geartete Punktangaben über das Intellectual Capital. Um nützliche, also entscheidungsrelevante Informationen für den Kapitalmarkt zu generieren und letztlich dem Anlegerschutz zu dienen, ist es ausreichend, wenn nur die Determinanten der Einzelbestandteile des Intellectual Capital und seine Veränderungen im Zeitablauf aufgezeigt werden.
Ähnlich wie im Bereich der Pro-Forma-Kennzahlen-Veröffentlichung wäre es jedoch auch auf dem Gebiet der Intellectual Capital-Berichterstattung angeraten, dass die BAFin durch den ASR einen Standard zur Veröffentlichung über das Intellectual Capital entwickeln lässt. Dadurch wäre vor allem der Grundsatz der Vergleichbarkeit und Nachvollziehbarkeit im Bereich der Intellectual Capital-Berichterstattung durch die Ad-hoc-Publizität gewährleistet. Ein solcher Standard müsste festlegen, in welcher Form und Struktur, über welche Sachverhalte, Parameter, Daten und Größen, die dem Intellectual Capital zuzuordnen sind, berichtet werden muss. Dabei sollten die GoAhP eine Einzelfallausgestaltung, z. B. in der Normierung einer Darstellungsstetigkeit, erhalten.

Im Ergebnis kann damit festgehalten werden, dass Informationen über das Intellectual Capital Gegenstand von Ad-hoc-Mitteilungen sein können. Liegen die übrigen Tatbestandsmerkmale des § 15 WpHG, insbe-

---

[501] Maul, Karl-Heinz / Menninger, Jutta (2000), S. 531.

sondere die Kursrelevanz der Werttreiberinformation vor, so muss eine Veröffentlichung mittels Ad-hoc-Mitteilung erfolgen.

In Anbetracht der oben aufgezeigten Sachlage kann folgende Aussage über die generelle Funktion des Tatbestandsmerkmals „Auswirkungen der Tatsache auf die Vermögens- oder Finanzlage oder auf den allgemeinen Geschäftsverlauf" des § 15 WpHG getroffen werden: Das Tatbestandsmerkmal weist nur eine eingeschränkte Bedeutung in Verbindung mit den Tatbestandsmerkmalen „Eignung zur Kursbeeinflussung" und „Tätigkeitsbereich des Emittenten" auf. Im Zusammenspiel mit den anderen beiden Tatbestandsmerkmalen - wobei das der „Kursrelevanz" als funktionstragendes Element der Ad-hoc-Publizität hervorragt - weist das Tatbestandsmerkmal lediglich darauf hin, dass die Information in der Ad-hoc-Mitteilung einen wirtschaftlichen Bezug zum Unternehmen aufweisen muss.
Wie die Untersuchung weiterhin gezeigt hat, unterliegt die Ad-hoc-Publizität nicht einer funktionellen Beschränkung durch andere Teile des Unternehmenspublizitätssystems. Die Ad-hoc-Publizität dient damit ausschließlich der Information des Kapitalmarkts und nimmt somit originär den Anlegerschutz wahr. Im informationellen Bereich der Stillen Reserven erfolgt auch keine Art teleologische Reduktion bzw. eine generelle Befreiung des Emittenten von der Ad-hoc-Publizität. Informationen über Stille Reserven, die die sonstigen Merkmale der Ad-hoc-Publizität aufweisen, sind zwingend Gegenstand von Ad-hoc-Mitteilungen. Das Gleiche gilt auch für Informationen über das Intellectual Capital, wobei hier die Problematik vor allem in seiner Qualifizierung und Quantifizierung zu sehen ist. Sind diese jedoch möglich, so sind Informationen über das Intellectual Capital Pflichtinhalt der Ad-hoc-Publizität.
Die Einbeziehung sowohl der Stillen Reserven als auch des Intellectual Capital macht deutlich, dass es sich bei der Ad-hoc-Publizität um ein Informationsinstrument des sog. Value Reporting handelt.[502] Damit steht die Ad-hoc-Publizität auch dem sog. Business Reporting-Ansatz näher als dem traditionellen Berichtsansatz des HGB.[503]

---

[502] Kötzle, Alfred / Niggermann, Marcus (2001), S. 633 ff.; Gössi, Marc / Simon-Kettenhof, Kai (2001), S. 679 ff.
[503] Zum Business Reporting: Böcking, Hans-Joachim (1998), S. 17 ff.

V. Tatbestandsmerkmal „Neuheit der Tatsache"

Der Tatbestand des § 15 WpHG verlangt, dass die Tatsache neu sein muss. Von Teilen der Literatur wird diesem Tatbestandsmerkmal keine eigenständige Bedeutung zugemessen, da nur festgestellt werden sollte, dass jede Tatsache unverzüglich nach ihrer Entstehung zu veröffentlichen ist.[504]

Diese Ansicht kann jedoch in Ausnahmefällen zu einer unerwünschten Einschränkung der Ad-hoc-Publizität führen. Werden nämlich „neue" Tatsachen nach ihrer Entstehung nicht unverzüglich veröffentlicht, da der Emittent zum Eintrittszeitpunkt keine Kenntnis von der Entstehung hatte, so werden durch Zeitablauf aus „neuen" Tatsachen „alte" Tatsachen, die nach obiger Ansicht nicht mehr zu veröffentlichen wären. Dieser Schutzlücke kann man entgehen, indem man das Tatbestandsmerkmal „neu" mit dem Tatbestandsmerkmal „nicht öffentlich bekannt" gleichsetzt.[505] Nur so wird ein umfassender Funktionsschutz durch die Ad-hoc-Publizität gewährleistet.

VI. Tatbestandsmerkmal „Eintritt der Tatsache"

Der Tatbestand des § 15 WpHG fordert, dass die Tatsache eingetreten ist. Nach h. M. weist dieses Tatbestandsmerkmal zu Recht keine eigenständige Bedeutung auf. Es übernimmt keine Funktion im Tatbestand des § 15 WpHG.[506] Vor allem verbietet sich jeder Ansatz, das Tatbestandsmerkmal mit dem Realisationsprinzip des HGB in § 252 Abs. 1 Nr. 4 in Verbindung zu bringen. Bei dem Realisationsprinzip handelt es sich um ein Gläubigerschutzinstrument, das mit dem Grundsatz ordnungsgemäßer Ad-hoc-Publizität nach true and fair view und damit mit der fundamentalen Zielrichtung der Ad-hoc-Publizität unvereinbar ist.[507]

---

[504] Caspari, Karl-Burkhard (1995), S. 72; Klitzing, Joachim (1999), S. 89 f.

[505] Burgard, Ulrich (1998), S. 58; Gehrt, John A. (1997), S. 131 ff.; Klitzing, Joachim (1999), S. 89 f.

[506] Gehrt, John A. (1997), S. 130 ff.; Kümpel, Siegfried (1999), § 15 Rn 44; Klitzing, Joachim (1999), S. 82 ff.; Aerssen, Rick van (2000), S. 396 f.; a. A. Burgard, Ulrich (1998), S. 71 ff.; Sladeczek, Uta (2000), S. 456 u. 458.

[507] Siehe zu diesem Problem: Ekkenga, Jens (1999), S. 177.

VII. Tatbestandsmerkmal „Öffentliche Bekanntheit der Tatsache"

Der Tatbestand des § 15 WpHG setzt voraus, dass die Tatsache nicht öffentlich bekannt ist. Nach dem Gesetzentwurf des 2. FMFG ist eine Tatsache „öffentlich bekannt", wenn es einer unbestimmten Anzahl von Personen möglich ist, von ihr Kenntnis zu nehmen.[508] Als öffentlich bekannt muss nach der Systematik des § 15 WpHG eine Tatsache jedoch schon dann gelten, wenn sie der im Veröffentlichungsverfahren des § 15 WpHG vorgesehenen sog. Bereichsöffentlichkeit bekannt ist. Auf den Begriff dieser Bereichsöffentlichkeit wird im Rahmen des Veröffentlichungsverfahrens einzugehen sein.[509] Angemerkt sei, dass eine Gerichts- oder Hauptversammlungsöffentlichkeit dafür nicht ausreicht.[510] Dazu ist noch eine weitere Anmerkung vonnöten. Der Wortlaut des § 15 Abs. 1 WpHG heißt „...öffentlich bekannt ist.....". Man könnte daraus schließen, dass eine positive Kenntnisnahme der Bereichsöffentlichkeit erforderlich ist. Der Gesetzeswortlaut führt jedoch in die Irre. Der Gesetzgeber geht davon aus, dass die Möglichkeit zur Kenntnisnahme ausreicht. Diese Einschränkung des Publizitätsprozesses erscheint auch angemessen. Es darf nämlich nicht vergessen werden, dass es sich bei dem Kapitalmarkt um einen Parallelmarkt zum Informationsmarkt handelt. Den Kapitalmarktteilnehmern als Informationsspezialisten kommt das Veröffentlichungsverfahren des § 15 WpHG schon in der Weise entgegen, dass es eine, wenn auch beschränkte, aktive Veröffentlichung vorschreibt. Darüber hinaus vom Emittenten zu verlangen, dass er die tatsächliche Kenntnisnahme auf dem Kapitalmarkt herstellt und sich davon überzeugt, erscheint aufgrund der fehlenden Schutzbedürftigkeit der Kapitalmarktteilnehmer als unangemessen.

---

[508] BT-Drucks. 12/6679, S. 48, in Verweis auf S. 46.

[509] Siehe Seite 176 ff.

[510] Kümpel, Siegfried (1999), § 15 Rn. 42; Fürhoff, Jens / Wölk, Armin (1997), S. 451 u. 456 f.

VIII. Tatbestandsmerkmal „Eignung zur wesentlichen Beeinflussung des Börsenpreises"

Bei dem Tatbestandsmerkmal „Eignung zur wesentlichen Beeinflussung des Börsenpreises" handelt es sich um eines der schwierigsten und umstrittensten Tatbestandsmerkmale des § 15 WpHG.[511] [512]
Dieses Tatbestandsmerkmal wurde vom Gesetzgeber eingefügt, um Bagatelltatsachen von der Veröffentlichungspflicht auszunehmen. Ein erster Ansatzpunkt zur Klärung des Tatbestandsmerkmals könnte dabei ein Katalog der BAFin sein. Der Leitfaden der BAFin enthält bereits einen Katalog von Beispielen, die als Tatsachen eingestuft werden, die die Fähigkeit zur Kursbeeinflussung potenziell aufweisen. Die Aufzählung reicht dabei von der Veräußerung satzungsmäßiger Kernbereiche bis hin zu Veränderungen in Schlüsselpositionen des Unternehmens. Die empirische Kapitalmarktforschung bestätigt diesen Katalog zum Teil.
Danach werden folgende Ereignisse als potenziell kursbeeinflussend eingestuft:[513]

- Bekanntgabe des Jahresergebnisses,
- Bekanntgabe des Zwischenergebnisses,
- Dividendenankündigung,
- Beteiligungsverkäufe,
- Fusionen.

Sowohl die Aufzählung der BAFin als auch der Katalog der empirischen Kapitalmarktforschung stellen nach eigenen Angaben keine abschließende Aufzählung dar und befreien damit nicht von der Notwendigkeit, das Tatbestandsmerkmal dogmatisch zu durchdringen.
Unstrittig ist, dass die Tatsache nur die Fähigkeit zur Kursbeeinflussung haben muss, eine tatsächliche Kursbeeinflussung ist nicht erforderlich.[514]

---

[511] Das Tatbestandsmerkmal betreffend die Schuldverschreibungen wird aufgrund seiner fehlenden praktischen Relevanz nicht untersucht.

[512] Ausführlich zum Thema: Novak, Eric (2001), S. 449 ff.; Vaupel, Christoph F. (1999), S. 521 ff.; Lösch, Marco (1998), S. 1849 ff.; Loistl, Otto (1995), S. 232 ff.

[513] Nowak, Eric (2001), S. 465, m. w. N.

[514] BAWe (1998), S. 37.

Unstrittig ist auch, dass die Beurteilung der Eignung eine Ex-ante-Einschätzung erfordert.[515] Diese Einschätzung erfährt jedoch in gewissem Umfang eine Relativierung. So wird späteren erheblichen Kursveränderungen teilweise bei der Beurteilung eine Indizwirkung zugesprochen oder werden zumindest die tatsächlichen Kursveränderungen als Anhaltspunkte der Ex-ante-Beurteilung gesehen.[516]
Wie jedoch die Beurteilung in die Praxis umgesetzt werden soll, ist weiter umstritten und das Problem ist von einer rechtssicheren Eingrenzung noch weit entfernt. Eine extensive Auslegungsmeinung negiert gänzlich das Kriterium der Kursbeeinflussung.[517] Nur so könne eine rechtssichere Eingrenzung des Tatbestandes erfolgen. Ansonsten verbliebe dem Emittenten ein nicht zu rechtfertigender Ermessensspielraum. Diese Ansicht ist aus mehreren Gründen abzulehnen. Zum einen ignoriert sie die Bestrebung des Gesetzgebers, Bagatellfälle auszugrenzen. Dieser Wunsch des Gesetzgebers wird auch von der Kapitalmarktwissenschaft bzw. der Informationswissenschaft getragen, die schon früh die negativen Auswirkungen einer Informationsüberflutung beschrieb.
Zum anderen weitet diese Meinung die Haftung des Emittenten unverhältnismäßig aus, was vor allem vor dem Hintergrund der neuen Schadensersatzhaftung der §§ 37b und 37c WpHG und der möglichen strafrechtlichen Konsequenzen im Rahmen des § 20a WpHG abzulehnen ist. Ein anderes Verfahren zur Herstellung der Rechtssicherheit auf diesem Themengebiet schlug schon im Jahr des Inkrafttretens der Ad-hoc-Publizität TIPPACH vor. Er forderte die Bestimmung dieses Tatbestandsmerkmals durch das BAWe bzw. die heutige BAFin mittels einer Verordnung. Wie schon eingangs bei der Tatbestandsevaluation festgestellt, sprechen jedoch dogmatische Gründe gegen einen Beispielkatalog. Darüber hinaus haben die Ansätze der BAFin in ihrem Leitfaden und der Katalog der empirischen Kapitalmarktforschung gezeigt, dass die in Frage kommenden Institutionen zur Entwicklung eines systemischen und den Anspruch der Vollständigkeit wenigstens ansatzweise befriedigenden Katalogs von Beispielen nicht in der Lage sind. Die Gesetzesbegründung macht zur Lösung des Problems den Vorschlag, sich an Erheblichkeitsgrenzen der zu erwartenden Kursschwankungen zu orientie-

515 Claussen, Carsten P. (1994), S. 30; Caspari, Karl-Burkhard (1994), S. 534.

516 Geibel, Stefan (1999), § 15 WpHG Rz. 93; Assmann, Heinz-Dieter (1994a), S. 514 f.; ders. (1994), S. 244.

517 Pellens, Bernhard / Fülbier, Rolf Uwe (1995), S. 46; wohl auch Ekkenga, Jens (1999), S. 171 ff.

ren.[518] Vorgeschlagen werden als Erheblichkeitsgrenzen die Angaben in § 8 der Bedingungen für Geschäfte an den Deutschen Wertpapierbörsen. Danach muss bei folgenden Kursabweichungen eine Plus-/Minus-Ankündigung erfolgen: Bei Aktien wurde eine Grenze von 5 %, bei festverzinslichen Wertpapieren von 1,5 % und bei Optionsscheinen von 10 % festgelegt.[519] Auf diese Weise fänden auch die Volatilitäten der unterschiedlichen Wertpapiergattungen bei der Entscheidung Berücksichtigung. Dieser Vorschlag scheitert jedoch an der Tatsache, dass es dem Emittenten praktisch nicht möglich sein wird, eine adäquate Vorhersage der Grenzwertüberschreitung abzugeben, und dass die Volatilitätsgrenzen zu starr sind. So wurde beispielsweise schon die Erkenntnis der Kapitalmarktforschung erwähnt, dass Werte mit mittlerer Marktkapitalisierung stärker auf Ad-hoc-Mitteilungen reagieren als Werte mit hoher Marktkapitalisierung. Eine jeweils für das konkrete Unternehmen bestimmte Volatilitätsbandbreite würde zwar Abhilfe schaffen, ist jedoch in der Praxis nicht durchführbar.[520] Die BAFin wäre mit dieser Aufgabe überfordert.

Die wohl herrschende Meinung geht davon aus, dass die Auslegung des Tatbestandsmerkmals funktionsbezogen erfolgen muss und die Prognose in einem dem US-amerikanischen Konzept der Probability Magnitude-Formel ähnlichen Verfahren zu erfolgen hat. Danach hat ein Emittent zu fragen, ob im Fall der Veröffentlichung der Tatsache ein rationaler Anleger sich dazu entschließen würde, die Aktien zu kaufen oder zu verkaufen.[521] Eine nähere Eingrenzung des Tatbestandsmerkmals bleibt jedoch abzuwarten, wobei gerade neuere Forschungsprojekte auf eine Eingrenzung hoffen lassen.[522]

---

518 BT-Drucks. 12/6679, S. 47; Caspari, Karl-Burkhart (1994), S. 541; Klitzing, Joachim (1999), S. 149.

519 Caspari, Karl-Burkhart (1995), S. 73.

520 Loesche, Marco (1998), S. 1852; Loesche, Marco / Eichner, Gerrit / Stute, Winfried (1999), S. 308.

521 Wölk, Armin (1997), S. 79; Fürhoff, Jens (2000), S. 189 f.; Süßmann, Rainer (1997), S. 64; Kümpel, Siegfried (1997), S. 71; Burgard, Ulrich (1998), S. 69.

522 Nowak, Eric (2001), S. 449; Röder, Klaus (2000), S. 567 ff.

IX. Veröffentlichungsverfahren einer Ad-hoc-Mitteilung

Im Gegensatz zu § 44a BörsG a. F. gibt § 15 WpHG ein detailliertes Prozedere der Bekanntgabe von Ad-hoc-Mitteilungen vor. Zunächst ist die Ad-hoc-Mitteilung den Geschäftsführungen der Börsen, an denen die von der Tatsache betroffenen Wertpapiere zum Handel zugelassen sind, sowie der BAFin mitzuteilen (§ 15 Abs. 2 S. 1 WpHG). Grund für die Vorabinformation der Börsen ist, diesen die Möglichkeit einer Kursaussetzung zu geben. Für den Amtlichen Handel und den Geregelten Markt ist dieses Instrument in § 43 Abs. 1 Nr. 1 BörsG und § 75 Abs. 3 BörsG geregelt. Durch die Vorabinformation der BAFin soll erreicht werden, dass die Bundesanstalt ihrer Pflicht zur Überwachung der Ad-hoc-Publizität nachkommen kann.[523] Nach der Vorabinformation erfolgt die Veröffentlichung in mindestens einem überregionalen Börsenberichtsblatt oder über ein elektronisch betriebenes Informationsverarbeitungssystem, das bei den professionellen Marktteilnehmern weithin gebräuchlich ist. Laut Statistik der BAFin werden 98 % der Veröffentlichungen elektronisch vorgenommen.[524] Der Begriff des „überregionalen Börsenberichtsblattes" ist in § 37 Abs. 4 S. 1 HS. 1 BörsG definiert. Darunter fallen aktuell unter anderen die FAZ, das Handelsblatt und die Börsenzeitung. Als führendes elektronisch betriebenes Informationsverarbeitungssystem ist das der DGAP - Deutsche Gesellschaft für Ad-hoc-Publizität mbH - zu nennen, die 1996 aus dem Zusammenschluss verschiedener Informationsdienste hervorgegangen ist.[525] Zum Veröffentlichungsverfahren einer Ad-hoc-Mitteilung geben die Schaubilder auf der folgenden Seite eine Übersicht.[526]

Hinzuweisen ist darauf, dass eine bloße Veröffentlichung der Ad-hoc-Mitteilung auf der Internetseite des Emittenten nicht ausreicht, da insoweit keine aktive Verbreitung, sondern lediglich eine passive Zurverfügungstellung erfolgt. Die Veröffentlichung kann gleichzeitig in deutscher und englischer Sprache erfolgen (§ 15 Abs. 3 S. 1 WpHG).

523 BT-Drucks. 12/6679, S. 49; BT-Drucks. 12/7918, S. 101.

524 BAWe, Statistik 2001, www.bawe.de.

525 www.dgap.de.

526 Schaubild E und F: Veröffentlichungsverfahren einer Ad-hoc-Mitteilung, S. 177.

Schaubild E: Veröffentlichung einer A-h-M mittels Internet

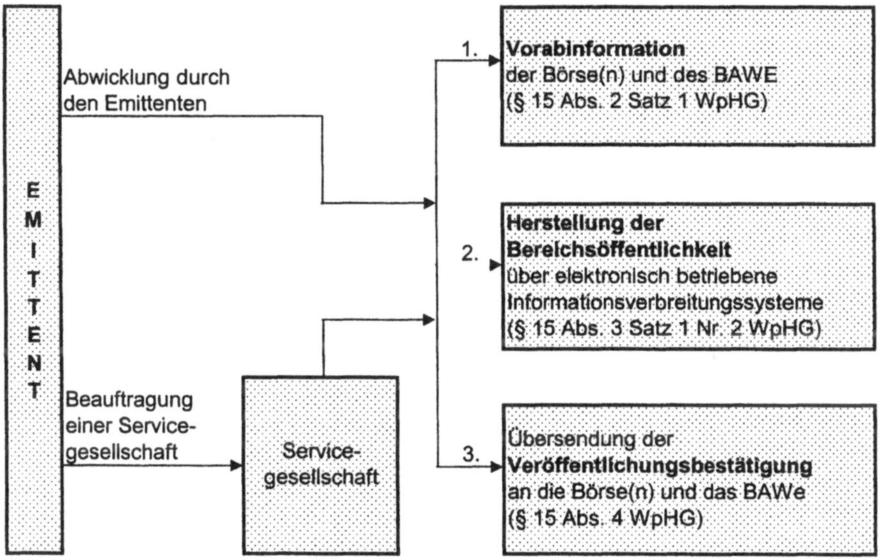

Schaubild F: Veröffentlichung einer A-h-M mittels Börsenpflichtblatt

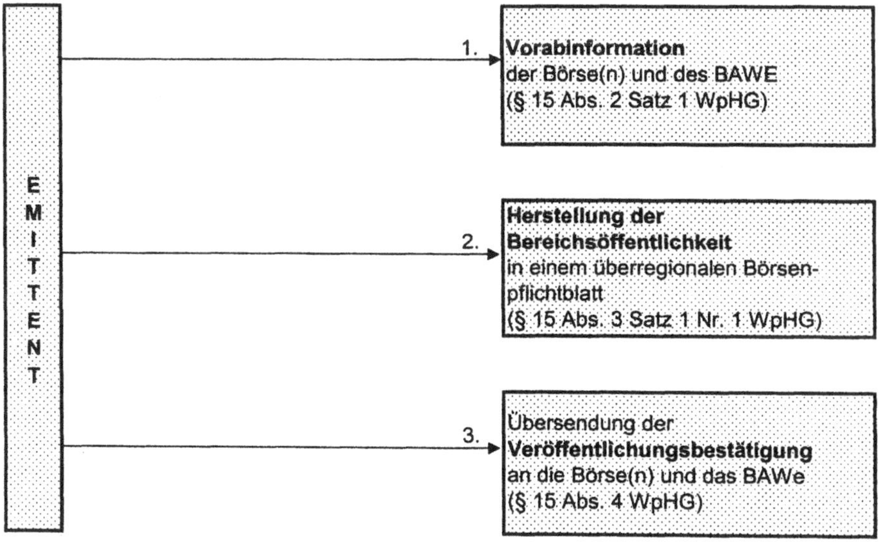

Ziel der Veröffentlichung nach § 15 Abs. 3 WpHG ist die Herstellung der sog. Bereichsöffentlichkeit. Darunter ist keineswegs die Gesamtheit aller Marktteilnehmer, sondern nur die der professionellen Marktteilnehmer zu verstehen.[527] Die erfolgte Herstellung der Bereichsöffentlichkeit muss der BAFin und den Geschäftsführungen der betroffenen Börsen durch Übersendung einer Veröffentlichungsbestätigung nachgewiesen werden (§ 15 Abs. 4 WpHG). Das Publizitätsverfahren des § 15 WpHG enthält damit insgesamt zwei Erleichterungen für die Veröffentlichung. Zum einen, dass die Marktteilnehmer nur die Möglichkeit der Kenntnisnahme haben müssen. Damit ist nicht erforderlich, dass tatsächlich eine Kenntnisnahme erreicht wird. Dieser Erleichterung des Publizitätsverfahrens ist zuzustimmen. Wie schon untersucht, darf nicht vergessen werden, dass es sich bei dem Kapitalmarkt um einen Parallelmarkt zum Informationsmarkt handelt. Den Kapitalmarktteilnehmern als Informationsspezialisten kommt das Veröffentlichungsverfahren des § 15 WpHG schon in der Weise entgegen, dass es eine, wenn auch beschränkte, aktive Veröffentlichung vorschreibt. Darüber hinaus vom Emittenten zu verlangen, dass er die tatsächliche Kenntnisnahme des Kapitalmarkts herstellt und sich davon überzeugt, erscheint aufgrund der fehlenden Schutzbedürftigkeit der Kapitalmarktteilnehmer als unangemessen. Die zweite Erleichterung des Veröffentlichungsverfahrens betrifft den notwendigen Adressatenkreis der Veröffentlichung. Es ist damit nur die sog. Bereichsöffentlichkeit in Form der professionellen Marktteilnehmer zu informieren. In diesem Zusammenhang müssen Fehlverständnisse dieser Regelung ausgeräumt werden.

Adressat der Ad-hoc-Publizität ist jeder tatsächliche und potenzielle Anleger. Der Adressatenkreis beschränkt sich dabei nicht auf die professionellen Anleger.[528] Eine anders lautende Ansicht, die die Adressatenschaft der Ad-hoc-Publizität auf die Bereichsöffentlichkeit beschränkt, geht fehl.[529] Sie differenziert nicht zwischen dem Adressaten des aktiven Veröffentlichungsweges des § 15 WpHG einerseits und dem materiellen und auf passivem Weg zu erreichenden Adressatenkreis andererseits. Der Gesetzgeber hat im Rahmen des § 15 WpHG lediglich eine Erleichterung für das vom Emittenten zu gewährleistende aktive Informations-

527 BT-Drucks. 12/6679, S. 46.

528 LG Augsburg (2001), S. 1881 f.; wohl verkennend: Bacher, Urban / Dörner, Stefanie (2002), S. 58.

529 LG München I (2001), S. 103.

system vorgesehen.[530] Der Emittent hat nur zu gewährleisten, dass die Bereichsöffentlichkeit, unter der die Gruppe der professionellen Marktteilnehmer zu verstehen ist, mit der Ad-hoc-Publizität versorgt wird. Diese Erleichterung des aktiven Veröffentlichungsweges verändert jedoch nichts am Adressatenkreis der Ad-hoc-Publizität. Er umfasst die gesamte Anlegerschaft, d. h. auch die nichtprofessionelle. Auf andere Art wäre der von § 15 WpHG gewollte Funktionsschutz nicht gewährleistet. Das Konstrukt der Bereichsöffentlichkeit entbindet damit den Emittenten nur von seiner Offenlegungspflicht, aber nicht von seiner Pflicht, das Anlegerpublikum adäquat zu unterrichten. Es muss streng unterschieden werden, wer formell und wer materiell Adressat der Ad-hoc-Publizität ist. Für eine gewollte Ungleichbehandlung der Anleger und die Verminderung des Funktionsschutzes durch das Konstrukt der Bereichsöffentlichkeit liegen keine Anhaltspunkte vor. Diese Argumentation leitet auf ein weiteres Fehlverständnis, das auf dem vorherigen Sachverhalt aufbaut. Der Gesetzgeber verfolgt mit dem Begriff der Bereichsöffentlichkeit auch nicht die Ungleichbehandlung der einzelnen Anlegergruppen bzw. die Bevorzugung einer Anlegergruppe. Aufgrund der Einschränkung des Veröffentlichungsverfahrens soll nicht eine zeitliche Reihenfolge der Information der einzelnen Bezugsgruppen in der Weise festgelegt werden, dass die professionellen Teilnehmer vor den semi-professionellen informiert werden sollen. Dies machen nämlich die vorgeschriebenen Veröffentlichungsmedien im § 15 Abs. 3 WpHG deutlich. So beschränkt der § 15 Abs. 3 WpHG das körperliche Veröffentlichungsverfahren auf ein überregionales Börsenberichtsblatt. Was erreicht jedoch diese Regelung? Sie erreicht nicht eine Bevorzugung der professionellen Marktteilnehmer beim Informationszugang. Zu beachten ist nämlich, dass es sich bei den vorgeschriebenen Veröffentlichungswegen – dies gilt auch für die elektronische Veröffentlichung – nicht um exklusive Nachrichtenkanäle der professionellen Marktteilnehmer handelt; auch ist der Privatanleger nicht gezwungen, auf zusätzliche Informationsintermediäre zurückzugreifen.[531] Jedem semi-professionellen Anleger, somit auch dem Privatanleger, steht es offen, sich über diese Kanäle zu informieren. § 15 Abs. 3 WpHG nimmt damit nicht eine Privilegierung der professionellen Anlegerschaft vor, sondern verteilt letztendlich die Kosten der Of-

---

530 Die Frage der Gemeinschaftswidrigkeit dieser Erleichterung wirft Wilga, Norbert in Möllers, Thomas / Rotter, Klaus (2003), S. 223, auf.

531 Dies wohl verkennend: Fülbier, Rolf Uwe (1998), S. 258 f.

fenlegung der Ad-hoc-Mitteilungen angemessen zwischen den beteiligten Parteien.

X. Befreiungsmöglichkeit nach § 15 Abs. 1 S. 2 WpHG

§ 15 WpHG enthält in seinem Absatz 1 Satz 2 eine Befreiungsmöglichkeit von der Pflicht zur Ad-hoc-Mitteilung.[532] Die BAFin kann danach auf Antrag des Emittenten eine Befreiung aussprechen, wenn die Veröffentlichung der Ad-hoc-Mitteilung den berechtigten Interessen des Emittenten schadet. Die Befreiung von der Pflicht zur Ad-hoc-Publizität durch die BAFin stellt dabei einen Verwaltungsakt dar.[533] Der Befreiungsantrag muss implizit genauso schnell gestellt werden, wie es die Veröffentlichung des zugrunde liegenden Sachverhalts als Ad-hoc-Mitteilung geböte. Grund für die Einführung einer Befreiungsvorschrift ist die Mehrdimensionalität des Instruments der Publizität. Es versorgt nicht nur den Kapitalmarkt mit Informationen, sondern auch die Teilnehmer auf allen anderen Märkten. Dies sind jedoch auch die Märkte, auf denen der Emittent in seinem operativen Geschäft als Wettbewerber auftritt. Durch die Ad-hoc-Publizität kann es so zu einem nicht unerheblichen Wettbewerbsnachteil kommen.[534] Darüber hinaus haben die hier vorgenommenen, meist extensiven Auslegungen des Anwendungsbereichs der Ad-hoc-Publizität im Tatbestand des § 15 WpHG als unerlässliche Voraussetzung, dass eine adäquate Möglichkeit zur Befreiung von der Ad-hoc-Publizität besteht. Dieses Ergebnis wird auch nicht von der geringen Anzahl von gestellten Befreiungsanträgen konterkariert.[535] Die geringe Anzahl der Befreiungsanträge weist eher darauf hin, dass nicht nur der Tatbestand des § 15 WpHG, sondern auch der Befreiungstatbestand den Emittenten ein Buch mit sieben Siegeln geblieben ist.[536] Bezüglich der Voraussetzung der Befreiung und ihrer Überprüfbarkeit haben sich eine Reihe von Meinungsverschiedenheiten entwickelt. Dabei stellt sich zu-

---

532 Ausführlich dazu: Schneider, Sven (2001), S. 1214 ff.

533 Widerspruch gegen eine Ablehnung des Antrages hat gem. § 80 Abs. 1 VwGO auf Grund der begünstigenden Natur des VA keine aufschiebende Wirkung.

534 Zum Themenkomplex Geheimnisschutz: Meincke, Eberhard (1998), S. 749 ff.

535 Im Jahr 2001 waren insgesamt 36 gestellte Befreiungsanträge zu verzeichnen. Statistik des BAWe 2001 unter www.bafin.de

536 Schneider, Sven H. (2001), S. 1215, geht darüber hinaus davon aus, dass die Emittenten bisher lieber einen Verstoß gegen die Ad-hoc-Publizität in Kauf nahmen.

erst die Frage, wie die „berechtigten Interessen" der Emittenten zu ermitteln sind und ob der BAFin bei dieser Feststellung ein Ermessensspielraum zusteht. Zur Ermittlung berechtigter Interessen wird regelmäßig der § 131 Abs. 3 Nr. 1 AktG herangezogen.[537] Danach muss die Veröffentlichung geeignet sein, der Gesellschaft oder einem Verbundenen Unternehmen einen nicht unerheblichen Nachteil zuzufügen. Es gibt zwar noch keine ausreichenden Erfahrungswerte über die Handhabung des Befreiungstatbestands, jedoch machte die BAFin schon deutlich, dass die Grenzen für eine Befreiung höher sind als in § 131 Abs. 3 Nr. 1 AktG. Sie führt nämlich als Beispiel für einen Befreiungstatbestand eine existenzbedrohende Situation an, wohingegen für § 131 Abs. 3 Nr. 1 HGB anerkannt ist, dass jeder nicht unerhebliche Nachteil ausreicht.

Streitig ist, ob bei dieser Feststellung der BAFin ein Ermessensspielraum zusteht. Dieser Ermessenspielraum wird von der h. M. in Verweis auf die Rechtsprechung des BVerwG und des BVerfG abgelehnt. Diese Gerichte fordern nämlich strenge Voraussetzungen für die Bejahung eines Beurteilungsspielraums, die in der Regelung des § 15 WpHG offensichtlich nicht enthalten sind.[538] Aufbauend auf dieser Meinung ist es auch unstrittig, dass die Feststellung der „berechtigten Interessen" im vollen Umfang der Überprüfung durch die Gerichtsbarkeit unterliegt.

Nach den gewonnenen Erkenntnissen über den Ad-hoc-Publizität-Kreis muss auch im Befreiungsverfahren der Emittent in der Güterabwägung nicht als isoliertes Einzelunternehmen gesehen werden, sondern als wirtschaftliche Einheit eines Konzernverbundes. Weiterhin streitig ist, ob die berechtigten Interessen des Emittenten gegenüber denjenigen der Kapitalmarktteilnehmer abgewägt werden müssen. Die herrschende Meinung bejaht dies, da die Funktionsfähigkeit der Ad-hoc-Publizität dies gebiete.[539] Auch könne man das Unternehmensinteresse nicht völlig losgelöst von den Interessen der Anteilseigner sehen.[540]

In diesem Zusammenhang ist auch auf eine Aussage der BAFin einzugehen, dass eine Befreiung aufgrund ihres Ausnahmecharakters nur für

---

[537] Kümpel, Siegfried (1999), § 15 Rn 76 ff.; Schneider, Sven H. (2001), S. 1215.

[538] Fürhoff, Jens / Wölk, Armin (1997), S. 458; Cahn, Andreas (1998a), S. 273; Kümpel, Siegfried (1999), § 15 Rn 94 f.; a. A. Schneider, Sven H. (2001), S. 1217, der darauf hinweist, dass die von der BAFin im Regelfall ausgesprochenen Befristungen bei einer gebundenen Entscheidung rechtswidrig wären.

[539] Wittich, Georg (1997), S. 4; Fürhoff, Jens / Wölk, Armin (1997), S. 458; Gehrt, John A. (1997), S.166; Klitzing, Joachim (1999), S. 170.

[540] Weber, Martin (2001), S. 448.

wenige Tage in Betracht käme.[541] Die Aussage schürte die Bedenken gegen eine Inanspruchnahme der Befreiungsmöglichkeit. Der Aussage kann jedoch kein genereller Aussagewert zugemessen werden. Natürlich steigt mit der Länge des Befreiungszeitraums die Gefahr von Insidergeschäften; jedoch ist, wie untersucht, dieses Risiko nicht die einzige Komponente der Güterabwägung, die für eine Befreiung entscheidend ist. Die BAFin stellt auch an gleicher Stelle fest, dass die befürchteten Schäden für das Unternehmen nach Ablauf der Freistellungsfrist ausbleiben müssen.[542] Es ist nicht von einer Verschiebung des Schadenseintritts die Rede.

Für den Fall eines rechtsmissbräuchlich gestellten Befreiungsantrags ist de lege lata in Deutschland anerkannt, dass die Veröffentlichungspflicht nicht ruht und eine Sanktionierung wegen nicht rechtzeitiger Veröffentlichung möglich ist.[543] Damit muss der Emittent eingeschränkt schon selbst eine Einschätzung seines Antrages vornehmen. Zu berücksichtigen ist, dass der Begriff der Rechtsmissbräuchlichkeit vor dem Hintergrund des den Emittenten drohenden Schadensszenarios behutsam ausgelegt werden muss.

In der Praxis hat die Befreiungsvorschrift bisher keine Bedeutung erlangt. Laut Statistik der BAFin wurden im Jahr 2001 36 Befreiungsanträge gestellt.[544]

Im Zuge der Marktmissbrauchsrichtlinie forderten einzelne Stimmen in der Literatur, dass das Befreiungsverfahren, wie in der Marktmissbrauchsrichtlinie oder der Regelung im Company Manual der NYSE in Section 202.06 vorgesehen, durch eine eigenverantwortliche Selbstbefreiung ersetzt werden sollte.[545] Dies ist jedoch abzulehnen. Die Eigenverantwortlichkeit einer Selbstbefreiung beschwört erhöhten Missbrauch herauf. Darüber hinaus birgt die Selbstbefreiung auch ein erhöhtes Haftungspotenzial, demgegenüber die Befreiung durch die BAFin als Exkulpation dienen kann. Diese Vorteile bietet die eigenverantwortliche Selbstbefreiung auch nicht, wenn man sie nach FÜRHOFF mit einer nachträglichen Anzeigepflicht der vorgenommenen Selbstbefreiung koppelt.[546]

---

[541] BAWe (1998), S. 47.
[542] BAWe (1998), S. 46.
[543] Siehe nur: BT-Drucks. 12/6679, S. 49.
[544] BAWe (2001), Statistik 2001, www.bawe.de.
[545] Fürhoff, Jens (2003), S. 85.
[546] Fürhoff, Jens (2003), S. 85.

Die Befreiungslage bei der Ad-hoc-Publizität spielt auch ohne konkreten Befreiungsantrag innerhalb des Schadensersatzrechtes eine Rolle. Innerhalb des Schadensersatzes erfüllt eine Befreiungslage die Figur des Einwands des Rechtmäßigen Alternativverhaltens. Insoweit kann nicht nur der konkret gestellte Befreiungsantrag, sondern auch die bloße Möglichkeit zur Befreiung eine erhebliche Rolle im Schadensersatzrecht spielen.

I. Durchsetzung der GoAhP mit Hilfe des Sanktions- und Haftungsrechts

I. Rahmen und Grundlagen

Soll ein Konzept wie das hier entwickelte Konzept der GoAhP nicht nur auf dem Papier bestehen, sondern auch in der Praxis Bestand haben, so bedarf es einer Flankierung durch ein effizientes Sanktions- und Haftungsrecht.[547] Der Anlegerschutz bedingt unablässlich ein effizientes Enforcementsystem. Dies soll jedoch nicht der einzige Aspekt der hier folgenden Untersuchung sein. „Wie die Beratung von AG-Vorständen aufzeigt, sind die börsenstrafrechtlichen Risiken für Vorstandsmitglieder von börsennotierten AGs zumeist entweder gar nicht oder aber nicht hinreichend bekannt."[548] So zeigt eine aktuelle Studie zur Ad-hoc-Publizität, dass diese noch immer nicht durchgehend zur „Chef-Sache" geworden ist. So ist nur bei der Hälfte der untersuchten Unternehmen bei der Ad-hoc-Publizität ein Vorstand beteiligt.[549] Diese Aussage gibt Anlass zur Sorge. So stellt doch die Nichtbeachtung der rechtlichen Folgen ihres Handelns vor dem Hintergrund der empfindlichen pekuniären - 1,5 Mio. € Geldbuße im Rahmen des § 39 WpHG - und persönlichen - Freiheitsstrafe bis zu fünf Jahren gem. § 38 WpHG - Konsequenzen eine sträfliche Obliegenheitsverletzung dar. Darüber hinaus besteht die einhellige Meinung unter auf diesem Gebiet tätigen Staatsanwälten und Verteidigern, dass das bislang nur zurückhaltend angewendete Börsenstrafrecht in Zukunft erheblich an Bedeutung gewinnen wird. Ratschläge wie „in dubio Publizität" weisen auf die Hilflosigkeit von Vorständen, aber auch Beratern auf diesem Gebiet hin.[550] Die nun folgende Untersuchung soll auch die Transparenz der Rechtsfolgen-Vorschriften erhöhen und Möglichkeiten aufzeigen, eine Ad-hoc-Publizität-Strategie zu entwickeln, die einerseits die ökonomischen Anforderungen an eine Ad-hoc-Publizität erfüllt, andererseits aber nicht zu unkalkulierbaren Folgen im Bereich des Haftungsrechts für den Emittenten und die Beteiligten führt. Verstöße gegen die Ad-hoc-Publizität können ordnungswidrigkeitsrechtliche, straf-

---

[547] Siehe auch die 1. Regel für mehr Vertrauen und Fairness zwischen Aktionären und Managern von Küting, Karlheinz (2002), S. 173; zum Missbrauch der Ad-hoc-Publizität siehe: Dreyling, Georg (2001a), S. 365 ff.

[548] Park, Tido (2001), S. 2069; zu den Tendenzen der Managerhaftung siehe: Sieg, Oliver (2002), S. 1759 ff.

[549] Benchmark-Studie Ad-hoc-Publizität 2003, www.news-aktuell.de, S. 37.

[550] Vgl. Riedel, Claudia (2001), S. 451.

rechtliche, zivil- und börsenrechtliche Folgen haben.[551] Aus ökonomischer Sicht bedurfte es einer Flankierung der Ad-hoc-Publizität, da sich das ökonomisch sinnvolle Verhalten nicht freiwillig einstellt. Beispielhaft dafür sei die Wirksamkeit des § 44 a BörsG a. F. als Vorläufer der heutigen Ad-hoc-Publizität angeführt, eine Rechtsnorm, die nicht zuletzt wegen fehlender Sanktionsnormen als „totes Recht" bezeichnet wurde.[552] Gesetzliche Grundlagen für Rechtsfolgen bei Verstößen gegen die Ad-hoc-Publizität finden sich im BGB, StGB, BörsG, HGB, AktG, in den börsenrechtlichen Regelungswerken und nicht zuletzt im WpHG. Von besonderer Bedeutung bei der Anwendung der Sanktionsnormen ist dabei, dass diese unter den speziellen Vorgaben der diesen Rechtsbereich betreffenden EU-Richtlinien ausgelegt und beurteilt werden müssen. Dabei haben die EU-Richtlinien nicht nur Auswirkungen auf die Bewertung derjenigen Normen, die zur Umsetzung gerade dieser Normen erlassen wurden, sondern auf das gesamte, mit EU-Richtlinien im Zusammenhang stehende Normensystem. So kann es dazu kommen, dass der Gesetzgeber zur Umsetzung der EU-Richtlinie schon vorhandene Normen heranzieht, deren Wirkungsbereich er hinsichtlich der Umsetzung der Richtlinien bei der Auslegung bzw. Interpretation erweitert wissen will. Als wesentliche Richtlinien sind insofern die Börsenzulassungsrichtlinie (79/279/EWG), Börsenprospektrichtlinie (80/390/EWG) und die Wertpapierdienstleistungsrichtlinie (93/22/EWG) neben der Insiderrichtlinie (89/592/EWG) zu nennen. Von besonderem Interesse wird auch die Marktmissbrauchsrichtlinie (2003/6/EG) sein.[553] Die europarechtlichen Grundlagen der Ad-hoc-Publizität enthalten zwar keine konkreten Anordnungen oder Empfehlungen hinsichtlich der von den Mitgliedsstaaten zu wählenden Sanktionsform; jeder Mitgliedsstaat kann daher selbst entscheiden, ob er verwaltungsrechtliche, strafrechtliche oder zivilrechtliche Sanktionen verhängen will. Bei der Wahl der Sanktionsformen sind die Mitgliedstaaten jedoch nicht ganz frei. Der aus Art. 10 EGV abzuleitende europarechtliche Grundsatz der „praktischen Wirksamkeit" (effet utile) verlangt nicht nur den Erlass abschreckender nationaler Sanktionen, sondern er gebietet auch die Umsetzung einer Richtlinie dergestalt, dass sie den Einzelnen die Geltendmachung der ihnen in der Richtlinie zugedachten Rechte ermöglicht. Sollte eine Richtlinie also Schutzfunktionen für Einzelne begründen, so müssen die nationalen Vorschriften auch

[551] Für eine umfassende Übersicht vor allem für den Praktiker siehe: Möllers, Thomas / Rotter, Klaus (2003), Kapitel 4 und 5.
[552] Vgl. Happ, Wilhelm (1994), S. 241.
[553] Ilberg, Philipp v. / Neises, Michael (2002), S.635.

Rechtsfolgen beinhalten, die dem Schutzzweck zugunsten Einzelner entsprechen.[554] Die Einhaltung dieses europarechtlichen Grundsatzes wird an mehreren Stellen der Untersuchung eine Rolle spielen.
Durch das Inkrafttreten des 4. FMFG am 22. Juni 2002 wurden wesentliche Änderungen im Haftungs- und Sanktionssystem vorgenommen. Untersucht werden hier sowohl die alte als auch die neue Rechtslage.

II. Überwachung und Durchsetzung der Ad-hoc-Publizität durch die BAFin

Im Rahmen der Überwachung und Kontrolle der Ad-hoc-Publizität-Pflichten und der Sanktionierung von Verstößen – des sog. Enforcement - kommt auch die Bedeutung der Bundesanstalt für Finanzdienstleistungsaufsicht (BAFin) zum Tragen.[555] Diese im Mai 2002 gegründete Anstalt hat die Aufgaben der ehemaligen Bundesaufsichtsämter für das Kreditwesen (BAKred), das Versicherungswesen (BAV) und den Wertpapierhandel (BAWe) im Sinne einer Allfinanzaufsicht übernommen.[556] Damit wurde eine zentrale Aufsicht über den Finanz- und Kapitalmarkt geschaffen. Den branchenspezifischen Unterschieden wurde bei der Organisation der BAFin Rechnung getragen, indem für die Bankenaufsicht, die Versicherungsaufsicht und den Bereich Wertpapieraufsicht/Asset-Management getrennte Organisationseinheiten – sog. Säulen - gebildet wurden. Dabei unterfällt der Rechtsbereich der Ad-hoc-Publizität der Organisationseinheit Wertpapieraufsicht/Asset-Management, die im Wesentlichen die Aufgaben des ehemaligen Bundesamts für Wertpapierhandel übernimmt. Danach übt die BAFin gem. § 4 WpHG die allgemeine Marktaufsicht aus.

---

[554] Steindorff, Ernst (1994), S. 310 f.
[555] www.bafin.de.
[556] Finanzdienstleistungsaufsichtsgesetz (FinDAG), BGBl. I S. 1310; www.bafin.de/bafin.htm; allgemein zur Entwicklung des Kapitalmarktaufsichtsrechts im Jahr 2002: Fürhoff, Jens / Schuster, Gunnar (2003), S. 134 ff.

Diese umfasst:[557]

1. die Bekämpfung von Insidergeschäften (§ 16 WpHG),

2. die Überwachung und Durchsetzung der Ad-hoc-Publizität (§§ 15 Abs. 5, 40 WpHG),

3. die Überwachung der Meldepflichten beim Erwerb bedeutender Beteiligungen an börsennotierten Gesellschaften (§ 29 Abs. 1 WpHG),

4. die Zusammenarbeit mit den Wertpapieraufsichtsbehörden innerhalb und außerhalb der EU (§ 7 WpHG) sowie

5. die Überwachung der Einhaltung sonstiger Verhaltenspflichten nach WpHG.

Ihre besondere Bedeutung im Sanktionsbereich erhält die BAFin durch ihre Stellung als zuständige Verwaltungsbehörde im Rahmen des Ordnungswidrigkeitsrechts (§ 40 WpHG) und ihrer umfassenden Zusammenarbeit mit Aufsichtsbehörden im Inland. So zeigt die BAFin Verstöße gegen das Insiderhandelsverbot gem. §§ 18, 38 WpHG der zuständigen Staatsanwaltschaft an. Im Bereich der Kurs- und Marktpreismanipulation des § 20a WpHG wurde durch die Einführung eines Ordnungswidrigkeitstatbestandes eine weitere Zuständigkeit der BAFin durch § 40 WpHG geschaffen.
Zur Erfüllung ihrer Aufgaben stehen der BAFin Auskunfts- und Ermittlungsbefugnisse zu. So wird die BAFin gem. § 15 Abs. 2 S. 1 und Abs. 4 WpHG über die Ad-hoc-Publizität des Emittenten vorab informiert. Zur Aufdeckung von Verstößen kann sie gem. § 15 Abs. 5 S. 1 WpHG Auskünfte und die Vorlage von Unterlagen verlangen. Ein Zugangsrecht zu den Geschäftsräumen des Emittenten wird den Mitarbeitern der BAFin gem. § 15 Abs. 5 S. 2 WpHG gewährt.
Vorbild für die Machtbefugnisse des ehemaligen BAWe und der jetzigen BAFin sollten die Befugnisse der französischen COB und der US-amerikanischen SEC sein.[558] Und hier greifen die Kritik und die auf dieser Kritik aufbauenden Vorschläge zum Ausbau der BAFin ein. Keineswegs kann nämlich die BAFin ihrem US-amerikanischen Vorbild das

[557] Vlg. Dreyling, Georg (1999), § 4; Kümpel (2000a), S. 1294.
[558] BT-Drucks. 12/7918, S. 111.

Wasser reichen.[559] Dies fängt bei der sachlichen und personellen Ausstattung an und endet bei den umfangreichen Kompetenzen der SEC.[560] In der Überzeugung, dass nur eine effiziente Überwachung und Kontrolle durch die BAFin eine effiziente Ad-hoc-Publizität und damit einen wirksamen Anlegerschutz hervorrufen kann, werden neben der allgemeinen Forderung, die BAFin personell und sachlich mehr zu unterstützen, im Folgenden Vorschläge zur Veränderung der BAFin unterbreitet. Vorausgeschickt werden muss dabei, dass eine maßstabsgetreue Kopie der SEC schon aus verfassungsrechtlichen Gründen nicht möglich ist. Die SEC vereinigt in ihrer Institution alle drei Gewalten, was unter der Geltung des Grundgesetzes für die BAFin nicht möglich ist. Dabei erscheint die Aufgabe der SEC, sowohl Standardsetter als auch Kapitalmarktpolizei zu sein, noch unbedenklich; jedoch nimmt die SEC mit ihren Sondergerichten Aufgaben der Justiz war. Dies ist mit dem Gewaltentrennungsprinzip des Grundgesetzes in Art. 20 Abs. 2 und 3 unvereinbar.

1. Einrichtung einer Ad-hoc-Publizität-Fahndung bzw. einer Ad-hoc-Publizität-Polizei

Sowohl das 10-Punkte-Programm der Bundesregierung zur Verbesserung der Unternehmensintegrität und des Anlegerschutzes als auch die Vorschläge des 64. Deutschen Juristentages enthalten die Anregung, der BAFin ein Sonderprüfungsrecht zuzugestehen.[561] Aufbauend auf dieser Anregung und den Vorbildern der Steuerrechtsverwaltung wird die Einrichtung einer Ad-hoc-Publizität-Fahndung bzw. Ad-hoc-Publizität-Polizei propagiert. Dieser soll ähnlich der Vorgehensweise im Steuerrecht nicht nur das Recht zu Sonderprüfungen im Verdachtsfall, sondern auch die Befugnis zu turnusmäßigen Betriebsprüfungen zustehen.
Grundlage dieser Forderung ist die Erkenntnis, dass ein rein reaktives Enforcement der Ad-hoc-Publizität die Überwachungs- und Kontrollleistung und die mit ihr verfolgte Präventivwirkung nicht erbringen kann. Die

559 Übersichtsartig zur SEC: Tielmann, Sandra (2001), S. 1626.

560 Veranschaulicht werden kann dies am Etat der SEC im Jahr 2004, der durch die Regierung Bush auf 842 Mio $ gesteigert wurde. Siehe: Süddeutsche Zeitung vom 13. Januar 2003, Nr. 9, S. 19. Von solchen Verhältnissen kann die BAFin nur träumen.

561 Punkt 6 des 10-Punkte-Programms der Bundesregierung zur Verbesserung der Unternehmensintegrität und des Anlegerschutzes, www.bmj.de; 6. Beschluss der Beschlüsse des 64. Deutschen Juristentages Berlin 2002 (2002), S. 2037.

mit einer angemessenen Entdeckungswahrscheinlichkeit einhergehende Präventivwirkung kann nur erzielt werden, wenn neben das reaktive ein proaktives Vorgehen, also die stichprobenartige Überprüfung der unter das Enforcement fallenden Emittenten, tritt. Ausgangspunkt eines solchen Enforcement könnten die oben beschriebenen Kompetenzen der BAFin zur Nachforschung sein. Jedoch müssen die Kompetenzen der BAFin um präventive Maßnahmen erweitert werden, und eine Institutionalisierung dieser Ad-hoc-Publizität-Fahndung bzw. Ad-hoc-Publizität-Polizei als Untereinheit der BAFin wäre angeraten. In diesem Zusammenhang ist auch auf den Aspekt einzugehen, dass hier eine staatliche Enforcement-Einrichtung propagiert wird. Nur eine staatliche Einrichtung weist die notwendige Neutralität und Autorität zur Wahrnehmung dieser Aufgaben auf. Die im Bereich privater Enforcement-Institutionen aufgeworfene Frage des römischen Satirikers Iuvenal „Quis custodiet ipso custodes?" erübrigt sich bei staatlichen Einrichtungen mit Ausnahme von Bestechungsszenarien fast gänzlich. Es ist wohl auch anzunehmen, dass eine staatliche Organisation die größeren Chancen hätte, von der SEC als Partner anerkannt zu werden. In Zusammenhang mit einer Ad-hoc-Publizität-Polizei erweist sich auch ein Vorschlag von Ursula Lenzen zur Einrichtung einer Netz-Polizei, wie sie die SEC mit ihrer sog. Cyberforce besitzt, als interessant.[562] Damit könnte dem Umstand Rechnung getragen werden, dass die meisten Manipulationen durch Desinformation mittels des World Wide Web erfolgen.

2. Kompetenz der BAFin zur Aussprechung von Bestellungsverboten

Vorgeschlagen wird hier auch, der BAFin die Kompetenz einzuräumen, Bestellungsverbote auszusprechen. Das Aktiengesetz kennt ein gesetzliches Bestellungsverbot nur in § 76 Abs. 3 S. 3 AktG. Danach ist eine Person von der Bestellung ausgeschlossen, wenn sie rechtskräftig wegen einer Insolvenzstraftat i. S. d. §§ 283 -283d StGB verurteilt wurde. Denkbar wäre ein Bestellungsverbot wegen Verstoßes gegen die Ad-hoc-Publizität, das durch die BAFin verhängt würde. Aufgrund der hohen Eingriffsintensität dürfte ein Bestellungsverbot jedoch erst bei hartnäckigen und wiederholten Verstöße erfolgen. Dabei könnte dieses Bestel-

[562] Lenzen, Ursula (2002), S. 287.

lungsverbot auch, der Schwere des vorgeworfenen Verhaltens angemessen, auf eine bestimmte Zeit beschränkt werden.[563]

3. Kompetenz zur Veröffentlichung von Ad-hoc-Publizität-Verstößen

Ein weiteres Sanktionsmittel, das der BAFin zur Verfügung gestellt werden sollte, ist die Möglichkeit zur Veröffentlichung von Pflichtverstößen und der Identität der dafür verantwortlichen Personen. Um einen modernen Pranger vor dem Hintergrund des Grundgesetzes als tragbar erscheinen zu lassen, müsste die Veröffentlichung einer solchen „Sünderliste" jedoch strengen Vorgaben genügen. So könnte man die Veröffentlichung von Ad-hoc-Publizität-Verstößen auf solche Verstöße begrenzen, die auf Vorsatz oder grober Fahrlässigkeit beruhen.

4. Ausbau der BAFin zum rechtsverbindlichen Standardsetter

Die Ad-hoc-Publizität sieht sich immer wieder mit dem Vorwurf der Rechtsunsicherheit konfrontiert. Der Umstand der Rechtsunsicherheit auf dem Gebiet der Ad-hoc-Publizität zieht dabei nicht nur Nachteile für die anwendenden Kapitalmarkteilnehmer nach sich, sondern torpediert auch als unüberwindbares Hindernis die Überwachung und Durchsetzung der Ad-hoc-Publizität. Erste Ansätze zur Lösung des Problems sind die Veröffentlichung eines Leitfadens und Rundschreiben zu Themen der Ad-hoc-Publizität durch die BAFin.[564] Jedoch stellen sich diese Maßnahmen nur als rudimentäre Lösung dar. Erstens fehlt es den Veröffentlichungen der BAFin an der sachlichen Breite und Tiefe einer in sich logischen und geschlossenen Struktur eines Standardsystems und zum Zweiten fehlt es an der expliziten Bindungswirkung der Verlautbarungen der BAFin. Darüber hinaus handelt es sich bei den bisherigen Maßnahmen der BAFin um passive Maßnahmen. Passiv in der Weise, dass auf Druck des Marktes halbamtliche Richtlinien für die Ad-hoc-Publizität erlassen wurden, um mehr Rechtsicherheit zu schaffen. Wünschenswert wäre jedoch, dass die BAFin als aktiver Standardsetter auftritt und sich nicht nur um die Rechtssicherheit auf dem Gebiet der Ad-hoc-Publizität

---

[563] Vergleiche zu diesem Ansatz schon: Fleischer, Holger (2002), F 108, der internationale Beispiele für eine solche „Disqualifizierungsregelung" aufbietet.

[564] www.bafin.de.

kümmert, sondern auch die Zukunft der Ad-hoc-Publizität gestaltet. Die BAFin muss sich ihrer einzigartigen Stellung auf dem deutschen Kapitalmarkt bewusst werden und die gleichfalls einzigartige Chance ergreifen, die Ad-hoc-Publizität zu einem kapitalmarktorientierten Informationsinstrument auszubauen, das als Vorbild für die internationalen Märkte einschließlich des US-Marktes dienen kann. Neben der Schaffung von Rechtssicherheit wäre damit auch die Zukunfts- und Konkurrenzfähigkeit der Ad-hoc-Publizität gewährleistet. Wie oben schon angemerkt, ist eine staatliche Institutionalisierung einer privatrechtlichen vorzuziehen.
Um die Aufgabe eines Standardsetters zu meistern, wird die Einrichtung eines Ad-hoc-Publizität-Standardisierungsrates (ASR) vorgeschlagen. Angesiedelt werden sollte dieses Gremium bei der BAFin. Damit wäre auch die auf der Finanzierungsquelle beruhende Neutralität gesichert. Dieses Gremium sollte mit Sachverständigen auf dem Gebiet der Ad-hoc-Publizität besetzt werden. Das Ernennungsrecht sollte allein der BAFin bzw. dem BMJ obliegen.

Folgende Aufgaben sollte der ASR erfüllen:

1. Entwicklung von Empfehlungen zur Anwendung der Ad-hoc-Publizität und Weiterentwicklung der GoAhP,

2. Beratung des Bundesministeriums der Justiz bei Gesetzesvorhaben, die Auswirkungen auf die Ad-hoc-Publizität haben, und

3. Vertretung der Bundesrepublik Deutschland in internationalen Standardgremien der Ad-hoc-Publizität und Förderung der Forschung auf dem Gebiet der Ad-hoc-Publizität.

In seinem ersten Aufgabenbereich obliegt dem ASR damit die gesamte Standardisierung und Weiterentwicklung der Ad-hoc-Publizität. Vornehmlichste Aufgabe müsste sein, die hier entworfenen GoAhP auszudifferenzieren und, wenn notwendig, weiterzuentwickeln. Als Instrument kann sich der ASR der aus dem Bilanzrecht bekannten Standardform bedienen, die analog zur Rechnungslegung die Bezeichnung Ad-hoc-Publizität-Standards (AHPS) tragen könnte. Über die grundsätzliche dogmatische Weiterentwicklung, aber auch zum täglichen Geschehen im Bereich der Ad-hoc-Publizität und zu Einzelfragen sollte der ASR in Verlautbarungen Stellung nehmen dürfen. Zur Rechtsverbindlichkeit der Verlautbarungen und Standards wird Folgendes vorgeschlagen: Die Ausdifferenzierung und Weiterentwicklung der

Ausdifferenzierung und Weiterentwicklung der hier vorgesehenen Ad-hoc-Publizität sollte rechtsverbindlich unmittelbar durch den ASR erfolgen. Propagiert wird eine dem § 342 HGB ähnelnde Regelung, die auf dem Gebiet des Bilanzrechts Anwendung gefunden hat. Es müsste im WpHG damit festgelegt werden, dass die Beachtung der vom ASR erlassenen Standards und Verlautbarungen die Vermutung einer ordnungsgemäßen Ad-hoc-Publizität begründet. Ausgenommen von der Regulierungskompetenz des ASR wäre jedoch der Erlass neuer GoAhP und damit die fundamentale Weiter- und Neuentwicklung des Ad-hoc-Publizität-Systems. In diesen Fällen sollen dem ASR nur die Aufgaben des Punkt 2 zustehen. In diesem Zusammenhang sind auch die verfassungsrechtlichen Vorgaben bei der Ermächtigungsgrundlage für die GoAhP zu beachten. Zwar handelt es sich bei dem ASR nicht um ein privatrechtliches Standardsettergremium, sondern um einen Teil der Exekutive, jedoch wird hier, mit kritischen Meinungen der Literatur übereinstimmend, davon ausgegangen, dass zumindest die Ausweitung und grundlegende Veränderung des Ad-hoc-Publizität-Systems dem Gesetzgeber höchst selbst überlassen bleiben muss.[565]

Dies leitet zum zweiten Aufgabenfeld des ASR über: Der ASR soll den Gesetzgeber bei Gesetzgebungsvorhaben beraten und unterstützen. Dem ASR kommt dabei die Aufgabe zu, die Erkenntnisse der Wissenschaft und die Erfahrungen der Kapitalmarktteilnehmer zu kanalisieren und dem Gesetzgeber näher zu bringen. Der ASR soll dafür Sorge tragen, dass die internationalen Gegebenheiten und Entwicklungen berücksichtigt werden. Die Fähigkeit dazu erhält der ASR durch sein drittes Aufgabenfeld.

Die dritte Aufgabe des ASR soll darin bestehen, die BRD in internationalen Gremien der Ad-hoc-Publizität zu vertreten und die Forschung auf dem Gebiet der Ad-hoc-Publizität zu fördern. Am wichtigsten erscheint dabei, die Kommunikation der verschiedenen Ad-hoc-Publizität-Institutionen und –Gesetzgeber auf europäischer Ebene aufrechtzuerhalten.

Nicht in den Aufgabenbereich des ASR fällt das Enforcement und seine Weiterentwicklung an sich. Diese Aufgabe erfüllt zur Zeit schon der sog. Wertpapierrat auf der Grundlage des § 5 WpHG.

Um die einzelnen Aufgaben wahrnehmen zu können, sollen vom ASR intern einzelne Arbeitsgruppen bzw. Fachausschüsse eingesetzt werden.

---

[565] Siehe zu verfassungsrechtlichen Bedenken bei der Einschaltung privatrechtlicher Gremien auf dem Gebiet der GoB: Kirchhof, Paul (2000), S. 690 ff.

Zur Gewährleistung einer möglichst hohen Praxisanbindung wird auch die Einrichtung eines beigeordneten Konsultationsrates empfohlen. In ihm sollten alle wichtigen Bezugsgruppen der Ad-hoc-Publizität repräsentiert sein. Gedacht ist dabei an Interessenvertreter wie das Deutsche Aktieninstitut e. V. (DAI), die Deutsche Schutzvereinigung für Wertpapierbesitz e. V. (DSW) und die Vereinigung für Finanzanalysten und Anlageberatung e. V. (DVFA). Den einzelnen Bezugsgruppen sollte mit dem Konsultationsrat ein Forum zur Verfügung gestellt werden, um ihre Vorstellungen im Bereich der Ad-hoc-Publizität kundtun zu können.

Sollten alle hier vorgeschlagenen Maßnahmen umgesetzt werden, besteht die berechtigte Hoffnung, in der BAFin eine der SEC ebenbürtige Institution aufweisen zu können.

III. Ordnungswidrigkeitsrechtliche Haftung

1. Gesetzesgrundlagen

Wie schon bei der Vorläufernorm § 44 a BörsG a. F. hat sich der Gesetzgeber des Instruments des Ordnungswidrigkeitsrechts zur Verfolgung von Rechtsverstößen gegen den § 15 WpHG bedient.[566] Ein Verstoß gegen die Ad-hoc-Publizität kann danach gem. § 39 WpHG und § 130 OWiG als Ordnungswidrigkeit i. S. d. § 1 Abs. 1 OWiG verfolgt werden. § 130 OWiG will sicherstellen, dass die hauptverantwortlichen Vertreter eines Unternehmens sich nicht durch die Delegation von Verantwortlichkeiten in der betrieblichen Pflichterfüllung der ordnungswidrigkeitsrechtlichen oder strafrechtlichen Verantwortlichkeit entziehen können. Nach § 130 OWiG muss der Vorstand bei Delegation der Ad-hoc-Publizität-Pflichten zur Erfüllung seiner Aufsichtspflicht ausreichende organisatorische Vorkehrungen treffen und Kontrollen durchführen. Zu beachten ist, dass § 130 OWiG akzessorisch und nur subsidiär zum

[566] Eine mögliche ordnungswidrigkeitsrechtliche Haftung des Emittenten und leitender Angestellter gem. § 39 WpHG i. V. m. § 20a WpHG wird hier vernachlässigt, da diese Haftung auf dem Gebiet der Ad-hoc-Publizität gänzlich von den unmittelbaren ordnungswidrigkeitsrechtlichen Normen des § 15 WpHG aufgenommen wird. Im Rahmen des § 20a WpHG ist jedoch zu beachten, dass durch die Einführung des § 20a WpHG durch das 4. FMFG erstmals eine ordnungswidrigkeitsrechtliche Haftung für Marktmanipulationen eingeführt wurde. Siehe zum § 20a WpHG im Rahmen der Ad-hoc-Publizität Seite 206.

§ 39 WpHG zur Anwendung kommt. Zuständig für die Ahndung ist gem. § 40 WpHG die BAFin.

2. Höhe des Bußgeldes

§ 39 Abs. 4 WpHG sieht einen abgestuften Bußgeldrahmen für die verschiedenen Pflichtverletzungen vor, der von 50.000 € bis 1,5 Mio. € reicht. Der unterschiedliche Bußgeldrahmen spiegelt dabei die jeweilige Bedeutung der verletzten Pflicht wider.[567] Die Bußgeldhöhe des § 130 OWiG orientiert sich am § 39 WpHG gem. § 130 Abs. 3 OWiG. Die Anhebung der Höchstgeldbuße auf 1,5 Mio. € stellt eine Verdreißigfachung gegenüber der Höchstgrenze im § 44a BörsG a. F. gem. § 90 Abs. 1 und Abs. 4 BörsG a. F. dar.[568] Die Erhöhung wurde vorgenommen, um die Abschreckungsfunktion der Geldbußen vor dem Hintergrund der Vermögenssituation von börsennotierten Unternehmen und ihrer vertretungsberechtigten Organe bzw. höheren Angestellten zu erreichen.[569] Abgelehnt werden muss die Meinung KÜMPELS, der die Erhöhung in Zusammenhang mit der Negierung von Schadensersatzansprüchen im WpHG sieht.[570] Die Zielsetzung der Geldbuße liegt primär in der Prävention, und die Geldsumme fließt dem Staat zu. Schadensersatznormen hingegen sind primär Instrumente des Schadensausgleichs, die zu Gunsten des jeweiligen individuellen Opfers eingesetzt werden. Der Bußgeldrahmen staffelt sich folgendermaßen: Wer gem. § 15 Abs. 1 WpHG und § 15 Abs. 3 WpHG die Ad-hoc-Mitteilung nicht, nicht richtig, nicht vollständig, nicht in der vorgeschriebenen Form oder nicht rechtzeitig vornimmt, hat eine Geldbuße gem. § 39 Abs. 4 WpHG in Höhe von bis zu 1,5 Mio. € zu erwarten. Richtet sich der Verstoß gegen die Vorab-Mitteilungspflicht des § 15 Abs. 2 WpHG, sind bis zu 200.000 € Geldbuße gem. § 39 Abs. 4 WpHG zu erwarten. Sonstige Pflichtverstöße werden mit bis zu 50.000 € Geldbuße geahndet. In Zusammenhang mit dem Bußgeldrahmen ist auch auf den Vorschlag HIRTES einzugehen, bei dem sich die Höhe des Bußgelds an dem in den USA üblichen Verfahren orientiert. Dies sieht keine festen Grenzen einer Bußgeldhöhe vor, sondern koppelt sie an den durch den Verstoß verursachten Schaden und an den der Behörde entstehenden Aufwand.

[567] Dreyling, Georg (2001), S. 148; Kümpel, Siegfried (1999), § 15 Rn. 166.
[568] Schwark, Eberhard (1994), § 44 a Rn. 12.
[569] BT-Drucks. 12/7918, S. 96 u. 108.
[570] Kümpel, Siegfried (2000a), Rz. 14.293.

Ausgangspunkt dieses Vorschlags sind die Zweifel HIRTES, dass durch die jetzige Bußgeldandrohung wirklich auch alle großen, finanzstarken Unternehmen von Verstößen abgeschreckt würden.[571] Dieser Ansicht ist nicht zu folgen. Die geringe Anzahl der Bußgeldverhängungen weist darauf hin, dass eine schwache Präventionswirkung nicht auf der Rechtsfolgenseite der Sanktionsnormen des WpHG beruht.[572] Für eine solche Annahme spräche nur eine Vielzahl von Bußgeldverhängungen, bei denen das jeweils betroffene Unternehmen i. S. eines homo oeconomicus das Bußgeld in Kauf nähme. Zur Höhe des Bußgelds sei angemerkt, dass dieses sich zum Zweck der Prävention nicht an der Höhe des Vermögens des betreffenden Unternehmens zu orientieren hat, sondern an dem für das Unternehmen zu erwartenden Nutzen aus dem Verstoß. Die Argumentationslinie des Unternehmens lautet nicht: „Ich bin reich und kann mir den Verstoß leisten", sondern: „Der Nutzen eines Verstoßes ist größer als die eventuellen Kosten der Sanktionierung". Auch vermischt das amerikanische Sanktionierungssystem zu sehr den Gedanken von Bußgeld und Schadensersatz und steht der oben dargestellten Ansicht KÜMPELS nahe. Zu beachten ist ferner, dass dem Bußgeldrahmen des Unternehmens auch die haftenden natürlichen Personen unterliegen. Eine Bußgeldhöhe von 1,5 Mio. € ist zumindest in diesem Zusammenhang in Europa als ausreichend anzusehen. Die Durchschnittsgehälter von Vorständen eines DAX-30 Unternehmens schwanken zwischen 1,3 und 1,6 Mio. € im Jahr.[573] Vor dem Hintergrund der in den USA gezahlten Spitzengehälter kann sich die Lage dort anders darstellen. Der Gedanke der Aufwandsentschädigung und des Schadensersatzes sollte besser Eingang in eigenständige Normen finden.

[571] Hirte, Heribert (1996), S. 86 f.

[572] 38 rechtskräftig abgeschlossene Verfahren in den Jahren 1999-2001. Siehe: Statistik II/2001 unter www.bafin.de.

[573] Süddeutsche Zeitung v. 22. November 2002, Nr. 270, S. 20, mit Verweis auf die Studie der Deutsche Schutzvereinigung für Wertpapierbesitz e. V. (DSW) für die Jahre 2001 u. 2002, www.dsw.de.

3. Subjektive Voraussetzungen der ordnungswidrigkeitsrechtlichen Sanktionen

Hinsichtlich der subjektiven Tatbestandsmerkmale setzen alle Verstöße gegen die Pflichten aus § 15 WpHG Vorsatz oder Leichtfertigkeit voraus. Lediglich der Tatbestand der Behinderungen der BAFin nach § 15 Abs. 5 WpHG und der § 130 OWiG lassen fahrlässiges Handeln genügen. Vorsatz wird üblicherweise als „Wissen und Wollen" bezüglich der zum gesetzlichen Tatbestand gehörenden objektiven Merkmale definiert.[574] Wichtig ist, dass auch dann noch Vorsatz - in Form des sog. dolus eventualis - vorliegt, wenn der Täter die Erfüllung des Tatbestands nicht erstrebt oder als sicher voraussieht, sondern nur für möglich hält und aus Gleichgültigkeit in Kauf nimmt.[575] Fahrlässig dagegen handelt, wer die im Verkehr erforderliche und ihm mögliche Sorgfalt außer Acht lässt.[576] Leichtfertigkeit ist ein erhöhter Grad von Fahrlässigkeit, vergleichbar etwa mit der groben Fahrlässigkeit des Bürgerlichen Rechts. Im Gegensatz zum Bürgerlichen Recht wird im Sanktionsrecht jedoch ebenfalls auf die persönlichen Fähigkeiten des Täters abgestellt. Leichtfertigkeit kommt danach in Betracht, wenn der Täter aus grober Achtlosigkeit verkennt, dass er den Tatbestand eines gesetzlichen Verbots verwirklicht, oder wenn er eine besonders ernst zu nehmende Pflicht verletzt.[577] Der Gesetzgeber verweist hinsichtlich der regelmäßig als Merkmal geforderten Leichtfertigkeit darauf, dass ein einfacher, auf Fahrlässigkeit beruhender Gesetzesverstoß nicht ahndungswürdig erscheint.[578] GEHRT ist in seiner Kritik zuzustimmen, dass die Schwelle der Leichtfertigkeit hinsichtlich der Durchsetzung der Ad-hoc-Publizität zu hoch gewählt wurde.[579] Er weist darauf hin, dass es danach der BAFin in der Praxis nur schwer gelingen werde, den verantwortlichen Personen Leichtfertigkeit im Umgang mit den Vorschriften des § 15 WpHG nachzuweisen. Die Durchsetzung scheitere damit in vielen Fällen an der Beweisführung. M. E. noch schwerer wiegt jedoch das rechtspolitische Signal der Verneinung einer Sanktionierung von einfacher Fahrlässigkeit. Darin ist nämlich auch die Wertung des Gesetzgebers zu sehen, wie viel Mühe sich ein Emittent mit der Erfüllung seiner Pflichten geben sollte.

---

[574] BGH (1987), S. 175.

[575] Cramer; Peter (2001), § 15 Rn. 84.

[576] Cramer, Peter (2001), § 15 Rn. 109 ff.

[577] Cramer, Peter (2001), § 15 Rn. 205.

[578] BT-Drucks. 12/6679, S. 58.

[579] Gehrt, John A. (1997), S. 191.

Der Ausschluss von einfacher Fahrlässigkeit kann dabei weder mit der Bedeutung der Ad-hoc-Publizität noch mit den eigenen Anforderungen des Gesetzgebers an den Emittenten in Einklang gebracht werden. Der Gesetzgeber fordert nämlich den Emittenten auf, nötigenfalls auf externe Berater bei der Erfüllung seiner Pflichten zurückzugreifen, lässt ihm jedoch bei der Sanktionierung einen Spielraum, der auch die „groben Schnitzer" einschließt.[580] An die Anforderungen an das Ad-hoc-Publizität-System und betreffend die Durchführung der Ad-hoc-Publizität sind jedoch aufgrund ihrer Bedeutung im System der Unternehmenspublizität und der Bedeutung für die Effizienz des Kapitalmarkts hohe Ansprüche zu stellen. Diese Anspruchshaltung muss entsprechenden Niederschlag auch und gerade in den Sorgfaltsanforderungen der Sanktionsmaßnahmen finden. Daher sollte generell Fahrlässigkeit zur Erfüllung der Tatbestandsvoraussetzungen genügen. Damit würde auch die Diskrepanz zu § 130 OWiG geschlossen, der nur Fahrlässigkeit voraussetzt. Der Emittent wird dadurch auch nicht unausweichlichen Haftungsfolgen ausgesetzt, da er auf die erwähnten externen Berater bei der Erfüllung seiner Pflichten zurückgreifen kann und ihm auch der Weg zu einer Anfrage bei der BAFin offen steht.

4. Adressat der Sanktionen

a) Emittent

Als Adressat der Sanktionen kommen der Emittent, der Vorstand oder leitende Angestellte und externe Berater in Frage. Der Emittent ist zwar Adressat der Ad-hoc-Publizität-Pflichten des § 15 WpHG, jedoch aufgrund seiner Natur als juristische Person nicht handlungsfähig und damit nicht schuldfähig. Die juristische Person bedarf ihrer Organe zum Handeln. Dieses Problem löst der § 30 OWiG, der es auch im Fall der Ad-hoc-Publizität ermöglicht, dass gegen den Emittenten eine Geldbuße verhängt wird, wenn z. B. der Vorstand (§ 30 Abs. 1 Nr. 1 OWiG) eine Ordnungswidrigkeit im Rahmen der Ad-hoc-Publizität begeht. Zielsetzung ist, dem Emittenten nicht die Vorteile einer unzulässigen Tätigkeit seiner Organe oder anderer leitender Mitarbeiter zufließen zu lassen, ohne ihn den Nachteilen der hierfür vorgesehenen Sanktionen auszusetzen.[581]

---

[580] BT-Drucks. 12/6679, S. 48.

[581] Göhler, Erich / König, Peter (2002), § 30 Rn. 11.

b) Vorstand, Angestellte und externe Personen

Bei der Haftung des Vorstands oder leitender Angestellter stellt sich spiegelbildlich das bei der Haftung des Emittenten aufgetretene Problem der Zurechnung. Vorstand und leitende Angestellte sind zwar als natürliche Personen handlungsfähig und damit auch schuldfähig, jedoch sind sie nicht Adressaten der Verhaltenspflichten der Ad-hoc-Publizität. Es bedarf also einer Delegationsnorm. Eine solche stellt § 9 OWiG dar. Dabei erfasst Absatz 1 die gesetzlichen Vertreter und Absatz 2 die gewillkürte Vertretung des Emittenten. Von ausschließlichem Interesse im Absatz 1 ist dabei die Nr.1, welche die Haftung der vertretungsberechtigten Organe und damit den Vorstand erfasst. Dabei wird bei mehrgliedrigen Organen wie dem Vorstand jedes Mitglied zum Normadressat. Ob die fragliche Angelegenheit nach Satzung, Geschäftsordnung etc. in den eigenen Zuständigkeitsbereich oder in den eines anderen fällt, spielt erst einmal keine Rolle bei der Frage, wer grundsätzlich Sanktionsadressat sein kann.

Dieser Umstand ist jedoch beim Tatbestandsmerkmal „Handeln als Vertreter" von Bedeutung. Hier stellt sich das Problem, ob ein nicht zuständiges Vorstandsmitglied haftet. Zwar handelt der Vorstand gem. § 77 Abs. 1 S. 1 AktG grundsätzlich gesamtverantwortlich; dies berücksichtigt jedoch nicht die Praxis, dass über die Satzung den jeweiligen Vorstandsmitgliedern einzelne Ressorts zugeteilt werden. So ist auch im Rahmen des § 9 Abs. 1 Nr. 1 OWiG ein funktioneller Zusammenhang mit dem Aufgaben- und Pflichtenkreis zu fordern.[582]

Da keine Pflicht zur gegenseitigen Überwachung besteht, haftet beim pflichtwidrigen Unterlassen der Erfüllung von Ad-hoc-Publizität-Pflichten nur dasjenige Vorstandsmitglied, dem entweder die betreffende Pflicht oblag oder dem die Aufgabe zugewiesen worden ist, die Erfüllung dieser Pflicht zu überwachen.[583]

Keineswegs inkonsequent ist die Ansicht CRAMERS, einem nicht zuständigen Vorstandsmitglied, der über einen Pflichtverstoß Kenntnis erlangt, eine Art Garantenpflicht aufzuerlegen, die ihn zum Einschreiten verpflichtet, und ihn bei Verstoß gegen diese Pflicht haften zu lassen.[584] Der Vorwurf, dass so durch die Hintertür eine allgemeine Kontrollpflicht der Vorstände eingeführt werde, sticht nicht, da CRAMER lediglich den Fall anspricht, dass ein Vorstandsmitglied die Pflichtverletzung kennt und handeln kann. Die von SCHLITTGEN zum Nachweis der Inkonsequenz

---

582 Cramer, Peter (1999), vor § 38 Rn. 17.
583 Cramer, Peter (1999), vor § 38 Rn. 20.
584 Cramer, Peter (1999), vor § 38 Rn. 20.

der Argumentation gebrauchte Textstelle wird fehlinterpretiert.[585] CRAMER trifft keine Unterteilung in Unterlassen und positives Tun, sondern stellt lediglich fest, dass es nicht darauf ankommt, dass derjenige, der einen Pflichtenverstoß durch positives Tun bewirkt, zuständig für die Erfüllung der Pflichten der Ad-hoc-Publizität war.
Die Haftung leitender Angestellter kann aufgrund von Abs. 2 Nr. 2 des § 9 OWiG, der die Haftung gewillkürter Vertreter erfasst, eintreten. Danach haften Personen, die ausdrücklich beauftragt wurden, in eigener Verantwortung Aufgaben wahrzunehmen, die dem Inhaber des Betriebes obliegen. Wird also im Unternehmen die Stelle eines „Leiter Ad-hoc-Publizität" eingerichtet, der in eigener Verantwortung diese Aufgabe wahrnimmt, so kann diesen die Haftung treffen. Die Selbstständigkeit der Aufgabenerfüllung und damit die Haftung des „Leiter Ad-hoc-Publizität" entfällt nicht aus dem Grund, dass der Vorstand die Aufgabe regelmäßig wieder an sich ziehen kann.[586] Selbstständigkeit bzw. Eigenverantwortlichkeit der Tätigkeit scheitern nicht an der Möglichkeit zur Rückgängigmachung der Delegation, sondern erst in dem Moment, wenn konkret in die Arbeit des „Leiter Ad-hoc-Publizität" eingegriffen wird.
Sonstige Mitarbeiter neben dem „Leiter Ad-hoc-Publizität" kommen als Beteiligte bei Begehung einer Ordnungswidrigkeit gem. § 14 OWiG in Betracht. Sie müssten beispielsweise den „Leiter Ad-hoc-Publizität" oder ein Vorstandsmitglied zum Pflichtenverstoß angestiftet oder in ihm bestärkt haben.
Hinsichtlich der Haftung externer Personen ist anzumerken, dass die reine Beratereigenschaft für eine Haftung als Täter nicht ausreicht. Berater nehmen nicht wie leitende Angestellte die Pflichten des Emittenten eigenverantwortlich vor, sondern haben lediglich eine Unterstützungsfunktion. Eine Haftung externer Personen kommt nur als Beteiligte i. S. d. § 14 OWiG in Betracht. Erst bei einer Delegation der Pflichten im Rahmen eines echten Outsourcing der Ad-hoc-Publizität-Pflichten kommt eine täterschaftliche Haftung in Betracht.
Erfolgt eine Delegation der Ad-hoc-Publizität-Pflichten, tritt die Haftung des § 130 OWiG in Aktion. Diese verhindert, dass der Inhaber eines Betriebes - im Fall einer juristischen Person sind es die Organe - sich seiner Aufsichtspflicht entziehen kann. Damit trifft bei der Ad-hoc-Publizität den Vorstand bei der Delegation von Pflichten auf leitende Angestellte oder Externe eine Organisations- und Kontrollpflicht. Er muss ein geeig-

[585] Schlittgen, Volker (2000), S. 188 f.
[586] So aber: Schlittgen, Volker (2000), S. 189.

netes System zur Erfüllung der Ad-hoc-Publizität einrichten, das auch interne und externe Kontrollmechanismen enthält, und auch selbst Kontrollen durchführen. Von entscheidender Bedeutung bei Vermeidung der Haftung aus § 130 OWiG ist, dass der Vorstand die notwendige Sorgfalt bei der Auswahl des Personals walten lässt.

5. Rangfolge der Inanspruchnahme von Emittent und sonstigen Personen

Nach der Fragestellung, wer Adressat der Sanktionen sein kann, stellt sich das Problem, wie zu verfahren ist, wenn sowohl der Emittent als juristische Person als auch einzelne Vorstandsmitglieder, Angestellte oder sonstige Personen zur Haftung herangezogen werden können.[587] Im Folgenden wird die Konstellation der Haftung von Emittent und Vorstand bzw. leitenden Angestellten näher beleuchtet.
Der Gesetzgeber lässt diese Frage offen. Wenig Aufschluss bringt auch die Gesetzesbegründung. Danach sollen Grundlage für die Bemessung von Bußgeldern die Bedeutung des Verstoßes, der Tatvorwurf und die wirtschaftlichen Verhältnisse des Täters sein.[588] Zur Lösung des Problems werden zwei Ansätze vertreten: Zum einen der Vorschlag GEHRTS, der aus der französischen Ad-hoc-Publizität-Praxis stammt, sowohl den Emittenten als auch Vorstände bzw. leitende Angestellte haften zu lassen. Dabei werden in Frankreich den Vorständen höhere Geldbußen auferlegt als dem Emittenten.[589] Im Gegensatz dazu geht CRAMER von einer vorrangigen Haftung der Organe oder Vertreter aus.[590] Die Argumente, die gegen die Haftung des Emittenten vorgebracht werden, sind z. T. dieselben, die auch gegen die zivilrechtliche Haftung des Emittenten angeführt werden. Danach habe eine „vernünftige“ Inanspruchnahme auch immer die Interessen des Schädigers zu berücksichtigen.[591] Das Wort „vernünftig“ bzw. „gerecht“ muss aus betriebswirtschaftlicher Sicht mit „ökonomisch sinnvoll“ umschrieben werden. Gegen die Inanspruchnahme des Emittenten spreche, dass Geldbußen in vielen Fällen zu einer Existenzgefährdung bzw. zur Verschlech-

---

[587] Siehe zu dieser Fragestellung auch: Kleindiek, Detlef (1997), S. 473; Spindler, Gerald (2001).
[588] BT-Drucks. 12/7918, S. 96 u. S. 108.
[589] Gehrt, John A. (1997), S. 192.
[590] Cramer, Peter (1999), vor § 38 Rn 53 f.
[591] Knöpfle, Robert (1967), S. 700.

terung von Sanierungschancen führten.[592] Es wird davon ausgegangen, dass zumeist in Situationen, in denen es dem Unternehmen schlecht geht, gegen die Ad-hoc-Publizität verstoßen wird. Dass eine Verschlechterung der Situation des Emittenten eintritt, ist nicht zu bestreiten. Vernachlässigt wird jedoch, dass Emittenten in einer solchen Situation das Instrument des Befreiungsantrags gem. § 15 Abs. 1 S. 2 WpHG in die Hand bekommen haben. Würde eine Ad-hoc-Mitteilung die Situation des Emittenten in gravierender Weise verschlechtern, erfolgt regelmäßig eine Befreiung, und es kommt erst gar nicht zu einer Pflichtverletzung.
Auch wäre eine Privilegierung des Emittenten bei Verstößen gegen die Ad-hoc-Publizität eine ungerechtfertigte Ungleichbehandlung gegenüber Unternehmen, die Sanktionen aufgrund von insolvenz-, produkt-, wettbewerbs- oder aktienrechtlichen Regelungen unterliegen. Auch dort kommt es z. T. zu vernichtenden Haftungsfolgen. Gerade die Möglichkeit einer empfindlichen finanziellen Sanktion sorgt erst für eine effiziente Präventivwirkung. Auch das Argument GEHRTS gegen eine Inanspruchnahme des Emittenten, dass dieser bei einem Verstoß nur in seltenen Fällen einen Vorteil daraus ziehe, sticht nicht.[593] Zumindest bei bewusstem Handeln erfolgt die Entscheidung nach der rationalen Überlegung, einen Vorteil für die Gesellschaft zu erlangen.
Richtig ist, dass eine Geldbuße gegen das Unternehmen selbst auch immer eine mittelbare Benachteiligung seiner Eigentümer, d. h. der Aktionäre, bedeutet. Die Geldbuße stellt eine außerordentliche Aufwendung dar, die den Jahresüberschuss und damit auch unter Umständen die Dividende negativ beeinflusst. Zu beachten ist jedoch, dass bei der Frage, ob die Inanspruchnahme des Emittenten ökonomisch sinnvoll ist, der Nutzen bzw. die Kosten aller Marktteilnehmer zu betrachten sind. Hier sind auf Seiten der Aktionäre Kosten in Form des Wertverlusts ihrer Aktien bzw. der Schmälerung ihrer Dividenden zu sehen. Im Gegensatz dazu generiert jedoch die Haftung des Emittenten m. E. einen höheren Nutzen, da sie eine zusätzliche Effizienzsteigerung der Prävention zur Folge hat. In diesem Zusammenhang ist auch auf das Argument einzugehen, dass eine persönliche Haftung von Vorständen und leitenden Angestellten eine größere Abschreckungswirkung habe als die des Emittenten. In finanzieller Hinsicht ist diesem Gedankengang vor dem Hintergrund der heute existierenden D&O-Versicherungen - Directors` and Of-

[592] Kümpel, Siegfried (1999), § 15 Rn. 189.
[593] Gehrt, John A. (1997), S. 192.

ficers` Liability Insurance - nicht mehr uneingeschränkt zuzustimmen.[594] Dieses Argument für eine höhere Präventionswirkung der Sanktionierung natürlicher Personen unter zusätzlicher Beachtung nicht nur der finanziellen Folgen für die Vorstände, sondern auch des drohenden Reputationsverlustes, führt m. E. jedoch nicht zu einem Ausschluss der Haftung des Emittenten, sondern zu einer Ausgestaltung des Sanktionssystems nach dem zweiten Vorschlag. Danach haften sowohl der Emittent als auch die Vorstände und leitenden Angestellten, wobei aufgrund der festgestellten besseren Präventivwirkung von Sanktionen gegen natürliche Personen die Geldbußen für die Vorstände und leitenden Angestellten höher sein sollten.

Wie gesehen, drohen dem Emittenten und den im Rahmen der Ad-hoc-Publizität tätig werdenden Personen bei Verstoß gegen die Ad-hoc-Publizität-Pflichten empfindliche ordnungswidrigkeitsrechtliche Folgen. Es sollten jedoch zur optimalen Ausgestaltung die angesprochenen Verbesserungsvorschläge umgesetzt werden.

IV. Strafrechtliche Haftung

Nach den ordnungswidrigkeitsrechtlichen Konsequenzen eines Verstoßes gegen die Ad-hoc-Publizität sind nun die strafrechtlichen Konsequenzen zu untersuchen. Der deutsche Gesetzgeber hat im Gegensatz zum Insiderrecht (§ 38 WpHG) Verstöße gegen § 15 WpHG nicht direkt mit strafrechtlichen Sanktionen gekoppelt. Bei diesem Vorgehen darf nicht übersehen werden, dass dieses eine rechtspolitische Wertung enthält. Während für die echte Kriminalstrafe ein sozialethisches Werturteil kennzeichnend ist, haben Ordnungswidrigkeiten nur einen geringen Unwertgehalt und sind nach allgemeiner gesellschaftlicher Auffassung nicht strafwürdig. Dass Verstöße gegen die Ad-hoc-Publizität nur einen geringen Unwertgehalt haben sollen, ist m. E. eine Fehlwertung. Hinsichtlich der herausragenden Bedeutung der Ad-hoc-Publizität - sie wird in der Literatur sogar höher eingeschätzt als die der Insiderregelung - und hinsichtlich des bei Verstoß gegen die Regelungen drohenden Schadens bedarf es auch bei der Ad-hoc-Publizität einer originären strafrechtlichen

[594] Die Sachlage könnte sich wieder ändern, wenn nach dem Punkt 2 des 10-Punkte-Programms der Bundesregierung zur Verbesserung der Unternehmensintegrität und des Anlegerschutzes, www.bmj.de, ein Selbstbehalt bei der D & O-Versicherung gesetzlich vorgeschrieben würde.

Haftung. Dass Teile der Verstöße, wie zu zeigen sein wird, von Strafrechtsnormen außerhalb des WpHG erfasst werden, kann nur ein geringer Trost sein.[595]

1. Strafbarkeit wegen Betruges gem. § 263 StGB oder Kapitalanlagebetruges gem. § 264a StGB

Auf die im Strafgesetzbuch in Frage kommenden Straftatbestände soll aufgrund ihrer weitgehenden Bedeutungslosigkeit im Rahmen der Ad-hoc-Publizität nur kurz eingegangen werden.
Für das Vorliegen eines „normalen" Betruges gem. § 263 StGB fehlt es dem Täter eines Verstoßes gegen die Ad-hoc-Publizität regelmäßig am Schädigungsvorsatz. Das Ziel des regelmäßig handelnden Vorstands liegt typischerweise nicht darin, eine Entwertung der Aktien herbeizuführen, sondern im Gegenteil in einer weiteren Verbesserung des Aktienkurses.[596]
Für das Vorliegen eines Kapitalanlagebetruges gem. § 264a StGB mangelt es dem Verstoß gegen die Ad-hoc-Publizität regelmäßig am Zusammenhang mit dem Vertrieb bzw. mit dem Angebot von Wertpapieren.[597]
Eine Strafbarkeit gem. § 263 StGB oder § 264a StGB kommt also nur in Ausnahmesituationen in Frage.[598]

2. Haftung wegen Kursbetruges gem. § 88 BörsG

Der Vorstand bzw. leitende Angestellte kann sich durch den Verstoß gegen die Ad-hoc-Publizität eines Kursbetruges gem. § 88 BörsG strafbar machen. § 88 BörsG wurde durch das 4. FMFG als § 20a in das WpHG integriert und modifiziert. § 88 BörsG bleibt anwendbar für Sachverhalte vor dem 22. Juni 2002. Die Regelung des Kursbetruges spielte bisher in

[595] Nach dem 4. FMFG wird der Kursbetrug gem. § 88 BörsG als § 20a in das WpHG integriert werden.
[596] Thümmel, Roderich (2001), S. 2331 u. S. 2332.
[597] Groß, Wolfgang (2002), S. 479 f.
[598] Zu weiteren Problemen der §§ 263, 264a StGB bei Verstößen gegen die Ad-hoc-Publizität siehe: Park, Tido (2001), S. 2073 ff.

der Praxis keine größere Rolle; zu erwarten ist jedoch eine Zunahme ihrer Bedeutung vor allem im Bereich der Ad-hoc-Publizität.[599]
§ 88 BörsG erfasst als Kursbetrug zwei Tathandlungen: Zum einen ist dies die Verbreitung unrichtiger Angaben über werterhebliche Umstände bzw. das Verschweigen derartiger Umstände entgegen bestehenden Rechtsvorschriften. Zum anderen ist es die Anwendung sonstiger, auf Täuschung berechneter Mittel.
Ziel der Tathandlungen und damit Schutzobjekt des § 88 BörsG ist die Beeinflussung der Preisbildung an den Börsen bzw. organisierten Märkten. Vom sachlichen Anwendungsbereich her in Bezug auf die erfassten Wertpapiere und Vermögensgegenstände geht der § 88 BörsG weit über die Anwendungsfälle der Ad-hoc-Publizität hinaus. Der verwendete Begriff „Angabe" reicht über die nachprüfbaren Tatsachen hinaus. Erfasst werden auch Prognosen und Bewertungen, die einen Tatsachenkern enthalten.[600] Durch die weite Auslegung des Begriffs „Angabe" fallen unter § 88 BörsG auch die potenziellen Inhalte der Ad-hoc-Publizität. Die Ad-hoc-Publizität-Pflicht stellt auch eine Verpflichtung zur Veröffentlichung i. S. d. § 88 BörsG dar. Von der Unrichtigkeit der Angabe ist dann auszugehen, wenn die betreffende Angabe schlechterdings nicht mehr vertretbar erscheint. [601] Es ist darauf hinzuweisen, dass § 88 BörsG als abstraktes Gefährdungsdelikt nicht voraussetzt, dass durch die Angaben oder Handlungen tatsächlich auf die Preisbildung eingewirkt wurde. Erforderlich ist lediglich die vollendete Anwendung der für eine Preisbeeinflussung geeigneten Mittel.
Im subjektiven Tatbestand setzt § 88 BörsG für beide Tathandlungen voraus, dass der Täter mit der Absicht gehandelt hat, auf den Börsen- oder Marktpreis einzuwirken. Das Erfordernis von Absicht normiert eigentlich hohe Anforderungen an die Erfüllung des Tatbestandes; PARK weist jedoch zu Recht darauf hin, dass die Gerichte und Staatsanwaltschaften in der Praxis geringe Anforderungen an die Erfüllung der Absichtsvoraussetzungen stellen. So ist diese Schwelle auch für Vorstandsmitglieder, die überhaupt keine kriminellen Absichten mit ihrem Handeln verfolgen, schnell überschritten.[602]
Liegen die Tatbestandsvoraussetzungen des § 88 BörsG bei Verstoß gegen die Ad-hoc-Publizität vor, drohen dem Vorstand bzw. leitenden Angestellten eine Freiheitsstrafe bis zu drei Jahren.

599 Möller, Andreas (2002), S. 309.
600 Schwark, Eberhard (1994), Einl. vor § 88 Rn. 6.
601 Worms, Alexander (1999), § 8 Rn. 70.
602 Park, Tido (2001), S. 2071; a. A. Altenhain, Karsten (2002), S. 1874 f.

3. Haftung wegen Verstoßes gegen das Verbot der Kurs- und Marktpreismanipulation des § 20a WpHG

Mit dem 4. FMFG wurde die Vorschrift des § 88 BörsG als § 20a in das WpHG integ-riert.[603] § 20a WpHG trägt dabei die Überschrift „Verbot der Kurs- und Marktpreismanipulation". Der Tatbestand des § 88 BörsG wurde nicht gänzlich übernommen, sondern modifiziert. Im Bereich der Ad-hoc-Publizität ergeben sich von der sachlichen Reichweite her keine Veränderungen. Seine herausragende Bedeutung erhält der § 20a WpHG jedoch durch die Erfassung von zusätzlichen Kursmanipulationen, die zwar im Rahmen der Ad-hoc-Publizität keine Rolle spielen, aber solch wichtige Bereiche wie die sog. Kurspflege betreffen.[604] § 20a WpHG erfasst in seinem Absatz 1 als Tathandlung die Verbreitung unrichtiger Angaben oder das pflichtwidrige Verschweigen von Angaben, die für die Beurteilung eines Vermögenswertes geeignet sind. In seinem Absatz 2 erfasst der § 20a WpHG die Vornahme sonstiger Täuschungshandlungen. Von den betroffenen Finanzinstrumenten her – der § 20a WpHG spricht von „Vermögenswerten" - umschließt der § 20a WpHG sämtliche Anwendungsfälle der Ad-hoc-Publizität (§ 20a Abs.1 WpHG in Verweis auf § 63 Abs. 2 BörsG). Für die Haftung im Bereich der Ad-hoc-Publizität ist ausschließlich der Absatz 1 von Interesse. Neben ihrer Geeignetheit zur Bewertung müssen die Angaben des Absatzes 1 die Fähigkeit aufweisen, auf den Marktpreis des Vermögenswertes einzuwirken. Mit Recht wird in der Literatur darauf hingewiesen, dass diese beiden Tatbestandsmerkmale im Ergebnis identisch sind.[605] Aufgrund der im Gegensatz zu den Angaben im § 20a WpHG noch strengeren Voraussetzungen einer ad-hoc-publizität-pflichtigen Angabe besitzen Ad-hoc-Mitteilungs-Inhalte grundsätzlich die Qualität von Angaben i. S. d. § 20a WpHG. Dieser Paragraf weist in Bezug auf die in ihm verwendeten Tatbestandsmerkmale eine Besonderheit auf. So räumt der § 20a Abs. 2 WpHG dem Bundesministerium der Finanzen die Kompetenz ein, eine Verordnung zu erlassen, die die aufgezählten Tatbestandsmerkmale näher konkretisiert.[606] Nur am Rande soll hier angemerkt werden, dass auch durch dieses Konstrukt die verfassungsrechtli-

---

[603] Zum Vergleich des § 88 BörsG mit § 20a WpHG siehe: Ziouvas, Dimitris / Walter, Tonio (2002), S. 1483 ff.

[604] Ekkenga, Jens (2002), S. 317 ff.; Schäfer, Frank A. (1999), S. 1345 ff.

[605] Fleischer, Holger (2002a), S. 1877.

[606] Eingehend vor allem auf die möglichen sog. Safe harbour-Regelungen: Möller, Andreas (2002), S. 314.

chen Bedenken gegen die Verwendung von unbestimmten Rechtsbegriffen nicht ausgeräumt werden können.[607]
Hinsichtlich des subjektiven Tatbestandes erfordert § 20a WpHG nicht mehr wie § 88 BörsG Absicht des Handelnden. Damit wurden die subjektiven Voraussetzungen des § 20a WpHG erheblich gesenkt, denn zur Verwirklichung des subjektiven Tatbestands reicht jetzt ein Vorsatz in Form des dolus eventualis aus (§ 15 StGB).[608]
Eine schwerwiegende Änderung zeigt sich bei den Rechtsfolgen des § 20a WpHG. Nur unter der Prämisse, dass es tatsächlich zu einer Beeinflussung des Börsen- und Marktpreises gekommen ist, stellt der Verstoß gegen § 20a WpHG eine Straftat dar (§ 38 Abs. 1 Nr. 4 WpHG).[609] Die Strafandrohung lautet dabei auf bis zu fünf Jahren Haft. Ist keine tatsächliche Beeinflussung zu verzeichnen, handelt es sich um eine reine Ordnungswidrigkeit. Dem Verantwortlichen droht dann eine Geldbuße bis zu 1,5 Mio. €. Diese Änderung hat weitgehende Konsequenzen. Aufgrund der Natur als Ordnungswidrigkeit ist damit zunächst bundesweit die BAFin zur Kontrolle und Sanktionierung zuständig (§ 40 WpHG). Diese Zuständigkeit ist zu begrüßen, da die einzelnen Staatsanwaltschaften vor erheblichen Ressourcen-Problemen bei der Verfolgung des § 88 BörsG a. F. standen.[610] Diesem positiven Umstand steht die negative Wirkung gegenüber, dass der Straftatbestand wohl bedeutungslos bleiben wird, da sich ein Nachweis, dass eine tatsächliche Beeinflussung des Markt- und Börsenpreises erfolgt ist, im Prozess sehr schwierig, wenn nicht gar unmöglich erbringen lässt.[611]

---

[607] Fleischer, Holger (2002a), S. 1876, m. w. N.
[608] Zu Problemen dieser Absenkung des subjektiven Tatbestandes bei Tathandlungen nach § 20a Abs. 1 Nr. 2 WpHG siehe: Möller, Andreas (2002), S. 316.
[609] Zur Schwierigkeit des Nachweises siehe den Kommentar des ersten Sachverständigen, der in einem Prozess zu diesem Tatbestandsmerkmal als Sachverständiger eingesetzt wurde, in der Süddeutschen Zeitung vom 10. Dezember 2002, Nr. 285, S. 21.
[610] Lenzen, Ursula (2002), S. 280.
[611] Hinzuweisen ist auf den Fall der Haffa-Brüder, dem sog. EM-TV-Fall, vor dem LG München, wo sich nur unter schwierigsten Umständen überhaupt ein geeigneter Sachverständiger für diese Frage finden ließ; (Süddeutsche Zeitung vom vom 21. Januar 2003, Nr. 16, S. 23).

4. Haftung gem. § 400 AktG

In Frage käme auch eine Haftung gem. § 400 AktG.[612] Dieser erfasst den Vorgang der unrichtigen Wiedergabe oder Verschleierung der Verhältnisse von Aktiengesellschaften durch den Vorstand. Eine Täuschungs- oder gar Schädigungsabsicht wie im oben behandelten § 263 StGB ist nicht erforderlich.[613]
Fraglich ist aber, ob die Ad-hoc-Mitteilung unter den Wortlaut der Vorschrift zu subsumieren ist. Danach bezieht sich die Vorschrift auf die unrichtige Wiedergabe der Verhältnisse der Gesellschaft „in Darstellungen oder Übersichten über den Vermögensstand" sowie „in Vorträgen oder Auskünften in der Hauptversammlung". Nach dem Wortlaut des § 400 AktG ist erforderlich, dass die Darstellungen und Übersichten einen Bezug zum Vermögensstand der Gesellschaft haben. Bei der Auslegung ist zu beachten, dass sie sich aufgrund des Charakters des § 400 AktG als Strafvorschrift eng an den Wortlaut der Vorschrift anlehnen muss (Art. 103 Abs. 2 GG). Abzulehnen ist damit die Interpretation der Regierungskommission Corporate Governance, die das Wort „Darstellungen" losgelöst vom „Vermögensstand" interpretiert.[614] Dies widerspricht nicht nur dem Wortlaut, sondern auch der Genese der Vorschrift. Vorgänger des § 400 AktG waren die in § 296 Nrn. 1 und 2 AktG 1937 enthaltenen Tatbestände, die ihrerseits auf § 314 HGB a. F. zurückgehen. Bei der Neuregelung des § 400 AktG sind die „Darstellungen" nicht mehr wie bislang durch ein Komma von den „Übersichten" getrennt; einschränkende Voraussetzung ist deshalb jetzt, dass sich die Darstellungen ebenso wie die Übersichten auf den Vermögensstand beziehen. Neben dem Bezug auf den Vermögensstand muss jedoch eine Darstellung darüber hinaus den Eindruck einer umfassenden Information erwecken.[615] Bejaht man nun den Bezug einzelner Ad-hoc-Mitteilungen auf den Vermögensstand der Gesellschaft, so fehlt es ihnen jedoch als Kursmeldung über Einzelgeschehnisse mindestens am Charakter einer umfassenden Information.[616]

---

612 Die zu § 400 AktG parallele Vorschrift des § 331 HGB kommt, abgesehen von der gesetzlichen Systematik, wegen ihres klaren Wortlautes nicht für die Ad-hoc-Publizität in Betracht.
613 Zum § 400 AktG: Geilen, Gerd (1985), § 400.
614 Bericht der Regierungskommission Corporate Governance (2001), S. 184.
615 AG München (2001); Lackner, Karl (2001), § 264 a Rn. 10.
616 OLG München (2002), S. 1096 ff.

Damit fallen Ad-hoc-Mitteilungen nicht unter § 400 AktG, und eine mögliche Strafbarkeit des Vorstands scheidet aus.

5. Haftung wegen Insiderverstoßes gem. § 38 WpHG

Im Gegensatz zu Verstößen gegen die Ad-hoc-Publizität sind Verstöße gegen die Insiderregelung gem. § 38 WpHG strafbewehrt. Dabei kann in einem Verstoß gegen die Ad-hoc-Publizität-Vorschriften gleichzeitig auch ein Verstoß gegen die Insiderregelungen zu sehen sein. Die Insiderregelungen wollen nach den §§ 38, 13 ff. WpHG die ungerechtfertigte Gewinnerzielung durch das Ausnutzen eines Informationsvorsprungs verhindern. Speziell beim Verstoß gegen die Ad-hoc-Publizität kommt eine Strafbarkeit wegen Insiderverstoßes durch das Mitteilen oder Zugänglichmachen einer Insidertatsache gem. § 14 Abs. 1 Nr. 2 WpHG in Betracht. Geeignete Tathandlung ist jede Handlung, die einem anderen unbefugt die Kenntnis von Insidertatsachen verschafft. Dies gilt allerdings nicht, wenn der Insider die Tatsache nur aus Nachlässigkeit weitergibt, denn Fahrlässigkeit reicht zur Strafbarkeit nicht aus. Der Vorstand bzw. leitende Angestellte ist als Primärinsider i. S. d. § 13 Abs. 1 Nr. 1 WpHG auch Adressat dieser Regelung. Was der Begriff der Insidertatsache umfasst, ist genauso umstritten wie die Begrifflichkeit im Rahmen der Ad-hoc-Publizität. Festzustellen bleibt jedoch, dass bis auf wenige Sonderkonstellationen Ad-hoc-Publizität-Tatsachen auch dem Begriff der Insidertatsachen unterliegen, da der Begriff der Insidertatsache der weiter gehende ist.[617] Damit können Inhalte von Ad-hoc-Mitteilungen Gegenstand der unbefugten Weitergabe sein. Für das Merkmal der unbefugten Weitergabe gilt allgemein, dass es an ihr fehlt, wenn die Tatsache aufgrund einer gesetzlichen Verpflichtung oder im Rahmen der Berufs- und Geschäftstätigkeit weitergegeben wird. Im Rahmen der Ad-hoc-Publizität ist von einer unbefugten Weitergabe auszugehen, wenn die Ad-hoc-Mitteilung an andere als die in § 15 Abs. 3 Nrn. 1 und 2 WpHG genannten Stellen erfolgt, ohne dass das in § 15 Abs. 3 WpHG vorgeschriebene Verfahren eingehalten wurde.

Handelte das Vorstandsmitglied oder der leitende Angestellte hinsichtlich dieser Umstände in subjektiver Hinsicht auch noch mit Vorsatz, macht er sich nach § 38 Abs. 1 Nr. 2 WpHG strafbar, und es drohen ihm bis zu fünf Jahre Haft. Auch hier wird wieder deutlich, dass es sich bei dem

[617] Weber, Martin (2000), S. 115.

Veröffentlichungsverfahren nicht um eine bedeutungslose Formalie handelt.

Hinsichtlich der strafrechtlichen Haftung bleibt damit festzustellen, dass bei einem Verstoß gegen die Ad-hoc-Publizität eine Strafbarkeit wegen Kursbetruges gem. § 88 BörsG, wegen Verstoßes gegen das Verbot der Kurs- und Marktpreismanipulation des § 20a WpHG oder wegen Insiderverstoßes gem. § 38 WpHG vorliegen kann und eine Haftstrafe von bis zu fünf Jahren droht.

V. Zivilrechtliche Haftung

Die Gefahr erheblicher Verluste beim Anlegerpublikum in Folge zu später oder unzutreffender Veröffentlichungen erkannte der Gesetzgeber schon vor Erlass des § 44a BörsG.[618] [619] Eine Etablierung eines allgemeinen Informationshaftungstatbestandes wurde bisher nicht vorgenommen.[620] Da die Ad-hoc-Publizität des § 15 WpHG bis zum 4. FMFG keine originären Schadensersatznormen aufwies und da das Zivilrecht keine umfassende Haftung für Vermögensschäden kennt, musste bisher Rückgriff auf die Schadensersatznormen des BGB im Deliktsrecht in Form des § 823 Abs. 2 BGB i. V. m. einem Schutzgesetz der Ad-hoc-Publizität und des § 826 BGB genommen werden.[621]
Die allgemeine zivilrechtliche Prospekthaftung kommt nach h. M. aus einer Vielzahl von Gründen von vornherein nicht in Betracht.[622]
Bevor die einzelnen Anspruchsgrundlagen untersucht werden, müssen zuerst drei Problemfelder behandelt werden, die jegliche Art von Schadensersatz aufgrund des Verstoßes gegen die Ad-hoc-Publizität betreffen.

618 Begründung zum Entwurf eines Börsenzulassungsgesetzes, BT-Drucks. 10/4296, S. 18.

619 Allgemein zur Haftungsgefahr für die Aktiengesellschaft und ihr Management bei Anlegerverlusten: Holzborn, Timo / Foelsch, Eberhard (2003), S. 933 ff; ausführlich zu den Grundlagen der zivilrechtlichen Haftung im Bereich der Ad-hoc-Publizität: Kissner, Wolfgang (2003).

620 Siehe zur zivilrechtlichen Ad-hoc-Publizität-Haftung: Veil, Rüdiger (2003), S. 365 ff.; Baums, Theodor (2003), S. 140 ff.

621 Siehe die Pionierarbeit von Assmann, Heinz-Dieter (1992a), S. 345 ff.

622 Stellvertretend Groß, Wolfgang (2002), S. 477 ff.

1. Problem eines kapitalmarktrechtlichen Schadensersatzanspruchs wegen Falschinformation

Bevor man sich den einzelnen Voraussetzungen des § 823 Abs. 2 BGB i. V. m. einem Schutzgesetz zuwendet, müssen die grundsätzlichen Bedenken gegen die Annahme eines Schadensersatzanspruchs von geschädigten Anlegern ausgeräumt werden. Zu beachten gilt, dass sich die Bedenken nicht gegen den Schadensersatzanspruch in Fällen betrügerischer oder sittenwidriger Schädigung richten, wie ihn der später zu untersuchende § 826 BGB gewährt. Ein Ausschluss eines solchen Schadensersatzanspruchs wäre mit den Grundsätzen der Rechtsordnung unvereinbar und würde die Emittenten gegenüber anderen Unternehmen in nicht vertretbarer Weise privilegieren.

Gegen die Zulassung von Ersatzansprüchen geschädigter Anleger werden zuerst einmal grundsätzliche Bedenken ins Feld geführt. Es wird die Befürchtung geäußert, dass die deliktsrechtliche Haftung ausufern könnte und das gesamte zivilrechtliche Haftungssystem sprengen würde. Als Gründe dafür werden angeführt, dass bei der Bestimmung der Anspruchsberechtigten, bei der Nachweisbarkeit der Kausalität und bei der Schadensberechnung im Falle der Haftung für fehlerhafte Ad-hoc-Publizität unlösbare Probleme aufträten.[623] Auch sei das deutsche Prozessrecht, anders als etwa das US-amerikanische mit seiner sog. class action (Gruppenklage), nicht auf eine Vielzahl von Anlegerklagen ausgerichtet, so dass die Geltendmachung von geringen Schadensbeträgen die Gerichte dazu verleiten könnte, von der geringen Höhe des Schadens auf die Unwichtigkeit der Klage und damit auf die Unzulässigkeit oder sogar Unbegründetheit des Anspruchs zu schließen.[624] Dass die Gefahr einer Ausuferung von Schadensersatzansprüchen besteht und auch Probleme bei der Durchsetzung dieser Ansprüche existieren, soll nicht bestritten werden. M. E. sind diese Probleme jedoch lösbar, und es liegen schon Lösungsvorschläge durch die Ausgestaltung der Schadensersatzvoraussetzungen und des Klageverfahrens vor.

So sieht der Bericht der Regierungskommission Corporate Governance die Einführung einer Klagebündelung der Ansprüche der geschädigten Anleger vor und die Bestellung eines Vertreters durch die Geschädigten, der die Ansprüche geltend macht.[625] Damit wäre das Problem einer Überschwemmung der Gerichtsbarkeit mit Schadensersatzklagen besei-

[623] Happ, Wilhelm (1994), S. 243; Hopt, Klaus (1995), S. 161.
[624] Hirte, Heribert (1995), S. 89.
[625] Bericht der Regierungskommission Corporate Governance (2001), S. 188 -190.

tigt. Der Ausuferung des Kreises der Anspruchsberechtigten tritt der Gesetzgeber im 4. FMFG in der Weise entgegen, dass nur derjenige anspruchsberechtigt ist, der in Folge des Verstoßes gegen die Ad-hoc-Publizität seine Wertpapiere zu teuer gekauft oder verkauft hat.[626] Hinsichtlich der Schadensberechnung weist GEHRT darauf hin, dass diese, wie Schadensersatzklagen im US-amerikanischen Kapitalmarkt zeigen, in den typischerweise relevanten Fallgruppen nicht völlig undurchführbar sind.[627] Alles in allem kann danach nicht davon gesprochen werden, dass einem Schadensersatzanspruch von Anlegern grundsätzlich unüberwindbare Probleme entgegenstehen und eine Ausuferung der Schadensersatzklagen nicht zu vermeiden wäre.

Der Forderung der Anleger nach Schadensersatz werden jedoch weitere Bedenken entgegengebracht. Dass eine mögliche Existenzgefährdung des Emittenten durch eine Schadensersatzklage eine Sanktion nicht ausschließlich kann, wurde schon festgestellt.[628] Vom Gesetzgeber wurde als Argument ins Spiel gebracht, dass ein Schadensersatzanspruch ausscheiden müsse, da eine Regressmöglichkeit des Emittenten gegenüber den Vorstandsmitgliedern nach § 93 Abs. 2 AktG ins Leere liefe, da die Vorstandsmitglieder nicht in der Lage seien, Schadensersatzforderungen in Millionenhöhe nachzukommen.[629] Zunächst sei einmal angemerkt, dass es bei der Anerkennung eines Schadensersatzanspruchs nicht auf die Solvenz des Anspruchsgegners ankommt.[630] Bezweifelt werden muss auch schon die fehlende Solvenz von Vorstandsmitgliedern, da das Vorhandensein von D & O–Versicherungen – Directors` and Officers` Liability Insurance – bei börsennotierten Unternehmen nicht unüblich ist.[631] Hier ist auch der Hinweis FLEISCHERS zu beachten, dass eine drohende Schadensersatzhaftung zu risikoaversem Verhalten der Vorstände führe. Dies entspricht jedoch im Moment nicht der Rechtswirklichkeit; die Vorstände verhalten sich eher risikofreudig als –avers.[632] Noch stärker ins Gewicht fällt jedoch, dass bei einem Ausschluss des Anspruchs aufgrund dieses Arguments eine nicht zu rechtfertigende Risikoverschiebung vom Emittenten auf den Anleger vorgenommen wird. Der Emittent hat dafür zu sorgen, dass keine Pflichtver-

---

[626] Diskussionsentwurf eines 4. FMFG (2001), S. 507; §§ 37a, 37b WpHG.
[627] Gehrt, John A. (1997), S. 205.
[628] Siehe Seite 201 ff.
[629] BT-Drucks. 12/7918, S. 103.
[630] „Judex non calculat".
[631] Ihlas, Horst (1997) 35 ff.; Thümmel, Roderich (2000), S. 144.
[632] Fleischer, Holger (2000), F. 102.

stöße vorkommen und er sich im Falle eines Schadensersatzes an den verantwortlichen Personen schadlos halten kann.
Schwer wiegt das bei GEHRT gebrauchte Gegenargument, dass mit einem Schadensersatzbegehren ein Kollisionsprozess betrieben werde, der den Emittenten indirekt zur Rückgewähr von Kapital zu Gunsten einiger weniger Aktionäre und zu Lasten der Mehrheit der übrigen Aktionäre verpflichte. Das Verbot der Kapitalrückgewährung stelle jedoch einen der ehernen Grundsätze im Aktienrecht dar.[633] Diesen Grundsatz verletze der Aktionär, der seinem eigenen Unternehmen Mittel entzieht.[634] Diese Argumentation sticht jedoch nicht. Dass eine Kollision zwischen der Schadensersatzhaftung der Ad-hoc-Publizität und dem § 57 AktG besteht, ist unstrittig. Die Argumentation, dass ein Verstoß gegen den Grundsatz der Kapitalerhaltung zu verneinen sei, da zumindest die §§ 37b und 37c WpHG als leges speciales und posteriores dem § 57 AktG vorgehen, kann dabei jedoch als unreflektierter Ausspruch nicht die geeignete Gegenargumentation liefern.[635] So einfach stellt sich die Sachlage nämlich nicht dar, denn es fehlt an jedweder Argumentation, warum zumindest die §§ 37b und 37c WpHG leges speziales zum § 57 AktG sein sollen. Zu beachten gilt, dass im § 57 AktG nach allgemeiner Auffassung ein tragendes Prinzip des Aktienrechts normiert ist. Dieses Gebot zu unterlaufen bedarf schon näherer Argumentation, zumal die Ad-hoc-Publizität nicht zu den seit jeher anerkannten Ausnahmen vom Gebot des § 57 AktG zählt.[636] Für eine Lex specialis-Stellung zumindest der §§ 37b und 37c WpHG spricht, dass ansonsten die bezweckte Haftung praktisch leer liefe, was den gesetzgeberischen Willen konterkarieren würde. Für einen Vorrang der Schadensersatzhaftung spricht aber noch ein weiteres materielles Argument. Betreffend einen Verstoß gegen den Grundsatz des Verbots der Kapitalrückgewährung ist nämlich von Bedeutung, wie und warum der Entzug der Mittel erfolgte. So soll m. E. das Verbot der Kapitalrückgewährung nicht zu einer willkürlichen Ungleichbehandlung gegenüber anderen Schadensersatzberechtigten führen. Die Lage des geschädigten Anlegers ist jedoch vergleichbar mit derjenigen anderer, aufgrund wettbewerbsrechtlicher Normen Anspruchsberechtigter. Der klagende Aktionär macht m. E. seinen An-

---

633 Gehrt, John A. (1997), S. 207; siehe zu diesem Problem im Bereich der Prospekthaftung: Gebauer, Stefan (1999).
634 Gehrt, John A. (1997), S. 207.
635 Fuchs, Andreas / Dühn, Matthias (2002), S. 1070, u. Renzenbrink, Ulf / Holzner, Nelson (2002), S. 436, m. w. N.
636 Siehe dazu ausführlich: Renzenbrink, Ulf / Holzner, Nelson (2002), S. 434 ff.

spruch in erster Linie als Anleger geltend. Dass er gleichzeitig Eigentümer und Aktionär ist, stellt nur eine Begleiterscheinung dar. Es liegt somit auch kein Verstoß gegen das Verbot der Kapitalrückgewährung durch einen Schadensersatzanspruch vor.

Als Ergebnis kann damit festgehalten werden, dass dem grundsätzlichen Anspruch des Anlegers auf Schadensersatz nichts mehr im Wege steht.

2. Schadensbegriff bei Verstoß gegen die kapitalmarktrechtliche Informationsverpflichtung des § 15 WpHG

Beschäftigt man sich mit Schadensersatzhaftung wegen fehlerhafter oder unterlassener Kapitalmarktinformation, so stößt man, unabhängig von der jeweiligen Norm, auf das Problem des zugrunde liegenden Schadensbegriffs. Auch die Ad-hoc-Publizität macht in diesem Bereich keine Ausnahme; die neu eingeführten §§ 37b und 37c WpHG schweigen zu diesem Problem.[637]

In Frage käme ein Anspruch auf Naturalrestitution i. S. d. § 249 Abs. 1 BGB. Danach ist ein Zustand herzustellen, der bei ordnungsgemäßem Informationsverhalten der Gesellschaft bestünde. Regelmäßig ergibt sich hier die Schwierigkeit, den hypothetischen Vergleichszustand im Falle ordnungsgemäßen Informationsverhaltens des Emittenten zu bestimmen. Zwei Szenarien sind dabei zugrunde zu legen: Zum einen ist denkbar, dass der Anleger auch bei richtiger Information an seiner Entscheidung festgehalten hätte. In diesem Fall des hypothetischen Festhaltens an der Anlageentscheidung kommt nur der Ersatz der Wertdifferenz zwischen dem tatsächlichen und dem hypothetischen Transaktionspreis bei korrekter Information in Betracht.

Zum anderen ist denkbar, dass der Anleger bei Kenntnis der „wahren" Ad-hoc-Mitteilung seine konkrete Anlageentscheidung nicht getroffen hätte. In diesem Fall würde sich das Interesse des Anlegers auf die vollständige Rückabwicklung der Wertpapiertransaktion, also die Zahlung des Erwerbs- oder Veräußerungspreises Zug um Zug gegen Rückübertragung des Anlageobjektes erstrecken.

Gegen einen solchen Schadensersatz sprechen jedoch mehrere Argumente. So erfolgte der Erwerb bzw. die Veräußerung der Wertpapiere

[637] Siehe zu den internationalen Regelungen im Bereich der Kapitalmarktschadensersatzhaftung: Fleischer, Holger (2002a), S. 1871 f.

nicht im Verhältnis zwischen dem Schadensersatzleistenden und dem Anleger, sondern meist zwischen dem Anleger und einem Dritten. Nach der Konstruktion des § 249 Abs. 1 BGB könnte damit der Anleger eine Rückabwicklung zwischen ihm und dem Dritten fordern. Dies wird jedoch zumeist an der Weigerung des Dritten scheitern. Im Fall einer solchen Unmöglichkeit sieht § 251 Abs. 1 BGB Geldersatz vor, der auf die Ersetzung eines Differenzbetrages hinausläuft. Aber auch wenn man annähme, der Schädigende sei zur Übernahme der Wertpapiere verpflichtet, spricht folgendes Argument gegen eine kapitalmarktrechtliche Naturalrestitution: Durch diese Naturalrestitution würde in unzulässiger Weise in die Risikoverteilung des Kapitalmarkts eingegriffen werden. Diese Restitution nähme dem Anleger das Preisrisiko und gäbe ihm eine Art „Reuerechtinstrument" an die Hand.[638] Die kapitalmarktrechtliche Naturalrestitution würde es den Anlegern ermöglichen, marktvermittelte Folgeschäden, also Markt- und Börsenschwächen, einseitig auf diejenigen zu verlagern, die für die Verletzung einer konkreten Informationspflicht haften.[639] Damit würde zusätzlich ein Anreiz geschaffen, nachträglich Informationsmängel aufzuspüren, um sich marktbedingter Risiken zu Lasten Dritter zu entledigen und diese dadurch in die Rolle eines Versicherers gegen unerwünschte Marktentwicklungen zu drängen.[640] Ein solch gewährtes Reuerecht würde jedoch die systemisch bedingte Risikoverteilung auf dem Kapitalmarkt unterlaufen und letztendlich die Funktionsfähigkeit des Kapitalmarkts schwächen. Im Rahmen einer angemessenen Risikoverteilung sind nur die informationsbedingten Risiken vom Schädiger zu tragen, während das allgemeine Markt- und Kursrisiko grundsätzlich bei den Anlegern verbleibt. Eine solch angemessene Risikoverteilung garantiert jedoch nur der Differenzersatz, eine kapitalmarktrechtliche Naturalrestitution fällt damit aus. Die Argumentation der sachgerechten Verteilung allgemeiner Kapitalmarktrisiken lässt sich dabei dogmatisch im Schadensersatzrecht bei der Figur des Schutzzweckzusammenhangs verorten. Danach stellt sich die Frage, was Schutzzweck der Schadensersatzregelungen der Ad-hoc-Publizität ist. Da die Antwort lauten muss, dass die Schadensersatznormen auf jeden Fall nicht vor den dem Kapitalmarkt inhärenten Risiken, sondern nur vor dem Irreführungsrisiko schützen sollen, ist eine Beschränkung des Schadensersatzes auf den Kursdifferenzschaden gerechtfertigt.

---

[638] Fleischer, Holger (2002a) S. 1871.

[639] Fleischer, Holger (2002a), S.1872; Fleischer, Holger / Kalss, Susanne (2002), S. 332.

[640] Fleischer, Holger (2002a) S. 1872.

Für eine generelle Beschränkung auf den Differenzersatz und für den Ausschluss der Naturalrestitution auf dem Gebiet des Kapitalmarktrechts sprechen auch die eingeführten §§ 37b und 37c WpHG. Aus ihnen ergibt sich, dass der Anleger gegenüber dem Emittenten nicht Rückabwicklung der Transaktion, sondern allein Ersatz der Differenz zum hypothetischen Transaktionspreis verlangen kann. Zwar weisen die Formulierungen in den Gesetzesmaterialien eher auf eine Naturalrestitution hin, jedoch bestätigen die allein von den §§ 37b und 37c WpHG erfassten Fallgruppen des Erwerbs und der Veräußerung, dass eine Wertdifferenzhaftung gewollt ist.[641]

Die §§ 37 b und 37c WpHG grenzen dabei auch den Anspruchstellerkreis nicht unangemessen ein, wenn sie diesen auf Anleger beschränken, die ihre Wertpapiere zu teuer gekauft oder zu billig verkauft haben. Ganz im Gegenteil führen sie eine Einschränkung des Anspruchstellerkreises durch, die für alle kapitalmarktrechtlichen Schadensersatznormen für Falschinformation Geltung beanspruchen muss. Zu beachten ist nämlich Folgendes: Eine Einbeziehung auch der Unterlassung von Transaktionen würde dem Anleger keinen Vorteil bringen. Er würde letztendlich schon an dem im Fall der positiven Transaktion schwierig zu führenden Beweis der Kausalität scheitern. Über das Szenario der §§ 37b und 37c WpHG hinaus ist jedoch kein Szenario denkbar, bei dem die Desinformation kausal für einen Schaden geworden wäre. Hat nämlich der Anleger zum „wahren“ Preis seine Transaktion durchgeführt, so fehlt es an einem Schaden.

Auf die Berechung des propagierten Kursdifferenzschadens soll nur kurz eingegangen werden. Nach der hier vertretenen Ansicht ist für die Berechnung des Schadens die Frage maßgeblich, wie der Geschädigte stünde, wenn der zum Ersatz verpflichtende Umstand nicht eingetreten wäre. Als Zeitpunkt ist dabei der Moment der Schadensverursachung maßgeblich.[642] Hinsichtlich der Beweislast im Prozess ist Folgendes zu beachten: Die vom Anleger zu beweisende haftungsausfüllende Kausalität umfasst nur den Nachweis, dass der Kurs im Zeitpunkt der Transaktion höher bzw. niedriger gewesen wäre. Die Frage der Höhe der genauen Kursdifferenz unterfällt nicht mehr der haftungsausfüllenden Kausalität; damit ist ebenfalls nicht mehr § 286 ZPO anwendbar, sondern

---

[641] So auch: Fleischer, Holger (2002a), S. 1874; Hutter, Stephan / Leppert, Michael (2002), S. 655; Mülbert, Peter (2002), S. 834; Maier-Reimer, Georg / Webering, Anabel (2002), S. 1860 f.

[642] Zu den in diesem Zusammenhang vertretenen Gegenansichten siehe Möllers, Thomas / Leisch, Franz Clemens (2002), S. 1078, m. w. N.

§ 287 ZPO. Trotzdem sind auch im Rahmen des § 287 ZPO Mindestforderungen an die Substantiierung zu stellen, wonach der Sachverhalt so weit vorgebracht werden muss, dass das Gericht in der Lage ist, einen Gutachter zu beauftragen.[643] Für eine Schadensermittlung i. S. v. § 287 ZPO bietet sich das Capital Asset Pricing Model der Kapitalmarktforschung an.[644] Dieses Modell ermöglicht die Ermittlung von abnormalen Renditen durch die Herstellung einer Beziehung zwischen der Risikoprämie einer bestimmten Kapitalanlage und dem mittleren Risiko des Gesamtmarktes. Im Ergebnis erhält man jenen Kursverlust, der mit hoher Wahrscheinlichkeit auf die bekannt gewordene Publizitätspflichtverletzung zurückzuführen ist. Das Capital Asset Pricing erfüllt damit die Vorgaben einer Schadensschätzung des Gerichts im Verfahren des § 287 ZPO.

3. Geltendmachung des Schadensersatzanspruchs

Im konträren Verhältnis zur Justiz, die grundsätzlich der Regel „judex non calculat" folgt, ist bei den geschädigten Anlegern anzunehmen, dass sie sich als homo oeconomicus auch bei der Durchsetzung ihres Schadensersatzanspruchs dem Gebot der Wirtschaftlichkeit unterordnen. Da Verstöße gegen die Ad-hoc-Publizität in der Regel Streuschäden mit geringen Schadenssummen erzeugen, werden die geschädigten Anleger nur zur Durchsetzung ihrer Ansprüche und damit zur Umsetzung der Präventivwirkung von Schadensersatzregelungen bereit sein, wenn ihnen ein wirtschaftlich adäquater Weg zur Durchsetzung ihrer Ansprüche zur Verfügung gestellt wird.[645] FLEISCHER spricht in diesem Zusammenhang davon, dass die geschädigten Anleger bei Unwirtschaftlichkeit des Klageweges in „rationale Apathie" fallen.[646] Die bestehenden Bündelungsmöglichkeiten der Zivilprozessordnung, wie die Streitgenossenschaft und die Verfahrensverbindung bis hin zur Musterklage, werden als nicht ausreichende Instrumente eingestuft. Zwar seien erste Ansätze von kollektiven Klagen im am 1. Januar 2002 in Kraft getretenen Unterlassungsklagegesetz erkennbar, grundsätzlich sei jedoch das Zivilprozess-

[643] Siehe zu den Anforderungen: OLG München (2002a), S. 105 f.
[644] Siehe nur: Perridon, Louis / Steiner, Manfred (1999), S. 265 ff.
[645] Siehe zu den praktischen Verfahrenfragen im Bereich der Ad-hoc-Publizität Rotter, Klaus und Wilga, Norbert in Möllers, Thomas / Rotter, Klaus (2003), Kapitel 6.
[646] Fleischer, Holger (2002), F 116.

recht auf das Zweipersonenverhältnis zugeschnitten.[647] Nur die Bundesregierung setzt noch auf dem Gebiet des kapitalmarktrechtlichen Schadensersatzrechts auf das Instrument der Musterklage.[648] Dazu sollen die kapitalmarktrechtlichen Schadensersatzforderungen dem ausschließlichen Gerichtsstand des Sitzes des Emittenten unterliegen und mittels einer Musterklage zum Erfolg geführt werden.[649] Von den Kapitalmarktteilnehmern und weiten Teilen der Wissenschaft wird dagegen die Einführung von „echten" kollektiven Rechtsverfolgungsinstrumenten gefordert. Die Regierungskommission Corporate Governance sprach sich für die Einsetzung eines gemeinsamen Vertreters aus, der die Ansprüche der Anleger in Prozessstandschaft einklagt.[650] Der 64. Deutsche Juristentag dagegen sprach sich mehrheitlich für eine „zivilprozessuale Gestaltungsklage" aus.[651] In der Literatur werden Stimmen nach der Einführung einer Sammelklage laut, wie sie das US-amerikanische Recht als class action innerhalb der Rule 10b-5 auf dem Kapitalmarktrecht kennt.[652] Allerdings sind eine Vielzahl von Problemen der Implementierung der vorgeschlagenen kollektiven Rechtschutzinstrumente in das deutsche Zivilprozessrecht noch nicht einmal erfasst, geschweige denn gelöst worden.[653] Eine Bewertung oder sogar ansatzweise Lösung dieser Probleme würde den hier gesetzten Rahmen jedoch sprengen, sodass es bei der Feststellung bleiben muss, dass es für die Lösung dieser speziellen prozessualen Probleme Ansätze gibt und z. B. das österreichische Recht tragfähige Vorlagen bietet.[654] Es muss danach hier bei der allgemeinen Aufforderung an die Wissenschaft und den Gesetzgeber zur Einrichtung einer den Kapitalmarktverhältnissen äquivalenten Klagemöglichkeit bleiben.

Anders sieht es jedoch bei den materiellen Problemen aus, die der Einführung eines kollektiven Rechtsschutzinstruments in das Kapitalmarktrecht entgegenstehen. Gegen die Einrichtung eines solchen Instruments sprechen momentan nämlich nicht nur prozessuale Gründe, sondern es

---

647 BGBl. I 2001, S. 3138.

648 Siehe zu diesem Konzept und seinen Alternativen: Hess, Burkhard / Michailidou, Chirsoula (2003), S. 2318 ff.

649 Punkt 2 des 10-Punkte-Programms der Bundesregierung zur Verbesserung der Unternehmensintegrität und des Anlegerschutzes, www.bmj.de.

650 Bericht der Regierungskommission Corporate Governance (2001).

651 Beschlüsse des 64. Deutschen Juristentages (2002), S. 2037.

652 Siehe zu diesem Ansatz auch: Fleischer, Holger / Kalss, Susanne (2002), S. 334.

653 Siehe zu den Problemen der Sammelklage: Hopt, Klaus / Baetge, Jörg (1999), S. 67 u. 93 f.

654 Siehe zu internationalen Beispielen: Hess, Burkhart (2003), S. 113 ff.

fehlen auch die für eine kollektive Geltendmachung erforderlichen adäquaten Haftungstatbestände. Nicht zu vergessen ist nämlich, dass eine wie auch immer geartete Kollektivklage bestimmte Anforderungen an den geltend zu machenden Schadensersatzanspruch stellt. So erfordert die kollektive Geltendmachung einheitliche und pauschalierende Verletzungstatbestände. Diese sind auf dem Gebiet des Kapitalmarktrechts im Bereich der Ad-hoc-Publizität noch nicht vorhanden. So weisen die §§ 37b und 37c WpHG als einzige explizite Grundlage für einen Schadensersatzanspruch auf dem Gebiet des Ad-hoc-Publizität-Rechts mit ihrem individuellen Kausalitätsnachweis immer noch ein individuelles Tatbestandsmerkmal auf, das eine überindividuelle Geltendmachung unmöglich macht. Sollte es nun dazu kommen, dass eine überindividuelle Geltendmachung prozessual verankert wird, so müssen nicht zuletzt auch die §§ 37b und 37c WpHG als materielle Grundlage so verändert werden, dass sie überhaupt tauglich sind, überindividuell geltend gemacht zu werden. Damit müsste innerhalb der §§ 37b und 37c WpHG der Kausalitätsnachweis beispielsweise an allgemeine Vermutungen wie das Marktvertrauen geknüpft werden.[655] Durch die Veränderung der §§ 37b und 37c WpHG in diesem Sinne und durch die Beachtung der Besonderheiten von kollektiven Rechtsschutzinstrumenten bei der Weiterentwicklung von kapitalmarktrechtlichen Schadensersatzinstrumenten könnte der Gesetzgeber durchaus die notwendigen Grundlagen für eine noch einzuführende prozessuale Geltendmachung von kapitalmarktrechtlichen Schadensersatzansprüchen schaffen.

4. Haftung gem. § 823 Abs. 2 BGB i. V. m. einem Schutzgesetz

a) Haftung i. V. m. § 15 WpHG

Bevor die einzelnen Anspruchsvoraussetzungen des § 823 Abs. 2 BGB i. V. m. § 15 WpHG untersucht werden, muss vorausgeschickt werden, dass dieser Anspruch auch nach der Einführung von expliziten Anspruchsgrundlagen durch das 4. FMFG seine Bedeutung behält, da er in sachlicher und personeller Hinsicht über die Ansprüche des 4. FMFG hinausgehen könnte.

§ 823 Abs. 2 BGB setzt als Anspruchsgrundlage voraus, dass ein Verstoß gegen ein Schutzgesetz i. S. d. § 823 Abs. 2 BGB erfolgt ist. Am nächst liegenden wäre hier die Annahme eines Verstoßes gegen die Ad-

---

[655] Siehe zu diesem Ansatz: Heß, Burkhart (2003), S. 124.

hoc-Publizität-Regelung des § 15 WpHG als Schutzgesetz an sich. Fraglich ist aber, ob der § 15 WpHG ein Schutzgesetz i. S. d. § 823 Abs. 2 BGB darstellt.[656]
Der BGH führt dazu aus, dass dann vom Vorliegen eines Schutzgesetzes ausgegangen werden kann, wenn die Rechtsnorm wenigstens auch die Interessen des Einzelnen schützen soll.[657] Ob ein solcher Schutz bezweckt und erstrebt sei, wäre durch Auslegung festzustellen. Dazu gibt es einen subjektiven und einen objektiven Ansatz.
Die subjektive Auslegungstheorie stellt auf den Willen des Gesetzgebers ab. Der objektive Ansatz überprüft, wie GEHRT formuliert, ob dieser gesetzgeberische Wille im Hinblick auf die Rahmenbedingungen beim Erlass des § 15 WpHG nicht fehlgeleitet ist.[658]

Zur Auslegung des § 15 WpHG in seiner Qualität als Schutzgesetz i. S. d. § 823 Abs. 2 BGB muss zwischen der Sachlage vor dem Erlass der §§ 37b und 37c WpHG als eigenständige Anspruchgrundlagen auf individuellen Schadensersatz im Rahmen des 4. FMFG und nach dem Erlass differenziert werden.

Nach der subjektiven Theorie muss ein drittschützender Charakter des § 15 WpHG vor Inkrafttreten des 4. FMFG ausgeschlossen werden. Im explizitem Wortlaut des § 15 Abs. 6 S. 1 WpHG a. F. lehnt der Gesetzgeber den Schutzgesetzcharakter ab.[659] In den Gesetzesmaterialien findet sich darüber hinaus die Aussage, dass der Schutz der einzelnen Anleger lediglich als Rechtsreflex erfolge.[660]
Nach der objektiven Theorie sind im Zusammenhang mit § 15 WpHG vor allem die Genese des § 15 WpHG und die europarechtlichen Vorgaben zu beachten.
Zuerst einmal ist die bis zum 31. Dezember 1994 geltende Vorgängervorschrift zu § 15 WpHG, der § 44 a a. F. BörsG, zu untersuchen. Diese wurde überwiegend als individualschützend angesehen.[661] So heißt es in der Gesetzesbegründung für die Bußgeldvorschriften der

[656] BVerfG (2002), S. 77: hat im Gegensatz zur missverständlichen Interpretation des Urteils durch die Presse gerade diese Frage nicht beantwortet.
[657] BGH (1954), S. 146.
[658] Gehrt, John A. (1997), S. 201.
[659] Kümpel, Siegfried (1999), § 15 Rn. 188.
[660] BT-Drucks. 12/7918, S. 100 u. S. 102.
[661] Assmann, Heinz-Dieter (1994), S. 252; Schwark, Eberhard (1987), S. 2045.

§ 44 ff. a. F. BörsG, dass diese die Erhaltung der Veröffentlichungsvorschriften „im Interesse der Wertpapierinhaber" sichern.[662]
Für den drittschützenden Charakter von § 15 WpHG sprechen weiterhin sowohl systemische Argumente als auch die europarechtliche Grundlage der Ad-hoc-Publizität.
So steht der Aussage, dass mit der Regelung des § 15 WpHG ausschließlich Funktionsschutz im öffentlichen Interesse betrieben werden soll, der Umstand entgegen, dass es eine strikte Trennung des Funktionsschutzes der Kapitalmarktes und seiner Funktionsfähigkeit von dem Anlegerschutz nicht geben kann.[663] HOPT spricht davon, dass der Funktionsschutz und der Anlegerschutz „zwei Seiten der gleichen Medaille" sind.[664] Schütze man die eine, so werde automatisch auch die andere Seite geschützt. Der Funktionen- und Individualschutz gingen ineinander über, und der aus dem Sozialstaatsprinzip abgeleitete Individualschutz habe dabei einen eigenen rechtlichen Wert, der unabhängig neben dem Funktionsschutz stehe.[665] Erkläre der Gesetzgeber trotz dieser Untrennbarkeit, dass er nur Funktionsschutz betreiben wolle, so setze er sich mit seinem eigenen Verhalten in Widerspruch, indem er einerseits um das Vertrauen der Anleger werbe und andererseits den anlegerschützenden Charakter seiner kapitalmarktrechtlichen Regelungen insgesamt in Frage stelle.[666]
Für einen Individualschutz durch § 15 WpHG spricht auch die europarechtliche Herkunft der Vorschrift. Die Börsenzulassungsrichtlinie von 1979 nennt in ihrer Präambel ausdrücklich den Anlegerschutz als Ziel.[667] Vor diesem Hintergrund verliert auch das Argument, dass die Ad-hoc-Publizität nach § 15 WpHG nicht individualschützend sei, da sie sich nur an die sog. Bereichsöffentlichkeit und damit nicht an alle Anleger richte, an Durchschlagskraft. Die Börsenzulassungsrichtlinie von 1979 spricht im Anhang Schema Nr. 5a gerade von „breiter Öffentlichkeit". Die Umsetzung der Richtlinie durch die Bundesregierung in Form einer Veröffentlichung an die sog. Bereichsöffentlichkeit spricht nicht für einen eingeschränkten Schutzbereich, sondern nur für die Ausnutzung eines Ermessensspielraums durch die Bundesregierung bei der Umsetzung der Richtlinie. Nach der Insider-Richtlinie von 1989 wird ebenfalls der indivi-

662 BT-Drucks. 10/4296, S. 30.
663 Klitzing, Joachim (1999), S. 51; Gehrt, John A. (1997), S. 24.
664 Hopt, Klaus (1995), S. 158, 159.
665 Mülbert, Peter O. (1996), S. 112.
666 Hopt, Klaus (1995), S. 159.
667 Börsenzulassungs-RL (1979), Anhang Schema Nr. 5 a.

duelle Anlegerschutz neben dem allgemeinen, in der Sicherstellung der Funktionsfähigkeit der Wertpapiermärkte verkörperten, bezweckt. Dies findet zwar keine wörtliche Erwähnung, jedoch geht aus den Erwägungsgründen zur Insider-Richtlinie die der Funktionsfähigkeit der Wertpapiermärkte zugemessene Bedeutung und schließlich die Interdependenz der beiden genannten geschützten Personenkreise hervor.[668]
Nachdem nun festgestellt werden kann, dass nach der objektiven Auslegungstheorie sowohl die systemischen Argumente als auch die europarechtliche Grundlage für eine drittschützende Wirkung der Ad-hoc-Publizität des § 15 WpHG sprechen und dies im Widerspruch zur subjektiven Theorie steht, stellt sich die Frage nach dem weiteren Vorgehen. Zu berücksichtigen ist nämlich, dass, auch wenn man der Meinung folgt, dass es sich beim § 15 WpHG um eine Norm mit drittschützender Wirkung handelt, dieser Ansicht nicht nur die Interpretation des Gesetzgebers in den Gesetzesmaterialien entgegensteht, sondern auch der klare Wortlaut des § 15 Abs. 6 WpHG a. F. Auch wenn man zum Schluss gelangt, dass der Ausschluss von Schadensersatzansprüchen durch den deutschen Gesetzgeber jedenfalls in zivilrechtlicher Hinsicht nicht der nach Art. 13 der Insider-Richtlinie von 1989 vorgegebenen Pflicht zur effektiven, aus dem Grundsatz der praktischen Wirksamkeit abgeleiteten Sanktionierung von Verstößen gegen die Ad-hoc-Publizität nachkommt, hat dies keine Unwirksamkeit und damit Unbeachtlichkeit des § 15 Abs. 6 S. 1 WpHG a. F. zur Folge.[669] Im Falle der Europarechtswidrigkeit einer Norm wird diese nicht automatisch unwirksam, sondern es stehen zwei Vorgehensweisen zur Verfügung. Danach muss zuerst eine richtlinienkonforme Auslegung versucht werden. Das scheitert in diesem Fall am strikten Wortlaut des § 15 Abs. 6 S. 1 WpHG a. F. In diesem Zusammenhang muss auch darauf hingewiesen werden, dass eine Lesart des § 15 Abs. 6 S. 1 WpHG a. F. in der Art, dass dieser nur die Haftung des Emittenten, aber nicht die von Vorständen oder leitenden Angestellten ausschließen will, dem gesetzgeberischen Willen zuwiderläuft. § 15 Abs. 6 WpHG ist keine Festlegung des Lex specialis-Charakters, sondern genereller Ausdruck, dass § 15 WpHG kein Schutzgesetz darstellt. Der fehlende Schutzgesetzcharakter betrifft jedoch sowohl die Emittenten- als auch die Vorstandshaftung.
Ist eine richtlinienkonforme Auslegung nicht möglich, bietet sich als einzige Möglichkeit eine Vorlage zum EuGH nach Art. 234 EGV an. Eine

[668] Insider-RL (1989), Erwägungsgründe Nrn. 3, 4, 5, 6.
[669] Dies wohl verkennend: Pluskat, Sorika (2002), S. 241.

einfache Ignorierung des § 15 Abs. 6 S. 1 WpHG a. F. würde das Vertrauensschutzprinzip und den Grundsatz der Rechtssicherheit verletzen. Festzustellen bleibt damit, dass § 15 Abs. 6 S. 1 WpHG a. F. trotz seiner vermeintlichen Europarechtswidrigkeit wirksam bleibt. Eine Auslegung des § 15 WpHG als drittschützend wäre damit keine Interpretation, sondern ein Handeln contra legem, das vor dem schon angesprochenen Grundsatz der Rechtssicherheit und dem Prinzip des Vertrauensschutzes nicht hinnehmbar ist.

Solange also § 15 Abs. 6 S. 1 WpHG a. F. Gültigkeit behält, kommt dem § 15 WpHG insgesamt keine drittschützende Wirkung zu. Damit scheidet auch ein Anspruch auf der Grundlage des § 823 Abs. 2 BGB bis zur Einführung der §§ 37b und 37c WpHG und der Änderung des § 15 Abs. 6 WpHG a. F. durch das 4. FMFG aus.

Anders stellt sich die Sachlage nach dem Erlass des 4. FMFG dar. Die Modifizierung des § 15 Abs. 6 S. 1 WpHG a. F. im Rahmen des 4. FMFG und die Einführung eines individuellen Schadensersatzanspruches gem. §§ 37b und 37c WpHG hat eine Zeitenwende im individuellen Anlegerschutz des § 15 WpHG eingeläutet. Versagte § 15 Abs. 6 a. F. noch grundsätzlich jeden individuellen Schutz auf der Grundlage des § 15 WpHG, so führte der Gesetzgeber nach Modifizierung dieses Paragraphen höchst selbst die ersten individualschützenden Regelungen auf der Grundlage des § 15 WpHG in Form der §§ 37b und 37c WpHG ein. Die Argumentation, § 15 WpHG weise aufgrund seiner Natur keinen individualschützenden Charakter auf, ist mit einem Federstrich Makulatur. Gegner dieser Ansicht verweisen auf die Absätze 5 der §§ 37b und 37c WpHG und wollen damit wohl den Einwand geltend machen, der Gesetzgeber hätte die Regelung des § 15 Abs. 6 S. 1 WpHG a. F. nur in die §§ 37b und 37c WpHG transferiert. Diese Argumentation sticht jedoch nicht. Die Absätze 5 der §§ 37b und 37c WpHG verbieten keineswegs wie der § 15 Abs. 6 S. 1 WpHG a. F. den individualschützenden Charakter des § 15 WpHG a limine, vielmehr handelt es sich um eine Regelung, die den Inhalt des § 15 Abs. 6 S. 2 WpHG a. F. in sich aufnimmt und damit den Lex specialis-Charakter der §§ 37b und 37c WpHG näher qualifiziert.

Danach stellt sich die Frage, ob die Lex specialis-Vorschriften eine Haftung gem. § 823 Abs. 2 BGB i. V. m. § 15 WpHG ausschließen.

Für eine Haftung des Emittenten ist dies nach dem Wortlaut des § 15 Abs. 6 S. 1 WpHG immer noch anzunehmen. Anders jedoch bei der Haftung der persönlich Handelnden, die gleichfalls von einem Anspruch gem. § 823 Abs. 2 BGB i. V. m. § 15 WpHG erfasst würden. Noch vor

Einführung der §§ 37b und 37c WpHG wurde nämlich von einzelnen Stimmen der Literatur aufgrund des Wortlauts des § 15 Abs. 6 WpHG a. F. angenommen, es seien nur weitere Ansprüche auf der Grundlage des § 15 WpHG gegen den Emittenten, aber nicht gegen den Vorstand bzw. die persönlich Handelnden ausgeschlossen.[670] Mutete diese Konstruktion zur Zeit des § 15 Abs. 6 WpHG a. F. noch als „konstruiert" und „paradox" an, so muss die Sachlage nach Erlass der § 37b und 37c WpHG neu evaluiert werden.[671] Nachdem nun der Gesetzgeber selbst einen individuellen Schadensersatz eingeführt hat und das 4. FMFG konkret den Anlegerschutz, auch den individuellen, auf seine Fahnen geschrieben hat, scheint es hingegen eher „konstruiert" und „paradox" davon auszugehen, dass § 15 WpHG – wie schon festgestellt - nicht drittschützende Wirkung habe. Dagegen spricht auch nicht die ausdrückliche Formulierung in den Gesetzesmaterialien, dass im § 15 Abs. 6 a. F. lediglich das Wort „nicht" durch die Wörter „nur unter den Voraussetzungen der §§ 37b und 37c" ersetzt werden sollte.[672] Will man nämlich dem Gesetzgeber nicht vollkommen inkonsequentes Verhalten unterstellen, so ist diese Anmerkung folgendermaßen zu interpretieren: Sehr wohl war sich der Gesetzgeber bewusst, dass er mit den §§ 37b und 37c WpHG dem § 15 WpHG drittschützenden Charakter zuwies. Festgehalten wird jedoch – dies will die jetzige Lex specialis-Vorschrift des § 15 Abs. 6 S. 1 WpHG ausdrücken – an dem Urteil, dass der Emittent nicht unübersehbaren Schadensersatzforderungen ausgesetzt werden soll. Eine persönliche Haftung des Vorstands setzt jedoch den Emittenten überhaupt keiner direkten Haftung aus. Darüber hinaus ist auch indirekt keine unübersehbare Haftung des Emittenten aufgrund des Schadensbegriffes zu befürchten, da, wie eingangs untersucht, alle Ansprüche auf den Differenzschaden zurückgreifen. Ein weiteres Unterlaufen des Haftungssystems der §§ 37b und 37c WpHG durch einen Anspruch aus § 823 Abs. 2 BGB i. V. m. § 15 WpHG kann in der Weise verhindert werden, dass auf diesen Anspruch die strukturellen Einschränkungen der §§ 37b und 37c WpHG hinsichtlich der Anspruchsberechtigten, Fristen etc. übertragen werden. Als Ergebnis erhielte der Anleger jedoch nach der hier vertretenen Meinung einen weiteren Anspruchsverpflichteten in Form der persönlich handelnden Personen wie den Vorstandsmitgliedern. Ein weiteres Indiz, das die hier vorgenommene Lex specialis-Auslegung unterstützt und anzeigt, dass eine persönli-

670 Gehrt, John A. (1997), S. 208.
671 Fleischer, Holger (2002), F. 101; Barnert, Thomas (2002), S. 1481.
672 BT-Drucks. 14/8017, S. 87.

che Haftung des Vorstandes auf der Grundlage des § 15 WpHG nicht der Intention des Gesetzgebers – zumindest des heutigen – zuwiderläuft, ist das 10-Punkte-Programm der Bundesregierung zur Verbesserung der Unternehmensintegrität und des Anlegerschutzes.[673] Darin wird im Punkt 2 von der Bundesregierung als erklärtes Ziel formuliert, dass vor allem die Vorstands- und Aufsichtsratsmitglieder zu einer Haftung herangezogen werden sollen.
In diesem Zusammenhang wird explizit auf die Vorschriften der Ad-hoc-Publizität und der §§ 37b und 37c WpHG Bezug genommen.
Damit muss letztendlich Folgendes zu einem Anspruch aus § 823 Abs. 2 BGB i. V. m. § 15 WpHG festgestellt werden: Bis zur Geltung des 4. FMFG scheiterte ein Anspruch aus § 823 Abs. 2 BGB i. V. m. § 15 WpHG am expliziten Wortlaut des § 15 Abs. 6 WpHG a. F. Nach dem 4. FMFG steht dem Anleger jedoch ein Anspruch aus § 823 Abs. 2 BGB i. V. m. § 15 WpHG zu. Er beschränkt sich jedoch auf die Haftung der handelnden Personen und unterliegt den strukturellen Einschränkungen, welche die §§ 37b und 37c WpHG vorgeben.

b) Haftung i. V. m. § 400 AktG

Eine solche Haftung scheidet von vornherein aus, da § 400 AktG, wie untersucht, die Ad-hoc-Publizität nicht umfasst.[674]

c) Haftung i. V. m. § 88 BörsG

In Frage kommen könnte eine Schadensersatzhaftung aus § 823 Abs. 2 BGB i. V. m. § 88 BörsG. Es ist darauf hinzuweisen, dass § 88 BörsG nur Sachverhalte bis zum 22. Juni 2002 erfasst. Danach wurde er durch das 4. FMFG in den § 20a WpHG integriert. Dass bei einem Verstoß gegen die Ad-hoc-Publizität gleichzeitig ein Verstoß gegen § 88 BörsG vorliegen kann, wurde schon festgestellt.[675] Fraglich ist damit jedoch noch, ob § 88 BörsG einen drittschützenden Charakter besitzt. Hier muss die Aufsehen erregende Entscheidung des LG Augsburg beachtet werden.[676] Das LG stellt fest, dass der § 88 BörsG auch dazu dienen solle, das Vermögen der einzelnen Kapitalanleger vor möglichen Schäden durch unredliche Kursbeeinflussung zu schützen. Es bejaht im Folgen-

[673] www.bmj.de.
[674] Siehe S. 197.
[675] Siehe S. 193.
[676] LG Augsburg (2001), S. 1881.

den zum ersten Mal in der Geschichte der Ad-hoc-Publizität in der BRD einen Schadensersatzanspruch eines Anlegers. Die Bejahung eines Schadensersatzanspruchs ist grundsätzlich zu begrüßen, jedoch hat das LG eher vom Ergebnis her argumentiert, und das Urteil wurde letztendlich in der Berufungsinstanz aufgehoben.

Nach bisher herrschender Meinung diente § 88 BörsG ausschließlich der ordnungsgemäßen Markt- und Börsenpreisbildung und damit der Funktionsfähigkeit des Sekundärmarktes, nicht aber dem Individualschutz einzelner Kapitalanleger. Alleinige Intention des Gesetzgebers sei es gewesen, die Zuverlässigkeit und Wahrheit der Preisbildung an Märkten und Börsen gegen manipulative Eingriffe zu schützen.[677] Anders als etwa bei § 264a StGB habe der Gesetzgeber den Gedanken des Individualschutzes bei § 88 BörsG nicht ausdrücklich betont.[678] Soweit sich § 88 BörsG tatsächlich zu Gunsten individueller Anleger auswirke, sei dies ein bloßer „Rechtsreflex" des Institutionenschutzes.[679]

Zu beachten ist, dass es nicht darauf ankommt, ob die Norm unmittelbare oder mittelbare Auswirkungen auf das Schutzgut hat, sondern allein die Intention des Gesetzgebers ist entscheidend. Dies verkennt die obige Meinung, die auf die indirekte Schutzwirkung des § 88 BörsG abstellt. Es erhebt sich damit, überspitzt formuliert, die Frage, ob der Gesetzgeber den individuellen Anlegerschutz als reflexartige mitverwirklichte Folge seines § 88 BörsG hinnimmt.[680]

Zu beachten ist dabei, dass der Schutz ordnungsgemäßer Markt- und Börsenpreisbildung einerseits und der Individualschutz anderseits nicht in einem Verhältnis von Antinomie oder strenger Alternativität stehen, sondern in untrennbarer funktionaler Wechselwirkung. In Anlehnung an HOPT ist das Bild der beiden Seiten derselben Medaille geläufig.[681] Darüber hinaus können Vorschriften, die primär einen Institutionenschutz gewährleisten, auch im Einzelfall einen Individualschutz bezwecken und sind nicht per se aus dem Kreis potenzieller Schutzgesetze auszuscheiden.[682] Die von der überwiegenden Meinung vorgenommene kategorische Trennung zwischen einem abstrakten Markt und individuellen Kapi-

[677] Schwark, Eberhard (1994), BörsG § 88 Rn. 1; Kümpel, Siegfried (1999), § 15 Rn. 186.
[678] Groß, Wolfgang (2002a), § 88 BörsG Rn. 1, m. w. N.
[679] BT-Drucks. 10/318, S. 45 u. 46; Kümpel, Siegfried (1999), § 15 WpHG Rn. 186.
[680] Zur drittschützenden Wirkung des § 88 BörsG ausführlich: Barnert, Thomas (2002), S. 1475 ff.
[681] So schon: Hopt, Klaus (1995), S. 159.
[682] Canaris, Claus-Wilhelm (1983), S. 46; Spickhoff, Andreas (1998), S. 113.

talanlegern kann so nicht getroffen werden.[683] Der Kapitalmarkt setzt sich gerade aus der Gesamtheit der individuellen Kapitalanleger und ihrer einzelnen Anlegerentscheidungen zusammen. § 88 BörsG will auch nach h. M. nicht nur das Ergebnis der Preisbildung, sondern den Prozess der Preisbildung schützen. Am Anfang dieses Prozesses steht jedoch die Entscheidung des individuellen Anlegers, die mit geschützt werden muss. Dabei kann nicht von einem mittelbaren Schutz gesprochen werden, sondern von einem im Prozess der Preisbildung früher einsetzenden Schutz.[684]
Hinzu kommt, dass der Institutionenschutz grundsätzlich keinen Selbstzweck darstellt, sondern in erster Linie die Interessen der diese Institution formenden Individuen im Auge hat.[685] Jedenfalls ist das Gesetz in den Fällen, in denen die „Institution" gerade als Summe der einzelnen, sie konstituierenden Personen oder Transaktionen geschützt wird, auch zum Schutz des Einzelnen bestimmt.
Dass sich auch der Gesetzgeber dieses Wirkungszusammenhangs zwischen Markt- und Börsenpreisschutz einerseits und individuellem Anlegerschutz andererseits bewusst war, zeigt die von der h. M. angeführte Stelle der Gesetzesbegründung. Über die Feststellung hinaus, dass es einen solchen Funktionszusammenhang gibt, enthält jedoch die Gesetzesbegründung an keiner Stelle die Aussage oder den Hinweis, dass ein Schutz des individuellen Anlegers nicht gewollt sei. Dies kann die Gesetzesbegründung auch logisch nicht, da der Gesetzgeber selbst erkannt hat, dass ein Funktionsschutz und ein Individualschutz nicht voneinander getrennt werden können. In Kenntnis dieser Sachlage ist jedoch eine explizite Verneinung eines individuellen Anlegerschutzes zu verlangen, um den Schutzgesetzcharakter auszuschließen.

In diesem Zusammenhang ist auch das vielfach vorgebrachte Argument zu betrachten, der Gesetzgeber habe nicht zum Ausdruck gebracht, dass er den § 88 BörsG schadensersatzbewehrt sehen will. Dieses Argument ist jedoch für die Fragestellung nach einem Schutzgesetz irrelevant. Für den hier relevanten § 823 Abs. 2 BGB ist es gerade kennzeichnend, dass er an Normen anknüpft, die das Mittel des Schadensersatzes weder vorsehen noch bezwecken. Die Frage nach einem Scha-

---

[683] Fuchs, Andreas / Dühn, Matthias (2002), S. 1065
[684] Fuchs, Andreas / Dühn, Matthias (2002), S. 1065, verwenden aufgrund dieser zeitlichen prozessualen Abfolge dabei sprachlich sogar den Begriff „unmittelbar" für den Individualschutz und den Begriff „mittelbar" für den Preisschutz.
[685] Larenz, Karl / Canaris, Klaus-Wilhelm (1994), S. 434.

densersatz stellt sich bei § 823 Abs. 2 BGB erst nach der Bejahung des Vorliegens eines Schutzgesetzes. Dann ist nämlich zu prüfen, ob ein zu gewährender Schadensersatzanspruch im Rahmen des haftpflichtrechtlichen Gesamtsystems sinnvoll und tragbar erscheint oder ob dieser die systemische Stellung des § 88 BörsG konterkarieren würde. Im Kern geht es um die Verhinderung systemwidriger Normenkonkurrenzen, also um die Frage, ob der Regelungszusammenhang eines potenziellen Schutzgesetzes eine Ergänzung durch die deliktsrechtliche Schadensersatzhaftung zulässt oder ob dies zu Unstimmigkeiten und Widersprüchen mit dem Umfeld oder Kontext der Bezugsnorm führen würde.[686] Eine solche Sachlage ist jedoch nicht festzustellen. Umgekehrt wird eine Schadensersatzregelung im Bereich der Marktmanipulation tendenziell gefordert.

Über die systemische Bejahung eines Schadensersatzanspruchs hinaus ist der individuelle Vermögensschaden auch vom persönlichen und sachlichen Schutzbereich des § 88 BörsG erfasst.

Somit ist als Ergebnis im Gegensatz zur h. M. die Begründetheit eines Schadensersatzanspruchs gem. § 823 Abs. 2 BGB i. V. m. § 88 BörsG zu bejahen.

d) Haftung i. V. m. § 20a WpHG

Auch hier stellt sich wieder das vorrangige Problem, ob es sich bei § 20a WpHG um eine drittschützende Norm i. S. d. § 823 Abs. 2 BGB handelt. Weist man jedoch dem oben untersuchten § 88 BörsG eine drittschützende Wirkung zu, so muss nach allgemeiner Ansicht konsequenterweise diese drittschützende Wirkung auch dem § 20a WpHG attestiert werden. Im Gegensatz zum § 88 BörsG weist nämlich schon die Gesetzesbegründung des § 20a WpHG einen konkreten Bezug zum individuellen Anlegerschutz auf.[687] Im Rahmen des Schadensersatzes nach § 823 Abs. 2 i. V. m. § 20a WpHG ist darauf hinzuweisen, dass ein Unterlaufen des gesetzlichen Haftungssystems in Form der §§ 37b und 37c WpHG nicht zu verzeichnen ist, da auch im Rahmen des § 823 Abs. 2 i. V. m. § 20a WpHG die oben schon aufgezeigten allgemeinen Beschränkungen des kapitalmarktrechtlichen Schadensersatzanspruchs gelten. Weiteres Argument für eine fehlende Einschränkung eines Anspruchs aus § 823 Abs. 2 BGB i. V. m. § 20a WpHG ist die Tat-

---

686 Näher: Spickhoff, Andreas (1998), S. 137 ff.

687 BT.-Drucks. 14/8017, S. 62 f.

sache, dass der Gesetzgeber der §§ 37b und 37c WpHG explizit auf eine Kollision der Schadensersatzansprüche mit dem § 823 Abs. 2 BGB i. V. m. § 20a WpHG durch den Zentralen Kreditausschuss hingewiesen wurde und den Vorschlag zur Streichung der Wörter „oder vorsätzliche unerlaubte Handlungen“ der Abs. 5 der §§ 37b und 37c WpHG nicht berücksichtigte.[688]
Damit kommt grundsätzlich ein Schadensersatzanspruch gem. § 823 Abs. 2 BGB i. V. m. § 20a WpHG in Frage.

5. Haftung gem. §§ 37b und 37c WpHG

Mit dem am 1. Juli 2002 in Kraft getretenen 4. FMFG hat der Gesetzgeber erstmals eine bereichsspezifische Haftungsgrundlage für unwahre oder unterlassene unverzügliche Ad-hoc-Meldungen geschaffen. Geschädigte Anleger können nunmehr einen pflichtwidrig handelnden Emittenten nach den §§ 37b und 37c WpHG in Anspruch nehmen, ohne auf die noch zu besprechenden engen Voraussetzungen des § 826 BGB angewiesen zu sein. Die §§ 37b und 37c WpHG sind dabei als reine Emittentenhaftung ausgestaltet. § 37b und 37c WpHG erfassen zwei sachliche Fallgestaltungen und zwei Gruppen von geschädigten Anlegern. Von ihrer sonstigen rechtlichen Konstruktion weisen sie einen identischen Aufbau auf.
Sowohl von § 37b als auch § 37c WpHG wird der erwerbende Neuanleger und der veräußernde Altanleger geschützt. Die Haftung ist damit in jedem Fall an eine Transaktion geknüpft. Entweder hat sich der Anleger nach der Pflichtverletzung zum Kauf entschlossen – erwerbender Neuanleger – oder ein Anleger, der schon zuvor im Besitz der Wertpapiere gewesen war, entschließt sich nach der Pflichtverletzung zum Verkauf der Wertpapiere. Nicht erfasst werden danach die untätig gebliebenen Altanleger. Diese Vorgehensweise ist zu akzeptieren, da ein Verzicht, im Gegensatz zu einer Transaktion, zumeist ausschließlich einen internen Vorgang darstellt, dessen Nachweis praktisch unmöglich ist.[689]
Von den sachlichen Fallgestaltungen her erfasst der § 37b WpHG den Fall, dass der Emittent die unverzügliche Veröffentlichung einer Ad-hoc-Mitteilung unterlässt. Hinsichtlich der Tatbestandsvoraussetzungen des

---

[688] Vorschlag des Zentralen Kreditausschusses (ZKA) zum DiskE des 4. FMFG, S. 40, www.bde.de.

[689] Siehe Kritik an dieser Vorgehensweise des Gesetzgebers: Fleischer, Holger (2002a), S. 1869, m. w. N.

§ 37b WpHG kann auf die Ausführungen im Rahmen der Tatbestandsmerkmale des § 15 Abs. 1 WpHG verwiesen werden, da der § 37b WpHG den Wortlaut des § 15 Abs. 1 WpHG aufgreift und lediglich um die Tathandlung Unterlassen und um die Schadensersatzanordnung ergänzt.

§ 37c WpHG erfasst hingegen die Fallgestaltung, dass der Emittent eine unwahre bzw. unrichtige Ad-hoc-Mitteilung veröffentlicht. Der Gesetzgeber will nach dem Wortlaut des § 37c WpHG die Ausdrücke unwahr und unrichtig synonym verstanden wissen. Hinsichtlich der weiteren tatbestandlichen Ausgestaltung kann wie bei § 37b WpHG auf den Wortlaut des § 15 Abs. 1 WpHG verwiesen werden.

Bezüglich der Unrichtigkeit von Ad-hoc-Mitteilungen im Rahmen des § 37c WpHG ist jedoch Folgendes zu beachten: Die Unrichtigkeit einer Ad-hoc-Mitteilung kann auch auf ihrer Unklarheit beruhen. Adressat der Ad-hoc-Publizität ist jeder tatsächliche und potenzielle Anleger. Der Adressatenkreis beschränkt sich dabei nicht auf die professionellen Anleger.[690] Eine anders lautende Ansicht, die die Adressatenschaft der Ad-hoc-Publizität auf die sog. Bereichsöffentlichkeit beschränkt, geht fehl.[691] Sie differenziert nicht zwischen dem Adressaten des aktiven Veröffentlichungsweges des § 15 WpHG und dem materiellen und auf passivem Weg zu erreichenden Adressatenkreis. Der Gesetzgeber hat im Rahmen des § 15 WpHG eine Erleichterung für das vom Emittenten zu gewährleistende aktive Informationssystem vorgesehen. Der Emittent hat nur dafür zu sorgen, dass die sog. Bereichsöffentlichkeit, unter der die direkten professionellen Marktteilnehmer zu verstehen sind, mit den Ad-hoc-Publizität-Informationen versorgt wird. Diese Erleichterung des aktiven Veröffentlichungsweges verändert jedoch nichts am Adressatenkreis der Ad-hoc-Publizität. Er umfasst die gesamte Anlegerschaft, d. h. auch die nichtprofessionellen. Auf andere Art und Weise wäre der von § 15 WpHG gewollte Funktionsschutz nicht gewährleis-tet. Das Konstrukt der Bereichsöffentlichkeit entbindet damit den Emittenten nur von seiner Offenlegungspflicht, aber nicht von seiner Pflicht, das Anlegerpublikum adäquat zu unterrichten. Es muss streng unterschieden werden, wer formell und wer materiell Adressat der Ad-hoc-Publizität ist. Für eine gewollte Ungleichbehandlung der Anleger und die Verminderung des Funktionsschutzes durch das Konstrukt der Bereichsöffentlichkeit liegen keine Anhaltspunkte vor.

---

[690] LG Augsburg (2001).

[691] LG München I (2001), S. 103.

Hinsichtlich der Verjährung der Ansprüche sehen beide Normen eine Verjährung von einem Jahr vor, ab dem Zeitpunkt, an dem der Geschädigte von der nicht ordnungsgemäßen Ad-hoc-Publizität Kenntnis erlangt hat (§§ 37 b Abs. 4 und 37c Abs. 4 WpHG). Die kurze Verjährungsfrist von einem Jahr trägt der Schnelllebigkeit des Kapitalmarktgeschehens und dem daraus gesteigerten Bedarf nach Rechtssicherheit Rechnung.[692] Zusätzlich zu der „dynamischen" Verjährungsfrist sehen beide Regelungen eine absolute Verjährungsfrist von drei Jahren vor, die unabhängig von der Kenntnisnahme der Anleger ist.

Sowohl § 37b als auch § 37c WpHG ordnen eine Beweislastumkehr in ihrem Abs. 2 an. Danach kann der Emittent nicht in Anspruch genommen werden, wenn er nachweist, dass die Ordnungswidrigkeit seiner Ad-hoc-Publizität nicht auf Vorsatz oder grober Fahrlässigkeit beruht. Damit findet der Umstand Berücksichtigung, dass es dem Anleger aufgrund des fehlenden Einblicks in die Organisationsstruktur und in die Verfahrensabläufe praktisch unmöglich ist, Beweis zu führen. Andererseits begrenzt diese Regelung die Haftung des Emittenten auf grobe Fahrlässigkeit und Vorsatz. Dies ist jedoch kritisch zu sehen, da diese Regelung mit der Bedeutung der Ad-hoc-Publizität für den Kapitalmarkt nicht in Einklang zu bringen ist. Aus den Absätzen 2 der §§ 37b und 37c WpHG könnte man das rechtspolitische Signal ablesen, welche Sorgfaltsanforderungen vom Gesetzgeber an die Emittenten gestellt werden. Ergebnis wäre dann, dass der Gesetzgeber nur interessiert daran wäre, grobe Fehler bei der Ad-hoc-Publizität zu vermeiden. Dem steht die eigene Erkenntnis des Gesetzgebers entgegen, dass es sich bei der Ad-hoc-Publizität um ein höchst sensibles und auf dieser Grundlage schützenswertes Informationsinstrument handelt. Durch die indirekte Begrenzung der Sorgfaltsanforderungen auf grobe Fahrlässigkeit kann ein solcher Schutz der Ad-hoc-Publizität jedoch nicht erreicht werden. Torpediert wird dadurch auch ein umfassender Anlegerschutz. Konsequent und hinsichtlich des Anlegerschutzes effizient wäre damit nur eine Haftung, die auch fahrlässiges Handeln erfasst.

Abgesehen von der Einschränkung der Haftung mittels des Haftungsmaßstabes schließen die Absätze 3 der §§ 37b und 37c WpHG eine Haftung gänzlich aus, wenn der Anleger im Zeitpunkt der Transaktion positive Kenntnis von der Ordnungswidrigkeit der Ad-hoc-Publizität hatte; grob fahrlässige Unkenntnis hat keine Auswirkungen.

---

692 BT-Drucks. 14/8017, S. 94; kritisch zu dieser kurzen Verjährungsfrist: Rössner, Michael-Christian / Bolkart, Johannes (2002), S. 1477.

Die Absätze 6 der §§ 37b und 37c WpHG erfassen nicht das direkte Verhältnis zwischen Emittent und Anleger, sondern verhindern nur eine unternehmensinterne Vereinbarung zwischen Vorstand und Emittent, dass ein etwaiger Regress im Rahmen der §§ 37b und 37c WpHG im Voraus ausgeschlossen oder begrenzt wird. Eine nachträgliche Vereinbarung unterliegt den allgemeinen aktienrechtlichen Regelungen, insbesondere ist auf § 136 AktG hinzuweisen.

Innerhalb des Schadensersatzanspruchs sei noch die Besonderheit im Rahmen des Mitverschuldens gem. § 254 BGB erwähnt. Die §§ 37b und 37c WpHG beinhalten als Anspruchsvoraussetzung nicht die Pflicht, im Moment der Geltendmachung noch im Besitz der Wertpapiere zu sein. Nur im Moment des Bekanntwerdens der Tatsache muss nach § 37b Abs. 1 Nr. 1 und § 37c Abs. 1 Nr. 1 WpHG der Anleger zur Entstehung des Anspruchs Besitzer der Wertpapiere sein. Nach dem Gebot der Schadensminderung könnte, so die Diskussion in der Literatur, nun der Anleger verpflichtet sein, seine getätigte Transaktion zu revidieren, um weiteren Schaden abzuwenden.[693] Zumindest wird die unverzügliche Anmeldung seiner Ansprüche gefordert.[694] Für die Vertreter der Literatur, die der hier dargelegten Meinung folgen, dass lediglich ein Kursdifferenzschaden ersatzfähig ist, läuft diese Diskussion ins Leere.[695] Zu berücksichtigen ist nämlich, dass ausschließlich die Kursdifferenz ersetzt wird, die im Moment der nicht ordnungsgemäßen Ad-hoc-Publizität zwischen dem tatsächlichen Kurs auf der Grundlage der nicht ordnungsgemäßen Ad-hoc-Publizität und dem hypothetischen Kurs auf der Grundlage der ordnungsgemäßen Ad-hoc-Publizität festzustellen ist. Selbst wenn im Schrifttum spätere Zeitpunkte zur Schadensermittlung angedacht werden, so ist man sich bei den Vertretern der Kursdifferenzschadens-Ansicht einig, dass das Bekanntwerden der Nichtordnungsmäßigkeit der Ad-hoc-Publizität den letztmöglichen Zeitpunkt zur Schadensermittlung darstellt. Da jedoch vom Anleger eine Schadensminderung erst verlangt werden kann, wenn er Kenntnis vom schädigenden Ereignis erhält, entfällt bei der Kursdifferenzschadens-Ansicht eine Schadensminderungspflicht systemimmanent. Eine im Schrifttum angesprochene unverzügliche Anmeldepflicht des Anlegers hat seine Bedeutung nicht im Rahmen des Mitverschuldens, sondern im Rahmen der Beweisführung

[693] Siehe zu diesem Problemkreis: Rothenhöfer, Kay (2003), S. 2032 ff.
[694] Fleischer, Holger / Kalls, Susanne (2002), S. 334 f., m. w. N.
[695] Umso erstaunlicher die Diskussion bei Fleischer, Holger / Kalls, Susanne (2002), S. 334, selbst.

innerhalb des Schadensersatzrechts.[696] Die kurze Verjährungsfrist in den §§ 37b Abs. 4 und 37c Abs. 4 WpHG räumt zwar dem Anleger eine Geltendmachungsfrist von einem Jahr ein, jedoch kann eine mutwillige Verzögerung der Geltendmachung bzw. Anmeldung des Anspruchs bei einem Verstoß gegen Treu und Glauben die Beweislastumkehr der §§ 37b Abs. 2 und § 37c Abs. 2 WpHG entfallen lassen.

6. Haftung gem. § 826 BGB

Der § 826 BGB gewährt Schadensersatz wegen sittenwidriger Schädigung.[697] Dieser war auch Anspruchsgrundlage des schon oben erwähnten, Aufsehen erregenden Urteils des LG Augsburg, das vom OLG München aufgehoben wurde und das das folgend entwickelte Ergebnis einer grundsätzlichen Ablehnung der Anwendung des § 826 BGB im Rahmen der Ad-hoc-Publizität bestätigt.[698] Zuzustimmen ist dem Gericht darin, dass ein Verstoß gegen die Ad-hoc-Publizität die Grenze der Sittenwidrigkeit erreichen kann. Jedoch ist zusätzlich für das Vorliegen des § 826 BGB erforderlich, dass der Täter mit Schädigungsvorsatz gehandelt hat. Dieses Tatbestandsmerkmal wird vom LG quasi ignoriert und im konkreten Fall lediglich aus dem leichtfertigen Handeln gefolgert.[699] Diese Schlussfolgerung ist jedoch abzulehnen, da die Vermutung nahe liegt, dass Vorstände bzw. leitende Angestellte eher an steigenden als an fallenden Aktienkursen interessiert sein werden.[700] Ein Schädigungsvorsatz kann nicht pauschal festgestellt werden; viel eher fehlt es an ihm im Regelfall.[701] Im Ergebnis schloss sich in der zweiten Instanz das OLG München dieser Ansicht an und lehnte einen Schadensersatzanspruch ab. Eine Haftung aus § 826 BGB scheidet damit grundsätzlich aus.

[696] Fleischer, Holger / Kalls, Susanne (2002), S. 335.
[697] Siehe ausführlich zur Haftung im Bereich der Ad-hoc-Publizität auf der Grundlage des § 826 BGB: Möllers, Thomas / Leisch, Franz (2001).
[698] OLG München (2002), S. 1100; das Urteil weist jedoch auf dem Weg zum Ergebnis erhebliche argumentative Schwächen auf. Weitnauer, Wolfgang (2003), S. 1719, spricht vom „Prinzip Hoffnung" als Argumentationsgrundlage der Gerichte.
[699] LG Augsburg (2001), S. 1881.
[700] Thümmel, Roderich (2001), S. 2332.
[701] Zu den Anwendungsfällen des § 826 BGB im Rahmen der Ad-hoc-Publizität: Möllers, Thomas / Leisch, Franz Clemens (2001), S. 1648 ff.; Rützel, Stefan (2003), S. 73.

7. Reihenfolge der Inanspruchnahme im Zuge des Schadensersatzes wegen falscher Ad-hoc-Publizität

Nachdem nun sowohl eine Schadensersatzhaftung des Emittenten als auch der persönlich Handelnden festgestellt wurde, stellt sich die Frage nach dem Verhältnis der beiden Anspruchswege. Zu diesem Problem lassen sich drei Ansätze identifizieren. Die erste Auffassung hält alleine die Haftung des Emittenten für richtig, wie sie die Konzeption der §§ 37b und 37c WpHG vorsieht.[702] Andere setzen sich für eine ausschließliche Direkthaftung der Organmitglieder und beteiligten natürlichen Personen ein.[703] Eine vermittelnde Meinung plädiert für die Kombination der beiden Haftungssubjekte.[704]
Einer vollständigen Aussparung des Emittenten als Haftungssubjekt steht die systemische Stellung des Emittenten entgegen. Die Publizitätspflicht des § 15 WpHG trifft, wie fast alle Publizitätspflichten des Handels-, Gesellschafts- und Kapitalmarktrechts, das börsennotierte Unternehmen selbst. Das Unternehmen selbst ist primärer Normenadressat; die tatsächliche Erfüllung dieser Verpflichtung durch die Organmitglieder ist dabei Ausfluss der Organisationsstruktur dieser Unternehmen, zu Adressaten der Verpflichtung werden sie damit jedoch nicht. Eine Nichtberücksichtigung des Emittenten als Schadensersatzsubjekt würde dieser systemischen Stellung des Emittenten zuwiderlaufen.[705] Daneben würde eine Aussparung des Emittenten die Anreizstruktur des Schadensersatzrechts schwächen. Emittenten könnten aus strategischen Gründen eine Art „Bauernopfer" bringen. Danach kann es für das Unternehmen sinnvoll sein ein Vorstandsmitglied bewusst in der Weise zu opfern, dass dieses die gesamte Verantwortung für die falsche Ad-hoc-Publizität übernimmt. Dies hätte für das Unternehmen zwei Vorteile. Zum einen kann es von der eigenen Verantwortung ablenken und quasi den „schwarzen Peter" in der Weise weitergeben, dass es in der Öffentlichkeit den Eindruck erweckt, der Fehler sei auf ein ausschließlich individuelles Fehlverhalten zurückzuführen. Zum anderen stehen dem Unternehmen Möglichkeiten offen, die vom Organmitglied zu leistende Scha-

[702] Zimmer, Daniel (2004), S. 9 ff.; Mülbert, Peter (2002), S. 832, m. w. N.
[703] Rieckers, BB 2002, 1220; Hutter / Leppert, NZG 2002, 654; wohl auch Rössner, Michael-Christian / Bolkart, Johannes (2002), S. 1476 f; siehe zur Wirtschaftsprüferhaftung: Daniel, Zimmer (2004), S. 9 ff; zu den dogmatischen Grundlagen einer persönlichen Haftung: Fleischer, Holger (2003), S. 608 ff.
[704] Fleischer, Holger (2002), F. 100, m. w. N.
[705] Siehe nur: Zimmer, Daniel (2004), S. 10 f.

densersatzsumme über rechtliche Konstruktionen steuerwirksam geltend zu machen, ein Vorgehen, das ihnen bei einer persönlichen Verpflichtung nur schwerlich möglich wäre.
Für eine persönliche Haftung der Handelnden werden folgende Argumente vorgebracht: Vor allem im Fall der Insolvenz spreche vieles für eine zusätzliche Haftung der Vorstandsmitglieder. Bei Insolvenz des Emittenten sei schließlich ein Anspruch nach §§ 37b und 37c WpHG auf die Insolvenzquote beschränkt, auch wenn die Insolvenzmasse gegen ihren Vorstand einen Anspruch auf Befreiung von Schadensersatzansprüchen gegenüber dem Anleger habe. Ein weiterer Grund für die persönliche Haftung des Vorstands wurde schon beim Problem der Einlagenrückgewährung des § 57 AktG angesprochen. Bei einer Haftung des Emittenten sind, ökonomisch gesehen, die nicht schadensersatzberechtigten Anleger die wirtschaftlich Leidtragenden, „sie bezahlen für die anderen".[706] Eine direkte Haftung scheint vor dem Hintergrund dieser Argumentation geboten. Auch ist die gezielte Präventivwirkung einer Schadensersatzverurteilung nicht zu unterschätzen. Der Vorstand kann sich nicht hinter dem Unternehmen verstecken. Selbst bei geringer Haftung ist die gerichtliche Verurteilung für den jeweiligen Vorstand ein großer Imageschaden, der den notwendigen Anreizdruck zur Verhinderung von nicht ordnungsgemäßer Ad-hoc-Publizität aufbaut. Dieses Argument vernachlässigt ZIMMER bei der Propagierung einer reinen Innenhaftung.[707] Als vorzugswürdig erscheint danach alles in allem eine kombinierte Haftung von Emittent und handelnden Personen.

VI. Börsenrechtliche Haftung

Neben den bisher angesprochenen Konsequenzen eines Verstoßes gegen die Ad-hoc-Publizität drohen dem Emittenten auch börsenrechtliche Folgen.
Auf dem Amtlichen Markt (§§ 36 ff. BörsG) drohen ihm die Konsequenzen des § 44 d BörsG. Nach dieser Vorschrift kann die Zulassungsstelle bei Verstoß des Emittenten gegen seine Pflichten aus § 44 BörsG diesen Verstoß durch Börsenbekanntmachung veröffentlichen und als ultima ratio sogar die Zulassung widerrufen. Nicht zuzustimmen ist dabei SCHLITTGEN, der die Meinung vertritt, dass die Ad-hoc-Publizität mit

[706] Vgl. Maier-Reimer, Georg / Webering, Anabel (2002), S. 1863.
[707] Zimmer, Daniel (2004), S. 10 f.

ihrer Herausnahme aus dem BörsG nicht mehr unter die Pflichten des Emittenten nach § 44 BörsG falle.[708] Richtig ist zwar, dass § 44 d BörsG im Gegensatz zur Ad-hoc-Publizität nach § 15 WpHG nur den Amtlichen Markt erfasst und dass damit der Zulassungsstelle nicht auch für Verstöße gegen die Ad-hoc-Publizität auf anderen Märkten die Rechte des § 44 d BörsG zustehen. Trotz einer Verlagerung der Ad-hoc-Publizität aus dem BörsG hinaus bleibt der Emittent jedoch zur Ad-hoc-Publizität nach § 44 Abs. 1 Nr. 3 BörsG verpflichtet. Dieser fordert nämlich eine angemessene Unterrichtung des Publikums und der Zulassungsstellen, worunter auch die Information durch die Ad-hoc-Publizität zu verstehen ist.
Auf dem Geregelten Markt (§§ 71 ff. BörsG) stellt sich die Lage aufgrund des Verweises der Börsenordnungen - exemplarisch sei der § 57 Abs. 3 Börsenordnung für die Frankfurter Wertpapierbörse genannt - über § 72 BörsG auf die Vorschriften des Amtlichen Markts in derselben Weise dar.
Auf dem Neuen Markt gibt das Regelwerk Neuer Markt der Deutsche Börse AG noch weiter gehende Befugnisse. Danach kann die Deutsche Börse AG bei Verstoß gegen die Ad-hoc-Publizität, die gem. 7. 3. 12 Regelwerk Neuer Markt auch für diese Emittenten verpflichtend ist, diesen Umstand nicht nur veröffentlichen oder dem Verursacher die Zulassung entziehen, sondern auch eine Geldstrafe bis 100.000 € verhängen.[709] Damit treffen den Emittenten bei Verstoß gegen die Ad-hoc-Publizität auch empfindliche börsenrechtliche Konsequenzen.

VII. Ergebnis

Fasst man die oben gewonnenen Erkenntnisse zusammen, so kann festgestellt werden, dass durchaus ein ausgeprägtes System von Sanktions- und Haftungsnormen zur Flankierung des GoAhP-Konzepts besteht. Wie dargestellt, zeigt dieses System jedoch Verbesserungsbedarf auf, der nur teilweise durch das 4. FMFG gedeckt wird. Vor allem die Einführung einer Fahrlässigkeitshaftung im ordnungswidrigkeitsrechtlichen Bereich und die Einführung einer expliziten zivilrechtlichen Haftung der bei der Ad-hoc-Publizität mitwirkenden Personen ist hervorzuheben. Erst bei Realisierung der hier gemachten Vorschläge kann von einer op-

[708] Schlittgen, Volker (2000), S. 181 f.
[709] Vgl. Regelwerk Neuer Markt, 2. 14.

timalen Umsetzung des GoAhP-Konzepts in die Praxis ausgegangen werden.

J. Prüfung der Ad-hoc-Publizität durch externe Prüfer

Die oben untersuchten Haftungs- und Sanktionsnormen leisten durch ihre Art einer „Ex-post-Prüfung" einen Beitrag zur Einhaltung der GoAhP. Hier soll nun untersucht werden, ob nicht auch eine „Ex-ante-Prüfung" von Ad-hoc-Mitteilungen sinnvoll ist. Nach dem immer häufiger zu Tage tretenden Missbrauch der Ad-hoc-Publizität und den erkennbar gewordenen Schwierigkeiten der Emittenten beim Umgang mit der Ad-hoc-Publizität liegt der Gedanke nach einer Prüfung der Ad-hoc-Mitteilungen durch einen externen Prüfer nahe.

I. Notwendigkeit und Zweckmäßigkeit einer Prüfung

Ausgangspunkt der Überlegungen zur Einführung einer Prüfungspflicht der Ad-hoc-Publizität muss sein, ob eine solche nicht schon besteht und welche Gründe gegebenenfalls für eine Einführung sprechen.
Fraglich ist nämlich, ob nicht schon der Prüfungsauftrag des Abschlussprüfers die Ad-hoc-Publizität umfasst. In sachlicher Hinsicht erstreckt sich der Prüfungsauftrag auf die Prüfung des Lageberichts sowie die kritische Durchsicht sonstiger Informationen, die im Geschäftsbericht abgedruckt sind.[710] Zeitlich beginnt der Prüfungsauftrag mit der Annahme des Auftrags zur Abschlussprüfung und endet mit der Abgabe des Prüfungsberichts bzw. der Teilnahme an der Bilanzsitzung des Aufsichtsrates.[711] Damit befinden sich Veröffentlichungen in Form von Ad-hoc-Mitteilungen genauso wie Zwischen- und Quartalsberichte sowie Darstellungen im Internet oder gar Interviews der Vorstände des Emittenten außerhalb der Prüfungs- und Einwirkungsmöglichkeit des Abschlussprüfers. Die genannten Informationsquellen sind für den Abschlussprüfer nur insoweit von Bedeutung, als sie ihm weitere Erkenntnisse über das Unternehmen und sein Geschäft vermitteln können.[712] Es besteht damit noch keine Prüfungspflicht für die Ad-hoc-Publizität.
Im Rahmen der Untersuchung, ob eine Prüfung der Ad-hoc-Publizität eingeführt werden soll, stellt sich dann die Frage, welche Gründe für die Einführung sprechen.
Aus ökonomischer Sicht ist dabei die hohe Fehlerhäufigkeit der bisherigen Ad-hoc-Mitteilungen zu nennen, eine Fehlerhäufigkeit, die durch ei-

[710] Fey, Gerd (2000), S. 1103.
[711] Helmschrott, Harald / Buhleier, Claus (1998), S. 70.
[712] Förschle, Gerhard / Helmschrott, Harald (2001a), S. 640.

nen Prüfungsansatz mit entsprechender Fehleraufdeckungskraft reduziert werden könnte.
Die Argumentation von FÖRSCHLE/HELMSCHROTT, dass die Ad-hoc-Publizität nur vollendete Tatsachen erfasse, die leicht überprüfbar seien und keine schwierigen Beurteilungsfragen mit sich brächten, kann vor dem Ringen der Literatur, der BAFin und der Gerichtsbarkeit um eine rechtssichere Eingrenzung der Ad-hoc-Publizität als unhaltbar bewertet werden.[713] Der Verweis von FÖRSCHLE/HELMSCHROTT auf die BAFin zur Untermauerung ihrer These geht fehl. Nicht ohne Grund bemüht sich die BAFin, durch die Weiterentwicklung ihres Leitfadens eine sichere Eingrenzung zu finden, und sieht sich immer öfter dazu gezwungen, auf Missstände und Missbrauch im Bereich der Ad-hoc-Mitteilungen hinzuweisen.[714] Festzustellen ist auch, dass die Ad-hoc-Mitteilungen von Unternehmen mit schlechter Aktienkursentwicklung besonders häufig fehlerhaft sind. Während im Zeitraum vom 13. Juni 2000 bis 12. Juni 2001 die 20 Unternehmen mit der besten Kursentwicklung im Neuen Markt durchschnittlich 7,71 Ad-hoc-Mitteilungen pro Jahr mit einer Fehlerquote von 0,92 % veröffentlichten, kamen im selben Zeitraum die 20 Unternehmen mit der schlechtesten Kursentwicklung im Neuen Markt auf jeweils 13,21 Ad-hoc-Mitteilungen mit einer mehr als doppelt so hohen Fehlerquote von ca. 2 %.[715] Ad-hoc-Mitteilungen werden allzu oft zu Werbezwecken missbraucht oder es werden Belanglosigkeiten publiziert. Eine wichtige Fehlerquelle liegt bei der Abgabe von Prognosen. So ist in jüngerer Zeit verstärkt festzustellen, dass Unternehmen zuvor abgegebene Prognosen krass verfehlen; auffällig ist auch die Tendenz, einmal veröffentlichte Prognosen binnen kurzer Zeit zu korrigieren. Auch in dieser Hinsicht ist der Argumentation von FÖRSCHLE/HELMSCHROTT nicht zu folgen, dass Prognosen per se nicht Inhalt einer Ad-hoc-Mitteilung sein könnten und auch nicht einer wirksamen Beurteilung des Abschlussprüfers zugänglich seien. Werden nämlich Prognosegrundlagen mitgeteilt oder weisen Prognosen einen Tatsachenkern auf, können sie sehr wohl Tatsachenqualität erlangen und Bestandteil einer Ad-hoc-Mitteilung sein.[716] Die erheblichen Schwierigkeiten bei der Beurteilung von Prognosen sollen nicht verschwiegen werden. Aber die Feststellung der gänzlichen Prüfungsuntauglichkeit ist als zu pauschal und pessimistisch abzulehnen. Erstens erwartet niemand eine hellseherische Fähig-

---

[713] Förschle, Gerhard / Helmschrott, Harald (2001a), S. 640 ff.
[714] BAWe (2000).
[715] Neuer Markt Report (2002), S. 34, www.deutsche-boerse.com.
[716] Kümpel, Siegfried (1999), § 15 WpHG, Rn. 44.

keit bei der Überprüfung von Prognoseinformationen, und zweitens ist die Prüfung von Prognoseinformationen auch traditionell Teil der Abschlussprüfung.[717] Es ist zu vermuten, dass eine entsprechend durchgeführte Ad-hoc-Publizität-Systemprüfung schon das Entstehen fehlerhafter Ad-hoc-Mitteilungen von vornherein zum großen Teil verhindern könnte und so einen Beitrag zur Einhaltung der GoAhP leistete. Unterstützt wird dies durch das Ergebnis einer aktuellen Studie, dass noch nicht mal jedes fünfte befragte Unternehmen über verbindliche interne Leitlinien zur Ad-hoc-Publizität verfügt.[718]
Als zweites Argument für eine externe Prüfung von Ad-hoc-Mitteilungen ist anzuführen, dass geprüfte Informationen grundsätzlich ein höheres Vertrauen genießen und dass auch bei einer hohen Fehlerquote das Vertrauen der Kapitalmarktteilnehmer durch eine Überprüfung steigt. So weisen empirische Studien darauf hin, dass Kreditgeber von einer höheren Genauigkeit der abgegebenen Unternehmensprognosen ausgehen, sofern diese einer prüferischen Durchsicht unterliegen.[719]
Diese Argumentation wird auch vom dritten Argument gestützt, dass die Aktionäre bzw. Anleger selbst explizit glaubwürdige und damit extern geprüfte Informationen fordern.[720]
Das vierte und letzte Argument für eine Prüfung ist ein juristisches Argument, das weniger die Steigerung der Kapitalmarkteffizienz im Sinn hat als die Erhöhung der Chancen des Vorstands bzw. des Emittenten auf eine Exkulpation im Haftungsfall. Nicht zu vernachlässigen ist nämlich, dass ein Verstoß gegen die Ad-hoc-Publizität-Regelungen empfindliche persönliche (fünf Jahre Haft!) und wirtschaftliche (1,5 Mio. € Geldbuße bzw. Schadensersatz in unbestimmter Höhe) Konsequenzen haben kann. Eine Haftung setzt dabei mindestens ein fahrlässiges oder leichtfertiges Handeln voraus, wobei im Haftungsprozess dem beklagten Vorstand bzw. Emittenten wohl die Darlegungslast obliegt, dass er den jeweiligen Sorgfaltsanforderungen nachgekommen ist.[721] In Form der Prüfungsbestätigung über die Ordnungsmäßigkeit der Durchführung der Ad-hoc-Publizität wird dem Vorstand bzw. Emittenten aufgrund der Unabhängigkeit und Objektivität des Prüfers ein wertvolles Beweismittel bei seiner Verteidigung an die Hand gegeben.

---

[717] Vgl. ISA 810.
[718] Benchmark-Studie Ad-hoc-Publizität 2003, www.news-aktuell.de.
[719] Vgl. Johnson, John / Pany, Christopher (1984), S. 733 ff; Davis-Firday, Paquita Y. / Folami, L. Buky / Liu, Chao-Shin / Mittelstaedt, H. Fred (1999), S. 403 - 423.
[720] Roeback, Rod / Simnett, John / Ho, Li (2000), S. 221.
[721] Siehe zum Haftungskomplex die Ausführungen im Kapitel I, Seite 185 ff.

Summa summarum lassen die hier vorgebrachten Argumente erwarten, dass der durch die Einführung einer Prüfung der Ad-hoc-Publizität generierte Nutzen größer ist als es die durch die Prüfung entstehenden Kosten sind. Eine Prüfungsverpflichtung sollte damit eingeführt werden.

II. Adressat des Prüfungsauftrages

Nach der Beurteilung, die Einführung einer Prüfung als sinnvoll anzusehen, stellt sich die Frage, wer den Prüfungsauftrag durchführen soll. In Betracht kommt eine staatliche Überwachung durch die BAFin oder eine privatwirtschaftliche durch Wirtschaftsprüfer, Analysten oder andere Berufsgruppen, die zumindest vertiefte Einblicke in die Unternehmens- und Kapitalmarktstruktur haben müssen.
Die BAFin übernimmt schon auf der Grundlage des § 4 WpHG als Bundesoberbehörde die Aufsicht über die Rechte und Pflichten aus dem WpHG.[722] Hinsichtlich ihrer fachlichen Kompetenz und Unabhängigkeit bestehen allgemein keine Bedenken. Berücksichtigt werden müssen jedoch die besonderen Anforderungen der Prüfung der Ad-hoc-Publizität an die Prüfungsstelle. Diese Stelle müsste allein aufgrund der Anzahl der zu prüfenden Unternehmen über eine Heerschar von Prüfern verfügen und ständigen Kontakt zu den einzelnen Unternehmen halten, um eine Prüfung vor Ort zu gewährleisten. Diese Anforderungen sprengen jedoch den personellen und sachlichen Rahmen der BAFin und laufen auch dem Konzept der BAFin zuwider, als Bundesoberbehörde eine zentralistisch strukturierte Überwachung des Wertpapiermarkts vorzunehmen.
Anbieten würde sich auch die oben erwähnte dezentrale privatwirtschaftliche Prüfung. Als prädestinierte Berufsgruppe muss der Berufsstand der Wirtschaftsprüfer gesehen werden. Nicht nur, weil er den geforderten Einblick in die Unternehmens- und Kapitalmarktstruktur – diesen weisen ja auch Finanzanalysten auf – mitbringt, sondern auch, weil Wirtschaftsprüfer aufgrund ihrer angestammten Wahrnehmung der Abschlussprüfung geborene Prüfungsexperten sind. Dadurch sind sie gegenüber anderen Berufsgruppen favorisiert. Damit bleibt festzuhalten, dass bei Einführung einer Prüfungspflicht eine Prüfung durch einen Wirtschaftsprüfer vorgesehen werden sollte.

---

[722] Siehe auch Seite 187 ff.

III. Durchführung der Prüfung

1. Grundlage der Prüfung

Es stellt sich die Frage, nach welchen Standards eine Prüfung der Ad-hoc-Publizität erfolgen sollte. Vor dem Hintergrund des Zusammenwachsens der nationalen Finanzmärkte und der fortschreitenden Internationalisierung der Unternehmenspublizität – deren Bestandteil die Ad-hoc-Publizität ja ist - muss für die Prüfung der Ad-hoc-Publizität eine international anerkannte Grundlage gefordert werden.[723] Hier würden sich die Prüfungsstandards der IFAC anbieten. Die International Federation of Accountants wurde 1977 in München als Nachfolgeorganisation des International Co-Ordination Committee of the Accountancy Profession (ICCAP) gegründet.[724] Sie bildet die weltweite Dachorganisation des Berufsstands der „accountants". Deutsche Mitglieder der IFAC sind die Wirtschaftsprüferkammer (WPK) und das Institut der Wirtschaftsprüfer (IDW).[725] Ziel der IFAC ist die Entwicklung international anerkannter Normen für die Tätigkeitsbereiche von Wirtschaftsprüfern. Diese sog. ISA – International Standards on Auditing – beschäftigen sich sowohl mit allgemeinen als auch mit speziellen Fragen der Prüfung von Rechnungslegungsdaten und anderen Tätigkeitsfeldern von Prüfern.[726] Es fehlt den ISA zwar an direkter internationaler Rechtsverbindlichkeit und damit auch an einer unmittelbaren Bindungswirkung für den einzelnen Prüfer, allerdings haben sich alle Mitglieder der IFAC verpflichtet, die ISA in die nationalen und damit rechtsverbindlichen Prüfungsnormen zu transformieren.

Als Prüfungsgrundlage kommt konkret der ISA 100 in Frage. Ziel des ISA 100 ist es, die Glaubwürdigkeit von Informationen durch eine Prüfung und die damit verbundene Vermittlung eines Prüfungsurteils zu erhöhen.[727] Dies entspricht auch dem Ziel, das eine Prüfung der Ad-hoc-Publizität haben muss. Auch bei der Prüfung der Ad-hoc-Publizität soll durch die Prüfung und Abgabe eines Prüfungsurteils die Glaubwürdigkeit von Ad-hoc-Mitteilungen gesteigert werden. Der ISA 100 erfasst alle Dienstleistungen, die durch einen „professional accountant" erbracht werden und die auf eine Erhöhung der Glaubwürdigkeit des zu behan-

[723] Arbeitskreis „Externe Unternehmensrechnung" (2001), S. 160 f.
[724] www.ifac.org.
[725] www.wpk.de;www.idw.de.
[726] Baetge, Jörg / Sell, Heinz (1999), S. 517 - 525.
[727] Umfassend zum ISA 100: Kirsch, Hans Jürgen / Dohrn, Matthias (2001), S. 425 ff.

delnden Gegenstandes abzielen. Anzumerken ist dabei, dass die international übliche Bezeichnung „accountants" neben den Wirtschaftsprüfern alle mit Rechnungslegungsfragen beauftragte Personenkreise erfasst.[728] Da die ISA jedoch nur für Angehörige der Mitgliedsorganisationen der IFAC Gültigkeit haben, beschränkt sich der Adressatenkreis in Deutschland auf Wirtschaftsprüfer, Vereidigte Buchprüfer, Wirtschaftsprüfungs- und Buchprüfungsgesellschaften.

ISA 100 setzt zu seiner Anwendbarkeit ein sog. assurance engagement voraus und regelt die Durchführung eines solchen durch einen sog. engagement process.[729] Kennzeichnend für ein assurance engagement sind die folgenden drei Elemente, die zur Einsatzfähigkeit des ISA 100 auch bei der Prüfung der Ad-hoc-Publizität entsprechend vorliegen müssen:

Das erste Element ist das Vorliegen einer „three party relationsship".[730] Danach müssen drei Parteien zueinander in Beziehung stehen. Zur ersten Partei gehört ein qualifizierter Angehöriger des Berufsstandes der „professional accountants" (im Standard später als practitioner bezeichnet). Im Fall der Prüfung der Ad-hoc-Publizität wäre dies ein Berufsangehöriger der Mitgliedsorganisationen. Die zweite Partei ist die sog. responsible party. Sie ist für die Bereitstellung der zu prüfenden Informationen des Prüfungsgegenstandes verantwortlich. Diese Rolle wird bei der Prüfung der Ad-hoc-Publizität durch die Emittenten übernommen. Die dritte Partei ist der Adressat des Urteils über die Prüfung, der sog. intended user. Als intended user kommen alle Personen in Betracht, die Empfänger des vom Prüfer zu erstellenden Berichtes sein sollen. Der Berichtsadressat kann der gleichen Organisation wie die verantwortliche Partei angehören.[731] Bei der Ad-hoc-Publizität kämen damit die BAFin, der Emittent selbst oder die Bereichsöffentlichkeit in Betracht. Festzustellen ist damit, dass eine Three party relationsship-Situation bei der Prüfung der Ad-hoc-Publizität gegeben ist.

Zweites Element des assurance engagement ist das Vorhandensein eines sog. subjekt matter, d. h. eines Prüfungsgegenstandes, der eindeutig identifizierbar und mit Hilfe von geeigneten Kriterien beurteilbar ist.[732]

[728] Küting, Karlheinz / Hayn, Sven (2001), 4. Aufl., Kap. I., Tz. 92.

[729] ISA100.24; zu beachten ist dabei, dass der US-amerikanische Begriff der Assurance services von dem des assurance engagement abweicht. Vgl. Marten, Kai-Uwe / Köhler, Annette G. (2001), S. 435 - 440.

[730] ISA 100.9-19.

[731] Ruhnke, Klaus (2001a), S. 443.

[732] ISA 100.20 f.

Bei der Prüfung der Ad-hoc-Publizität stellen die einzelnen Ad-hoc-Mitteilungen und das Ad-hoc-Publizität-System den Prüfungsgegenstand des assurance engagement dar.
Das zweite Element leitet schon auf das dritte Element über, nämlich dass geeignete Kriterien, sog. criteria, vorhanden sein müssen, die der Prüfung zugrunde liegen.[733] Sie müssen für die Beurteilung des Prüfungsgegenstandes relevant sein, eine zuverlässige und neutrale Beurteilung erlauben, vollständig verfügbar sowie verständlich sein.[734] In Betracht kommen bei der Prüfung der Ad-hoc-Publizität vor allem die in ISA 100 erwähnten established criteria des § 15 WpHG und die Verlautbarungen der BAFin. Danach hätte sich der Prüfer bei der Prüfung einer konkreten Ad-hoc-Mitteilung an den Tatbestandsvoraussetzungen des § 15 WpHG, wie dem der „Eignung zur erheblichen Kursbeeinflussung", zu orientieren. Auch das dritte Element als Voraussetzung für ein assurance engagement liegt damit vor.
Der ISA 100 ist so als Prüfungsgrundlage der Ad-hoc-Publizität einsatzfähig. Zu beachten bleibt, dass, soweit konkrete Normen für die Prüfung eines zu behandelnden Gegenstandes in einem ISA bereits normiert sind, diese den Regelungen des als frame work konzipierten ISA 100 vorgehen.[735] Im Falle einer Transformation des ISA 100 in einen Prüfungsstandard des IDW käme danach selbstverständlich letzterer zur Anwendung.[736]

2. Zu bestellender Prüfer

Nachdem festgestellt wurde, dass ein Wirtschaftsprüfer die Prüfung der Ad-hoc-Publizität durchführen sollte, stellt sich die Frage, ob nicht der Abschlussprüfer diese Aufgabe übernehmen sollte. Der Abschlussprüfer verfügt nämlich schon aufgrund seiner Prüfung des Abschlusses über einen Großteil der Informationen, die für die Prüfung der Ad-hoc-Publizität von Relevanz sind. So muss sich dieser schon zur Prüfung des Abschlusses Informationen über die Entwicklungen im Unternehmen und Unternehmensumfeld beschaffen.[737] Seine Bestellung im Rahmen der Abschlussprüfung für den Zeitraum eines Jahres würde auch die konti-

[733] ISA 100.22 f.
[734] ISA 100.44 ff.
[735] ISA 100.2 f.
[736] Jacob, Hans-Joachim (2001), S. 237 ff.
[737] Vgl. IDW PS 230.

nuierliche Prüfung der Ad-hoc-Publizität, insbesondere des Ad-hoc-Publizität-Systems, gewährleisten. Hinzu kommt, dass die Prüfung des Ad-hoc-Publizität-Systems eine Parallele in der Abschlussprüfung im Punkt der Prüfung des Risikomanagementsystems des § 91 Abs. 2 AktG aufweist. Auch um diesen Synergieeffekt auszunutzen, sollte der Prüfungsauftrag des Abschlussprüfers um die Prüfung des Ad-hoc-Publizität-Systems erweitert werden.

3. Einzelfall- und Systemprüfung

Nach der Bestellung des Abschlussprüfers zum Prüfer auch der Ad-hoc-Publizität stellt sich die Frage nach der konkreten Durchführung der Prüfung. Auf die allgemeinen Prüfungsschritte nach ISA 100, der alle Schritte des Prüfers, die zur systemischen Erbringung der Dienstleistungen notwendig sind, grundsätzlich normiert, soll dabei nicht in allen Einzelheiten eingegangen werden.[738] Hinzuweisen ist aber darauf, dass der Prüfer bei Durchführung der Prüfung an die den deutschen Berufsgrundsätzen ähnelnden fundamental principles des code of ethics gebunden ist. Hervorzuheben sind die Grundsätze der Unabhängigkeit und der Objektivität.[739]

Prüfungsgegenstand der Ad-hoc-Publizität ist sowohl die einzelne Ad-hoc-Mitteilung als auch das Ad-hoc-Publizität-System. Damit weist auch die Ad-hoc-Publizität-Prüfung parallel zur Abschlussprüfung eine Unterteilung in Einzelfallprüfung und Systemprüfung auf. ISA 100 geht davon aus, dass der Prüfungsgegenstand anhand geeigneter Kriterien zu prüfen ist. Dabei kann es sich um vom Prüfer zu entwickelnde Kriterien oder established criteria handeln.

Im Mittelpunkt der Einzelfallprüfung der Ad-hoc-Mitteilungen stehen die established criteria des § 15 WpHG, also die Tatbestandsvoraussetzungen der Ad-hoc-Publizität.

---

[738] ISA 100 24 ff.

[739] ISA 200.4.

Damit ist zu prüfen, ob

- es sich um eine neue, nicht öffentlich bekannte Tatsache handelt, die Gegenstand der Ad-hoc-Mitteilung ist,
- diese im Tätigkeitsbereich des Emittenten eingetreten ist,
- diese Auswirkungen auf die Vermögens- oder Finanzlage oder den allgemeinen Geschäftsverlauf hat,
- diese geeignet ist, den Börsenpreis erheblich zu beeinflussen,
- ein Befreiungsgrund i. S. d. § 15 Abs. 1 S. 2 WpHG vorliegt und
- ob das Veröffentlichungsverfahren gem. § 15 Abs. 2 u. 3 WpHG eingehalten wird.

Nicht verschwiegen werden sollen hier die Probleme bei der Prüfung des Punktes „Geeignetheit zur Kursbeeinflussung" und der Prüfung von Prognosen, die auch Tatsachen i. S. d. § 15 Abs. 1 WpHG darstellen können. Für die Prüfung der Prognosen kann auf den ISA 810 verwiesen werden, der die Prüfung von zukunftsorientierten Finanzinformationen zum Gegenstand hat. Dieser gibt zwar kein detailliertes Prüfungsprogramm für die Prognoseprüfung vor, stellt jedoch Überlegungen zur Durchführung der Prüfungshandlungen an. So muss der Prüfer sich davon überzeugen, dass die zukunftsorientierten Informationen aus den Annahmen der Unternehmensleitung sorgfältig hergeleitet worden sind.[740]
Über die Beurteilung von Prognosen hinaus sieht sich die praktische Durchführung der Prüfung von Ad-hoc-Mitteilungen Problemen ausgesetzt. So erhöht sich zwar der Wert einer Ad-hoc-Mitteilung für die Marktteilnehmer durch eine Prüfung, andererseits nimmt der Wert einer solchen Meldung ab, sofern die Prüfung zu einer verzögerten Informationsabgabe führt. Hier setzt auch die Kritik von FÖRSCHLE/ HELMSCHROTT ein, die aufgrund der mit einer Prüfung einhergehenden Zeitverzögerung allgemein eine Prüfung von Ad-hoc-Mitteilungen nicht als sinnvoll erachten.[741] FÖRSCHLE/HELMSCHROTT unterschätzen jedoch die Möglichkeiten bei der Ausgestaltung des Prüfungssystems und messen der Ad-hoc-Publizität eine nur teilweise korrekte Funktion zu. Schon der Gesetzgeber selbst bringt zum Ausdruck, dass im Rahmen des § 15 WpHG keine sofortige Veröffentlichung im Sinne von „zeitgleich" gefordert wird, bei der die Schnelligkeit um jeden Preis im Vordergrund

[740] ISA 810.17.
[741] Förschle, Gerhard / Helmschrott, Harald (2001a), S. 641.

steht. In der Gesetzesbegründung geht er davon aus, dass der Emittent bei auftretenden Schwierigkeiten externe Berater hinzuziehen soll, um diese Probleme zu lösen.[742] Eine Veröffentlichung hat nicht zeitgleich, sondern ohne „schuldhaftes Zögern“ zu erfolgen. Dafür spricht auch, dass selbst bei optimalem Ablauf der Ad-hoc-Publizität das Veröffentlichungsverfahren des § 15 WpHG keine sofortige Information des Kapitalmarkts vorsieht. So wird die Ad-hoc-Mitteilung gem. § 15 Abs. 2 Nrn. 1 u. 2 WpHG der Geschäftsführung der betreffenden Börse vor der Veröffentlichung an die anderen Marktteilnehmer bekannt gegeben, damit diese über eine mögliche Kursaussetzung entscheiden kann. Geht der Gesetzgeber jedoch davon aus, dass die Börsenleitung in so kurzer Zeit über eine so schwerwiegende Entscheidung wie die der Kursaussetzung entscheiden kann, muss es dem Wirtschaftsprüfer möglich sein, auch in kürzester Zeit seine Prüfung durchzuführen. Auch unterschätzen FÖRSCHLE/HELMSCHROTT die Möglichkeiten der Internettechnologie zur Beschleunigung des Prüfungsverfahrens. Ihr Argument, dass der Wirtschaftsprüfer quasi an den Unternehmensvorgängen teilnehmen müsse, um prüfen zu können, verkennt auch die Durchführung der Ad-hoc-Publizität-Prüfung als Kombination aus Ex-ante- und Ex-post-Betrachtung.[743] Durch eine vorherige prüferische Durchsicht können zumindest die „handwerklichen“ Fehler beseitigt werden, z. B. das Verstecken von ad-hoc-publizität-pflichtigen Tatsachen zwischen unwichtigen Informationen oder die Mehrfachveröffentlichungen von Ad-hoc-Mitteilungen. So enthielten nach einer Untersuchung von OERKE 1.320 Ad-hoc-Mitteilungen der Jahre 1995 - 1997 86 Mehrfachnennungen eines Unternehmens am gleichen Tag zum gleichen Thema.[744] Dass selbst das reine Verfassen einer Ad-hoc-Meldung wohl einer Kontrolle bedarf, zeigen die beiden folgenden Fälle: So meldete die Intershop Communications AG am 31. Dezember 2000 aufgrund außerordentlicher Aufwendungen für eine Werbekampagne einen Verlust von umgerechnet 7 Mio. €; diese Ad-hoc-Meldung wurde kurze Zeit später dahin gehend korrigiert, dass die 7 Mio. € sich auf die Kosten der Werbekampagne und nicht auf den Unternehmensverlust bezogen. Die Telesens AG meldete am 19. August 2000 ein Halbjahres-EBIT von 28 Mio. DM und korrigierte diese Größe später auf – 28 Mio. DM.

Auch das von FÖRSCHLE/HELMSCHROTT gebrachte Beispiel, dass auf Hauptversammlungen kursrelevante Informationen als Antwort auf

---

[742] BT-Drucks. 12/6679, S. 48.

[743] Ruhnke, Klaus (2001a), S. 443.

[744] Oerke, Marc (1999), S. 68 f.

eine Frage des Aktionärs gegeben werden müssen und hier keine Prüfung erfolgen kann und muss, geht fehl.[745] Diese Argumentation verkennt das Zusammenspiel zwischen § 131 AktG und der Ad-hoc-Publizität des § 15 WpHG.[746] Erstens ist festzustellen, dass eine Ad-hoc-Mitteilung nicht erfolgen muss, da der Vorstand dem Aktionär eine Frage beantwortet hat.[747] Grund für die Ad-hoc-Mitteilung ist, dass der Gegenstand des § 131 AktG schon aus sich selbst heraus dem § 15 WpHG unterfällt. Dieser Gegenstand ist, unabhängig davon, ob eine Hauptversammlung stattfindet, einer Veröffentlichung zuzuführen, da eine Tatsache ihre Ad-hoc-Qualität nicht allein durch eine Verlautbarung nach § 131 AktG erlangt und die Veröffentlichung auf dem Wege des § 131 AktG auch die Veröffentlichung nach § 15 WpHG nicht ersetzt.[748] Zweitens besteht auch keine Pflicht des Vorstands zur Beantwortung von Fragen, die sich auf noch nicht veröffentliche Ad-hoc-Tatsachen beziehen. Eine Information, wie sie FÖRSCHLE/HELMSCHROTT vorschwebt, muss zumindest so lange nach § 131 Abs. 3 Nr. 1 AktG verweigert werden, bis die Ad-hoc-Mitteilung ordnungsgemäß veröffentlicht wurde. Dem Emittenten drohen nämlich bei Nichteinhaltung der Ad-hoc-Publizität-Vorschriften Sanktionen, die einen nicht unerheblichen Nachteil i. S. d. § 131 Abs. 2 Nr. 1 AktG darstellen. Damit wurde auch der letzte Kritikpunkt ausgeräumt, und einer Ad-hoc-Mitteilungsprüfung im Rahmen einer Einzelfallprüfung steht nichts mehr im Wege.

Im Rahmen der Systemprüfung muss festgestellt werden, ob das bestehende System der Informationsgewinnung, –weiterleitung und -verarbeitung sicherstellt, dass alle ad-hoc-publizität-pflichtigen Tatsachen auch publiziert werden.[749] In diesem Zusammenhang ist festzuhalten, dass die Aussage RUHNKES, dass auch die Nichtvorlage einer Ad-hoc-Meldung eine Ad-hoc-Aussage darstelle, in der die Unternehmensleitung behaupte, dass kein meldepflichtiger Tatbestand vorliege, nicht dazu benutzt werden darf zu fordern, dass der Prüfer feststellt, ob der Emittent auch wirklich alle ad-hoc-mitteilungspflichtigen Tatsachen veröffentlicht.[750] Dies würde zu weit gehen und die Rolle des Wirtschaftsprüfers vom Prüfer hin zu der eines Polizisten verschieben. Aufgrund der

[745] Förschle, Gerhard / Helmschrott, Harald (2001b), S. 1376.
[746] Wüsthoff, Andreas (2000).
[747] Anders der Regelungsansatz in der Regulation FD im US-amerikanischen Recht.
[748] Siehe zu dieser Thematik S. 167 ff.
[749] Zur Umsetzung eines solchen Systems bei Daimler-Benz: Bruns, Hans-Georg (1995), S. 107 ff.
[750] Ruhnke, Klaus (2001a), S. 448.

niemals bei Prüfern anzutreffenden perfekten Informationslage ist vom Prüfer keine Verifikation, sondern nur eine eventuelle Feststellung einer Falsifikation zu erwarten. Der Prüfer geht mit der positiven Grundannahme in die Prüfung, dass der Emittent die ad-hoc-publizität-pflichtigen Tatsachen veröffentlicht.[751] Eine Art Nachforschungsprüfung nach unterlassenen Ad-hoc-Mitteilungen ist genauso wenig wie die Unterschlagungsprüfung bei der Prüfung des Jahresabschlusses Bestandteil der Prüfung. Von der positiven Grundannahme weicht der Prüfer erst bei konkreten Anhaltspunkten während der Prüfung ab.[752]
Fraglich ist, wie zu verfahren ist, wenn der Wirtschaftsprüfer im Rahmen seiner Systemprüfung einen Tatbestand als ad-hoc-publizität-pflichtig erachtet, den die Unternehmensleitung nicht als ad-hoc-publizität-pflichtig ansieht. RUHNKE zeigt zur Lösung dieses Problems zwei Möglichkeiten auf. Zum einen die Veröffentlichung einer Ad-hoc-Mitteilung mit Hinweis auf die bestehenden Meinungsverschiedenheiten. Zum anderen die Einschaltung der BAFin als weitere Beurteilungsinstanz.[753] Der erste Vorschlag ist gänzlich abzulehnen. Er trägt nicht zur Lösung des Problems bei, ob der Tatbestand nun veröffentlicht werden muss oder nicht. Vielmehr zwingt er den Emittenten indirekt, den Sachverhalt im Rahmen der Ad-hoc-Mitteilung über den Streit zu publizieren. Auch verfolgt die Ad-hoc-Publizität nicht eine ungezielte Informationsverbreitung nach dem Prinzip, dass der Empfänger der Ad-hoc-Mitteilung darüber entscheiden kann, ob er diesen Tatbestand als publizitätspflichtig ansieht oder nicht. Bei der Information über die Rechtsstreitigkeit handelt es sich nicht um eine Kapitalmarktinformation i. S. des § 15 WpHG, und der Entscheidungsprozess, ob eine Ad-hoc-Publizität-Pflicht vorliegt, muss im Bereich des Unternehmens getroffen werden und nicht auf dem Kapitalmarkt. Es muss vielmehr der zweite Lösungsvorschlag aufgegriffen werden: Die BAFin als zuständiges Überwachungsorgan der Pflichten der Ad-hoc-Publizität muss eingeschaltet werden. Dazu muss ein Kommunikationsverfahren zwischen den Beteiligten Emittent – Wirtschaftsprüfer – BAFin implementiert werden. Konkret könnte dies eine Anzeigepflicht des Wirtschaftsprüfers gegenüber der BAFin enthalten, mit dem Inhalt, dass dieser zur Überzeugung gekommen ist, dass ein ad-hoc-publizität-pflichtiger Sachverhalt nicht veröffentlicht wurde. In diesem Zusammenhang ist darauf hinzuweisen, dass auch ein Verfahren zur Schlichtung

[751] Vgl. auch ISA 910.7 u. ISA 120.15.
[752] Vergleiche auch die Ausführungen zur Prüfungssicherheit auf der folgenden Seite.
[753] Ruhnke, Klaus (2001a), S. 450.

von Streitigkeiten über die Erteilung bzw. Nichterteilung des Testats bei der BAFin eingerichtet werden muss. Die BAFin wäre hierfür aufgrund ihrer Aufsichtskompetenz prädestiniert.

4. Prüfungsbericht und Prüfungssicherheit

Nach der Durchführung der Einzelfall- und Systemprüfung hat der Prüfer nach ISA 100 einen Prüfungsbericht, den sog. practitioner`s report, abzugeben.[754] Zu unterscheiden sind zwei Arten des Reports: Zum einen besteht der sog. attest report. In diesem knüpfen die Prüfungsfeststellungen hinsichtlich des zu behandelnden Gegenstandes an die Aussagen der sog. reponsible party an. Als Beispiel wären hier die Aussagen des Vorstandes in Ad-hoc-Meldungen über Vorgänge im F&E-Bereich zu nennen. Zum anderen ist der sog. direct report vorgesehen. In diesem beziehen sich die getroffenen Aussagen unmittelbar auf den zu behandelnden Gegenstand. Als Beispiel wären hier Aussagen über das Ad-hoc-Publizität-System und seine Kontrollmechanismen zu nennen. Wie an Hand der Beispiele zu sehen ist, kommen für die Prüfung der Ad-hoc-Publizität beide Berichtsarten in Betracht.
Adressat des Prüfungsberichts sollte m. E. die BAFin als Überwachungsbehörde der Ad-hoc-Publizität sein. Diese verfügt schließlich auch über die Möglichkeit der Sanktionierung festgestellter Verstöße. Jeder Ad-hoc-Meldung selbst sollte ein Prüfungsurteil beigefügt sein und einmal jährlich sollte ein Prüfungsurteil über das Ad-hoc-Publizität-System erstellt und der BAFin zugeleitet werden. Der Inhalt der Prüfungsberichte sollte darüber hinaus, anders als bei der Abschlussprüfung, auch allen anderen Kapitalmarktteilnehmern zur Verfügung gestellt werden, damit diese sich ein eigenes Bild über die Vertrauenswürdigkeit des Informationsangebots des Emittenten machen können.
Von großer Bedeutung nicht nur für den Kapitalmarkt, sondern auch wegen der drohenden haftungsrechtlichen Konsequenzen für den Prüfer, ist die Frage nach der Prüfungssicherheit. ISA 100 unterscheidet zwei Grade der Zusicherung bei assurance engagements, nämlich einen hohen Grad der Zusicherung, high level assurance, und einen gemäßigten Grad der Zusicherung, moderate level assurance.[755] Dabei ist zu beachten, dass mit moderate level kein konkreter Grad etwa in der Mitte eines

[754] ISA 100.25-30.
[755] ISA 100.30.

Spektrums, sondern lediglich ein geringerer als ein hoher Grad der Zusicherung beschrieben wird.[756] Der High level assurance-Ansatz der Prüfung führt nach der Systematik der ISA zu einem audit, der Moderate level assurance-Ansatz zu einem review.[757] Die beiden Prüfungsleistungen unterscheiden sich in ihrem Prüfungsurteil. Das audit führt zu einer positiven Bestätigung, dass die geprüften Informationen in allen wesentlichen Belangen mit den Anforderungen übereinstimmen. Der review dagegen trifft als prüferische Durchsicht im Gegensatz zum audit keine positive Bestätigung, sondern nur die negative Bestätigung darüber, dass keine Anhaltspunkte für wesentliche Falschaussagen gefunden wurden.
Welcher Grad der Zusicherung mit der Prüfung verfolgt werden sollte und damit die Entscheidung, ob ein audit oder ein review durchzuführen ist, muss in erster Linie von der Art des Prüfungsgegenstandes und den gewählten Kriterien abhängig gemacht werden. Im konkreten Fall der Prüfung von Ad-hoc-Meldungen sollte man sich auf einen moderate level beschränken. Als Prüfungsgegenstand kommen nämlich im Bereich der Tatsachenfeststellung auch Prognosen in Betracht, die, als von qualitativen und von subjektiven Einschätzungen abhängige Prüfungsgegenstände, deren Daten zukunftsbezogen sind, einer Prüfung des Grades high level nicht zugänglich sind. Auch der speziell heranzuziehende ISA 810 zur Prüfung von zukunftsorientierten Finanzinformationen verweist auf den Grad einer moderate level assurance.[758] Zum gleichen Ergebnis muss man vor dem Hintergrund der Schwierigkeiten des Prüfungskriteriums „Geeignetheit zur erheblichen Kursbeeinflussung" kommen. Selbstverständlich enthalten Ad-hoc-Meldungen auch Prüfungsgegenstände, die sogar einem absolute level of assurance i. S. d. ersten Exposure Draft „Reporting on the Credibility of Information" zu ISA 100 zugänglich sind. Eine jeweils dem Prüfungsgegenstand angepasste Prüfungssicherheit ist jedoch nur schwer an die Berichtsadressaten zu kommunizieren. Damit ist durch den Wirtschaftsprüfer ein review im Rahmen der Prüfung des Ad-hoc-Publizität-Systems durchzuführen, der sich auf dem moderate level of assurance bewegt.[759]

---

[756] Kirsch, Hans Jürgen / Dohrn, Matthias (2001), S. 430.
[757] ISA 120.6-16; vgl. auch Fey, Gerd (2000), S. 1102.
[758] ISA 810.9.
[759] Auf nationaler Ebene hat die prüferische Durchsicht ihre Regelung im PS 900 des IDW gefunden. Auch dieser sieht nur einen negativen Bestätigungsvermerk vor, der veröffentlicht wird.

IV. Ergebnis

Es bleibt festzustellen, dass eine Prüfung der Ad-hoc-Publizität durchführbar ist und eine Prüfungspflicht dem Emittenten auferlegt werden sollte, um die Einhaltung der GoAhP zu gewährleisten. Beauftragt werden sollte der Abschlussprüfer des Emittenten, der auf der Grundlage des ISA 100 seine Prüfung durchführt. Adressat des Prüfungsberichts sollte die BAFin sein, die dann gleichzeitig auch als Schlichtungsstelle bei Streitigkeiten über die Durchführung der Prüfung fungiert. Die genannten Vorschläge sollten schnellstmöglich Bestandteil einer Gesetzesinitiative, z. B. eines 5. Finanzmarktförderungsgesetzes, werden.

K. Ausblick

Die jüngsten Finanzskandale um die US-amerikanischen Unternehmen ENRON und XEROX haben gezeigt, wie empfindlich der Kapitalmarkt auf Informationsverzerrungen oder gar -manipulationen reagiert. Es wurde dabei deutlich, wie wichtig ein sicheres und effektives Informationsinstrumentarium für den Kapitalmarkt ist. Als eines dieser Instrumente wurde hier die Ad-hoc-Publizität nach § 15 WpHG untersucht. Die Untersuchung hat ergeben, dass es sich - nach Umsetzung der unterbreiteten Vorschläge - bei der Ad-hoc-Publizität um ein solch effektives und sicheres Instrument der Kapitalmarktinformation handelt. Die hier vorliegende Untersuchung will jedoch mit ihren Ergebnissen nicht nur die Änderung einzelner Paragrafen herbeiführen, sondern beim Gesetzgeber einen Umdenkungsprozess anstoßen - einen Umdenkungsprozess in der Weise, dass der Gesetzgeber erkennt, dass der Anleger mittels Informationsinstrumenten wie dem des § 15 WpHG nicht vor den Gefahren des Kapitalmarkts bewahrt werden soll, sondern es soll - nicht mehr und nicht weniger - eine Kommunikation dieser Gefahren an die Adresse des Anlegers erfolgen. Um eine solche Kommunikation zu gewährleisten, muss sich der Gesetzgeber vom althergebrachten Rechnungslegungsverständnis lösen und sich dem Rollenverständnis nähern, das der Kapitalmarkt der Ad-hoc-Publizität zuschreibt: die Rolle als kapitalmarktorientiertes Informationsinstrument im Sinne einer fair presentation. Dass der Umdenkungsprozess schon im Gange ist, zeigen die weit reichenden Veränderungen auf dem Gebiet des Bilanzrechts. Dieser Wandel sollte so schnell wie möglich auch die Ad-hoc-Publizität erfassen.

Literaturverzeichnis

I. Aufsätze, Monographien und Kommentare[1]

Achleitner, Ann-Kristin / Bassen, Alexander / Pietzsch, Luisa / Wichels, Daniel (2002): Effiziente Kapitalmarktkommunikation mit Finanzanalysten - Gestaltungsempfehlungen für Wachstumsunternehmen, FB 2002, S. 29

Achleitner, Ann-Kristin / Kleekämper, Heinz (1997): Presentation of financial Statements, Reformprojekt des IASC und seine Auswirkungen, WPg 1997, S. 117

Aerssen, Rick van (2000): Erwerb eigener Aktien und das WpHG, WM 2000, S. 391

Akerlof, Georg A. (1970): The market for "lemons": Quality uncertainty and the market mechanism, in: Quarterly journal of economics 1970, S. 488

Altenhain, Karsten (2002): Die Neuregelung der Marktpreismanipulation, BB 2002, S. 1874

Alvarez, Manuel / Wotschofsky, Stefan (2000): Zur Bedeutung der Zwischenberichtspublizität, DStR 2000, S. 1789

Alvarez, Manuel / Wotschofsky, Stefan (2000a): Zwischenberichterstattung in der Praxis, WPg 2000, S. 310

Ammedick, Oliver / Strieder, Thomas (2002): Zwischenberichterstattung börsennotierter Gesellschaften, München 2002

Arbeitskreis Bilanzrecht der Hochschullehrer Rechtswissenschaft (2002): Zur Fortentwicklung des deutschen Bilanzrechts, BB 2002, S. 2373

[1] Auf alle in der Arbeit zitierten WWW.-Adressen erfolgte der letzte Zugriff am 10. Mai 2003.

Arbeitskreis Externe Unternehmensrechnung der Schmalenbach-Gesellschaft für Betriebswirtschaft (2002): Grundsätze für das Value Reporting, DB 2002, S. 2337

Arbeitskreis Externe Unternehmensrechnung der Schmalenbach-Gesellschaft für Betriebswirtschaft (2001): Die Zukunft der Rechnungslegung aus der Sicht der Wissenschaft und der Praxis, DB 2001, S. 160

Arbeitskreis „Immaterielle Werte im Rechnungswesen" der Schmalenbach-Gesellschaft für Betriebswirtschaft (2001): Kategorisierung und bilanzielle Erfassung immaterieller Werte, DB 2001, S. 989

Assmann, Heinz-Dieter (1997): Rechtsanwendungsprobleme des Insiderrechts, AG 1997, S. 50

Assmann, Heinz-Dieter (1994): Das künftige deutsche Insiderrecht, AG 1994, S. 237

Assmann, Heinz-Dieter (1994a): Das neue deutsche Insiderrecht, ZGR 1994, S. 494

Assmann, Heinz-Dieter (1992): Einleitung, Großkommentar zum AktG, Gadow W. / Heinichen, E. / Wiedemann, Herbert / Hopt, Klaus, 4. Aufl., 1992 /1993

Assmann, Heinz-Dieter (1992a): Der Inhalt des Schadensersatzanspruchs wegen fehlerhaft informierter Kapitalanleger, in FS Lange, München 1992, S. 345

Assmann, Heinz-Dieter (1990): Kapitalmarktrecht, in: 40 Jahre BRD - 40 Jahre Rechtsentwicklung, Nörr, Knut Wolfgang (Hrsg.), Tübingen 1990

Assmann, Heinz-Dieter (1989): Konzeptionelle Grundlagen des Anlegerschutzes, ZBB 1989, S. 49

Assmann, Heinz-Dieter (1985): Prospekthaftung als Haftung für die Verletzung kapitalmarktbezogener Informationspflichten nach deutschem und US-amerikanischem Recht, Köln u. a. 1985

Assmann, Heinz-Dieter / Kirchner, Christian / Schanze, Erich (1978): Ökonomische Analyse des Rechts, Kronberg 1978

Assmann, Heinz-Dieter / Schütze, Rolf A. (1999): Handbuch des Kapitalanlagerechts, 2. Aufl., München 1999

Bacher, Urban / Dörner, Stefanie (2002): Ad-hoc-Publizität nach dem WpHG samt Verbesserungsvorschlägen, StB 2002, S. 52

Baetge, Jörg / Kirsch, Hans-Jürgen / Thiele, Stefan (2002): Konzernbilanzen, 6. Aufl., Düsseldorf 2002

Baetge, Jörg / Krumnow, Jürgen / Noelle, Jennifer (2001): Das „Deutsche Rechnungslegungs Standards Comittee" (DRSC), DB 2001, S. 769

Baetge, Jörg / Roß, Heinz-Peter (2000): Was bedeutet „fair presentation"?, in: US-amerikanische Rechnungslegung, Ballwieser, Wolfgang (Hrsg.), 4. Aufl., Stuttgart 2000

Baetge, Jörg / Sell, Heinz (1999): Die US-amerikanischen, internationalen und deutschen Prüfungsgrundsätze im Vergleich, StuB 1999, S. 517

Ballwieser, Wolfgang (2000): US-amerikanische Rechnungslegung, 4. Auflage, Stuttgart 2000

Ballwieser, Wolfgang (1996): Zum Nutzen handelsrechtlicher Rechnungslegung, in: FS Clemm, Hermann, München 1996

Barnert, Thomas (2002): Deliktischer Schadensersatzanspruch bei Kursmanipulationen de lege lata und de lege ferenda, WM 2002, S. 1473

Baskin, Stuart J. (1992): Insider Trading, in: United States Securities and Investment Regulation Handbook, Gruson, Michael / Markham, Jerry / Boiter, Eric, London u. a. 1992, S. 195

BAWe (2001): Statistik, www.bawe.de

BAWe (2000): Rundschreiben vom 22. März 2000, www.bawe.de

BAWe (1998): Insiderhandelsverbote und Ad hoc-Publizität nach dem Wertpapierhandelsgesetz, 2. Aufl., Frankfurt am Main 1998, www.bawe.de

Baums, Theodor (2003): Haftung wegen Falschinformation des Sekundärmarktes, ZHR 2003, S. 139

Beisse, Heinrich (1996): Zehn Jahre "True and fair view", in: FS Clemm, Hermann, München 1996

Benner-Heinacher, Jella (1995): Kollidiert die Auskunftspflicht des Vorstands mit dem Insidergesetz?, DB 1995, S. 765

Bericht der Regierungskommission Corporate Governance (2001): Baums, Theodor (Hrsg.), Köln 2001

Bernd, Rudolph (2002): Viertes Finanzmarktförderungsgesetz – ist der Name Programm?, BB 2002, S. 1036

Beschlüsse des 64. Deutschen Juristentages Berlin (2002): Wirtschaftsrecht, DB 2002, S. 2037

Bieg, Hartmut (2000): Buchführung, Berlin 2000

Bischoff, Kai (2002): Internationale Börsenprospekthaftung, AG 2002, S. 489

Böcking, Hans-Joachim (2002): IAS für Konzern- und Einzelabschluss!, WPg 2002, S. 925

Böcking, Hans-Joachim (1998): Zum Verhältnis von Rechnungslegung und Kapitalmarkt: Vom „financial accounting" zum „business reporting", in: Rechnungslegung und Steuern international, ZfbF Sonderheft 40 1998, S. 17

Bornmüller, Gerd (2002): Aktionärsrechte – Vom privaten Kleinaktionär zu institutionellen Anlegern, BuW 2002, S. 112

Bosse, Christian (1999): Melde- und Informationspflichten nach dem Aktiengesetz und Wertpapierhandelsgesetz im Zusammenhang mit dem Rückkauf eigener Aktien, ZIP 1999, S. 2047

Bridts, Christian (1990): Zwischenberichtspublizität, Düsseldorf 1990

Brotte, Jörg (1997): US-amerikanische und deutsche Geschäftsberichte, Wiesbaden 1997

Brown, Rober J. (1994): The regulation of corporate disclosure, Boston 1994

Bruns, Hans-Georg (1995): Finanzpublizität nach Inkrafttreten des 2. Finanzmarktförderungsgesetzes - zur praktischen Umsetzung bei Daimler Benz, in: Baetge, Jörg (Hrsg.): Insiderrecht und Ad-hoc-Publizität, Düsseldorf 1995, S. 107

BT-Drucks. 14/8017: Bundestag-Drucksache vom 18. Januar 2002; Entwurf eines Gesetzes zur weiteren Fortentwicklung des Finanzplatzes Deutschland (Viertes Finanzmarktförderungsgesetz)

BT-Drucks. 12/7918: Bundestag-Drucksache vom 15. Juni 1994; Beschlußempfehlung und Bericht des Finanzausschusses zum Zweiten Finanzmarktförderungsgesetz

BT-Drucks. 12/6679: Bundestag-Drucksache vom 27. Januar 1994, Entwurf eines Gesetzes über den Wertpapierhandel und zur Änderung börsenrechtlicher und wertpapierrechtlicher Vorschriften (Zweites Finanzmarktförderungsgesetz)

BT-Drucks. 10/4296: Bundestag-Drucksache vom 22. November 1985, Entwurf eines Börsenzulassungsgesetzes

BT-Drucks. 10/318: Bundestag-Drucksache vom 26. August 1983, Entwurf eines Zweiten Gesetzes zur Bekämpfung der Wirtschaftskriminalität (2. WiKG)

Budde, Dieter (1996): Müssen börsennotierte Gesellschaften eigene Wege gehen?, in: FS Clemm, Hermann, München 1996, S. 81

Budde, Dieter / Steuber, Elgin (1996): Rechnungslegung im Spannungsfeld zwischen Gläubigerschutz und Information der Gesellschafter, AG 1996, S. 542

Bundesministerium der Justiz (2002): 10-Punkte-Programm der Bundesregierung zur Verbesserung der Unternehmensintegrität und des Anlegerschutzes, www.bmj.de

Burgard, Ulrich (2000): Kapitalmarktrechtliche Lehren aus der Übernahme Vodafone-Mannesmann, WM 2000, S. 611

Burgard, Ulrich (1998): Ad-hoc-Publizität bei gestreckten Sachverhalten und mehrstufigen Sachverhalten, ZHR 1998, S. 51

Büschgen, Hans E. (2001): Das kleine Börsenlexikon, Stichwort: Systemrisiko, 22. Aufl., Düsseldorf 2001, S. 1429

Busse von Colbe, Walther (2000): Ausbau der Konzernrechnungslegung im Lichte internationaler Entwicklungen, ZGR 2000, S. 651

Busse von Colbe, Walter (2000a): Zwischenberichterstattung nach dem E-DRS 6, BB 2000, S. 2194

Cahn, Andreas (1998): Grenzen des Markt- und Anlegerschutzes durch das WpHG, ZHR 1998, S. 1

Cahn, Andreas (1998a): Entscheidungen des Bundesaufsichtsamtes für den Wertpapierhandel nach § 15 Abs. 1 S. 2 WpHG, WM 1998, S. 273

Canaris, Klaus-Wilhelm (1983): Schutzgesetze - Verkehrspflichten - Schutzpflichten, in: FS Larenz, Karl, München 1983, S. 26

Caspari, Karl-Burkhard (1995): Die Problematik der wesentlichen Kursbeeinflussung einer publizitätspflichtigen Tatsache, in: Baetge, Jörg (Hrsg.): Insiderrecht und Ad-hoc-Publizität, Düsseldorf 1995, S. 65

Caspari, Karl-Burkhart (1994): Die geplante Insiderregelung in der Praxis, ZGR 1994, S. 530

Castan, Edgar (1998): Stichwort Publizität, in: Lexikon des Rechnungswesens, hrsg. v. Busse von Colbe, Walther / Pellens, Bernhard, 4. Auflage, München u. a. 1998, Sp. 1400

Claussen, Carsten Peter (2002): Dem neuen Markt eine zweite Chance, BB 2002, S. 105

Claussen, Carsten Peter (2002a): Konzernabschluß versus Einzelabschluß der Muttergesellschaft, ZGR 2000, S. 604

Claussen, Carsten Peter (2000): Bank- und Börsenrecht, 2. Aufl., München 2000

Claussen, Carsten Peter (1998): Wie ändert das KonTraG das Aktiengesetz, DB 1998, S. 177

Claussen, Carsten Peter (1994): Das neue Insiderrecht, DB 1994, S. 27

Coase, Ronald (1960): Economics, New York u. a. 1960

Coenenberg, Adolf (2000): Jahresabschluß und Jahresabschlußanalyse, 17. Aufl., Landsberg am Lech 2000

Coenenberg, Adolf (1997): Jahresabschluß und Jahresabschlußanalyse, 16. Aufl., Landsberg am Lech 1997

Coffee, John C. (1984): Market Failure and the Economic Case for a Mandatory Disclosure System, 70 Va. L. Rev. 1984, S. 717

Cramer, Peter (2001): § 15 StGB, in: Kommentar zum Strafgesetzbuch, Schönke, Adolf / Lencker, Theodor / Schröder, Horst (Hrsg.), 26. Aufl., München 2001

Cramer, Peter (1999): § 38 WpHG, in: Wertpapierhandelsgesetz, Assmann, Heinz-Dieter / Schneider, Uwe H., (Hrsg.), 2. Aufl., Köln 1999

Dahl, Gabriele (1995): Zwischenberichterstattung börsennotierter Unternehmen, Wiesbaden 1995, S. 57

Davis-Firday, Paquita Y. / Folami, L. Buky / Liu, Chao-Shin / Mittelstaedt, H. Fred (1999): The Value Relevance of Financial Statement Recognition vs. Disclosure: Evidence from SFAS No. 106, Accounting Review 74 1999, S. 403

Deutsche Bank (1999): Monatsbericht August 1999

Deutsche Börse (2002): Rundschreiben Listing 06/2002; Neusegmentierung des Aktienmarktes, www.deutsche-boerse.com.

Deutsche Börse (2002a): Rundschreiben vom 28. 6. 2002, www.deutsche-boerse.com

Deutsche Börse (2001): Stellungnahme der Deutsche Börse vom 28. 11. 2001, www.deutsche-boerse.com

Deutsches Aktieninstitut (2003): „Stabilisierung der Aktionärszahlen“, www.dai.de

Dier, Christian / Fürhoff, Jens (2002): Die geplante europäische Marktmissbrauchsrichtlinie, AG 2002, S. 604

Diskussionsentwurf eines Vierten Finanzmarktförderungsgesetzes, ZBB 2001, S. 398

Döllerer, Georg (1959): Grundsätze ordnungsgemäßer Bilanzierung, deren Entstehung und Ermittlung, BB 1959, S. 1217

Dreyling, Georg (2001): Insiderrecht und Ad-hoc-Publizität, Köln 2001

Dreyling, Georg (2001a): Ge- und Missbrauch der Ad-hoc-Publizität, in: Investor relations am Neuen Markt, Achleitner, Ann-Kristin / Bassen, Alexander (Hrsg.), Stuttgart 2001, S. 365

Dreyling, Georg (1999): § 4 WpHG, in: Wertpapierhandelsgesetz, Assmann, Heinz-Dieter / Schneider, Uwe H. (Hrsg.), 2. Aufl., Köln 1999

Drucker, Peter F. (1993): Post-Capitalist Society, New York 1993

Drygala, Tim (2001): A Step Ahead of the Crowd, Teil I WM 2001, S. 1282, Teil II WM 2001, S. 1313

Ebenroth, Carsten Thomas (1970): Das Auskunftsrecht des Aktionärs und seine Durchsetzung, Bielefeld 1970

Ederer, Franz (2001): Going public – der Gang an die Börse (II), BuW 2001, S. 397

Eisolt, Dirk (1992): US-amerikanische und deutsche Konzernrechnungslegung, Hamburg 1992

Ekkenga, Jens (2002): Kurspflege und Kursmanipulation nach geltendem und künftigen Recht, WM 2002, S. 317

Ekkenga, Jens (2001): Kapitalmarktrechtliche Aspekte der „Investor Relations“, NZG 2001, S. 1

Ekkenga, Jens (1999): Die Ad-hoc-Publizität im System der Marktordnungen, ZGR 1999, S.165

Ekkenga, Jens (1998): Anlegerschutz, Rechnungslegung und Kapitalmarkt, Tübingen 1998

Engelbrecht, Thorsten / Kempf, Marcus (2002): Ergebniswirrwarr, Financial Times Deutschland, Nr. 28, Freitag 12. Juli 2002, S. 8

Engels, Wolfram (1992): Anlegerschutz und Vertrauensbildung an Finanzmärkten, Frankfurt am Main 1992

Eucken, Walter (1989): Die Grundlagen der Nationalökonomie, 8. Auflage, Berlin 1989

Ewert, Ralf (1989): Bilanzielle Publizität im Lichte der Theorie von gesellschaftlich öffentlich verfügbarer Information, BFuP 1989, S. 245

Fama, Eugene F. (1970): Efficient Capital Markets. A Review of Theory and Empirical Work, Journal of Finance, Vol. 25 1970, S. 383

FASB : Financial Performance Reporting by Business Enterprises, Project update, unter: www.fasb.org/project/fin_reporting.shtml

FAZ Nr. 62 vom 14. 03. 2002: „Vorstandstransaktionen geben wichtige Signale", S. 28

Feddersen, Dieter (1997): Aktienoptionsprogramme für Führungskräfte aus kapitalmarktrechtlicher und steuerlicher Sicht, ZHR 1997, S. 269

Federspieler, Christian (1997): Zwischenberichtserstattung gemäß IAS – Entwurf des International Accounting Standards Comittee, DB 1997, S. 943

Feinendegen, Stefan / Nowak, Eric (2001): Publizitätspflichten börsennotierter Aktiengesellschaften im Spannungsfeld zwischen Regelberichterstattung und Ad-hoc-Publizität, DBW 2001, S. 37

Feldhaus, Heiner (2001): Mehrstufige Entscheidungen bei der Ad-hoc-Publizität, FB 2001, S. 442

Fey, Gerd (2000): Prüfung kapitalmarktorientierter Unternehmensberichte, WPg 2000; S. 1097

Fleischer, Holger (2003): Die persönliche Haftung der Organmitglieder für kapitalmarktbezogene Falschinformationen, BKR 2003, S. 608

Fleischer, Holger (2002): Empfiehlt es sich, im Interesse des Anlegerschutzes und zur Förderung des Finanzplatzes Deutschland das Kapitalmarkt- und Börsenrecht neu zu regeln?, Gutachten F für den 64. Deutschen Juristentag, München 2003

Fleischer, Holger (2002a): Der Inhalt des Schadensersatzanspruchs wegen unwahrer oder unterlassener unverzüglicher Ad-hoc-Mitteilungen, BB 2002, S. 1869

Fleischer, Holger (2002b): Directors` Dealings, ZIP 2002, S. 1217

Fleischer, Holger (2001): Grundfragen der ökonomischen Theorie im Gesellschafts- und Kapitalmarktrecht, ZGR 2001, S. 1

Fleischer, Holger (2001a): Informationsasymmetrie im Vertragsrecht, Köln 2001

Fleischer, Holger / Kalss, Susanne (2002): Kapitalmarktrechtliche Schadensersatzhaftung und Kurseinbrüche an der Börse, AG 2002, S. 329

Förschle, Gerhart / Helmschrott, Harald (2001a): Überlegungen zu Assurance Services bei Quartalsabschlüssen und Ad-hoc-Mitteilungen im Kontext der Vorschriften zur Überwachung im Regelwerk Neuer Markt, WPg 2001, S. 637

Förschle, Gerhard / Helmschrott, Harald (2001b): Erwiderung zu den Anmerkungen von Ruhnke, WPg 2001, S. 1375

Förschle, Gerhard / Helmschrott, Harald (1997): Die Zwischenberichtserstattung nach US-GAAP, IAS und HGB, WPg 1997, S. 553

Förschle, Gerhart / Kroner, Matthias / Rolf, Ellen (1999): Internationale Rechnungslegung: US-GAAP, HGB, und IAS, PWC Deutsche Revision, 3. Aufl., Bonn 1999

Fritsch, Michael / Wein, Thomas / Ewers, Hans J. (1993): Marktversagen und Wirtschaftspolitik: mikroökonomische Grundlagen staatlichen Handelns, München 1993

Fuchs, Andreas / Dühn, Matthias (2002): Deliktische Schadensersatzhaftung für falsche Ad-hoc-Mitteilungen, BKR 2002, S. 1063

Fülbier, Rolf Uwe (1998): Regulierung der Ad-hoc-Publizität: ein Beitrag zur ökonomischen Analyse des Rechts, Münster 1998

Fürhoff, Jens (2003): Neuregelungen der Ad-hoc-Publizitätspflicht auf europäischer Ebene, AG 2003, S. 80

Fürhoff, Jens (2000): Kapitalmarktrechtliche Ad hoc-Publizität zur Vermeidung von Insiderkriminalität, Franfurt am Main 2000

Fürhoff, Jens / Schuster, Gunnar (2003): Entwicklung des Kapitalmarktaufsichtsrechts im Jahr 2002, BKR 2003, S. 134

Fürhoff, Jens / Wölk, Armin (1997): Aktuelle Fragen der Ad hoc-Publizität, WM 1997, S. 449

Gebauer, Stefan (1999): Börsenprospekthaftung und Kapitalerhaltungsgrundsatz, Frankfurt 1999

Gehrt, John A. (1997): Die neue Ad-hoc-Publizität nach § 15 Wertpapierhandelsgesetz: Eine kritische Betrachtung zur fränzösischen und anglo-amerikanischen Regelung, Baden-Baden 1997

Geibel, Stephan (1999) in: Schäfer, Frank A. / Geibel, Stephan: Wertpapierhandelsgesetz, Börsengesetz mit BörsZulV, Verkaufsprospektgesetz mit VerkProspV, Stuttgart u. a. 1999

Geiger, Thomas (2001): IAS-Bilanzierung als Grundlage der Besteuerung, StuB 2001, S. 914

Geilen, Gerd (1985): § 400 AktG, in: Kölner Kommentar zum Aktiengesetz, Band 3; §§ 291 - 410 AktG; Köln 1985

Gelhausen, Hans Friedrich / Bandey, Uwe (2000): Bilanzielle Folgen der Nichterfüllung von Mitteilungspflichten gemäß §§ 20 f. AktG und §§ 21 ff. WpHG nach In-Kraft-Treten des Dritten Finanzmarktförderungsgesetzes, WPg 2000, S. 497

Gerke, Wolfgang / Steiner, Manfred (2001): Stichwort Finanzintermediation, in: Handwörterbuch des Bank- und Finanzwesens, 3. Auflage, Stuttgart 2001, Sp. 836

Glaum, Martin / Mandler, Udo (1996): Rechnungslegung auf globalen Kapitalmärkten, Wiesbaden 1996

Goebel, Andrea (1994): Konzernrechnungslegung nach den International Accounting Standards, DB 1994, S. 2457

Goetz, Jürgen (1995): Die unbefugte Weitergabe von Insidertatsachen, DB 1995, S. 1949

Göhler, Erich / König, Peter (2002): Gesetz über Ordnungswidrigkeiten (Kommentar), 13. Aufl., München 2002

Gössi, Marc / Simon-Kettenhof, Kai (2001): Wertorientierte Unternehmensführung in der Praxis, Der Schweizer Treuhänder 2001, S. 679

Grimme, Leoni / v. Buttlar, Julia (2003): Neue Entwicklungen in der Ad-hoc-Publizität, WM 2003, S. 901

Grimme, Leoni / Ritz, Corinna (1998): Die Novellierung verkaufsprospektrechtlicher Vorschriften durch das Dritte Finanzmarktförderungsgesetz, WM 1998, S. 2091

Grooskettler, Heinz (1989): Deregulierung und Privatisierung: Erscheinungsform, Legitimationskriterien und politische Verhaltenstendenzen, Wist 1989, S. 437

Groß, Wolfgang (2002): Haftung für fehlerhafte oder fehlende Regel- oder Ad-hoc-Publizität, WM 2002, S. 477

Groß, Wolfgang (2002a): Kapitalmarktrecht, München 2002

Groß, Wolfgang (1997): Informations- und Auskunftsrechte des Aktionärs, AG 1997, S. 97

Großmann, Klaus / Nikoleyczik, Tobias (2002): Praxisrelevante Änderungen des Wertpapierhandelsgesetzes - Die Auswirkungen des Vierten Finanzmarktförderungsgesetzes, DB 2002, S. 2031

Grossmann, S. / Stiglitz J. E. (1980): On the Impossibility of Informationally Efficient Markets, in: American Economic Review, Vol. 70 1980, S. 393

Grundmann, Stefan (1997): Methodenpluralismus als Aufgabe, RabelsZ 1997, S. 423

Gurson, Michael / Wiegmann, William J. (1995): Die Ad-hoc-Publizität nach amerikanischem Recht und die Auslegung von § 15 WpHG, AG 1995, S. 173

Hägele, Matthias (2000): Praxisrelevante Probleme der Mitteilungspflichten nach §§ 20, 21 AktG, NZG 2000, S. 726

Haller, Axel (2001): „Gewinnermittlung ist reine Konvention“, Interview vom 12. August 2001, www.faz.net

Haller, Axel (2000): Wesentliche Ziele und Merkmale US-amerikanischer Rechnungslegung, in: US-amerikanische Rechnungslegung, Ballwieser, Wolfgang (Hrsg.), 4. Aufl., Stuttgart 2000

Haller, Axel (1993): Die Rolle des International Accounting Standards Comittee bei der weltweiten Harmonisierung der externen Rechnungslegung, DB 1993, S. 1297

Haller, Axel / Dietrich, Ralph (2002): Freiwillige Unternehmensberichterstattung in den USA, KoR 2002, S. 206

Haller, Axel / Dietrich, Ralph (2001): Intellectual Capital Bericht als Teil des Lageberichts, DB 2001, S. 1045

Handelsblatt vom 15. Januar 2003, Nr. 10, S. 3: Wirtschaft attackiert Regelwut

Handelsrechtsausschuß des deutschen Anwaltsvereins (1998): Stellungnahme zur Anwendung des § 15 WpHG, NZG 1998, S. 136

Happ, Wilhelm (1994): Zum Regierungsentwurf eines WpHG, JZ 1994, S. 241

Happ, Wilhelm / Semler, Johannes (1998): Ad-hoc-Publizität im Spannungsfeld Gesellschaftsrecht und Anlegerschutz, ZGR 1998, S. 117

Hartmann-Wendels, Thomas (1989): Principal-Agent-Theorie und asymmetrische Informationsverteilung, ZfB 1989, S. 714

Häuser, Karl (1995): Der Kapitalmarkt, in: Handwörterbuch des Bank- und Finanzwesens, Gerke, Wolfgang / Steiner, Manfred (Hrsg.), 2. Aufl., Bd. 6, Stuttgart 1995

Hayek, Friedrich A. von (1980): Gesetzgebung und Freiheit, Band 1: Regeln und Ordnung, Landsberg am Lech 1980

Hayn, Sven (1994): Die International Accouting Standards, WPG 1994, S. 713 und S. 749

Heiden, Matthias (2002): EBIT, Internes Schreiben des Instituts für Wirtschaftsprüfung (IWP) der Universität des Saarlandes vom 8. Juli 2002 (Angabe des Autors)

Heidmeier, Heiner (1992): Die Ad-hoc-Publizität gemäß § 44a BörsG im System der Berichtspflichten für börsennotierte Aktiengesellschaften, AG 1992, S. 110

Heinrichs, Helmut (2003): in Palandt, Otto, Bürgerliches Gesetzbuch, 62. Auflage, München 2003

Helmschrott, Harald / Buhleier, Claus (1998): Der Beruf des Wirtschaftsprüfers, München 1998

Hennerkes, Brun-H. (1995): Familienunternehmen und Börse. Das neue Wertpapierhandelsrecht – eine Hürde für die börsennotierte Familien-AG, in: FAZ vom 4.12.1995, S. B 4

Hennerkes, Brun-H. / Kirchdörfer, Rainer (1994): Schwerwiegende Nachteile für die Familien-AG, in: Handelsblatt vom 6. 12. 1994, S. 14

Hennrichs, Joachim (2000): Ausbau der Konzernrechnungslegung im Lichte internationaler Entwicklungen, ZGR 2000, S. 627

Henze, Hartwig (2002): Pünktlich zur Hauptversammlungssaison: Eine Rechtsprechungsübersicht zu Informations- und Auskunftsrechten, BB 2002, S. 893

Heppe, Hansjörg (2002): Zu den Mitteilungspflichten nach § 21 WpHG im Rahmen der Umwandlung von Gesellschaften, WM 2002, S. 60

Herrmann, Harald (1989): Der ungedeckte Fehlbetrag nach § 268 Abs. 3 HGB, ZGR 1989, S. 273

Hess, Burkhard (2003): Sammelklagen im Kapitalmarktrecht, AG 2003, S. 113

Hess, Burkhard / Michailidou, Chisoula (2003): Die kollektive Durchsetzung von Schadensersatzansprüchen im Kapitalmarktrecht, WM 2003, S. 2318

Hettler, Stephan (1995): Going Public der „Kleinen AG“ – (k)eine Chance für mittelständische Unternehmen? – Teil I, INF 1995, S. 276

Hillebrandt, Franca / Sellhorn, Thorsten (2002a): „Earnings before bad stuff“ - Pro forma earnings disclosures in German annual reports, Bochum 2002, www.iur.ruhr-uni-bochum.de

Hillebrandt, Franca / Sellhorn, Thorsten (2002b): Pro-Forma-Earnings: Umsatz vor Aufwendungen?, KoR 2002, S. 153

Hirschmann, Albert (1974): Abwanderung und Widerspruch, Tübingen 1974

Hirte, Heribert (1996): Die Ad-hoc-Publizität im System des Aktien- und Börsenrechts, in: Das Zweite Finanzmarktförderungsgesetz in der praktischen Umsetzung, Bankrechtstag 1995, Berlin-New York 1996, S. 47

Hölscher, Reinhold (1995): Stille Reserven in den Jahresabschlüssen deutscher und schweizerischer Banken, DBW 1995, S. 45

Holzborn, Timo / Foelsch, Eberhard (2003): Schadensersatzpflichten von Aktiengesellschaften und deren Management bei Anlegerverlusten – Ein Überblick, NJW 2003, S. 932

Hommelhoff, Peter (2000): Anlegerinformationen im Aktien-, Bilanz- und Kapitalmarktrecht, ZGR 2000, S. 748

Hopt, Klaus (2000): Kapitalmarktrecht in der Rechtsprechung des Bundesgerichtshofes, in: 50 Jahre Bundesgerichtshof – Festgabe aus der Wissenschaft, München 2000, S. 498 ff.

Hopt, Klaus (1995): Grundsatz- und Praxisprobleme nach dem WpHG, ZHR 1995, S. 135

Hopt, Klaus (1994): Zum neuen Wertpapierrecht, WM 1994, Sonderheft, S. 29

Hopt, Klaus (1980): Die Publizität von Kapitalgesellschaften: Grundsätzliche Überlegungen zum Stand nach der 4. EG-Richtlinie und zur Reformdiskussion in den USA, ZHR 1980, S. 225

Hopt, Klaus (1977): Vom Aktien- und Börsenrecht zum Kapitalmarktrecht, 2. Teil, ZHR 1977, S. 389

Hopt, Klaus (1976): Vom Aktien- und Börsenrecht zum Kapitalmarktrecht, 1. Teil, ZHR 1976, S. 201

Hopt, Klaus (1975): Der Kapitalanlegerschutz der Banken, München 1975

Hopt, Klaus / Baetge, Jörg (1999): Die Bündelung gleichgerichteter Interessen im Prozess, Basedow, Jürgen, u. a. (Hrsg.), Tübingen, S. 67

Hsu, Peter (2000): Ad-hoc-Publizität, Zürich 2000

Hüffer, Uwe (1997): Kommentar zum AktG, 3. Aufl., München 1997

Hulle, Karel van (2000): Reform des europäischen Bilanzrechts, ZGR 2000, S. 537

Hulle, Karel van (1996): „True and Fair View" im Sinn der 4. Richtlinie, in: FS Clemm, Hermann, München 1996

Hutter, Stefan / Leppert, Michael (2002): Das 4. Finanzmarktförderungsgesetz aus Unternehmersicht, NZG 2002, S. 649

Ihlas, Horst (1997): Organhaftung und Haftpflichtversicherung, Berlin 1997

Illberg, Philipp v. / Neises, Michael (2002): Die Richtlinien-Vorschläge der EU-Kommission zum „Einheitlichen Europäischen Prospekt" und zum „Marktmissbrauch" aus Sicht der Praxis, WM 2002, S. 625

Jacob, Hans-Joachim (2001): Die Transformation der International Standards on Auditing in deutsche Grundsätze ordnungsgemäßer Abschlussprüfung, WPg 2001, S. 237

Jakob, Robert (2001): Pro forma in Form, Schweizer Versicherung 2001, S. 23

Johnson, John / Pany, Christopher (1984): Journal of Accounting Research, 1984, S. 73

Joussen, Peter (2000): Der Auskunftsanspruch des Aktionärs, AG 2000, S. 241

Joussen, Peter (1994): Auskunftspflicht des Vorstandes nach § 131 AktG und Insiderrecht, DB 1994, S. 2485

Kasperzak, Rainer / Krag, Joachim / Wiedenhofer, Marco (2001): Konzepte zur Erfassung und Abbildung von Intellectual Capital, DStR 2001, S. 1494

Kersting, Oliver (1997): Der Neue Markt der Deutsche Börse AG, AG 1996, S. 222

Kessler, Harald (2001) in: Rechnungslegung kompakt, Dusemond, Michael / Kessler, Harald (Hrsg.), München u. a. 2001

Kiem, Roger / Kotthoff, Jost (1995): Ad-hoc-Publizität bei mehrstufigen Entscheidungsprozessen, DB 1995, S. 1999

Kilgert, Theodor / Großmann, Philipp (1990): Der Zwischenbericht, WPg 1990, S.189

Kirchhof, Paul (2000): Gesetzgebung und private Regelsetzung als Geltungsgrund für Rechnungslegungspflichten, ZGR 2000, S. 681

Kirsch, Hans-Jürgen / Dohrn, Matthias (2001): ISA 100 Assurance Engagements, WPg 2001, S. 425

Kissner, Wolfgang (2003): Die zivilrechtliche Verantwortlichkeit für Ad-hoc-Mitteilungen, Hamburg 2003

Kleindiek, Detlef (1998): Geschäftsleitertätigkeit und Geschäftsleitungskontrolle, ZGR 1998, S. 466

Kleindiek, Detlef (1997): Deliktshaftung und natürliche Person, Tübingen 1997

Kleinmann, Niko (1998): Die Ausgestaltung der Ad-hoc-Publizität nach § 15 WpHG, Berlin 1998

Kley, Christoph R. / Vater, Hendrik (2003): Pro-forma-Gewinne: des Kaisers neue Kleider?, KoR 2003, S. 45

Klitzing, Joachim von (1999): Die Ad-hoc-Publizität zwischen europäischer Vorgabe und nationaler Umsetzung und zwischen Kapitalmarktrecht und Gesellschaftsrecht, Halle (Saale) 1999

Knief, Peter / Nöthen, Thomas (2002): „Zwischenberichterstattung" mittlerer Unternehmen, DB 2002, S. 105

Knöpfle, Robert (1967): Zur Problematik der Beurteilung einer Norm als Schutzgesetz im Sinne des § 823 Abs. 2 BGB, NJW 1967, S. 697

Kommission der Europäischen Wirtschaftsgemeinschaften (1966): Der Aufbau eines europäischen Kapitalmarktrechts (SEGRE-Bericht), 1966

Kopp-Colomb, Wolf von / Lenz, Jürgen (2002): Der europäische Pass für Emittenten, AG 2002, S 24

Kort, Michael (1999): Neuere Entwicklungen im Recht der Börsenprospekthaftung (§§ 45 BörsG ff.) und der Unternehmensberichtshaftung (§§ 77 BörsG), AG 1999, S. 9

Kötzle, Alfred / Niggemann, Markus (2001): Value Reporting, in: Investor relations am Neuen Markt, Achleitner, Ann-Kristin / Bassen, Alexander (Hrsg.), Stuttgart 2001, S. 633

Kovero, Ilmari (1912): Die Bewertung von Vermögensgegenständen in den Jahresbilanzen der privaten Unternehmen mit besonderer Berücksichtigung der nicht realisierten Verluste und Gewinne, Berlin 1912

Krämer, Lutz / Baudisch, Mathias (1998): Neues zur Börsenprospekthaftung, WM 1998, S. 1161

Krawitz, Norbert (2001): Die Rechnungslegungsvorschriften nach HGB, IAS und US-GAAP im kritischen Vergleich, StuB 2001, S. 629 ff. und 733 ff.

Kropff, Bruno (1993): Stichwort Publizität, in: Handwörterbuch des Rechnungswesens, hrsg. v. Chmielwicz, Klaus / Schweitzer, Marcell, 3. Aufl., Stuttgart 1993, Sp. 1669

Krumnow, Jürgen, u. a. (2002): Gabler-Bank-Lexikon, 13. Aufl., Wiesbaden

Kruse, Heinrich Wilhelm (1970): Grundsätze ordnungsgemäßer Buchführung – Rechtsnatur und Bestimmung, Köln 1970

Kübler, Friedrich (2000): Fragen und Wünsche des Gesellschafts- und Kapitalmarktrechts an das Recht der Rechnungslegung, ZGR 2000, S. 550

Kübler, Friedrich (1998): Gesellschaftsrecht, 5. Aufl., Heidelberg 1998

Kübler, Friedrich (1995a): Vorsichtsprinzip versus Kapitalmarktinformation, in: FS Budde, Wolfgang Dieter, München 1995

Kübler, Friedrich (1995b): Institutioneller Gläubigerschutz oder Kapitalmarkttransparenz, ZHR 1995, S. 550

Kümpel, Siegfried (2002), in: Kümpel, Siegfried / Ott, Claus: Kapitalmarktrecht - Ergänzbares Rechtshandbuch für die Praxis, Loseblattsammlung, Stand: Juli 2002, Berlin

Kümpel, Siegfried (2000a): Bank- und Kapitalmarktrecht, Köln 2000

Kümpel, Siegfried (2000b): Kapitalmarktrecht - Eine Einführung, 2. Aufl., Berlin 2000

Kümpel, Siegfried (1999): § 15 WpHG, in: Wertpapierhandelsgesetz, Assmann, Heinz-Dieter / Schneider, Uwe H. (Hrsg.), 2. Aufl., Köln 1999

Kümpel, Siegfried (1997): Aktuelle Fragen der Ad-hoc-Publizität, AG 1997, S. 66

Kümpel, Siegfried (1996): Insiderrecht und Ad-hoc-Publizität aus Bankensicht, WM 1996, S. 653

Kümpel, Siegfried (1994): Zum Begriff der Insidertatsache, WM 1994, S. 2137

Küting, Karlheinz (2002): 7 Regeln für mehr Vertrauen und Fairness zwischen Aktionären und Managern, Focus Nr. 28 vom 8. Juli 2002, S. 173

Küting, Karlheinz (2000): Der Geschäfts- oder Firmenwert - ein Spielball der Bilanzpolitik in deutschen Konzernen, AG 2000, S. 97

Küting, Karlheinz (2000a): Stille Reserven Teil I und II, BuW 2000 S. 389 u. S. 433

Küting, Karlheinz (1999): Stille Reserven in der Diskussion, StuB 1999, S. 761

Küting, Karlheinz / Hayn, Sven (2001): Handbuch der Rechnungslegung, Küting, Karlheinz / Weber, Claus-Peter (Hrsg.), Stuttgart 2001

Küting, Karlheinz / Weber, Claus-Peter (2001): Der Konzernabschluss, Stuttgart 2001

Küting, Karlheinz / Zwirner, Christian (2001): Bilanzierung und Bewertung bei Film- und Medienunternehmen des Neuen Markts, FB 2001, Beilage Nr. 3

Lachnit, Laurenz (2000): Schätzung stiller Reserven als Problem der externen Jahresabschlussanalyse, in: Investororientierte Unternehmenspublizität, Lachnit, Laurenz / Freidank, Carl-Christian (Hrsg.), Wiesbaden 2000, S. 771 ff.

Lachnit, Laurenz (1993): „True and fair view" und Rechnungslegung über stille Rücklagen im Jahresabschluß von Kapitalgesellschaften, WPg 1993, S. 193

Lackner, Karl (2001): § 264, in: Strafgesetzbuch (Kommentar), Lackner, Karl / Kühl, Kristian / Dreher, Eduard (Hrsg.), 24. Aufl., München 2001

Larenz, Karl (1983): Methodenlehre der Rechtswissenschaft, Berlin u. a. 1983

Larenz, Karl / Canaris, Claus-Wilhelm (1994): Lehrbuch des Schuldrechts, Besonderer Teil, Band II, 2. Halbband, 13. Auflage, Berlin u. a. 1994

Leffsons, Ulrich (1982): Die Grundsätze ordnungsgemäßer Buchführung, Düsseldorf 1982

Leible, Stefan (1998): Bilanzpublizität und Effektivität des Gemeinschaftsrechts, ZHR 1998, S. 594

Leis, Josef (2001): Grundsätze ordnungsgemäßer Ad-hoc-Publizität, in: Die Praxis der Investor-Relations, Kirchhoff, Klaus Rainer / Piwinger, Manfred (Hrsg.), Neuwied 2001, S. 332

Leis, Josef / Nowak, Eric (2001): Ad-hoc-Publizität nach § 15 WpHG, Stuttgart 2001

Lenzen, Ursula (2002): Das neue Recht der Kursmanipulation, ZBB 2002, S. 279

Leppert, Michael / Stürwald, Florian (2002): Die insiderrechtlichen Regelungen des Vorschlages für eine Marktmissbrauchsrichtlinie und der Stand der Umsetzung im deutschen Wertpapierhandelsrecht, ZBB 2002, S. 90

Letzel, Hans-Joachim (2003): Ad-hoc-Publizität: Änderungen durch das 4. Finanzmarktförderungsgesetz, WM 2003, S. 1757

Letzel, Hans-Joachim (2002): Directors` Dealing in der Unternehmenspraxis, BKR 2002, S. 862

Loesche, Marco (1998): Die Erheblichkeit der Kursbeeinflussung in den Insiderhandelsverboten des Wertpapierhandelsgesetzes, WM 1998, S. 1849

Loesche, Marco / Eichner, Gerrit / Stute, Winfried (1999): Die Berechnung von Erheblichkeitsgrenzen in den Insiderhandelsverboten des WpHG, AG 1999, S. 308

Loistl, Otto (1995): Empirisch fundierte Messung kursrelevanter Tatsachen, Die Bank 1995, S. 232

Loss, Louis (1988): Fundamentals of Securities Regulations, 2. Aufl., Boston / Toronto 1988

Loss, Louis (1967): Der Schutz der Kapitalanleger, ZHR 1967, S. 197

Loss, Louis (1951): Fundamentals of Securities Regulations, 1. Aufl., Boston / Toronto 1951

Lutter, Marcus (1998): Gesellschaftsrecht und Kapitalmarkt, in: FS Zöllner, Wolfgang, Köln u.a. 1998

Lutter, Marcus (1995): Europäisches Unternehmensrecht, 4. Aufl., Stuttgart 1995

Lutter, Marcus (1994): Das "neue Gesetz für kleine Aktiengesellschaften und zur Deregulierung des Akienrechts", AG 1994, S. 429

Maier-Reimer, Georg / Webering, Anabel (2002): Ad hoc-Publizität und Schadensersatzhaftung, WM 2002, S. 1857

Marten, Kai-Uwe / Köhler, Annette G. (2001): Entwicklung und gegenwärtiger Stand der Assurance Services in den USA, WPg 2001, S. 435

Martin, Thomas (1998): Der Neue Markt an der Frankfurter Wertpapierbörse, AG 1998, S. 221

Maul, Karl-Heinz (2000): Wissensbilanzen als Teil des handelsrechtlichen Jahresabschlusses, DStR 2000, S. 2009

Maul, Karl-Heinz / Menninger, Jutta (2000): Das „Intellectual Property Statement" - eine notwendige Ergänzung des Jahresabschlusses?, DB 2000, S. 529

Meincke, Eberhard (1998): Geheimhaltungspflichten im Wirtschaftsrecht, WM 1998, S. 749

Merkt, Hanno (2001): Unternehmenspublizität, Tübingen 2001

Merkt, Hanno (2000): Freiwillige Unternehmenspublizität, RabelsZ 2000, S. 517

Merkt, Hanno (1991): US-amerikanisches Gesellschaftsrecht, Heidelberg 1991

Merkt, Hanno / Göthel, Stephan R. (2003): Vorschriften und Ansätze der Quartalsberichterstattung: Vergleich USA – Deutschland, RIW 2003, S. 23

Meyer, Dirk (1990): Asymmetrische Information, Institutional Choice und die Funktion von Wertorientierungen, in: Jahrbuch für Sozialwissenschaft 1990, S. 104

Milatz, Jürgen E. / Ehlers, Ernst-August (2002): Wertpapierhandel und Beteiligungshandel – ein Gegensatz?, DB 2002, S. 2291

Mills, Roger W. (1998): Dynamics of Shareholder Value, Lechlade 1998

Möller, Andreas (2002): Die Neuregelung des Verbots der Kurs- und Marktpreismanipulation im Vierten Finanzmarktförderungsgsetz, WM 2002, S. 309

Möller, Hans Peter / Hüfner, Peter (2001): Stichwort: Kapitalmarktmodelle, in: Handwörterbuch des Bank- und Finanzwesens, Gerke, Wolfgang / Steiner, Manfred (Hrsg.), 3. Auflage, Stuttgart 2001, Sp. 1305

Möllers, Thomas (1999): Kapitalmarkttauglichkeit des deutschen Gesellschaftsrechts, AG 1999, S. 433

Möllers, Thomas (1997): Anlegerschutz durch Aktien- und Kapitalmarktrecht, ZGR 1997, S. 334

Möllers, Thomas / Leisch, Franz Clemens (2002): Schaden und Kausalität im Rahmen der neu geschaffenen §§ 37b und 37c WpHG, BKR 2002, S. 1071

Möllers, Thomas / Leisch, Franz Clemens (2001): Haftung von Vorständen gegenüber Anlegern wegen fehlerhafter Ad-hoc-Meldungen nach § 826 BGB, WM 2001, S. 1648

Möllers, Thomas / Rotter, Klaus (2003): Ad-hoc-Publizität, München 2003

Monatsbericht der Deutschen Bundesbank, August 1999

Moxter, Adolf (2003): Grundsätze ordnungsgemäßer Rechnungslegung, Düsseldorf 2003

Moxter, Adolf (1996): Zum Verhältnis von handelsrechtlichen Grundsätzen ordnungsgemäßer Bilanzierung und True-and-fair-view-Gebot bei Kapitalgesellschaften, in: FS Clemm, Hermann, München 1996

Moxter, Adolf (1980): Die handelsrechtlichen Grundsätze ordnungsmäßiger Buchführung und das neue Bilanzrecht, ZGR 1980, S. 254

Moxter, Adolf (1970): Stichwort Publizität und Rechnungswesen, in: Handwörterbuch des Rechnungswesens, hrsg. v. Kosiol, Erich, Stuttgart 1970, Sp. 1478

Mülbert, Peter (2002): Empfiehlt es sich, im Interesse des Anlegerschutzes und zur Förderung des Finanzplatzes Deutschland das Kapitalmarkt- und Börsenrecht neu zu regeln?, JZ 2002, S. 826

Mülbert, Peter (1996): Aktiengesellschaft, Unternehmensgruppe und Kapitalmarkt, 2. Aufl., München 1996

Müller, Friedrich (1986): „Richterrecht", Berlin 1986

Müller, Stefan / Wulf, Inge (2001): Zentrale Unterschiede einer Rechnungslegung gemäß HGB, IAS und US-GAAP, BB 2001, S. 2206

Neuer Markt Report (2002), www.deutsche-boerse.com

Neus, Werner / Hirt, Heribert (2001): Stichwort Kapitalmarktmodelle, in: Handwörterbuch des Bank- und Finanzwesens, Gerke, Wolfgang / Steiner, Manfred (Hrsg.), 3. Auflage, Stuttgart 2001, Sp. 1305

Nowak, Eric (2001): Eignung von Sachverhalten in den Ad-hoc-Mitteilungen zur erheblichen Kursbeeinflussung, ZBB 2001, S. 449

Oerke, Marc (1999): Ad-Hoc-Mitteilungen und deutscher Aktienmarkt: Marktreaktion auf Informationen, Wiesbaden 1999

Ostrowski, Marcus (1999): Die Offenlegung des Jahresabschlusses von im Freiverkehr an der Börse gehandelten Aktiengesellschaften, ZBB 1999, S. 41

Ott, Alfred E. (1991): Grundzüge der Preistheorie, 3. Aufl., Göttingen 1991

Pananis, Panos (1997): Zur Abgrenzung von Insidertatsache und ad-hoc-publizitätspflichtigem Sachverhalt bei mehrstufigen Entscheidungsprozessen, WM 1997, S. 461

Park, Tido (2001): Börsenrechtliche Risiken für Vorstandsmitglieder von börsennotierten Aktiengesellschaften, BB 2001, S. 2069

Passow, Rolf (1997): Privates Geldvermögen - Aktienanlage künftig immer wichtiger, WM 1997, S. 1931

Pellens, Bernhard (1998): Unternehmenspublizität unter veränderten Marktbedingungen, in: Controlling und Rechnungswesen im internationalen Wettbewerb, Börsig, Clemens (Hrsg.), Stuttgart 1998, S. 55

Pellens, Bernhard (1997): Internationale Rechnungslegung, Stuttgart 1997

Pellens, Bernhard (1995): Die Unternehmenspublizität, in: Handwörterbuch des Bank- und Finanzwesens, Gerke, Wolfgang / Steiner, Manfred (Hrsg.), 2. Aufl., Bd. 6, Stuttgart 1995

Pellens, Bernhard (1993): Aktionärsschutz im Konzern, Wiesbaden 1993

Pellens, Bernhard (1991): Ad-hoc-Publizität des Managements börsennotierter Unternehmen nach § 44a BörsG, AG 1991, S. 62

Pellens, Bernhard / Fülbier, Rolf Uwe (2000): Differenzierung der Rechnungslegung nach Börsenzulassung, ZGR 2000, S. 572

Pellens, Bernhard / Fülbier, Rolf Uwe (1995): Gestaltung der Ad-hoc-Publizität unter Einbeziehung internationaler Vorgehensweisen, in: Baetge, Jörg (Hrsg.): Insiderrecht und Ad-hoc-Publizität, Düsseldorf 1995, S. 23

Pellens, Bernhard / Fülbier, Rolf Uwe (1994): Publizitätspflichten nach dem WpHG, DB 1994, S. 1381

Pellens, Bernhard / Tomaszewski, Claude / Weber, Nicolas (2000): Beteiligungscontrolling in Deutschland, Bochum 2000

Peltzer, Martin (1994): Die neue Insiderregelung im Entwurf des Zweiten Finanzmarktförderungsgesetzes, ZIP 1994, S. 746

Perridon, Louis / Steiner, Manfred (1999): Finanzwirtschaft der Unternehmung, 10. Auflage, München 1999

Picot, Gerhard / Land, Volker (1999): Going Public, DB 1999, S. 570

Pluskat, Sorika (2002): Der Schutz des Anlegerpublikums bei Veröffentlichung unwahrer Tatsachen, FB 2002, S. 235

Popper, Karl (1973): Logik der Forschung, 5. Auflage, Tübingen 1973

Posner, Richard A. (1978): Recht und Ökonomie. Eine Einführung, in: Assmann, Heinz-Dieter / Kirchner, Christian / Schanze, Erich (Hrsg.), Ökonomische Analyse des Rechts, Kronberg, 1978, S. 109

Posner, Richard A. (1973): Economic Analysis of Law, 1st ed., 1973 New York u. a.

Potthoff, Volker / Stuhlfauth, Jutta (1999): Der Neue Markt, WM 1997, Sonderbeilage Nr. 3

Preißler, Gerald (2002): „Prinzipienbasierung“ der IAS?, DB 2002, S. 2389

Prentice, Robert A. (1994): Law of Business Organizations and Securities Regulation, 2. Aufl., New Jersey 1994

PricewaterhouseCoopers / Sattler, Henrik (1999): Praxis von Markenbewertung und Markenmanagement in deutschen Unternehmen, Frankfurt am Main 1999

Ratner, David L. / Hazen, Thomas L. (1994): Securities regulation: Selected statues, rules and forms, St. Paul 1994

Renzenbrink, Ulf / Holzner, Nelson (2002): Das Verhältnis von Kapitalerhaltung und Ad-hoc-Haftung, BKR 2002, S. 434

Riedel, Claudia (2001): Falsche Ad-hoc-Mitteilungen, Wistra 2001, S. 447

Ritz, Corinna (2002): Die Änderungen verkaufsprospektrechtlicher Vorschriften im Jahr 2002 und aufsichtsrechtliche Praxis, AG 2002, S. 662

Röder, Klaus (2000): Die Informationswirkung von Ad hoc-Meldungen, ZfB 2000, S. 567

Roeback, Rod / Simnet, John / Ho, Li (2000): Accounting and Finance, 2000

Rosen, Rüdiger (2002): Directors` Dealing, www.dai.de

Rosen, Rüdiger (1997): Aktiengesellschaften wollen mehr Rechtssicherheit, Handelsblatt vom 8./9. August 1997, S. 25

Rössner, Michael-Christian / Bolkart, Johannes (2002): Schadensersatz bei Verstoß gegen Ad-hoc-Publizitätspflichten nach dem 4. Finanzmarktförderungsgesetz, ZIP 2002, S. 1471

Rothenhöfer, Kay (2003): Mitverschulden des unrichtig informierten Anlegers?, WM 2003, S. 2033 ff.

Rudolph Richter / Eirik Furuboton (1996): Neue Institutionenökonomik, Tübingen 1996, S. 45

Ruhnke, Klaus (2001a): Überlegungen zur Prüfung von Ad-hoc-Meldungen auf der Basis des „International Standard on Assurance Engagements“, WPg 2001, S. 440

Ruhnke, Klaus (2001b): Assurance Engagements bei Ad-hoc-Meldungen?, WPg 2001, S. 1372

Ruhnke, Klaus / Schmidt, Martin / Seidel, Thorsten (2002): Anzuwendende Prüfungsnormen bei der Prüfung eines Konzernabschlusses nach § 292 a HGB, BB 2002, S. 138

Rützel, Stefan (2003): Der aktuelle Stand der Rechtsprechung zur Haftung bei Ad-hoc-Mitteilungen, AG 2003, S. 69

Saarbrücker Zeitung vom 10. Juli 2002, Nr. 176, S. 41: Scharfe Strafen für Börsentrickser

Sauermilch, Thomas (1996): Publizitätspflichten aus US-Sicht: Cross-Border-Situationen, Kreditwesen 1996, S. 300

Schäfer, Frank A. (1999): Zulässigkeit und Grenzen der Kurspflege, WM 1999, S. 1345

Schander, Albert / Lucas, Johannes (1997): Die Ad-hoc-Publizität im Rahmen von Übernahmevorhaben, DB 1997, S. 2109

Schiessl, Maximilian (1999): Ist das deutsche Aktienrecht kapitalmarkttauglich?, AG 1999, S. 442

Schindler, Joachim (2002): Prüferische Durchsicht von Jahres-, Konzern- und Zwischenabschlüssen, WPg 2002, S. 1121

Schindler, Joachim / Böttcher, Bert / Roß, Norbert (2001a): Erstellung von Pro-Forma-Abschlüssen, WPg 2001, S. 22

Schindler, Joachim / Böttcher, Bert / Roß, Norbert (2001b): Empfehlung zur Erstellung von Pro-Forma-Abschlüssen, WPg 2001, S. 139

Schlitt, Michael (2003): Die neuen Marktsegmente der Frankfurter Wertpapierbörse, AG 2003, S. 57

Schlittgen, Volker (2000): Die Ad-hoc-Publizität nach § 15 WpHG, Frankfurt am Main u. a. 2000

Schmalenbach, Eugen (1933): Grundsätze ordnungsgemäßer Bilanzierung, in: Zeitschrift für handelswissenschaftliche Forschung 1933, S. 225

Schmidt, Andreas (2001): Immaterielle Vermögenswerte als Werttreiber der Unternehmen, Vortrag auf der 6. Fachtagung Konzernrechnungslegung vom 22. / 23. November 2001 in Frankfurt a. M.: Das Rechnungswesen im Konzern – Vom Financial Accounting zum Business Reporting

Schmidt, Ingo (1996): Wettbewerbspolitik und Kartellrecht, 5. Aufl., Stuttgart 1996

Schmidt, Karsten (1997): Gesellschaftsrecht, 3. Aufl., Köln u.a. 1997

Schmidt, Karsten (1991): Gesellschaftsrecht, 2. Aufl., Köln u.a. 1991

Schmidt, Karsten (1984): Informationsrechte in Gesellschaften und Verbänden, ZHR-Beiheft 57, 1984, S. 16

Schmitz, Theo (1981): Stille Reserven und externe Jahresabschlußanalyse, Frankfurt a. M. u. a. 1981

Schneider, Dieter (1983): Rechtsfindung durch Deduktion von Grundsätzen ordnungsgemäßer Buchführung aus gesetzlichen Jahresabschlusszwecken?, StuW 1983, S. 141

Schneider, Sven U. (2001): Befreiung des Emittenten von Wertpapieren von der Veröffentlichungspflicht nach § 15 WpHG, BB 2001, S. 1214

Schneider, Uwe H. (2002): Der pflichtenauslösende Sachverhalt bei „Directors` Dealings", BB 2002, S. 1817

Schneider, Uwe H. (2002a): Meldepflichtige Wertpapiergeschäfte von Organmitgliedern („Directors` Dealings") im Konzern, AG 2002, S. 473

Schneider, Uwe H. (2001): Internationales Kapitalmarktrecht, AG 2001, S. 269

Schneider, Uwe H. (1997): Offenlegung von wesentlichen Beteiligungen an börsennotierten Aktiengesellschaften, AG 1997, S. 80

Schockenhoff, Martin / Wagner, Eike (1999): Ad-hoc-Publizität beim Aktienrückkauf, AG 1999, S. 548

Schön, Wolfgang (2000): Gesellschafter-, Gläubiger- und Anlegerschutz im Europäischen Bilanzrecht, ZGR 2000, S. 706

Schön, Wolfgang (1997): Entwicklung und Perspektiven des Handelsbilanzrechts - vom ADHGB zum IASC, ZHR 1997, S. 133

Schreiner, Helmut (1980): Die Intersubjektivität von Wertungen, Berlin 1980

Schruff, Wienand (1993) : Die internationale Vereinheitlichung der Rechnungslegung nach den Vorschlägen des IASC - Gefahr oder Chance für die deutsche Bilanzierung?, BFuP 1993, S. 400

Schruff, Wienand / Nowak, Eric / Feinendegen, Stefan (2001): Ad-hoc-Publizitätspflicht des Jahresergebnisses gemäß § 15 WpHG: Wann muss veröffentlicht werden?, BB 2001, S. 719

Schulze-Osterloh, Joachim (2000): Handels- und Steuerbilanz, ZGR 2000, S. 594

Schumacher, Claudia (2001): Investor-relations-Management und Ad-hoc-Publizität, Schumacher, Claudia / Schwarz, Stefan / Lüke, Stephan (Hrsg.), München 2001

Schwark, Eberhard (2004): Kapitalmarktrechtskommentar, 3. Auflage, München 2004

Schwark, Eberhard (2000): Ad-hoc-Publizität und Insiderrecht bei mehrstufigen Unternehmensentscheidungen, FS Bezzenberger, Gerold, Berlin 2000

Schwark, Eberhard (1999): Wertpapier-Verkaufsprospektgesetz und Freiverkehr, FS Schimansky, Herbert, Köln 1999

Schwark, Eberhard (1994): Kommentar zum Börsengesetz, 2. Aufl., München 1994

Schwark, Eberhard (1987): Das neue Kapitalmarktrecht, NJW 1987, S. 2041

SEC (2002): Tips for investors, www.sec.gov/investor/pubs/proforma12-4.htm

Selch, Barbara / Rothfuss, Christian (2000): Empirische Befunde über Umfang und Qualität der Zwischenberichterstattung börsennotierter deutscher Kapitalgesellschaften, WPg 2000, S. 506

Sellhorn, Thorsten (2000): Ansätze zur bilanziellen Behandlung des Goodwill im Rahmen einer kapitalmarktorientierten Rechnungslegung, DB 2000, S. 885

Semler, Johannes (1999): Münchner Handbuch des Gesellschaftrechts, Bd. IV, 2. Aufl., München 1999

Sieg, Oliver (2002): Tendenzen und Entwicklungen der Managerhaftung in Deutschland, DB 2002, S. 1759

Siegel, Thedor / Bareis, Peter / Rückle, Dieter / Schneider, Dieter / Sigloch, Jochen / Streim, Hannes / Wagner, Franz W. (1999): Stille Reserven und aktienrechtliche Informationspflichten, ZIP 1999, S. 2077

Skousen, Fred K. (1991): An Introduction to the SEC, 5. Aufl., Cincinnati / Ohio 1991

Sladeczek, Uta (2000): Die Ad-hoc-Publizität gem. § 15 WpHG, BuW 2000, S. 456

Smith, Adam (1880): An inquiry into the nature and causes of the wealth of nations, London, ca. 1880

Spickhoff, Andreas (1998): Gesetzesverstoß und Haftung, Köln u. a. 1998

Spindler, Gerald (2001): Unternehmensorganisationspflichten, Köln u. a. 2001

Steindorff, Ernst (1994): Europa-Recht, München 1994

Stephan, Klaus-Dieter (2002): Prospektaktualisierung, AG 2002, S. 3

Stewart, Thomas A. (1997): Intellectual Capital, London 1997

Strobl, Elisabeth (1996): IASC-Rechnungslegung und Gläubigerschutzbestimmungen nach deutschem Recht, FS Clemm, Hermann, München 1996

Struck, Christian (2003): Ad hoc-Publizitätspflicht zum Schutz der Anleger vor vermögensschädigendem Wertpapierhandel, New York 2003

Stützel, Wolfgang (1967): Bemerkungen zur Bilanztheorie, ZfB 1967, S. 314

Süddeutsche Zeitung vom 21. Januar 2003, Nr. 16, S. 23: Anklage im Fall Haffa gerät ins Wanken

Süddeutsche Zeitung vom 13. Januar 2003, Nr. 9, S. 19: Bush stärkt amerikanische Börsenaufsicht

Süddeutsche Zeitung vom 10. Dezember 2002, Nr. 285, S. 21: Haffa-Brüder dürfen hoffen

Sudmeyer, Jan (2002): Mitteilungs- und Veröffentlichungspflichten nach §§ 21, 22 WpHG, BB 2002, S. 685

Süßmann, Rainer (1997): Insiderhandel - Erfahrungen aus der Sicht des BAWe, AG 1997, S. 63

Teitler-Feinberg, Evelyn (2002): Pro Forma Statements, Notwendigkeit oder Beschönigung?, Der Schweizer Treuhänder 2002, S. 191

Thümmel, Roderich (2001): Haftung für geschönte Ad-hoc-Meldungen: Neues Risikofeld für Vorstände oder ergebnisorientierte Einzelfall-Rechtsprechung, DB 2001, S. 2331

Thümmel, Roderich (2000): Haftungsrisiken von Vorständen und Aufsichtsräten, Stuttgart 2000

Tielmann, Sandra (2001): Durchsetzung ordnungsgemäßer Rechnungslegung, DB 2001, S. 1625

Tippach, Stefan (1993): Marktdaten im künftigen Insiderrecht?, WM 1993, S. 1269

Treiber, Klaus (1991): Die Zwischenberichterstattung von börsennotierten Aktiengesellschaften, WPg 1991, S. 600

Vaupel, Christoph F. (1999): Zum Tatbestandsmerkmal der erheblichen Kursbeeinflussung bei der Ad hoc Publizität, WM 1999, S. 521

Veil, Rüdiger (2003): Die Ad-hoc-Publizitätshaftung im System kapitalmarktrechtlicher Informationshaftung, ZHR 2003, S. 365

Wagner, Franz W. (1982): Zur Informations- und Ausschüttungsbemessungsfunktion des Jahresabschlusses auf einem organisierten Kapitalmarkt, ZfbF 1982, S. 747

Wagner, Klaus-R. (2003): Sind Kapitalanleger Verbraucher?, BKR 2003, S. 649

Weber, Martin (2003): Die Entwicklung im Kapitalmarktrecht 2001/2002, NJW 2003, S. 18

Weber, Martin (2001): Börsennotierte Gesellschaften in der Insolvenz, ZGR 2001, S. 422

Weber, Martin (2000): Kursmanipulationen am Wertpapiermarkt, NZG 2000, S. 113

Weber, Martin (2000a): Die Entwicklung des Kapitalmarktrechts 1998 - 2000, NJW 2000, S. 3461

Weber, Stefan (1999): Kapitalmarktrecht, Wien / N. Y. 1999

Weiler, Lothar / Tollkühn, Oliver (2002): Die Neuregelung des „directors`dealing" nach dem Vierten Finanzmarktförderungsgesetz, DB 2002, S. 1923

Weitnauer, Wolfgang (2003): Haftung für die Außendarstellung des Unternehmens, DB 2003, S. 1719

Wiedemann, Herbert (1980): Gesellschaftsrecht, Bd. I, München 1980

Wiedemann, Herbert (1975): Der Kapitalanlegerschutz im deutschen Gesellschaftsrecht, BB 1975, S. 1591

Wiemann, Hans-Ulrich (1987): Unternehmenspublizität nach amerikanischem Kapitalmarktrecht, Baden-Baden 1987

Witt, Carl-Heinz (2001): Die Änderungen der Mitteilungs- u. Veröffentlichungspflichten nach §§ 21 ff. WpHG, AG 20001, S. 233

Witt, Carl-Heinz (2000): Das Informationsrecht des Aktionärs und seine Durchsetzung in den USA, Großbritannien und Frankreich, AG 2000, S. 257

Witt, Carl-Heinz (1998): Die Änderungen der §§ 21 ff. WpHG und §§ 20 ff. AktG, WM 1998, S. 1153

Witte, Jürgen / Parwätz, Rafiqpoor (2002): Die "Beerdigung" des Neuen Marktes – rechtliche Aspekte, BB 2002, S. 2615

Wittich, Georg (1997): Erfahrungen mit der Ad-hoc-Publizität in Deutschland, AG 1997, S. 1

Wöhe, Günter (1990): Einführung in die allgemeine Betriebswirtschaftslehre, 17. Aufl., München 1990

Wölk, Armin (1997): Ad-hoc-Publizität - Erfahrungen aus der Sicht des Bundesamts für den Wertpapierhandel, AG 1997, S. 73

Worms, Alexander (1999): § 8 Der Straftatbestand des Kapitalanlagebetruges, in: Handbuch des Kapitalanlagerechts, Assmann, Heinz-Dieter / Schütze, Rolf A., 2. Aufl., München 1999

Wulf, Inge (2001): Stille Reserven in der internationalen Rechnungslegung und ihre Quantifizierungsmöglichkeiten, StuB 2001, S. 1097.

Wüstemann, Jens (1999): Generally Accepted Accounting Principles, Berlin 1999

Wüsthoff, Andreas (2000): Der Auskunftsanspruch des Aktionärs nach § 131 AktG, Aachen 2000

Wymeersch, Eddy (2001): Gesellschaftsrecht im Wandel: Ursachen und Entwicklungslinien, ZGR 2001, S. 294

Zabel, Eric (2002): IAS zwingend für Konzern- und Einzelabschluss?, WPg 2002, S. 919 ff.

Zentraler Kreditausschuss (ZKA) (2002): Vorschlag zum DiskE des 4. FMFG, www.bde.de

Zimmer, Daniel (2004): Verschärfung der Haftung für fehlerhafte Kapitalmarktinformationen, WM 2004, S. 9 ff.

Ziouvas, Dimitris / Walter, Tonio (2002): Das neue Börsenstrafrecht mit Blick auf das Europarecht, WM 2002, S. 1483

Zöllner, Wolfgang (2000): Zur Problematik der aktienrechtlichen Anfechtungsklage, AG 2000, S. 145

Zubrod, Andreas (2000): Rechtssichere Eingrenzung der Ad-hoc-Publizitätspflicht anhand der >> Auswirkungen auf die Vermögens- oder Finanzlage << als Zentralbegriff, Frankfurt am Main u. a. 2000

II. Webliografie[2]

BAFin: www.bafin.de

BAWe: www.bawe.de

Benchmark-Studie Ad-hoc-Publizität 2003: www.news-aktuell.de

BMJ: www.bmj.de

DAI: www.dai.de

Deutsche Börse: www.deutsche-boerse.com

DGAPmbH: www.dgap.de

DRSC: www.drsc.de

DSW: www.dsw.de

FASB: www.fasb.de

FAZ: www.faz.net

GoingPubliconline: www.aktienkultur.de/aktienkultur_in_deutschland.htm

IASB: www.iasb.org

IdW: www.idw.de

IFAC: www.ifac.org

SEC: www.sec.gov

Wirtschaftsprüferkammer: www.wpk.de

[2] Auf alle in der Arbeit zitierten WWW.-Adressen erfolgte der letzte Zugriff am 10. Mai 2003.

Rechtsprechung

AG München (2001), Urteil vom 23. August 2001, 191 C 9970/01, WM 2002, S. 594

Backman v. Polaroid Corp., 910 F. 2d 10 (1st Cir. 1990)

Basic, Inc. v. Levinson, 485 U. S. 224, 231 (1988)

BFH (2001), Urteil vom 25. Juli 2001, X R 55/97, BStBl. II 2001, S. 706, DB 2001, S. 1287

BGH (1987), Urteil vom 25. November 1987, 3 StR 449/87, NStZ 1988, S. 175

BGH (1979), Urteil vom 9. Juni 1979, II ZR 211/76, NJW 1979, S. 1829

BGH (1966), Urteil vom 21. Juni 1966, VI ZR 261/64, BGHZ 45, S. 296

BGH (1954), Urteil vom 27. Januar 1954, VI ZR 309/52, BGHZ 12, S. 146

BVerfG (2002), Beschluss vom 24. September 2002, 2 BvR 742/02, NZG 2003, S. 77

BVerfG (1999), Beschluss vom 20. September 1999, 1 BvR 636/95, ZiP 1999, S. 1798

BVerfG (1999a), Beschluss vom 20. September 1999, 1 BvR 168/93, ZIP 1999, S. 1801

BVerfG (1985), Urteil vom 14. Mai 1985, 1 BvR 233, 341/81, BVerfGE (69), S. 316

BVerfG (1983), Urteil vom 19. Oktober 1983, 2 BvR 485, 486/80, BVerfGE (65), S. 183

Cady, Roberts & Co., 40 SEC 907 (1961)

Dirks v. SEC, 463 U. S. 646, 653 f. (1983)

EuGH (1997), Urteil vom 4. Dezember 1997, C-97/96, Sammlung der Rechtsprechung 1997, Seite I-06843

LG Augsburg (2001), Urteil vom 24. September 2001, 3 O 4995/00, ZIP 2001, S. 1881

LG München I (2001), Urteil vom 28. Juni 2001, 010157/01, BKR 2001, 102

LG München I (1995), Beschluss vom 29. August 1995, 5 HKO 19424/94, AG 1996, S. 89

OLG München (2002), Urteil vom 1. Dezember 2002, 30 U 855/01, BKR 2002, S. 1096 ff., 2. Instanz LG Augsburg (2001)

OLG München (2002a), Urteil vom 18. Juli 2002, 19 U 5630/01, AG 2003, S. 105 f.

RG (1921), Urteil vom 14. November 1921, III 864/21, RGSt 56, S. 227

RG (1894), Urteil vom 13. Oktober 1894, Rep. I 195/94, RGZ 34, S. 57

SEC v. Bausch & Lomb, Inc., 565 f 2d, 8, 9 (2nd Cir. 1977)

SEC v. Texas Gulf Sulphur Co., 401 F. 2d (2nd Cir. 1968) 833, 849

State Teachers Retirement Board v. Fluor Cor. 654 F. 2d 843, 850 (2nd Cir. 1981)

TCS Industries Inc. v. Northway, Inc., 426 U. S. 438, 445 (1976)

Rechtsnormen

AktG - Aktiengesetz vom 6. September 1965 (BGBl. I S. 1089), zuletzt geändert durch Art. 7 des Gesetzes vom 22. April 2002 (BGBl. I S. 1310)

AMEX Company Guide, Stand 2. August 2002, www.wallstreet.cch.com/AmericanStockExchange[1]

BGB - Bürgerliches Gesetzbuch, in der Fassung der Bekanntgabe vom 2. Januar 2002 (BGBl. I S. 42), zuletzt geändert durch Art. 2 des Gesetzes vom 19. Juli 2002 (BGBl. I S. 2674)

BörsG – Börsengesetz, in der Fassung der Bekanntmachung vom 9. September 1998 (BGBl. I S. 2682), zuletzt geändert durch Art. 1 des Gesetzes vom 21. Juni 2002 (BGBl. I S. 2010)

BörsZulV - Börsenzulassungs-Verordnung, in der Fassung der Bekanntmachung vom 9. September 1998 (BGBl. I S. 2832), zuletzt geändert durch Art. 20 des Gesetzes vom 21. Juni 2002 (BGBl. I S. 2010)

DRS 6 - Deutscher Rechnungslegungs Standard 6 – Zwischenberichterstattung, vom 13. Dezember 2001 (Bezugsquelle: www.drsc.de)

EGV - Vertrag über die Europäische Union - vom 7. Februar 1992 (BGBl. II 1992 S. 1253)

FinDAG - Gesetz über die Bundesanstalt für Finanzdienstleistungsaufsicht (Finanzdienstleistungsaufsichtsgesetz - FinDAG), in der Fassung der Bekanntmachung vom 22. April 2002 (BGBl. I S. 1310), zuletzt geändert durch Art. 2 des Gesetzes vom 23. Juli 2002 (BGBl. I S. 2778)

[1] Auf alle in der Arbeit zitierten WWW.-Adressen erfolgte der letzte Zugriff am 10. Mai 2003.

GG - Grundgesetz für die Bundesrepublik Deutschland - vom 23. Mai 1949 (BGBl 1949 S. 1), zuletzt geändert durch Art. 1 des Gesetzes vom 26. November 2001 (BGBl. I S. 3219)

HGB – Handelsgesetzbuch - vom 10. Mai 1897 (RGBl. 1897, S. 219), zuletzt geändert durch Art. 2 des Gesetzes vom 19. Juli 2002 (BGBl. I S. 2681)

IAS Framework - Framework der International Accounting Standards, 1989 (Bezugsquelle: www.iasb.de)

IAS 1 - Presentation of Financial Statements, revised 1997 (Bezugsquelle: www.iasb.de)

IAS 14 - Segment Reporting, revised 1998 (Bezugsquelle: www.iasb.de)

IAS 34 - Interim Financial Reporting, revised 1998 (Bezugsquelle: www.iasb.de)

IDW PS 230 - Prüfungsstandard 230 des IDW, Kenntnisse über die Geschäftstätigkeit sowie das wirtschaftliche und rechtliche Umfeld des zu prüfenden Unternehmens im Rahmen der Abschlussprüfung, 13. September 2000, WPg 2000, S. 842

ISA 100 - International Standards on Auditing, Assurance Engagements, www.ifac.org

ISA 120 - International Standards on Auditing, Framework of ISAs, in: International Standards on Auditing, Wirtschaftsprüferkammer (Hrsg.), Stuttgart 1999, S. 2

ISA 200 - International Standards on Auditing, Objective and General Principles Governing on Audit of Financial Statements, in: International Standards on Auditing, Wirtschaftsprüferkammer (Hrsg.), Stuttgart 1999, S. 16

ISA 810 - International Standards on Auditing, The Examination of Prospective Financial Information, in: International Standards on Auditing, Wirtschaftsprüferkammer (Hrsg.), Stuttgart 1999, S. 518.

ISA 910 - International Standards on Auditing, Engagements to Review Financial Statements, in: International Standards on Auditing, Wirtschaftsprüferkammer (Hrsg.), Stuttgart 1999, S. 540

KAGG - Gesetz über Kapitalanlagegesellschaften, in der Fassung der Bekanntmachung vom 9. September 1998 (BGBl. I S. 2726), zuletzt geändert durch Art. 12 des Gesetzes vom 22. April 2002 (BGBl. I S. 1310)

NYSE Listed Company Manuals - Stand 24. Juli 2002, www.nyse.com/listed/listed/html

OWiG - Gesetz über Ordnungswidrigkeiten, in der Fassung der Bekanntgabe vom 19. Februar 1987 (BGBl. I S. 602), zuletzt geändert durch Art. 24 des Gesetzes vom 13. Dezember 2001 (BGBl. I S. 3574)

Regelwerk Neuer Markt, Stand 1. Juli 2002, www.deutsche-boerse.com/nm/

Regulation FD - Regulation Fair Disclosure vom 23. Oktober 2000, www.sec.gov/rules/final/33-7881.htm

Richtlinie des Rates der Europäischen Gemeinschaften - vom 28. Januar 2003, über Insidergeschäfte und Marktmanipulation (Marktmissbrauch), 2003/6/EG, ABl. EG Nr. L 096

Richtlinie des Rates der Europäischen Gemeinschaften - vom 10. Mai 1993, über Wertpapierdienstleistungen, 93/22/EWG, ABl. Nr. L 141/27

Richtlinie des Rates der Europäischen Gemeinschaften - vom 13. November 1989, zur Koordinierung der Vorschriften betreffend Insider-Geschäfte, 89/592/EWG, ABl. EG Nr. L 334/30

Richtlinie des Rates der Europäischen Gemeinschaften - vom 17. April 1989, zur Koordinierung der Bedingungen für die Erstellung, Kontrolle und Verbreitung des Prospekts, der im Falle öffentlicher Angebote von Wertpapieren zu veröffentlichen ist, 89/298/EWG, ABl. Nr. L 124/8

Richtlinie des Rates der Europäischen Gemeinschaften - vom 5. März 1979, zur Koordinierung der Bedingungen für die Zulassung von Wertpapieren zur amtlichen Notierung an einer Wertpapierbörse, 79/279/EWG, ABl. Nr. L 66

Richtlinie des Rates der Europäischen Gemeinschaften - vom 25. Juni 1978, über den Jahresabschluss bestimmter Rechtsformen, 78/669/EWG, ABl. EG Nr. L 222/1978

SA - Securities Act of 1933 (May 27, 1933), 48. Stat. 74, 15 U. S. Code, Secs. 77a-77aa, www.law.uc.edu/CCL/sldtoc.html

SEA - Securities Exchange Act of 1934 (June 6, 1934), 48. Stat. 881, U. S. Code, Secs. 78a-78jj, www.law.uc.edu/CCL/sldtoc.html

StGB – Strafgesetzbuch, in der Fassung vom 13. November 1998 (BGBl. I 3322), zuletzt geändert durch Art. 2 des Gesetzes vom 26. Juni 2002 (BGBl. I 2254)

VerkProspG - Wertpapier-Verkaufsprospektgesetz, in der Fassung der Bekanntmachung vom 9. September 1998 (BGBl. I S. 2832), zuletzt geändert durch Art. 20 des Gesetzes vom 21. Juni 2002 (BGBl. I S. 2010)

VerkProspVO - Verordnung über Wertpapier-Verkaufsprospekte, in der Fassung der Bekanntgabe vom 9. September 1998 (BGBl. I S. 2853), zuletzt geändert durch Art. 21 des Gesetzes vom 21. Juni 2002 (BGBl. I S. 2010)

Verordnung des Europäischen Parlaments und des Rates - vom 19.Juli 2002, betreffend die Anwendung internationaler Rechnungslegungsstandards, (EG) Nr. 1606/2002, ABl. EG Nr. L 243

WpHG - Gesetz über den Wertpapierhandel, in der Fassung der Bekanntmachung vom 9. September 1998 (BGBl. I S. 2708), zuletzt geändert durch Artikel 2 des Gesetzes vom 21. Juni 2002 (BGBl. I S. 2010)

2. FMFG - Zweites Finanzmarktförderungsgesetz, vom 26. Juli 1994 (BGBl. I S. 1749)

4. FMFG - Viertes Finanzmarktförderungsgesetz, vom 21. Juni 2002 (BGBl. I S. 2010)

Saarbrücker Studien zum Privat- und Wirtschaftsrecht

Herausgeber:
Johann Paul Bauer, Michael Martinek und Helmut Rüßmann

Band 1 Susanne Jaschinski: Die Haftung von Schwestergesellschaften im GmbH-Unterordnungskonzern. Ein Beitrag zum Konzernverfassungsrecht. 1997.

Band 2 Roman Sascha Ahnert: Die *actio individualis*. Ein Beitrag zur verfassungsrechtlichen Fundierung der Aktionärsklage bei sogenannten Aktien-Interessenverbänden. 1997.

Band 3 Torsten Peters: Der Cateringvertrag. Rechtstatsachen, Rechtsnatur und Rechtsprobleme eines modernen Dienstleistungsvertrags. 1998.

Band 4 Michael Meissner: Persönlichkeitsschutz juristischer Personen im deutschen und US-amerikanischen Recht. Eine rechtsvergleichende Untersuchung des allgemeinen Persönlichkeitsrechts juristischer Personen. 1998.

Band 5 Thomas Tegen: Joint Venture-Vertrag und Projektträgergesellschaft im amerikanischen und deutschen Recht. 1998.

Band 6 Gerhard Wolter: Treuhandrecht im Umbruch? Ein Blick nach Frankreich, Luxemburg, in die Schweiz und in den Libanon sowie auf das Haager Trust-Übereinkommen. 1999.

Band 7 Thomas Dehlfing: Das Recht der irreführenden Werbung in Deutschland, Großbritannien und Frankreich. 1999.

Band 8 Hanno Dornseifer: Börsentermingeschäfte und Börsentermingeschäftsfähigkeit. Zur börsengesetzlichen Behandlung von finanzwirtschaftlichen Festgeschäften, Options- und Optionsscheingeschäften. 1999.

Band 9 Patrick Lenz: Absatzförderung durch *zinssubventionierte* Darlehen. Eine wettbewerbs- und kartellrechtliche Studie zur Zulässigkeit von Niedrigzins-Kreditangeboten unter besonderer Berücksichtigung des Automobilmarktes. 1999.

Band 10 Mansur Pour Rafsendjani: Der Goodwill-Ausgleichsanspruch des Franchisenehmers. Ein Vergleich des deutschen, französischen und US-amerikanischen Franchiserechts. 1999.

Band 11 Jörg Hartmann: Juristische und ökonomische Regelungsprobleme des Insiderhandels. Eine rechtsvergleichende Darstellung USA – Deutschland. 1999.

Band 12 David Altmeier: Rückstellungsbilanzierung in Deutschland und Frankreich. Eine vergleichende Untersuchung der französischen Rückstellungsbilanzierung aus der Perspektive des deutschen Bilanzrechts. 1999.

Band 13 Barbara Günther: Aktivische Bilanzierungshilfen im deutschen und französischen Bilanzrecht. 1999.

Band 14 Bernhard Glasow: Vertikale Preisbindung, Wettbewerbstheorie und Wettbewerbsrecht in den USA, Deutschland und Europa. Bestandsaufnahmen, Kritik und Zukunftsperspektiven. 2000.

Band 15 Dorota Nowak-James: Der Börsenzugang für Anleger in Deutschland und Polen. Eine rechtsvergleichende Untersuchung zum deutschen Finanzkommissionsgeschäft und zum polnischen Brokerauftragsvertrag. 2000.

Band 16 Mathias Queck: Der Nießbrauch am Anteil einer offenen Handelsgesellschaft. Eine Form der (un-)mittelbaren Unternehmensbeteiligung. 2000.

Band 17 Ina Roth: Umweltbezogene Unternehmenskommunikation im deutschen und europäischen Wettbewerbsrecht. 2000.

Band 18 Jörg Preiss: Die Anwendung des markenrechtlichen Erschöpfungsgrundsatzes auf Dienstleistungsmarken. 2000.

Band 19 Kevin M. McDonald: Der Begriff der Dienstleistung im europäischen Binnenmarkt und WTO-System (GATS). 2001.

Band 20 Carolin Opgenhoff: Die europäische Fusionskontrolle zwischen Wettbewerbsrecht und Industriepolitik. 2001.

Band 21 Susanne Schäfer: Die Deliktsfähigkeit juristischer Personen. Eine rechtsvergleichende Untersuchung zur Übertragbarkeit des englischen Modells. 2001.

Band 22 Kay Diedrich: Die Interventionswirkung – Ausprägung eines einheitlichen Konzepts zivilprozessualer Bindungswirkung. 2001.

Band 23 Michael Fröhlich: Zentrale Institutionen des deutschen Urheberrechts und des französischen Droit d'auteur auf dem Prüfstand der elektronischen Netzwerke. 2001.

Band 24 Joël Benjamin Münch: Abtretungsverbote im deutschen und französischen Recht. Rechtsvergleichende Untersuchung der Übertragungshindernisse im deutschen und französischen Forderungsverkehr als Beitrag zu einer weiteren Schuldrechtsvereinheitlichung in Europa. 2001.

Band 25 Monika Prieß: Der Begriff des Sachmangels im deutschen und englischen Kaufrecht. Reformbedarf aufgrund der Verbrauchsgüterkauf-Richtlinie 1999/44/EG. 2001.

Band 26 Katharina Siegel: Produkthaftung im polnischen, tschechischen und slowenischen Recht. 2001.

Band 27 Carolin Kühne: Die gesetzliche Form der Rechtsgeschäfte im deutschen und italienischen Recht. Eine rechtsvergleichende Untersuchung. 2002.

Band 28 Nina Scherf: Die Nachschußpflicht im Gesellschaftsrecht. Eine rechtsformübergreifende Bestandsaufnahme, Analyse und Kritik. 2002.

Band 29 Marc Laukemann: Fernsehwerbung im Programm. Die zunehmende Kommerzialisierung des Fernsehprogramms im Zeitalter einer Ökonomisierung der Aufmerksamkeit als verfassungs-, wettbewerbs- und rundfunkrechtliches Problem. 2002.

Band 30 Michael Bo Jaspers: Nachträgliche Rechtswahl im internationalen Schuldvertragsrecht. Unter besonderer Berücksichtigung der Rechtspraxis in England, Frankreich, Dänemark und Deutschland. 2002.

Band 31 Christina Pernice: Die Insolvenzverschleppung durch das Geschäftsführungsorgan der kleinen Kapitalgesellschaft im deutschen, französischen und englischen Recht. Eine rechtsvergleichende Untersuchung zur Entwicklung eines europäischen Lösungsansatzes. 2002.

Band 32 Anne Christine Janert: Der sachliche und persönliche Anwendungsbereich des deutschen Verbraucherkreditrechts und des britischen Consumer Credit Act 1974. Ein Beitrag zu den Möglichkeiten und Grenzen verbraucherrechtlicher Harmonisierung in Europa. 2002.

Band 33 Annette Trost: Faktische Sitzverlegung unter Sitz- und Gründungstheorie im Vergleich. Unter besonderer Berücksichtigung ihrer gesellschafts- und zivilrechtlichen Folgewirkungen. 2003.

Band 34 Esther Cordula Hilpert: Die Gründerhaftung in der Gesellschaft mit beschränkter Haftung in Deutschland, Frankreich und England. 2003.

Band 35 Wei-ming Liao: Die Schiedsgerichtsbarkeit in Taiwan. Unter besonderer Berücksichtigung der internationalen Handelsschiedsgerichtsbarkeit und mit Hinweisen zu der Entwicklung in Deutschland. 2003.

Band 36 Stefan Stork: Sitzverlegung von Kapitalgesellschaften in der Europäischen Union. Zur Reichweite der Niederlassungsfreiheit unter Berücksichtigung der positiven und der negativen Integration. 2003.

Band 37 Marc Pfeffer: Interbrand-Kartellverbot und Intrabrand-Vereinbarungen. Die Ablösung horizontaler und vertikaler Eingriffsmerkmale im GWB zu Gunsten einer Betrachtung produktexterner und -interner Wettbewerbsfaktoren. 2003.

Band 38 Nicole Burkardt: Der arbeitsrechtliche Aufhebungsvertrag. Einvernehmliche Beendigung von Arbeitsverhältnissen unter Berücksichtigung der Rechtslage nach der Schuldrechtsreform. 2004.

Band 39 Christian Schmeling: Die Entlastung von Mitgliedern geschäftsführender Organe im Recht der Kapitalgesellschaften. Eine rechtsvergleichende Studie zum deutschen, schweizerischen und französischen Recht. 2004.

Band 40 Andreas Wolf: Wege zur virtuellen Haupt- und Gesellschafterversammlung. Eine vergleichende Untersuchung über die Einbeziehung elektronischer Medien in die Hauptversammlung einer Aktiengesellschaft und die Gesellschafterversammlung einer GmbH. 2004.

Band 41 Bianca Natalie Baldus: Der elektronisch geschlossene Vertrag mit Schiedsabrede. Zulässigkeit und anwendbares Recht in nationalen und internationalen Schiedsverfahren. 2004.

Band 42 Vania Dilek: Der Wettbewerbsschutz in Bulgarien und in der Russischen Föderation während des Übergangs vom Dirigismus zur Privatautonomie. 2004.

Band 43 Rudolf Lenders: Treuhand am Gesellschaftsanteil. Die Einbindung des Treugebers in das gesellschaftsrechtliche Organisationsgefüge. 2004.

Band 44 Weizuo Chen: Rück- und Weiterverweisung (Renvoi) in staatsvertraglichen Kollisionsnormen. 2004.

Band 45 Stefan Hahn: Neue Ansätze im Anlegerschutz durch die Ad-hoc-Publizität des § 15 WpHG. 2004.

Peter Lang · Europäischer Verlag der Wissenschaften

Christian Struck

Ad-hoc-Publizitätspflicht zum Schutz der Anleger vor vermögensschädigendem Wertpapierhandel

Eine Untersuchung zu § 15 Wertpapierhandelsgesetz mit vergleichender Darstellung des US-Rechts

Frankfurt am Main, Berlin, Bern, Bruxelles, New York, Oxford, Wien, 2003. 278 S.
Europäische Hochschulschriften: Reihe 2, Rechtswissenschaft. Bd. 3736
ISBN 3-631-51400-X · br. € 51.50*

Die praktische Bedeutung der Ad-hoc-Publizitätspflicht gemäß § 15 Wertpapierhandelsgesetz (WpHG) nimmt zu, insbesondere seitdem Emittenten im Falle einer Pflichtverletzung nicht nur Geldbußen, sondern auch Schadensersatzklagen durch Anleger drohen. Überdies gibt die EU-Marktmissbrauchsrichtlinie bereits die nächste Erweiterung der Veröffentlichungspflicht vor. Die Arbeit weist nach, daß die Ad-hoc-Publizität vor allem dem Schutz der Anleger vor irrtumsbedingtem, vermögensschädigendem Wertpapierhandel dient. Ausgehend von diesem marktorientierten Verständnisansatz legt sie die einzelnen Tatbestandsmerkmale der Ad-hoc-Veröffentlichungspflicht aus. Eine vergleichende Darstellung des US-Rechts verdeutlicht die verschiedenen Wertungen, die bei der Auslegung des § 15 WpHG möglich sind und schärft den Blick für die im deutschen Recht getroffenen Wertentscheidungen. Schließlich bietet die Arbeit einen Ausblick, inwieweit die EU-Marktmissbrauchsrichtlinie eine Änderung des deutschen Rechts der Ad-hoc-Publizität vorgibt.

Aus dem Inhalt: Grundlagen der Ad-hoc-Publizität: Veröffentlichungspflichten im Systemzusammenhang · Entstehung der Ad-hoc-Publizität · Zweck der Regelung · Pflichtadressat und Anlaß der Ad-hoc-Publizität: Der Emittent börsenzugelassener Wertpapiere als Normadressat · Eintritt von Entwicklungen im Tätigkeitsbereich des Emittenten · Gegenstand der Ad-hoc-Publizität: Eignung der Entwicklungen zur Kursbeeinflussung · Erheblichkeit der hypothetischen Kursbeeinflussung · Ursächliche Veränderung der wirtschaftlichen Verhältnisse · Qualifikation der Entwicklungen als Tatsachen · Regelungsvorgaben der EU-Marktmissbrauchsrichtlinie

Frankfurt am Main · Berlin · Bern · Bruxelles · New York · Oxford · Wien
Auslieferung: Verlag Peter Lang AG
Moosstr. 1, CH-2542 Pieterlen
Telefax 00 41 (0) 32 / 376 17 27

*inklusive der in Deutschland gültigen Mehrwertsteuer
Preisänderungen vorbehalten

Homepage http://www.peterlang.de

Kolibri 360 GmbH
Ferdinand-Jühlke-Straße 7
99095 Erfurt, Deutschland
produktsicherheit@kolibri360.de

Druck:
CPI Druckdienstleistungen GmbH
im Auftrag der
Kolibri 360 GmbH
Ferdinand-Jühlke-Str. 7
99095 Erfurt